프로젝트학습

PBL 달인되기 2 : 진수

설레는 수업, 프로젝트학습

정준환 저

설레는 수업, 프로젝트 학습

PBL 달인되기 2 : 진수

1판 1쇄 인쇄 2018년 10월 25일
1판 1쇄 발행 2018년 10월 25일

지은이 | 정준환
펴낸이 | 모홍숙
펴낸곳 | 상상채널

_이 책을 만든 사람들
편집 | 박은성, 이지수
기획 | 박윤희, 이경혜
그림 | 김병용
표지 | doodle

종이 | 제이피시
제작 | 현문인쇄

주소 | 서울시 용산구 한강대로 104 라길 3
전화 | 02-775-3241~4
팩스 | 02-775-3246
이메일 | naeha@naeha.co.kr
홈페이지 | http://www.naeha.co.kr

값 22,000원
ⓒ 정준환, 2018
ISBN 979-11-87510-10-9
ISBN 978-89-969526-8-8(세트)

이 도서의 국립중앙도서관 출판예정도서목록(CIP)은 서지정보유통지원시스템 홈페이지(http://seoji.nl.go.kr)와
국가자료공동목록시스템(http://www.nl.go.kr/kolisnet)에서 이용하실 수 있습니다.(CIP 제어번호 : CIP2018031301)

실전에 바로 적용하는 **PBL 워크북**
Teacher Tips의 실전지침 수록!

PBL 달인되기 ②
: 진수

설레는 수업,
프로젝트 학습

_정준환 저

호기심의 출발 _INTRO ▶ 가상의 상황 시작 _문제의 출발점 ▶ 학습의 흐름을 한눈에 파악 _PBL MAP

▶ 활동지를 통한 과제 진행 _퀘스트 ▶ 보충설명 _Fun Tips ▶ 나만의 기록 남기기 _나만의 교과서

평가와 자기점검 _스스로 평가 ▶▶ 적용대상, 연계 가능한 교과 및 단원 정보, 학습예상소요시간,

수업목표에 이르는 자세한 내용 _Teacher Tips까지 프로젝트학습 과정을 직접 진행!

상상채널

설레는 수업, 프로젝트학습 시리즈가 처음으로 소개된 지 어느덧 2년이 지났습니다. 당초 계획은 일 년에 한 권씩 내놓은 것이 목표였는데, 필자가 가진 능력을 너무 과대평가했던 모양입니다. 생각과 마음 같아선 정해진 기간 안에 책을 모조리 완성할 수 있을 것만 같았는데 다른 곳에 관심을 기울이다보니 차일피일 뒤로 미뤄지고야 말았습니다. 뭐, 이런 것이 사람 사는 모습이 아니겠습니까. '목표', '계획'이라는 이름으로 머릿속의 도달점을 아무리 그려내더라도 오늘의 소소한 일들 앞에 우선순위가 밀리는 건 어쩔 수 없는 것 같습니다. 그래도 그 시간들을 후회하진 않습니다. 여태껏 그랬던 것처럼 흥미와 호기심이 이끄는 대로 그냥 흘러가다보면 자신의 삶에 큰 영향을 미칠 새로운 세계를 만나곤 하기 때문입니다. 십수년 전의 프로젝트학습과의 우연한 만남처럼 말이죠. 떠올려보면, 우리의 삶에서 설렘을 주었던 모든 순간들은 도둑같이 찾아오곤 했습니다. '설렘'은 예측가능하고, 철저한 계획안에서는 좀처럼 찾아오지 않다가 오히려 예측이 불가한 불확실한 상황 속에서 갑작스레 찾아오곤 합니다. 마치 운명처럼 말이지요.

'설레는 수업'이 매일같이 학생들과 씨름하는 선생님들에겐 '그림의 떡'일지도 모르겠습니다. 교육에 대한 남다른 열정과 포부가 있다고 해서, 최선의 노력으로 특별한 수업을 준비한다고 해서 설렌다는 보장은 없으니 말입니다. 목표를 세분화하고 결의를 다지며 비장한 마음으로 수업을 준비할수록 어김없이 흑역사가 찾아오는 건 우연은 아닐 것입니다. 혁신학교라서, 자유학년제를 운영해야 해서, 그런 현실적인 고민들 때문에 프로젝트학습을 도입했더라도 누군가에 의해 주어진 도달점에 지나치게 연연하지 않길 바랍니다. 가능하다면 흥미와 호기심에 따라 흘러가는 대로, 마음이 시키는 대로 그냥 자연스럽게 프로젝트학습을 시작해 보도록 합시다.

▲▲▲▲▲▲▲▲▲

　프로젝트학습(Project or Problem Based Learning: PBL)은 어느 수업보다 정교화된 콘텐츠를 제공해줍니다. 잘 만들어진 '문제'일수록 상황적이며 맥락적이고, 창의적인 해법을 찾아야 하는 열린 이야기 공간으로 다가가게 됩니다. 이론만 들어선 이렇게 이상적인 수업모형은 없을 것입니다. 그러나 현실은 수업의 시작부터 마무리까지 상호작용이 끊임없이 이루어지고, 그만큼 학습분위기는 통제가 어려울 정도로 시끌벅적합니다. '학습자 중심의 학습환경'으로의 이해와 실천이라지만 감당이 어려운 돌발상황과 역할분담, 무임승차 등의 갈등상황 속에서 이내 녹초가 돼버리기 쉬운 그야말로 교사로선 악조건을 두루 갖춘 환경이 되기도 합니다. 조용한 분위기의 질서 있는 수업에 익숙한 교사에겐 '설렘'은 커녕 고통과 두려움으로 다가갈 수밖에 없습니다. 이런데도 프로젝트학습이 매력적인 교수학습모형이라 동의할 순 없을 테지요. 그럼에도 불구하고 필자는 프로젝트학습을 그냥 시작해보길 권합니다. 기대수준을 낮추고, 곁에서 응원하고 칭찬하며 학생들에게 전부 맡겨 보도록 하세요. 관찰자로서 학습의 흐름에 동참하며 이런저런 과정을 지켜보다보면 어느 순간 특별한 느낌이 훅 들어올 것입니다. 다양한 문제 상황만큼이나 다채롭게 쏟아낸 창의적인 결과물들이 놀라움과 즐거움을 자아내기도 하고, 전혀 기대하지 않던 아이들의 놀라운 변화를 목격하며 닭살 돋는 희열을 맛볼지도 모릅니다. 직접 도전하기 전에 절대 알 수 없는 이 느낌과 경험들, 필자가 20대 풋내기 교사로서 무작정 시작했던 프로젝트학습을 40대 중반에 이를 때까지 멈추지 않고 지속할 수 있었던 원동력입니다.

　필자의 이런 경험들, 희열들 속에 만들어진 프로젝트학습을 「설레는 수업, 프로젝트학습: PBL 달인되기 1탄: 입문(2016)」에 이어 교육현장의 선생님들과 공유하고자 합니다. 욕

심일수도 있겠지만 전편과 마찬가지로 프로젝트학습의 실용서로서 학교현장에 널리 활용되길 기대해봅니다. 'PBL 달인되기 2탄: 진수'라는 부제가 의미하듯 전편에 비해 난이도가 강화된 프로젝트학습으로 채워진 만큼, 장담하건데 더욱 강렬한 수업경험을 제공해줄 것으로 믿습니다. 통합교과, 무학년 성격을 지닌 수업프로그램인 만큼, 교육과정과의 연계를 고려하여 교과수업을 비롯해 초등학교 창의적 체험활동, 중학교 자유학년활동에 이르기까지 폭넓은 활용이 가능할 것입니다. 더욱이 '9장. MARS, 아레스탐사대를 구조하라!'와 '10장. 자기주도학습의 완성, 셀프프로젝트학습'을 통해「셀프프로젝트학습(2018)」학생용 워크북의 활용방법을 자세히 설명해주고 있습니다. 프로젝트학습의 고유패턴을 주제중심 프로젝트학습에서 교과중심수업까지 어떻게 접목하고 활용하면 좋을지 하나의 해법을 제공해 주고 있다는 점에서 주목해 볼만 합니다.

이 책에 수록된 프로젝트학습을 실천하는데 있어서 앞서 필자가 집필한「재미와 게임으로 빚어낸 신나는 프로젝트학습(2015)」과「부모, 프로젝트학습에서 답을 찾다(2018)」을 참고한다면 수업 적용의 막연함을 어느 정도 해소할 수 있습니다. 프로젝트학습에 대한 특별한 배경지식이 없더라도 그냥 마음 가는 주제를 하나 골라서 무작정 시작해 보는 것도 괜찮습니다. 어떠한 선입견 없이 프로젝트학습을 진행하다보면 예기치 못한 상황을 통해 소중한 배움을 얻을 수 있을 테니까요. 아무쪼록 집필 의도대로 프로젝트학습의 진수를 맘껏 경험할 수 있는 실질적인 가이드북이 되어주길 기대합니다. 자, 이제 프로젝트학습, 그 설레는 여정의 두 번째 막을 힘차게 열어볼까요? Serious Fun! Serious Play! 진지한 재미로 완성되는 프로젝트학습에 도전해 봅시다!

2018. 10
저자 정 준 환

이 책의 활용방법

'설레는 수업, 프로젝트학습'은 학교교육현장에서 실제 수업운영이 가능하도록 구성된 실전가이드북입니다. 이 책은 각 장마다 크게 프로젝트학습 프로그램과 'Teacher Tips'로 나뉩니다. 프로그램은 수업에 곧바로 활용 가능한 활동지 형태로 제공되며, 해당 주제와 활동에 적합하도록 구성되어 있습니다. 'Teacher Tips'는 수업을 진행하는 교사를 위해 제공됩니다. 각 프로젝트학습마다 어떻게 적용하면 좋을지 세부적인 실천방법을 제시해 줍니다. 이 책의 활용방법을 자세히 살펴보면 다음과 같습니다.

❶ INTRO, 프로젝트학습의 세계로 들어서는 관문으로 활용하자.

INTRO.

상상력의 보고 '꿈'

우리가 흔히 말하는 꿈은 수면 시 경험하는 일련의 영상, 소리, 생각, 감정 등의 느낌을 말합니다. 꿈속에서 우리는 다양한 이야기와 마주하게 됩니다. 일상의 모습과 다를 바 없는 평범한 꿈을 꾸기도 하지만, 때론 실제 세상에서 벌어지기 어려운 상황을 겪기도 합니다.

평소 간절히 소망하던 일들이 꿈속에서 이루어질 때도 있지만, 너무도 걱정하고 우려하던 일들이 꿈속에 나타나서 자신을 괴롭히기도 합니다. 그런데 재미있는 것은 현실과 구분되지 않을 만큼 실감나게 느껴지던 꿈들이 잠에서 깨고 나면 전혀 기억나지 않을 때가 많다는 것입니다. 악몽처럼 밤새 두려움과 공포 속에 소름 돋게 했던 강렬한 꿈을 제외하곤 아마도 오랜 시간 기억에 담아두긴 어려울 테지요. 지난 밤 꿈이 기억 속에 머물러 있을 때, 이를 소재로 특별한 이야기를 만들어 봅시다. 꿈이야말로 자신이 표현할 수 있는 상상력의 보고(보물창고)입니다. 그동안 몰라봤던 꿈속의 상상력을 끄집어낸다면 흥미롭고 재미있는 나만의 이야기가 완성될 수 있을 거예요. 자, 눈을 감고 어렴풋하게 떠오르는 나의 꿈 이야기 속으로 빠져들어 봅시다. 여러분들의 상상력으로 빚어낼 베드타임 스토리가 정말 기대되는군요.

* 문서시나리오에 사용된 어휘(빈도/횟수)를 시각적으로 나타낸 워드 클라우드(word cloud)입니다. 워드클라우드를 통해 어떤 주제와 활동이 핵심인지 예상해 보세요.

학습의 출발점이 호기심임을 상기한다면 프로젝트학습에서 시작은 중요합니다. 각 장의 첫페이지에 등장하는 'INTRO'는 학생들의 경험세계 또는 삶에서 주제와 관련된 이야기를 최대한 끄집어내는 데 목적을 두고 있습니다. 이런 목적이 잘 달성되면 제시될 '문제'에 대한 관심으로 자연스레 옮겨지게 됩니다. 'INTRO'의 내용을 학습자에게 직접 배부하여 공유하는 방법도 있지만 구두로 직접 설명하는 것이 오히려 나을 수도 있습니다. 주제와 관련된 흥미로운 멀티미디어 자료를 활용하는 건 탁월한 선택입니다.

❷ 특별한 상황과 가상의 역할이 문제의 출발점에 담겼다.

문제의 출발점에는 주제를 담고 있는 특별한 상황과 학습자가 맡아야 할 가상의 역할 등이 담겨 있습니다. 여기선 학습자가 주어진 상황과 역할을 정확히 파악하도록 하는 것이 중요합니다. 이 과정에서 과제를 수행해야 하는 이유에 대한 일종의 '공감'이 형성되도록 하는 것도 필요합니다. 문제의 출발점에 수록된 내용을 단순히 읽어보는 차원에 그치지 말고, 이야기의 주인공이 돼서 서로 설명할 수 있는 기회를 제공하는 것도 고려해볼 만합니다. 마치 유대인의 교육방법인 하브루타처럼 말이죠.

❸ PBL MAP을 활용하여 자발적인 관심을 유도해 보자.

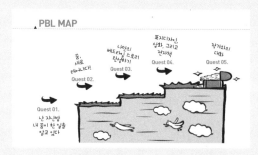

'PBL MAP'은 앞으로 진행될 학습의 흐름을 한눈에 확인할 수 있도록 해 줍니다. 문제의 출발점을 학생들과 충분히 공유한 이후에 제시하도록 설계되어 있지만, 굳이 따라하지 않아도 됩니다. 거꾸로 'PBL MAP'을 먼저 제시하고 경험하게 될 특별한 상황, 과제, 중심활동 등을 예상해 보는 시간을 갖는 것도 효과적인 방법일 수 있습니다. 자발적인 관심이 높아졌을 때, 문제상황을 제시하는 것이 훨씬 의미있는 출발점을 만들 수도 있기 때문입니다.

❹ 퀘스트 활동지는 융통성있게 활용하는 것이 좋다.

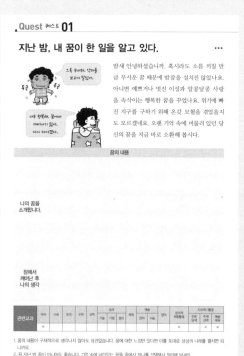

문제마다 제시되는 퀘스트는 보통 4-5개 정도입니다. 각 퀘스트는 과제의 성격에 맞게 구성된 활동양식이 제공됩니다. 대부분의 활동지는 최소한의 개별활동과 과제에 대한 이해를 돕기 위한 목적으로 설계됐습니다. 그러므로 활동지에 기록하는 것을 지나치게 강조할 필요는 없습니다. 학습자의 흥미가 반감되거나 학습의 흐름을 놓치는 경우가 발생하지 않도록 융통성있게 적용해야 합니다. 더불어 수업시수 확보가 필요하다면 퀘스트마다 제공되는 교과정보를 참고하여 교육과정과의 연계가능 여부를 살피도록 합니다.

림으로 난이도를 표시하고 있습니다. 수행결과를 점수화하는 근거로 활용하거나 게임

상황에서 부여되는 경험치처럼 다양한 방식의 피드백 환경과 연계해 볼 수 있습니다.

❺ Fun Tips를 학습의 방향타로 활용하라!

'Fun Tips'는 과제에 대한 이해를 돕
기 위한 보충설명과 학습의 방향을
잃지 않도록 안내하는 내용이 담겨

있습니다. 참여하는 학생들이 'Fun Tips'의 내용을 놓치지 않고 제대로 짚어가며 살펴볼
수 있도록 하는 것이 중요합니다. 수업을 진행하는 교사 역시 'Fun Tips'의 내용을 사전
에 숙지하고 추가해야 할 내용이 있다면 기록하여 알리도록 합니다.

❻ 나만의 교과서에 프로젝트학습의 기록을 남겨야 한다.

나만의 교과서는 퀘스트를 수행하며 학습
자 본인의 방식대로 기록하는 공간입니다. 다
만 이 공간은 4가지 기본항목인 'ideas: 문제
해결을 위한 나의 아이디어', 'facts: 문제와 관
련하여 내가 알고 있는 것들', 'learning issues:
문제해결을 위해 공부해야 할 주제', 'need to
know: 반드시 알아야 할 것'으로 구분되어
있습니다. 각 항목을 자세히 설명한다면 다
음과 같습니다.

'ideas'는 가설세우기 혹은 글쓰기의 경우 큰 틀 잡기에 해당합니다. 팀 단위로 과제를
해결하기 위한 방안을 자유롭게 토론하고, 해당 내용을 중심으로 기술하는 것이 바람직
합니다.

'facts'는 제시된 문제상황과 활동과 관련하여 기존에 알고 있는 개념, 지식, 기술 등을
정리하는 공간입니다. 주어진 과제로부터 알 수 있는 사실 외에 관련하여 알고 있는 내용
을 소상히 기록할수록 좋습니다.

'learning issues'는 과제를 해결하는데 있어서 더 배워야 할 학습내용(학습주제)을 기록하는 공간입니다. 여기엔 문제를 해결하는 데 필요한 세상에 모든 지식과 정보가 망라됩니다. 학습의 효율성을 위해 팀별 논의를 거쳐, 개인과제 혹은 팀 공동과제로 구분하여 진행하는 것이 효과적인 전략일 수 있습니다.

'need to know'는 공부해야 할 주제 가운데 반드시 알아야 할 내용을 정리하는 공간입니다. 특정 교과지식의 습득이 필요할 경우, 교사가 학생들에게 공통과제로 제시할 수도 있습니다. 물론 학습의 흐름에 방해가 되지 않는다는 전제 하에서 말이죠.

❼ 스스로 평가문항을 자기점검 기준으로 삼자!

나만의 교과서 하단에 위치한 스스로 평가는 총 5개의 평가문항으로 구성됩니다. 각 문항별로, 자신의 학습과정을 되돌아볼 수 있으며, 이를 점수로 나타낼 수 있습니다. 내실 있는 학습활동이 가능하도록 자기점검 기준을 제공하는 데 목적을 둡니다.

최하단 부분에 위치한 퀘스트별 자기평가 점수를 기록할 '오늘의 점수'와 수행한 퀘스트의 누계 점수를 기록하도록 고안된 '나의 총점수'도 여러 목적으로 활용할 수 있습니다.

❽ 관련 정보가 한눈에…, Teacher Tips의 개요만 보아도 알 수 있다.

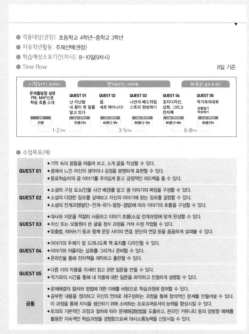

'Teacher Tips'의 개요부분은 해당 프로젝트학습을 현장에 적용하는 데 있어서 반드시 참고해야 할 정보를 제공해 줍니다. 적용대상에서부터 연계 가능한 교과 및 단원 정보, 학습예상 소요시간, 수업목표에 이르기까지 자세한 내용을 담고 있습니다. 프로젝트학습을 현장에 성공적으로 적용하기 위한 노하우들이 담겨있는 만큼, 수업 전에 필독하는 건 기본 중에 기본입니다.

더불어 이 책에 수록된 모든 프로젝트학습은 초등학교뿐만 아니라 중학교 수업에서도 적용 가능합니다. 특히 자유학기활동에서 활용하기 좋은 프로그램도 여럿 찾을 수 있을 겁니다. 예술체육, 진로탐색, 주제선택 중에 어떤 카테고리를 선택할지는 전적으로 실천할 교사의 몫입니다.

더불어 'Teacher Tips'에는 퀘스트별로 과제와 활동의 성격을 분명하게 보여주는 수업 목표가 제공됩니다. 프로젝트학습을 교과수업과 연계하여 적용하고자 한다면 예로 제시된 수업목표를 충분히 살펴볼 필요가 있습니다.

❾ Teacher Tips의 실전 지침으로 성공적인 프로젝트학습을 이끌어라!

'Teacher Tips'의 본론으로 들어서면 '시작하기', '전개하기', '마무리' 순으로 프로젝트학습을 현장에 적용하는 데 필요한 것이 무엇인지 활동지의 각 항목마다 구체적인 설명이 말주머니로 덧붙여 있습니다.

여기에는 프로젝트학습의 실천을 용이하게 해 줄 세부적인 지침도 포함됩니다. 수업 전, 수업이 진행되는 과정 중에도 수시로 확인해 가며 불필요한 시행착오를 줄여나가는 것이 중요합니다.

❿ 실전가이드로 셀프연수를 시작하자.

'설레는 수업, 프로젝트학습'에는 특별한 의도로 집필한 실전가이드 섹션이 있습니다. 'PBL은 문제로 통한다'로 시작해서 '게임화 전략으로 문제에 매력을 더하라'까지 총 4편으로 구성되어 있는데, 프로젝트학습의 핵심인 '문제'와 '학습과정'을 체험적으로 이해시키는 데 초점을 두고 있습니다.

일종의 셀프연수자료로 활용하거나 학교, 학년 단위의 전문적 학습공동체의 연수자료로 활용하는 것도 충분히 가능합니다. 개별이든 팀이든 프로젝트학습에 대한 실질적인 이해를 높이는 데 도움이 될 것이라 여겨집니다.

⓫ Maker Note, 프로젝트학습이 메이커 활동이 되다.

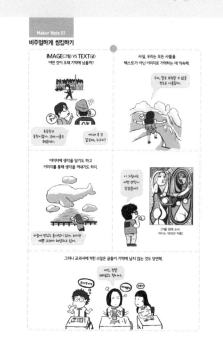

메이커 노트는 '비주얼하게 씽킹하기', '도전! 온라인 출판물 만들기', '돋보이는 프레젠테이션 자료 만들기'라는 주제로 제공되고 있습니다.

프로젝트학습의 과정을 들여다보면, 문제(과제)에서 요구하는 무언가를 만들기 위한 활동으로 채워질 때가 많습니다. 어떻게 보면 최근 주목받고 있는 메이커 활동(maker activity)과 크게 다르지 않다고 봅니다. 학습자의 흥미와 호기심에 따라 주제선정에서부터 모든 학습 과정을 스스로 결정해야 하는 프로젝트학습의 경우에는 더욱 그렇습니다. 이는 메이커 노트를 통해 프로젝트학습 과정이 하나의 메이커 활동이 될 수 있도록 유용한 정보를 소개하고 있는 까닭이기도 합니다. 학생들이 메이커 노트를 참고하여 프로젝트학습의 주제와 내용, 활동의 성격에 맞게 적합한 방법과 도구를 익힐 수 있도록 활용해 주세요.

⓬ 배지스티커로 즐거움과 만족감을 주는 피드백을 구현하자!

프로젝트학습에 적극적으로 참여한 학습자들에게 특별한 의미와 상징성을 지닌 인증배지 스티커를 부여할 수 있습니다. 동료평가, 자기평가, 수행평가 등과 연계하거나 경험치, 능력치 등 특별한 포인트시스템을

적용하여 활용해 보도록 하세요. 어떤 방식이든 결과가 미흡하더라도 과정이 충실히 이루어지면 받을 수 있는 보상이어야 합니다.

　배지스티커는 크게 두 가지로 제공됩니다. 프로젝트학습 전체 과정에 적극적으로 참여한 학습자에게 수여되는 '올클리어(All-Clear)' 배지스티커와 퀘스트 단위의 작은과제수행에 대한 '칭찬' 배지스티커입니다. '칭찬' 배지스티커는 프로젝트학습이 진행되는 과정에서 피드백 용도로 자유롭게 활용하면 됩니다.

* 프로젝트학습 스티커는 상상채널 홈페이지(www.naeha.co.kr)에서 별도 구매 가능합니다.

이 책은 실천의 무대를 만나야 제 빛깔을 뽐낼 수 있습니다.
한번 읽고 그냥 책장에 묻어 둔다면, 어떤 의미도 없습니다. 책 속에
담긴 프로젝트학습을 나의 수업으로 구현해야 비로소 진정한 의미로 다가갈
수 있다고 봅니다. 프로젝트학습에 대한 경험이 없고, 이해가 깊지 않더라도
제공되는 프로그램만으로 어렵지 않게 수업을 채울 수 있습니다. 가능하다면, 책
에서 제공한 10개의 프로젝트학습을 한 해 동안 모두 실천해 보는 것을 권장합
니다. 프로젝트학습이 거듭될수록 학생들의 긍정적인 반응과 변화를 확실히 느
낄 수 있을 테니까요. 물론 이 책의 활용은 전적으로 독자의 몫입니다. 자신
만의 강점과 창의적인 사고를 더해 매력적인 프로젝트학습으로 완성
시킨다면, 더할 나위 없이 좋겠죠. 자, 이제 마음만 있다면 프
로젝트학습에 도전할 수 있습니다. 망설일 필요가
있을까요. 그냥 시작해 봅시다.

CONTENTS

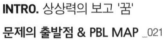

CHAPTER

01

Bedtime Story,
지난 밤 꿈에서 시작되는
특별한 이야기

상상력의 보고 '꿈'

우리가 흔히 말하는 꿈은 수면 시 경험하는 일련의 영상, 소리, 생각, 감정 등의 느낌을 말합니다. 꿈속에서 우리는 다양한 이야기와 마주하게 됩니다. 일상의 모습과 다를 바 없는 평범한 꿈을 꾸기도 하지만, 때론 실제 세상에서 벌어지기 어려운 상황을 겪기도 합니다.

평소 간절히 소망하던 일들이 꿈속에서 이루어질 때도 있지만, 너무도 걱정하고 우려하던 일들이 꿈속에 나타나서 자신을 괴롭히기도 합니다. 그런데 재미있는 것은 현실과 구분되지 않을 만큼 실감나게 느껴지던 꿈들이 잠에서 깨고 나면 전혀 기억나지 않을 때가 많다는 것입니다. 악몽처럼 밤새 두려움과 공포 속에 소름 돋게 했던 강렬한 꿈을 제외하곤 아마도 오랜 시간 기억에 담아두긴 어려울 테지요. 지난 밤 꿈이 기억 속에 머물러 있을 때, 이를 소재로 특별한 이야기를 만들어 봅시다. 꿈이야말로 자신이 표현할 수 있는 상상력의 보고(보물창고)입니다. 그동안 몰라봤던 꿈속의 상상력을 끄집어낸다면 흥미롭고 재미있는 나만의 이야기가 완성될 수 있을 거예요. 자, 눈을 감고 어렴풋하게 떠오르는 나의 꿈 이야기 속으로 빠져들어 봅시다. 여러분들의 상상력으로 빚어낼 베드타임 스토리가 정말 기대되는군요.

* 문제시나리오에 사용된 어휘빈도(횟수)를 시각적으로 나타낸 워드클라우드(word cloud)입니다.
  워드클라우드를 통해 어떤 주제와 활동이 핵심인지 예상해 보세요.

Bedtime Story, 지난 밤 꿈에서 시작되는 특별한 이야기

아침 일찍 눈을 떴다. 평소 꿈을 꾸지 않았는데 오늘따라 기억이 난다. 방금 전에 일어난 일인마냥 생생하다.

이럴 수가 꿈이었다니, 그저 한밤의 꿈이긴 너무 아깝다. 아직도 기억 속에 생생한데…

혹시 예지몽 아닐까. 현실처럼 생생한 이 기분은 뭐지?

무슨 내용이었는지 잘 기억나지 않는 꿈들과는 차원이 다르다. 그 꿈이 나에게 들려주고자 한 이야기는 과연 무엇일까? 작가로서 지난 밤 꿈에서 시작된 나만의 이야기를 작품에 담아야겠다.

▲ PBL MAP

지난 밤, 내 꿈이 한 일을 알고 있다.

★★★

밤새 안녕하셨습니까. 혹시라도 소름 끼칠 만큼 무서운 꿈 때문에 밤잠을 설치진 않았나요. 아니면 예쁘거나 멋진 이성과 알콩달콩 사랑을 속삭이는 행복한 꿈을 꾸었나요. 위기에 빠진 지구를 구하기 위해 온갖 모험을 겪었을지도 모르겠네요. 오랜 기억 속에 머물러 있던 당신의 꿈을 지금 바로 소환해 봅시다.

꿈의 내용

나의 꿈을
소개합니다.

잠에서
깨어난 후
나의 생각

관련교과	국어	사회	도덕	수학	과학	실과			체육	예술		영어	창의적 체험활동	자유학기활동		
						기술	가정	정보		음악	미술			진로 탐색	주제 선택	예술 체육
	●												●		●	●

1. 꿈의 내용이 구체적으로 생각나지 않아도 상관없습니다. 꿈에 대한 느낌만 있다면 이를 토대로 상상의 나래를 펼치면 되니까요.
2. 꼭 지난 밤 꿈이 아니어도 좋습니다. 기억 속에 남아있는 꿈들 중에서 하나를 선택해서 정리해 보세요.

나만의 교과서

4가지 기본항목을 채우고, 퀘스트 해결과정에서 공부한 내용이나 수집한 정보를 토대로 자신만의 방식으로 알차게 표현해 보세요. 그림이나 생각그물의 형태로 표현하는 것도 좋습니다.

ideas
문제해결을 위한 나의 아이디어

facts
문제와 관련하여 내가 알고 있는 것들

learning issues
문제해결을 위해 공부해야 할 주제

need to know
반드시 알아야 할 것

스스로 평가
자기주도학습의 완성!

나의 신 호 등

01	나는 기억 속의 꿈들을 떠올려 보고, 소개 글을 작성했다.	① ② ③ ④ ⑤
02	나는 꿈을 꾸고 난 다음의 느낌을 상기하며 정리해 보았다.	① ② ③ ④ ⑤
03	나는 내 꿈을 모둠원들에게 실감나게 전달하였다.	① ② ③ ④ ⑤
04	나는 다른 모둠원들의 꿈 이야기를 진지하게 듣고 공유하였다.	① ② ③ ④ ⑤
05	나는 문제해결을 위해 탐구한 내용과 수집한 정보를 바탕으로 나만의 교과서를 멋지게 완성하였다.	① ② ③ ④ ⑤

자신의 학습과정을 되돌아보고 진지하게 평가해주세요.

Level
up

오늘의 점수   나의 총점수

꿈, 새로 태어나다!

★★★★★

특별한 나의 꿈, 그냥 기억에 가둬두긴 아까워. 나의 작품에 담아내야겠다.

지난밤 꿈으로만 남기엔 너무나 특별하게 다가옵니다. 작가적 상상력을 더해 자신의 꿈을 매력적인 이야기로 탈바꿈시키고 싶습니다. 물론 쉽지는 않겠지만 당신은 작가로서 멋진 작품으로 탄생시킬 충분한 능력을 지니고 있습니다. 당신의 꿈이 어떤 이야기로 꾸며질지 벌써부터 기대되는군요.

제 목	
장 르	
이야기의 배경 (시간, 공간)	시간 공간
주요 등장인물	
주요 사건	

	STORY LINE
발단	
전개	
위기	
절정	
결말	

관련교과	국어	사회	도덕	수학	과학	실과			체육	예술		영어	창의적 체험활동	자유학기활동		
						기술	가정	정보		음악	미술			진로 탐색	주제 선택	예술 체육
	●												●		●	●

1. 소설의 다양한 장르를 살펴보고 자신의 꿈 이야기와 어울리는 장르를 결정합니다.
   (예) 로맨스, 판타지, SF(공상과학), 미스터리, 공포, 추리, 코미디 등
2. ★ 소설의 전개과정 (발단–전개–위기–절정–결말)을 참고해 보세요.
   1. 발단 – 인물, 배경 소개하기   2. 전개 – 사건의 실마리가 나타남   3. 위기 – 갈등이 고조됨
   4. 절정 – 갈등의 최고조   5. 결말 – 갈등의 해소, 마무리

나만의 교과서

4가지 기본항목을 채우고, 퀘스트 해결과정에서 공부한 내용이나 수집한 정보를 토대로 자신만의 방식으로 알차게 표현해 보세요. 그림이나 생각그물의 형태로 표현하는 것도 좋습니다.

ideas
문제해결을 위한 나의 아이디어

facts
문제와 관련하여 내가 알고 있는 것들

learning issues
문제해결을 위해 공부해야 할 주제

need to know
반드시 알아야 할 것

 스스로 평가
자기주도학습의 완성!

나의 신 호 등

01	나는 소설의 다양한 장르를 알고 나의 꿈과 어울리는 장르를 선택하였다.	① ② ③ ④ ⑤
02	나는 모둠 친구들의 꿈과 나의 꿈 이야기가 자연스럽게 연결될 수 있도록 의견을 조율하는데 적극적으로 참여하였다.	① ② ③ ④ ⑤
03	나는 소설의 전개과정을 이해하였으며 그것에 맞게 이야기의 흐름을 구성하였다.	① ② ③ ④ ⑤
04	나는 문제해결을 위해 탐구한 내용과 수집한 정보를 바탕으로 나만의 교과서를 멋지게 완성하였다.	① ② ③ ④ ⑤

자신의 학습과정을 되돌아보고 진지하게 평가해주세요.

Level up

오늘의 점수   나의 총점수

나만의 베드타임 스토리 완성하기 ★★★★★★

특별한 나의 꿈, 그냥 기억에 가둬두긴 아까워. 나의 작품에 담아내야겠다.

꿈을 이야기로 재구성하는 작업이 쉽지만은 않습니다. 그래도 소설의 전개 과정에 따라 대강의 이야기를 정리해 둔 상태죠. 이제 상상력을 더해 생동감 넘치는 글로 표현하는 일만 남았습니다. 당신의 이야기는 다른 사람의 마음에 감동을 줄 수도 있고 슬픔, 웃음, 공포 등 다양한 감정을 느끼게 만들 것입니다. 꿈을 소재로 이렇게 멋진 이야기가 탄생하다니 정말 대단하지 않습니까.

> 나만의 베드타임 스토리

관련교과	국어	사회	도덕	수학	과학	실과			체육	예술		영어	창의적 체험활동	자유학기활동		
						기술	가정	정보		음악	미술			진로 탐색	주제 선택	예술 체육
	●												●		●	●

1. 웹툰의 등장인물은 이야기 전개와 밀접한 관련이 있습니다. 소개란에 등장인물의 성격을 중심으로 기술하고, 독자의 기억에 오래 남을 만한 쉽고 재미있는 이름을 지어보세요.
2. 웹툰 시나리오는 하나의 칸에 어떤 이야기를 담을지 고민하고 구분해서 정리하는 것이 좋습니다. 이왕이면 말주머니에 들어갈 내용과 그림의 느낌을 살릴 수 있는 상황묘사 등을 구분하여 나타내는 것이 좋습니다.

나만의 교과서

4가지 기본항목을 채우고, 퀘스트 해결과정에서 공부한 내용이나 수집한 정보를 토대로 자신만의 방식으로 알차게 표현해보세요. 그림이나 생각그물의 형태로 표현하는 것도 좋습니다.

ideas
문제해결을 위한 나의 아이디어

facts
문제와 관련하여 내가 알고 있는 것들

learning issues
문제해결을 위해 공부해야 할 주제

need to know
반드시 알아야 할 것

스스로 평가
자기주도학습의 완성!

나의 (신) (호) (등)

01	나는 대사와 지문을 적절히 사용하고 이야기 흐름(소설 전개과정)에 맞게 완성하였다.	①②③④⑤
02	나는 이야기의 흐름을 매끄럽게 하기 위해 1회 이상의 첨삭 과정을 거쳤다.	①②③④⑤
03	나는 맞춤법, 띄어쓰기 등과 함께 문장 사이의 연결, 문단의 연결 등을 꼼꼼하게 살펴보았다.	①②③④⑤
04	나는 문제해결을 위해 탐구한 내용과 수집한 정보를 바탕으로 나만의 교과서를 멋지게 완성하였다.	①②③④⑤

자신의 학습과정을 되돌아보고 진지하게 평가해주세요.

Level up

오늘의 점수

나의 총점수

Quest 퀘스트 **04**

표지디자인, 삽화, 그리고 전자책   ★★★★★★

당신만의 특별한 꿈 이야기가 하나의 작품으로 완성되고 있습니다. 이 작품이 더 많은 사람들에게 알려지고 더 돋보이게 하려면 책 디자인이 필요합니다. 이야기와 잘 어울리는 삽화가 있다면 당연히 더 좋을 것입니다. 독자의 마음을 사로잡는데 있어서 이야기의 완성도가 제일 중요하지만 책의 첫인상을 좌우할 표지 디자인 역시 무시할 순 없을 겁니다. 매력적인 책표지와 삽화를 통해 나만의 베드타임 스토리가 담긴 멋진 전자책을 완성해 주세요.

나만의 Bedtime Story 책 표지 디자인	대표적인 삽화

전자책 주소

관련교과	국어	사회	도덕	수학	과학	실과			체육	예술		영어	창의적 체험활동	자유학기활동		
						기술	가정	정보		음악	미술			진로 탐색	주제 선택	예술 체육
	●										●		●		●	●

1. 책 표지를 디자인하기 위해 기본적으로 들어가야 하는 내용을 구상합니다. 이야기 내용과 어울리는 삽화도 함께 준비해 주세요.
2. 전자책은 네이버 웹소설(novel.naver.com)과 포스트(post.naver.com) 등 온라인출판을 지원하는 서비스가 많이 있습니다.

나만의 교과서

4가지 기본항목을 채우고, 퀘스트 해결과정에서 공부한 내용이나 수집한 정보를 토대로 자신만의 방식으로 알차게 표현해 보세요. 그림이나 생각그물의 형태로 표현하는 것도 좋습니다.

ideas
문제해결을 위한 나의 아이디어

facts
문제와 관련하여 내가 알고 있는 것들

learning issues
문제해결을 위해 공부해야 할 주제

need to know
반드시 알아야 할 것

스스로 평가
자기주도학습의 완성!

나의 신 호 등

01	나는 독자의 관심을 끌 수 있으면서 이야기의 주제가 잘 드러나도록 책 표지를 디자인했다.	① ② ③ ④ ⑤
02	나는 이야기와 어울리는 삽화를 그리거나 준비했다.	① ② ③ ④ ⑤
03	나는 온라인을 통해 전자책을 출판하였다.	① ② ③ ④ ⑤
04	나는 문제해결을 위해 탐구한 내용과 수집한 정보를 바탕으로 나만의 교과서를 멋지게 완성하였다.	① ② ③ ④ ⑤

자신의 학습과정을 되돌아보고 진지하게 평가해주세요.

Level up

오늘의 점수

나의 총점수

Quest 퀘스트 **05**

작가와의 대화

****

> 내 작품에 대한 독자들의 반응이 정말 궁금하군.

꿈에서 시작된 나만의 베드타임 스토리가 드디어 전자책으로 출판됐습니다. 오늘은 출판 기념으로 작가와의 대화 시간을 가질 예정입니다. 벌써부터 당신의 작품에 대한 독자들의 반응이 뜨거운 데요. 이번 시간을 통해 독자들의 궁금증을 속 시원하게 해결해 보도록 하겠습니다.

'작가와의 대화'는 독자들의 질문을 듣고 답변하는 형식으로 진행된다고 합니다. 어떤 질문이 오고갈지 정말 궁금해지네요.

❶ 전체 작품을 모두 읽고, 그 중에서 자기 모둠을 제외한 모둠별 작품 하나 이상을 선정합니다. 선정한 작품별로 질문 3개 이상을 만드세요.

모둠	저자명	질문내용

❷ 작가와의 대화 시간을 갖습니다. 질문에 대한 답변 내용을 기록하세요.

모둠	저자명	질문에 대한 답변 요약

관련교과	국어	사회	도덕	수학	과학	실과			체육	예술		영어	창의적 체험활동	자유학기활동		
						기술	가정	정보		음악	미술			진로 탐색	주제 선택	예술 체육
	●												●		●	●

1. 서로 협의를 통해 특정 작품에 질문이 쏠리지 않도록 해 주세요. 완성된 모든 작품에 대한 질문이 이루어질 수 있도록 해야 합니다.
2. 작가와의 대화시간에는 대화(질문) 순서를 미리 정해놓고 진행하는 것이 수월합니다. 더불어 작가와 독자의 만남인 만큼 모든 대화는 존댓말을 사용하도록 합니다.

나만의 교과서

4가지 기본항목을 채우고, 퀘스트 해결과정에서 공부한 내용이나 수집한 정보를 토대로 자신만의 방식으로 알차게 표현해 보세요. 그림이나 생각그물의 형태로 표현하는 것도 좋습니다.

ideas 문제해결을 위한 나의 아이디어	facts 문제와 관련하여 내가 알고 있는 것들

learning issues 문제해결을 위해 공부해야 할 주제	need to know 반드시 알아야 할 것

스스로 평가
자기주도학습의 완성!

나의 신호등

01	나는 다른 친구들의 작품을 자세히 읽었다.	①②③④⑤
02	나는 작품내용을 파악하고, 관련하여 3개 이상의 질문을 만들었다.	①②③④⑤
03	나는 작가와의 시간을 통해 내 작품에 대한 질문을 파악하고 친절하게 답변하였다.	①②③④⑤
04	나는 문제해결을 위해 탐구한 내용과 수집한 정보를 바탕으로 나만의 교과서를 멋지게 완성하였다.	①②③④⑤

자신의 학습과정을 되돌아보고 진지하게 평가해주세요.

Level up

오늘의 점수   나의 총점수

All-Clear
sticker

01
CHAPTER

Bedtime Story,
지난 밤 꿈에서 시작되는 특별한 이야기

★Teacher Tips

Teacher Tips

'Bedtime Story, 지난 밤 꿈에서 시작되는 특별한 이야기'는 제목에서도 드러나듯 꿈을 소재로 한 이야기 창작이 핵심활동입니다. 창작된 이야기는 다양한 방식으로 표현될 수 있습니다. 말, 글, 그림 등 무엇을 매개로 이야기를 담아낼지 학습자가 직접 결정할 수 있다면 더 좋겠죠. 글쓰기를 중심에 두고 활동을 벌이더라도 학습자가 선호하는 표현방식이 반영되도록 해야 합니다. 암튼 개인의 꿈 경험이 이야기의 소재가 될 수 있다는 자체만으로도 학생들의 흥미를 자극합니다. 특히 다양한 표현방식을 담아내기에 적합한 전자책을 제작하는 만큼 경험한 모든 과정이 큰 성취감으로 다가오게 될 것입니다.

우리 일생의 1/3은 자면서 보내요.
1/3이나, 게다가 1/12은 꿈을 꾸면서 보내죠.
(중략)
앞으로 학교에서는 단잠 자는 방법을 가르치는 날이 올 거예요.
대학에서는 꿈꾸는 방법을 가르치게 될 거예요.
대형스크린으로 누구나 꿈을 예술작품처럼 감상하는 날이 올 거예요.
무익하다고 오해 받는 1/3 시간이 마침내 쓸모를 발휘해
우리의 신체적 정신적 가능성을 극대화 시키게 될 거예요.

— 베르나르 베르베르의 소설 「잠」중에서

베르나르 베르베르(Bernard Werber) 작가는 우리나라 독자들에게 매우 친숙한 작가입니다. 그의 소설들은 일반적으로 생각하기 힘든 참신한 아이디어와 상상력으로 빚어낸 매력적인 이야기들이 가득하죠. 자기만의 독특한 이야기 세계는 그가 꾼 꿈에서 영감을 얻는 경우가 많다고 전해지고 있습니다. 한국강연에서 자면서 꿈꾸는 내용을 깨자마자 일기장에 빠짐없이 기록한다고 말했던 적도 있었죠. 이른바 꿈 일기장이 그에겐 이야기의 보고였던 셈입니다. 학생들 대부분에게 익숙한 영화도 꿈을 소재로 하는 사례가 많습니다. 특히 악몽은 공포영화의 단골 메뉴이기도 하죠. 수업이 시작되기 전에 꿈을 소재로 한 영화 한 편 감상해 보는 것은 어떨까요?

깨어있는 동안 발생한 여러 경험들이 간혹 잠에서 꾸는 꿈으로 이어져 새로운 이야기로 전개되는 경우를 자주 겪습니다. 전혀 생각지 못했던 부분이 연결돼서 생생한 꿈으로 나

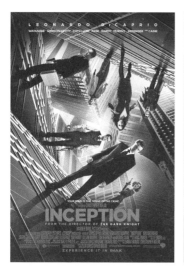

타날 때면 잠에서 깨어난 이후에도 긴 여운이 쉽게 가시질 않죠. 작가, 예술가, 발명가, 과학자 등 어떤 분야를 특정하지 않더라도 많은 사람들이 실제 꿈에서 영감을 얻어 창의적이고 혁신적인 결과물들을 내놓곤 했습니다. 그런 의미에서 지금껏 대수롭지 않게 지나치던 수많은 꿈들이 우리에게 특별한 이야기와 의미 있는 질문들을 던져주었는지도 모릅니다.

이 수업은 자신이 과거에 꾸었던 꿈들을 하나씩 떠올려가며 매력적인 이야기들을 발굴하고, 이를 기초로 창작의 과정을 요구하는 만큼, 학습자의 적극적인 참여를 이끌어내기가 수월합니다. 아무래도 큰 틀에서 기본 스토리(꿈 이야기)가 이미 구성되어 있는 상태라 무에서 유를 창조해내는 식의 인지적 부담은 덜한 편입니다. 한편 과제수행은 참여한 학습자의 희망에 따라 개별(단독저자), 짝(2인 공저) 단위로 진행하는 것이 좋습니다. 사공이 많으면 배가 산으로 간다는 속담처럼 공동 집필자가 3인 이상으로 많아지면 이야기 창작의 특성상 과제수행과정이 원활히 이루어지기 어렵게 됩니다.

베드타임 스토리 프로젝트학습은 학년의 경계를 특별히 두고 있지 않습니다. 문제의 난이도와 활동수준을 조절한다면 초등학교 저학년 학생들도 시도해 볼 수 있는 과제입니다. 국어 교과를 중심으로 미술교과(디자인), 실과교과(정보) 등을 비롯해 자유학년(학기)활동, 창의적 체험활동 프로그램과 연계하여 진행할 수 있습니다.

▲Teacher Tips

교과	영역	내용요소		
		초등학교 [3-4학년]	초등학교 [5-6학년]	중학교 [1-3학년]
국어	문학	◆동화 ◆감각적 표현	◆이야기, 소설 ◆일상 경험의 극화	◆이야기, 소설 ◆개성적 발상과 표현
	말하기 듣기	◆표정, 몸짓, 말투	◆발표[매체활용] ◆체계적 내용 구성	◆발표[내용 구성] ◆청중 고려
	쓰기	◆마음을 표현하는 글 ◆쓰기에 대한 자신감	◆목적·주제를 고려한 내용과 매체 선정 ◆독자의 존중과 배려	◆감동이나 즐거움을 주는 글 ◆표현의 다양성
	문법	◆문장의 기본 구조	◆문장 성분과 호응	◆문장의 짜임
실과 정보	자료와 정보		◆소프트웨어의 이해	◆자료의 유형과 디지털 표현 ◆자료의 수집 ◆정보의 구조화
미술	표현	◆상상과 관찰 ◆다양한 주제	◆표현 방법(제작) ◆소제와 주제(발상)	◆표현 매체(제작) ◆주제와 의도(발상)
	체험	◆미술과 생활	◆이미지와 의미 ◆미술과 타 교과	◆이미지와 시각문화 ◆미술관련직업(미술과 다양한 분야)

- 적용대상(권장): 초등학교 4학년-중학교 3학년
- 자유학년활동: 주제선택(권장)
- 학습예상소요기간(차시): 8-10일(9차시)
- Time Flow
  8일 기준

QUEST 01	◆기억 속의 꿈들을 떠올려 보고, 소개 글을 작성할 수 있다. ◆꿈에서 느낀 자신의 생각이나 감정을 분명하게 표현할 수 있다. ◆동료학습자의 꿈 이야기를 주의깊게 듣고 긍정적인 피드백을 줄 수 있다.
QUEST 02	◆소설의 구성 요소(인물 사건 배경)를 알고 꿈 이야기의 짜임을 구성할 수 있다. ◆소설의 다양한 장르를 살펴보고 자신의 이야기에 맞는 장르를 결정할 수 있다. ◆소설의 전개과정(발단−전개−위기−절정−결말)에 따라 이야기의 흐름을 구성할 수 있다.
QUEST 03	◆대사와 지문을 적절히 사용하고 이야기 흐름(소설 전개과정)에 맞게 완성할 수 있다. ◆자신 또는 모둠원이 쓴 글을 첨삭 과정을 거쳐 수정 작업할 수 있다. ◆맞춤법, 띄어쓰기 등과 함께 문장 사이의 연결, 문단의 연결 등을 꼼꼼하게 살펴볼 수 있다.
QUEST 04	◆이야기의 주제가 잘 드러나도록 책 표지를 디자인할 수 있다. ◆이야기와 어울리는 삽화를 그리거나 준비할 수 있다. ◆온라인을 통해 전자책을 제작하고 출판할 수 있다.
QUEST 05	◆다른 이의 작품을 자세히 읽고 관련 질문을 만들 수 있다. ◆작가와의 시간을 통해 내 작품에 대한 질문을 파악하고 친절하게 설명할 수 있다.
공통	◆문제해결의 절차와 방법에 대한 이해를 바탕으로 학습과정에 참여할 수 있다. ◆공부한 내용을 정리하고 자신의 언어로 재구성하는 과정을 통해 창의적인 문제를 만들어낼 수 있다. 이 과정을 통해 지식을 생산하기 위해 소비하는 프로슈머로서의 능력을 향상시킬 수 있다. ◆토의의 기본적인 과정과 절차에 따라 문제해결방법을 도출하고, 온라인 커뮤니티 등의 양방향 매체를 활용한 지속적인 학습과정을 경험함으로써 의사소통능력을 신장시킬 수 있다.

🔲 시작하기

> **중심활동 : 문제출발점 파악하기, 학습흐름 이해하기**
>
> ◆ 꿈으로부터 탄생한 유명 작품과 관련 일화에 대해 이야기 나누기
> ◆ 자신의 기억에 담고 있는 인상적인 꿈을 떠올리며 문제출발점 파악하기
> ◆ (선택) 자기평가방법 공유, 온라인 학습커뮤니티 활용 기준 제시하기
> ◆ 워드클라우드와 PBL MAP을 통해 중심활동 예상하고, 학습흐름 이해하기

　팝송을 잘 모르는 사람들이더라도 비틀즈의 'Yesterday'는 들어봤을 겁니다. 전 세계에서 1분에 한 번씩 재생된다는 이야기가 있을 정도로 세대를 불문하고 친숙한 명곡임에는 틀림없습니다. 이 곡의 아름다운 선율은 비틀즈의 멤버인 폴 메카트니(Paul McCartney)의 꿈에서 들은 멜로디를 기초로 탄생했다고 합니다. 꿈속에서 들은 아름다운 멜로디를

Teacher Tips

잊지 않으려 일어나자마자 피아노를 연주하며 곡을 썼다는 일화가 전해지고 있죠. 한편 미국의 평범한 가정주부였던 스테파니 메이어(Stephenie Meyer)는 어느 날 소녀와 뱀파이어의 사랑에 대한 꿈을 꾸었고, 이를 바탕으로 매력적인 이야기를 창작하게 됩니다. 세계적인 베스트셀러 소설이면서 영화로도 유명한 '트와일라잇'시리즈가 그 주인공이죠. 이렇듯 꿈으로부터 탄생한 작품은 많습니다. 이들 작품을 예로 들며 이야기를 나누다보며 자연스레 수업에 대한 호기심으로 이어지게 될 것입니다. 비틀즈의 Yesterday를 들려주며 이 수업을 시작해보는 것은 어떨까요?

　꿈에서 비롯된 작품들과 관련 일화를 이야기하며 문제출발점을 제시했다면, 학생들은 주어진 상황이 무엇을 의미하는 것인지 금세 파악할 수 있을 겁니다. 각자 자신의 기억 속에 보관하고 있는 꿈들이 어쩌면 엄청난 의미와 가치를 지니고 있을지 모른다는 점을 강조해주시기 바랍니다. 문제상황에 대한 파악이 어느 정도 이루어졌다면 '인트로(INTRO)'에 제공되는 '워드클라우드(word cloud)'를 이용해 중심활동을 예상해보고, PBL MAP을 활용해 학습의 흐름이 어떠할지 간략하게 설명하도록 합니다.

 전개하기

　'Bedtime Story, 지난 밤 꿈에서 시작되는 특별한 이야기'는 총 5개의 기본퀘스트로 구성되어 있습니다. 기억의 한 켠을 차지하고 있는 꿈을 소환해서 이를 토대로 이야기를 창작하고 전자책으로 출판하는 활동이 주를 이룹니다. 학생들이 마지막 과정까지 완주할 수 있도록 칭찬과 격려를 아끼지 마세요.

● 퀘스트1 : 나는 지난 밤, 내 꿈이 한 일을 알고 있다

> **중심활동 : 기억 속 나의 꿈 소환하기**
> ◆ 최근에 꾸었던 꿈 이야기를 나누며 문제상황 파악하기
> ◆ 기억에 남아 있는 꿈을 떠올리며 기록하기
> ◆ 팀원(혹은 학급전체)을 대상으로 나의 꿈 소개하기

지난 밤, 내 꿈이 한 일을 알고 있다.

★★★

으흑 무서워. 악마를 보고야 말았어.

두근 두근

너무 행복해. 꿈에서 깨어나기 싫어. 다시 자야겠다.

밤새 안녕하셨습니까. 혹시라도 소름 끼칠 만큼 무서운 꿈 때문에 밤잠을 설치진 않았나요. 아니면 예쁘거나 멋진 을 속삭이는 행복 진 지구를 구하기 위 도 모르겠네요. 오랜 신의 꿈을 지금 바로

악몽이든, 길몽이든 최근에 꾸었던 꿈에 대한 이야기를 나누며 문제상황을 제시합니다. 자신의 기억 속에 잠자고 있는 꿈을 소환하는 것이 이 활동의 목적임을 밝힙니다. 대부분의 꿈들이 흐릿하게 기억되고 있다는 점을 공감해주면서 파편처럼 흩어진 기억들을 상상력을 동원해 짜깁기하는 것이 중요하다고 강조해주세요. 팀원들과 이야기를 나누며 꿈의 일부상황이나 분위기 등 단서가 될 만한 기억을 중심으로 대강의 이야기를 떠올려 보는 것도 좋은 방법입니다.

꿈의 내용

나의 꿈을 소개합니다.

각자 기억하고 있는 꿈 중에서 하나를 선택하고 대강의 내용을 글로 정리하도록 합니다. 이어서 팀원들을 대상으로 자신의 꿈을 소개하는 시간을 갖도록 하세요. 수업시간이 충분하다면 학급 전체를 대상으로 나의 꿈을 소개하도록 합니다. 간혹 상대방의 꿈에 대해 혹평하는 학생들이 있습니다. 활동이 시작되기 전에 어떤 자세로 친구들의 꿈 이야기를 들어야 하는지 알려주세요.

잠에서 깨어난 후 나의 생각

		시면	예승	창의적 체험활동	자유학기활동		
					진로 탐색	주제 선택	예술 체육
관련				●		●	●

표면상 서로의 꿈 이야기를 나누고 깨어난 후의 느낌을 공유하는 것이 주요 활동이지만 실은 이야기 창작을 위한 일종의 '브레인스토밍(brain storming)'입니다. 이야기의 소재를 꿈에서 찾으면서 떠오르는 장면, 상황, 인물 등을 단서로 아이디어를 도출하는 과정이라고 볼 수 있습니다. 이야기 창작의 첫 단추임을 염두하고 활동을 진행해주시기 바랍니다.

1. 꿈의 니까.

토대로 상상의 나라를 펼치면 되

2. 꼭 지난 ㅁ ㅁ이 이야기느 초ㅂ하며 지그 구제 무서씨느 ㅁㄹ 오애지 바로를 ㄷ게세서 정리해 보세요.

Teacher Tips

● 퀘스트2 : 꿈, 새로 태어나다!

> **중심활동 : 소설의 구성요소, 전개과정에 따라 이야기 흐름 잡기**
>
> ◆ 소설의 다양한 장르를 살펴보고 꿈 이야기와 어울리는 장르 정하기
> ◆ 소설의 구성 요소를 고려하여 등장인물, 시간 및 공간적 배경, 주요 사건 구성하기
> ◆ 소설의 전개 과정(발단, 전개, 위기, 절정, 결말)에 따라 이야기 흐름 완성하기

Quest 퀘스트 **02 꿈, 새로 태어나다!**

★★★★★

특별한 나의 꿈, 그냥 기억에 가둬두긴 아까워. 나의 작품에 담아내야겠다.

지난밤 꿈으로만 남기엔 작가적 상상력을 더해 탈바꿈시키고 작가로서 멋진 작품 고 있습니다. 당신의 부터 기대되는군요.

문제상황을 제시하며 앞서 수행한 내용을 토대로 꿈을 소재로 한 이야기 창작에 도전하는 활동임을 알립니다. 이야기 창작은 개인별(1인 저자)로 하거나 비슷한 꿈을 묶어서 그룹별(공동저자)로 진행할 수 있습니다. 참여하는 학생들의 희망을 존중해서 이야기 창작단위를 결정해주세요.

제 목	
장 르	
이야기의 배경 (시간, 공간)	
주요 등장인물	
주요 사건	
발단	
전개	
위기	

학생들의 글쓰기 역량에 따라 주어진 활동의 난이도가 다르게 느껴질 수밖에 없습니다. 보통 글쓰기에 두려움을 느끼는 학생들의 경우 시작 자체를 하지 못한 채 눈치 보기에 급급하기도 합니다. 머릿속 이야기를 끄집어내서 글로 표현하는 과정이 부담스럽게 느껴지면 곤란합니다. 활동지에 채워진 글이 다소 성의가 없어 보이더라도 살짝 눈감아주세요. 어찌됐든 제목, 장르, 이야기의 배경, 주요 등장인물, 주요사건만 기록되었다면 그걸로 충분합니다.

소설의 구성은 보통 갈등이 형성되고 그 갈등을 해결하는 과정에 의해 만들어집니다. 우리가 흔히 알고 있는 구성의 단계는 발단-전개-위기-절정-결말의 형식을 갖고 있죠. 각 단계에 대해 학생들이 이해하고 있다면 훨씬 이야기를 짜임새 있게 구성하는데 도움이 될 수 있을 것입니다. 먼저 '발단'은 소설의 도입부로 주요 등장인물들의 소개 및 성격을 알려주게 되며 사건의 시간적, 공간적 배경을 제시하게 됩니다. 발단부에 의해 이야기 전체의 분위기가 좌우되기도 하며 사건의 실마리가 나타나기도 합니다. '전개'는 이야기 속에서 갈등이 드러나는 단계입니다. 사건이 본격적으로 펼쳐지는 단계라고 할 수 있습니다. '위기'는 갈등이 고조되고 심화되는 단계인데 이 때 사건의 반전 또는 새로운 사건의 발생으로 위기감이 고조되기도 합니다. '절정'은 갈등과 사건이 최고조에 이르면서 해결의 전환점을 맞이하게 되는 단계입니다. 마지막 '결말'은 인물들 사이에 벌어진 사건과 갈등이 해결되고 마무리되면서 소설이 마무리되는 단계입니다. 다만 경우에 따라 전개나 위기 부분이 생략되거나 발단 부분을 길게 또는 절정부분을 짧게 구성해서 이야기의 임펙트를 줄 수도 있습니다. 각 단계에 대한 이해와 함께 이야기흐름(story line)을 구성해 나간다면 훨씬 안정감 있는 이야기가 만들어질 수 있겠죠? 이 활동은 학생들의 연령과 수준, 교육과정 등을 고려하여 생략할 수도 있습니다. 현장 상황에 따라 융통성 있게 적용해주세요.

중심활동 : 꿈이 담긴 소설쓰기

◆ 앞서 수행한 내용을 바탕으로 소설쓰기
◆ 글의 완성도를 높이기 위하 교차검토와 고쳐 쓰기를 통해 이야기 완성하기

Quest 퀘스트 03 나만의 베드타임 스토리 완성하기

★★★★★★

특별한 나의 꿈, 그냥 기억에 가둬두긴 아까워. 나의 작품에 담아내야겠다.

나만의 베드타임 스토리

꿈을 이야기로 재구성하는 작업이 쉽지만은 않습니다. 그래도 소설의 전개 과정에 따라 대강의 이야기를 정리해 둔 상태죠. 이제 상상력 하는 일만 남았습 음에 감동을 줄 수도 감정을 느끼게 만들 것 이야기가 탄생하다니 것

퀘스트3은 앞서 수행한 내용을 바탕으로 이야기를 완성하는 활동으로 채워집니다. 소설의 전개 과정에 따라 어느 정도 이야기 흐름이 잡힌 상태이므로 여기에 학생들의 작가적 상상력을 발휘하면 됩니다. 이런 부분들을 제시된 문제상황을 통해 확인하고 멋진 이야기 완성될 수 있도록 독려해주세요.

소설 속 등장인물들의 말과 행동은 문장부호를 적절히 사용하여 표현하도록 합니다. 실재감을 더하기 위해 대사를 과하게 삽입하는 경우, 이야기가 다소 산만하게 느껴질 수 있습니다. 간결한 표현을 강조해주세요. '그래서', '하지만', '그런데' 등 접속사의 빈번한 사용은 글의 몰입을 방해한다는 점도 알려줄 필요가 있습니다.

'모든 초고는 쓰레기다' 헤밍웨이가 남긴 명언 중에 하나입니다. 초고는 작가의 상상력을 바탕으로 가공되지 않은 생각이나 이야기를 가감 없이 담는 경우가 많기 때문에 글의 완성도를 기대하기 어렵습니다. 출판된 모든 소설들이 읽고 고쳐 쓰길 반복하는 과정에서 완성된다는 점을 강조해주세요. 단순한 오탈자뿐만 아니라 이야기의 흐름이 어떤지, 사건 간의 개연성이 있는지, 등장인물들의 대화나 행동에 어색한 부분은 없는지 등을 반복적으로 확인하며 글을 고쳐 쓰도록 지도해야 할 것입니다. 팀원들과 서로의 글을 읽어보며 퇴고의 과정을 거친다면 훨씬 도움이 되겠죠?

관련교과	국어
	◆

1. 웹툰의 등장인물은 (에 오래 남을 만한 슼
2. 웹툰 시나리오는 하ㄴ 어갈 내용과 그림의 느

● 퀘스트4 : 표지디자인, 삽화, 그리고 전자책

중심활동 : 표지디자인과 삽화 그리기, 전자책 출판하기

◆ 전자책을 출판해야 하는 문제상황을 파악하기
◆ 이야기에 어울리는 표지디자인과 삽화그리기
◆ 전자책으로 출판하고 공유하기, 공유된 모든 책 읽기

전자책을 출판하는 것이 최종목적임을 밝히고 문제상황을 제시합니다. 다만 대상 학년이 낮아서 시도가 어려운 경우엔 일반적인 책 만들기로 대체할 수 있습니다. 다음 장에 소개되고 있는 북아트페어 수업을 접목해서 북아트 작품을 만들고 공유하는 행사를 여는 것도 가능합니다. 아무튼 표지디자인뿐만 아니라 그림과 사진의 배열, 글꼴이나 글자색과 크기 등 책의 완성도를 결정하는 요소가 무엇인지 이야기를 나누며 활동을 진행해보도록 합시다.

Quest 퀘스트 **04** 표지디자인, 삽화, 그리고 전

당신만의 특별한 꿈 이야기가 완성되었습니다. 이 작품이 더 많은 사람들에게 알려지고 면 책 디자인이 필요합니다. 이야기와 잘 어울리 당연히 더 좋을 것입니다. 독자의 마음을 사로잡는 기의 완성도가 제일 중요하지만 책의 첫인상을 좌우할 인 역시 무시할 순 없을 겁니다. 매력적인 책표지와 삽화를 나만의 베드타임 스토리가 담긴 멋진 전자책을 완성해 주세요.

책에 대한 관심을 끄는데 표지디자인이 큰 몫을 차지하고 있다는 점을 부각시켜줍니다. 최근 출판된 책의 표지디자인들을 살펴보며 서로의 느낌을 이야기하는 시간을 갖는 것도 활동의 중요성을 인식하는 데 도움이 됩니다. 미술교과와 연계해서 표지디자인과 삽화 작업을 진행할 수 있습니다. 만약 전자책 출판자체에 의미를 두고 이들 활동을 간소화시켜 진행하고자 한다면 스마트폰의 편집 어플이나 그래픽 소프트웨어를 활용해 기존 이미지 자료를 재가공해 사용하는 방법을 고려해볼 수 있습니다.

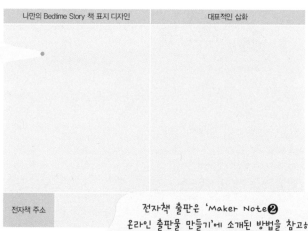

나만의 Bedtime Story 책 표지 디자인	대표적인 삽화

전자책 주소

관련교과	국어	사회	도덕
	●		

1. 책 표지를 디자인하기 위해 기본적으로 들어 주세요.
2. 전자책은 네이버 웹소설(novel.naver.com)과

전자책 출판은 'Maker Note❷ 온라인 출판물 만들기'에 소개된 방법을 참고하여 진행하도록 합니다. 완성된 전자책은 학급커뮤니티를 통해 공유하도록 하는데, 퀘스트5. 작가와의 대화를 갖기 전에 가급적 모든 작품을 읽어보도록 하는 것이 적절합니다. 강제적인 방법보다 온라인 상에서 인기투표를 진행하거나 서평이벤트 등을 여는 등 책을 읽고 싶게 만드는 조건을 마련해주세요.

 **마무리**

드디어 꿈에서 시작된 이야기가 소설로 완성되었고, 전자책으로 출판되기에 이르렀습니다. 이제 학생들에겐 자신의 작품을 세상에 선보인 어엿한 소설가로서 독자들을 만나는 일만 남았습니다. 아무쪼록 출판기념회가 열리는 실감나는 무대를 마련하여 작가와의 대화시간을 좀 더 의미있게 만들어보길 바랍니다.

> **중심활동 : 작가로서 작품소개하고 독자로서 질문하기**
>
> ◆ 자신이 속한 팀을 제외한 나머지 팀 소속 작품 1편을 선정하여 질문 3개 이상 만들기
> ◆ 자신의 작품소개 시나리오 준비하기
> ◆ 출판기념회의 무대에서 작품소개, 질문과 답변으로 구성된 작가와의 대화시간 갖기

Quest 퀘스트 **05** 작가와의 대화

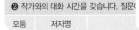

내 작품에 대한 독자들의
반응이 정말 궁금하군.

꿈에서 시작된 나만의 베드타임 스토리가
출판됐습니다. 그리고 ...
가질 예정입니다. 벌써부터 당신의 ...
이 뜨거운 데요. 이번 시간을 통해 ...
하게 해결해 보도록 하겠습니다.
'작가와의 대화'는 독자들의 질문을
진행된다고 합니다. 어떤 질문이 오고갈 ...

출판기념회를 갖게 된
상황을 학생들과 공유하며 활동
을 시작합니다. 작가와의 대화시간은
출판기념행사에 단골 순서임을 언급하
며 일반적으로 자신의 작품소개와 질문답
변으로 나누어 진행된다고 공지합니다.
작가와 독자가 직접적으로 만나는
의미있는 행사임을 강조해주
세요.

❶ 전체 작품을 모두 읽고, 그 중에서 자기 모둠을 제외한 모둠별 작품 하나 이상을 ...
한 작품별로 질문 3개 이상을 만드세요.

모둠	저자명

작가와의 대화
(오프라인 발표) 시간을
갖기 전에 종료해야 하는 과제입
니다. 제시된 내용처럼 독자로서 출판된 전
체 작품을 모두 읽고, 자신이 속한 팀을 제
외한 나머지 팀 소속 작가의 작품 1편을 선
정하도록 합니다. 선정한 작품마다 질문 3
개 이상을 만들어야 하는데, 이때 작가로서
자신의 작품을 소개할 시나리오도
함께 준비하도록 안내해주
는 것이 좋습니다.

선생님(또는 지원자)은 출
판기념회의 사회자 역할을 맡아
작가와의 대화시간을 짜임새 있
게 진행하는 것이 좋습니다. 작가
마다 작품을 소개한 직후에 질문
과 답변시간을 갖는데, 이때 질문
과 답변의 요지를 정리하는 역할을
사회자가 맡아서 해주면 됩니다.
바체어와 같은 키높이 의자나 조명
등을 준비해 활용하면 발표무대가
좀 더 돋보이게 보일 수 있습니다.
특별한 작가의자에 앉은 학생들은
작가가 된 것 마냥 설레는 무대로
기억하게 될 것입니다.

❷ 작가와의 대화 시간을 갖습니다. 질문이 ...

모둠	저자명

관련교과	국어	사회	도덕	수학	과학	실과			체육	예술		영어	창의적 체험활동	자율활기활동		
						기술	가정	정보		음악	미술			진로 탐색	주제 선택	예술 체육
	●															

1. 서로 협의를 통해 특정 작품에 질문이 쏠리지 않도록 해 주세요. 완성된 모든 작품에 대한 질문이 이루어질 수 있도록 해
   야 합니다.
2. 작가와의 대화 ● 에는 대화(질문) 순서를 미리 정해놓고 진행하는 것이 수월합니다. 더불어 작가의 독자의 만남인 만큼
   모든 대화는 ... 욱 사용하도록 합니다.

작가의 작품소개가 이루어진 직후 질문과 답변시간을 자유롭게 갖는 방식이 여러모로 좋지만,
예기치 못한 영뚱한 질문과 돌출발언들로 인해 시간이 지체될 가능성도 있습니다. 제한된 수업시간
에 활동을 진행해야 한다면 사전에 질문들을 하나로 모아서 해당 작가에게 제공하고, 이들 질문들
가운데 우선순위를 두어 답변하는 방식을 고려해볼 수 있습니다. 다만 질의응답이 주는 고유의 역동성
은 기대하기 어렵다는 점에서 다소 아쉬움이 남는 방식입니다. 아무쪼록 현장 상황에 맞게 적용해
보시기 바랍니다. 아울러 Fun Tips에서도 언급했듯이 작가와 독자가 만나는 자리임을 감안하여
상대에게 예의를 갖추며 존댓말을 쓰도록 해주세요.

CHAPTER

02

잼공북아트페어,
고전으로 세상읽기

문학+미술=북아트

삽화가(작가미상)가축의 물구유에 껍질을 깐 막대를 세워놓은 야곱 | 세밀화 | 1372 | 베드로 코메스토의 성경 역사필사본 중에서

북아트는 말 그대로 문학(book)과 미술(art)이 결합된 종합예술활동입니다. 삽화나 표지, 글씨체, 장식그림 등 책을 구성하는 모든 것이 예술적 표현의 대상이 됩니다. 북아트의 시초로는 중세의 성서 필사본에 그려진 삽화를 들어 설명하기도 합니다. 당시 실력 있는 미술가들이 성서의 내용을 그림으로 옮기곤 했는데, 이들의 삽화들은 여느 미술작품들과 다르지 않았습니다.

북아트는 19세기 중반부터 성행하기 시작했습니다. 이는 판화기술의 획기적인 발전과도 무관하지 않는데요. 모네(monet), 마티스(matisse), 피카소(picasso) 등 유명 화가들이 문학작품을 그림으로 표현하는 일에 적극적으로 참여했습니다.

현대에 들어서면서 북아트의 개념은 과거 미술가가 참여하는 책에서 책의 형식을 따르는 시각미술작품 전체를 총칭하는 용어로 확대되기에 이릅니다. 1973년 뉴욕근대미술관의 사서였던 클라이브 필포트(Clive Philpott)가 어느 잡지 칼럼에서 '북아트'라는 말을 처음

사용하면서 여러 이름으로 불리지던 용어들도 점차 하나로 통일되게 됩니다. 오늘날에는 북아트 분야에 전 세계적으로 많은 작가들이 활약하며 이전과 비교할 수 없을 정도로 많은 작품들을 쏟아내고 있습니다. 이들의 작품들이 궁금하다면 간단한 인터넷 검색으로 쉽게 확인할 수 있습니다. 멋진 북아트 작품을 감상하다 보면 좋은 아이디어도 덤으로 얻을 수 있지 않을까요?

* 문제시나리오에 사용된 어휘빈도(횟수)를 시각적으로 나타낸 워드클라우드입니다.

잼공북아트페어, 고전으로 세상읽기

어느 여론조사기관의 발표에 의하면 한국인의 독서 시간은 세계 30개 조사 대상국 가운데 꼴찌로 나타났습니다. 1위인 인도인이 주당 10.7시간씩 책을 읽는 데 비해 한국인은 3분의 1도 안 되는 3.1시간에 불과하다는 조사 내용입니다. 하루에 30분도 책을 읽지 않는 다는 충격적인 발표, 과연 이대로 괜찮은지 모두의 고민이 깊어지고 있습니다. 어린 시절부터 다양한 독후감, 독후화 등 다양한 책 관련 활동을 함에도 불구하고 자발적으로 책읽는 습관이 길러지지 못하고 있습니다. 어디서부터 잘못된 것일까요. 특히, 연령이 높아질수록 책 자체에 흥미를 잃어버리는 청소년들이 많아지고 있다는 것은 심각한 문제입니다. 이러한 시기에 『잼공북아트페어』가 열린다고 해서 주목을 받고 있습니다. 이 행사는 청소년을 대상으로 책의 재미와 아름다움을 직접 느끼고 체험하는 것을 목적으로 하고 있는데요. 연령별 눈높이를 맞추어야 하는 만큼, 기획, 준비과정에서 마무리까지 어느 것 하나 소홀함 없이 진행되어야 할 것입니다. 특히 '북디렉터(Book Director)'로서 명성이 자자한 당신이 이번 '북아트페어(Book Art Fair)'를 총괄한다고 해서 기대감이 더욱 커지고 있는데요. 지금껏 단순한 책전시회가 아닌 '책(Book)+예술(ART)'의 만남을 추구하며 축제의 한마당을 만들어왔던 만큼 잘 해낼 수 있으리라 여겨집니다. 아울러 '고전으로 세상읽기'가 이번 행사의 주제인 만큼 청소년들에게 고전의 매력에 푹 빠져들 수 있도록 기획해야 합니다. 당신의 능력이라면 충분히 해낼 수 있을 겁니다.

PBL MAP

Quest 01.
마음을 사로잡는 고전을 선정하라!

Quest 02.
고전을 각색하라!

Quest 03.
책과 예술의 만남, 북아트 만들기

Quest 04.
잼공북아트페어가 열리다

마음을 사로잡는 고전을 선정하라!

★★★★★★

쥘베른 [Jules Verne, 1828.2.8 ～ 1905.3.24]

'고전으로 세상읽기'를 주제로 기획되고 있는 잼공북 아트페어, 이번 행사의 성패는 청소년들의 마음을 사로잡을 '고전(古典)'을 찾는 것에서부터 출발합니다. 당신은 사전조사를 통해 로미오와 줄리엣, 햄릿의 '세익스피어', 어린왕자의 '생텍쥐페리', 15소년 표류기, 80일간의 세계일주, 해저2만리의 '쥘베른' 등 대표적인 작가의 작품을 선택한 상태입니다. 이들이 쓴 작품 중에서 북아트페어의 얼굴이 될 고전소설을 선정해 주세요.

❶ 도서관에서 개인별로 세익스피어, 생텍쥐페리, 쥘베른 등 유명 고전작가가 쓴 소설 3권을 찾습니다.

책제목	저자	출판사

❷ 북아트페어에 출품할 소설 선정하기 : 개별적으로 1편 / 모둠 안에 중복 불가

내가 선정한 소설	내 용(줄거리)	선정이유

모둠원이 선정한 고전소설

관련교과	국어	사회	도덕	수학	과학	실과			체육	예술		영어	창의적 체험활동	자유학기활동		
						기술	가정	정보		음악	미술			진로 탐색	주제 선택	예술 체육
	●												●		●	●

1. 고전소설을 선정하는 데 있어서 심사숙고해야 합니다. 무엇보다 자신이 흥미 있게 읽을 수 있는 책을 선정하는 것이 중요합니다.
2. 작가를 중심으로 작품을 조사한 이후, 희망하는 책이 학교도서관에 비치되어 있는지 먼저 확인해 보세요. 개별적으로 3권의 책을 찾아보고, 그 중에서 최종적으로 1권의 책을 선정하도록 합니다.
3. 모둠별로 선정해야 할 고전소설은 모둠원 수와 동일해야 합니다. 예를 들어 모둠원이 5명이면 5권의 책을 선정해야 합니다.

▲ 나만의 교과서

4가지 기본항목을 채우고, 퀘스트 해결과정에서 공부한 내용이나 수집한 정보를 토대로 자신만의 방식으로 알차게 표현해보세요. 그림이나 생각그물의 형태로 표현하는 것도 좋습니다.

ideas 문제해결을 위한 나의 아이디어	**facts** 문제와 관련하여 내가 알고 있는 것들

learning issues 문제해결을 위해 공부해야 할 주제	**need to know** 반드시 알아야 할 것

스스로 평가
자기주도학습의 완성!

나의 신 호 등

01	나는 도서관에서 유명 고전작가가 쓴 작품 3권을 선정하여 읽었다.	①②③④⑤
02	나는 북아트페어에 출품할 책을 선정하고, 선정한 이유를 구체적으로 밝혔다.	①②③④⑤
03	나는 모둠원들이 선정한 고전소설이 무엇인지 살펴보고 서로 공유했다.	①②③④⑤
04	나는 문제해결을 위해 탐구한 내용과 수집한 정보를 바탕으로 나만의 교과서를 멋지게 완성하였다.	①②③④⑤

자신의 학습과정을 되돌아보고 진지하게 평가해주세요.

Level up

오늘의 점수   나의 총점수

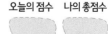

고전을 각색하라!

★★★★★★★

현대적 감각으로 다시 태어난 고전소설이 어떤 모습일지 궁금해. 너무 궁금하단 말이야.

궁금하당~

청소년들이 고전소설에 쉽게 다가갈 수 있도록 지금 시대에 맞게 각색해서 이야기를 표현하고자 합니다. 다소 거리감이 느껴지는 당시 상황보다는 청소년들이 직·간접적으로 경험했을 만한 상황들을 소설의 배경으로 삼는 것이죠. 고전을 현대적으로 각색하는 작업은 책 전체 내용을 바꾸는 방식이 아닌, 특정 내용을 중심으로 재구성하는 방식이 좋을 것 같다고 판단했습니다. 아무쪼록 북아트페어의 맛을 제대로 살릴 수 있도록 작가로서 지닌 감각과 상상력을 마음껏 뽐내주길 바랍니다. 아직 결정된 것은 아니지만 어린 학생들이 역할극으로 쉽게 꾸며볼 수 있도록 희곡 형식으로 각색해 볼 생각도 있습니다. 어찌됐든 실력 발휘 좀 해볼까요?

❶ 고전소설에서 바꾸고 싶은 부분을 정리하고, 각색할 주요내용을 최종적으로 결정해 보세요.

바꾸고 싶은 부분	
각색할 주요내용	

❷ 자신의 상상력을 더해 고전소설을 각색해 봅시다(희곡으로 쓰기→선택활동).

관련교과	국어	사회	도덕	수학	과학	실과			체육	예술		영어	창의적 체험활동	자유학기활동		
						기술	가정	정보		음악	미술			진로탐색	주제선택	예술체육
	●												●		●	●

1. 소설의 등장인물, 핵심적인 이야기 흐름을 제외하고는 모두 바꾸어 쓸 수 있습니다. 현대를 시점으로 해서 각색해 보세요. 희곡으로 고쳐 쓰는 것을 권장하나 자율적으로 결정할 수 있습니다.

2. 중요한 것은 고전의 의미가 훼손되지 않도록 하는데 있습니다. 핵심적인 줄거리가 변형되면 전혀 다른 작품이 될 수 있으니 유의해 주세요.

나만의 교과서

4가지 기본항목을 채우고, 퀘스트 해결과정에서 공부한 내용이나 수집한 정보를 토대로 자신만의 방식으로 알차게 표현해보세요. 그림이나 생각그물의 형태로 표현하는 것도 좋습니다.

ideas
문제해결을 위한 나의 아이디어

facts
문제와 관련하여 내가 알고 있는 것들

learning issues
문제해결을 위해 공부해야 할 주제

need to know
반드시 알아야 할 것

스스로 평가
자기주도학습의 완성!

나의 (신)(효)(등)

01	나는 소설에서 바꾸고 싶은 부분을 우선순위대로 정리하였다.	①②③④⑤
02	나는 소설에서 바꾸고 싶은 부분 중에서 각색할 주요내용을 결정하였다.	①②③④⑤
03	나는 소설을 상상력을 발휘하여 각색하였다.	①②③④⑤
04	나는 문제해결을 위해 탐구한 내용과 수집한 정보를 바탕으로 나만의 교과서를 멋지게 완성하였다.	①②③④⑤

자신의 학습과정을 되돌아보고 진지하게 평가해주세요.

Level up

오늘의 점수

나의 총점수

책과 예술의 만남, 북아트 만들기　　　　★★★★★★

내 책이지만
정말 예술이다!

북아트(우리나라에선 아트북이라고도 불림)는 책과 예술이 하나가 되기 위한 시도입니다. 책을 통해 전달하고자 하는 이야기가 책의 겉모양에서부터 삽화나 글씨체에 이르기까지 시각적인 것과 어우러져 표현됩니다. 책이 하나의 예술작품이 되도록 아름답게 디자인해 주세요. 사진과 그림을 이용해 세상에 단 하나밖에 없는 표지디자인도 하고, 이야기와 어울리는 삽화도 그려야 하겠죠? 북아트페어의 얼굴이 되어야 하는 만큼 심혈을 기울여 완성해 주세요.

북아트 디자인 하기 [표지디자인, 대표삽화, 책모양, 장식 등]

관련교과	국어	사회	도덕	수학	과학	실과			체육	예술		영어	창의적 체험활동	자유학기활동		
						기술	가정	정보		음악	미술			진로 탐색	주제 선택	예술 체육
	●										●		●		●	●

1. 북아트, 아트북으로 키워드 검색을 하면 다양한 사례를 접할 수 있습니다. 참고해서 북아트 작업을 진행해 주세요.
2. 시각적인 즐거움을 줄 수 있도록 책의 모양, 표지, 각종 삽화, 사진, 글씨체 등을 모두 고려합니다.
3. 개인의 능력을 고려하여 모둠별로 역할분담을 해도 좋습니다. 표지디자인, 삽화, 사진, 글 구성 등 해야 할 일을 개별적으로 정해서 진행해 보세요.

▲ 나만의 교과서

4가지 기본항목을 채우고, 퀘스트 해결과정에서 공부한 내용이나 수집한 정보를 토대로 자신만의 방식으로 알차게 표현해 보세요. 그림이나 생각그물의 형태로 표현하는 것도 좋습니다.

ideas 문제해결을 위한 나의 아이디어	**facts** 문제와 관련하여 내가 알고 있는 것들

learning issues 문제해결을 위해 공부해야 할 주제	**need to know** 반드시 알아야 할 것

스스로 평가
자기주도학습의 완성!

나의 신호등

01	나는 국내외 북아트 사례를 참고하여 책 만들기를 준비했다.	① ② ③ ④ ⑤
02	나는 표지디자인과 삽화, 책 모양 등 북아트 제작을 위해 고려했다.	① ② ③ ④ ⑤
03	나는 북아트 디자인에 따라 책을 완성했다.	① ② ③ ④ ⑤
04	나는 문제해결을 위해 탐구한 내용과 수집한 정보를 바탕으로 나만의 교과서를 멋지게 완성하였다.	① ② ③ ④ ⑤

자신의 학습과정을 되돌아보고 진지하게 평가해주세요.

Level up

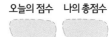
오늘의 점수   나의 총점수

잼공북아트페어가 열리다   ★★★★★★★

제1회 잼공북아트페어가 드디어 열립니다. 지금껏 준비한 모든 것이 한자리에 모이는 뜻 깊은 행사가 기다리고 있는 것이죠. 이 행사에는 '고전으로 세상읽기'라는 주제로 새롭게 만든 북아트 작품뿐만 아니라, 그동안 많은 사람들의 시선을 사로잡았던 전 세계 우수 사례들도 같이 전시된다고 합니다. 예술을 입은 책의 아름다움이 청소년들에게 어떤 감동으로 다가갈지 벌써부터 기대되네요. 아무쪼록 책의 미래를 가늠할 수 있는 뜻 깊은 자리가 될 것으로 기대합니다. 마지막 무대에서 북디렉터인 당신의 진가를 유감없이 발휘해 주길 바랍니다.

❶ 사람들의 시선을 사로잡을 만한 북아트 사례를 찾아 전시물로 만듭니다.

❷ 관람객에게 제공할 팸플릿을 제작해 주세요.

*팸플릿(pamphlet) : 설명이나 광고, 선전 따위를 위하여 얄팍하게 맨 작은 책자

❸ "고전으로 세상읽기"라는 주제에 걸맞게 체험프로그램을 준비하고, 이를 감안하여 부스를 꾸며주세요.

관련교과	국어	사회	도덕	수학	과학	실과			체육	예술		영어	창의적 체험활동	자유학기활동		
						기술	가정	정보		음악	미술			진로 탐색	주제 선택	예술 체육
	●										●		●		●	●

1. 모둠별로 제작한 북아트 작품과 시중에 판매되고 있는 고전소설을 함께 전시하고, 인터넷을 통해 북아트 사례를 찾아 전시하도록 합니다.
2. 전시물 중심의 부스운영이 되지 않도록 '고전으로 세상읽기'라는 주제에 어울리는 체험프로그램을 준비하도록 합니다.

▲ 나만의 교과서

4가지 기본항목을 채우고, 퀘스트 해결과정에서 공부한 내용이나 수집한 정보를 토대로 자신만의 방식으로 알차게 표현해 보세요. 그림이나 생각그물의 형태로 표현하는 것도 좋습니다.

ideas 문제해결을 위한 나의 아이디어	facts 문제와 관련하여 내가 알고 있는 것들

learning issues 문제해결을 위해 공부해야 할 주제	need to know 반드시 알아야 할 것

스스로 평가
자기주도학습의 완성!

나의 신 호 등

01	나는 북디렉터로서 행사를 준비하고 실천했다.	① ② ③ ④ ⑤
02	나는 북아트 사례와 전시물을 준비했다.	① ② ③ ④ ⑤
03	나는 '고전으로 세상읽기' 주제에 맞게 체험프로그램을 준비하고 성공적으로 부스운영을 진행했다.	① ② ③ ④ ⑤
04	나는 문제해결을 위해 탐구한 내용과 수집한 정보를 바탕으로 나만의 교과서를 멋지게 완성하였다.	① ② ③ ④ ⑤

자신의 학습과정을 되돌아보고 진지하게 평가해주세요.

Level up

오늘의 점수　나의 총점수

All-Clear
sticker

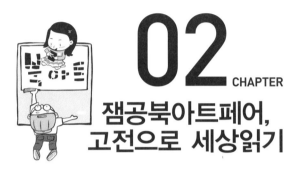

02 CHAPTER

잼공북아트페어,
고전으로 세상읽기

★Teacher Tips

▲ Teacher Tips

'잼공북아트페어'는 국어 교과를 중심으로 다양한 교과와 연계하여 진행할 수 있는 수업입니다. 세계의 많은 사람들에게 영감을 준 여러 장르의 소설들을 읽어보고, 이를 공유하고 각색하는 과정에서 해당 내용을 깊이 있게 다뤄볼 수 있습니다. 더욱이 최종적으로 북아트 작품을 만들어야 하기 때문에 창의적인 미술표현이 기본적으로 요구됩니다. 다만 북아트 작품수준을 강조하다보면 수업의 과정보다 결과에 치중하게 되므로 주의할 필요가 있습니다. 아무쪼록 고전으로 인정할 만한 가치 있는 책을 선정하고, 저마다 창의적인 방식의 재생산과정을 경험토록 하는 것 자체에 의미를 두고 진행해 주시기 바랍니다.

라틴어의 '클라시쿠스(classicus)'에서 유래된 '고전(classic)'은 주로 시대를 초월하여 '뛰어난 것'으로 평가되는 문학예술작품을 일컫는 말로 통합니다. 원래는 중국의 오경(五經 : 시경·서경·주역·예기·춘추)이나 그리스의 호메로스, 로마의 베르길리우스 등 질적으로 높은 수준을 지니면서 전통을 세우고 후대에 모범이 됐던 작품을 가리키는 말로 사용됐지만, 지금은 그 의미가 확대되어 오랜 세월에 걸쳐 널리 애독되고 있는 걸작을 지칭하는 포괄적인 개념으로 통용되고 있습니다. 한편 한국문학에서는 현대문학과 대비되는 개념으로 고전문학을 설명하기도 합니다. 고전문학의 범주는 구비문학(설화, 민요, 무가, 판소리, 민속극)과 한문문학(시, 산문) 그리고 갑오개혁 이전까지의 국문문학을 포괄하는 경우가 일반적입니다. 세계의 고전에는 단테, 세르반테스, 셰익스피어, 괴테, 톨스토이, 도스토옙스키 등이 저술한 여러 작품들이 손꼽히고 있습니다(출처: 두산백과). 아무튼 이 수업에서 제시하고 있는 고전의 범주는 상당히 광범위하고 포괄적입니다. 장르의 구분없이 오랜 세월동안 독자들의 사랑을 지속적으로 받아왔던 작품들이라면 고전의 범주에 넣고 학생들의 선택 폭을 넓혀 주는 것이 바람직합니다.

또한 이 수업이 북아트 작품을 완성하는 과정을 담고 있는 만큼, 미술교과를 중심으로 한 진행도 가능합니다. 필요하다면 유명 북아트 작품들을 조사해 보고 공유해 보는 활동을 추가하여 진행해 주세요. 국어교과든 미술교과든 어디에 비중을 두고 적용할지는 전적으로 교수자의 몫입니다. 더불어 이 수업의 특성상 학년의 경계는 없습니다. 특정 교과수업시간과 연계하거나, 자유학년(학기)활동, 창의적 체험활동 프로그램으로 충분히 활용할 수 있습니다. 매년 4월 23일이 유네스코에서 제정한 '세계 독서의 날'인 만큼,

이 날과 연계하여 수업을 진행하는 것도 고려해볼 만합니다.

교과	영역	내용요소		
		초등학교[3-4학년]	초등학교 [5-6학년]	중학교 [1-3학년]
국어	문학	◆동화, 동극 ◆작품에 대한 생각과 느낌 표현 ◆작품을 즐겨 감상하기	◆이야기, 소설 ◆극 ◆작품의 이해와 소통	◆이야기, 소설 ◆극 ◆작품 해석의 다양성 ◆재구성된 작품의 변화 양상 ◆개성적 발상과 표현
	쓰기	◆마음을 표현하는 글 ◆쓰기에 대한 자신감	◆목적·주제를 고려한 내용과 매체 선정 ◆독자의 존중과 배려	◆감동이나 즐거움을 주는 글 ◆표현의 다양성
	말하기 듣기	◆표정, 몸짓, 말투	◆발표[매체활용] ◆체계적 내용 구성	◆발표[내용 구성] ◆매체 자료의 효과
미술	표현	◆상상과 관찰 ◆다양한 주제	◆표현 방법(제작) ◆소제와 주제(발상)	◆표현 매체(제작) ◆주제와 의도(발상)
	체험	◆미술과 생활	◆이미지와 의미 ◆미술과 타 교과	◆이미지와 시각문화 ◆미술관련직업(미술과 다양한 분야)

● **적용대상(권장):** 초등학교 4학년–중학교 3학년
● **자유학년활동:** 예술체육(권장), 주제선택
● **학습예상소요기간(차시):** 7–9일(9–12차시)
● **Time Flow**   8일 기준

Teacher Tips

● 수업목표(예)

QUEST 01	◆ 고전으로 가치를 지닌 책을 선정하고 내용을 파악할 수 있다. ◆ 북아트페어에 출품할 책을 선정하고, 선정한 이유를 구체적으로 밝힐 수 있다. ◆ 모둠원들이 선정한 소설이 무엇인지 살펴보고 서로 공유할 수 있다.
QUEST 02	◆ 소설에서 바꾸고 싶은 부분을 우선순위대로 정리할 수 있다. ◆ 소설에서 바꾸고 싶은 부분 중에서 각색할 주요내용을 결정할 수 있다. ◆ 소설에 작가적 상상력을 발휘하여 각색할 수 있다.
QUEST 03	◆ 국내외 북아트 사례를 참고하여 책 만들기를 준비할 수 있다. ◆ 표지디자인과 삽화, 책 모양 등 북아트 제작을 위해 고려할 수 있다. ◆ 북아트 디자인에 따라 책을 완성할 수 있다.
QUEST 04	◆ 북디렉터로서 북아트페어 행사를 준비하고 실천할 수 있다. ◆ 북아트 사례와 전시물을 준비할 수 있다. ◆ 주제에 맞게 체험프로그램을 준비하고 성공적으로 부스운영을 진행할 수 있다.
공통	◆ 문제해결의 절차와 방법에 대한 이해를 바탕으로 학습과정에 참여할 수 있다. ◆ 공부한 내용을 정리하고 자신의 언어로 재구성하는 과정을 통해 창의적인 문제를 만들어낼 수 있다. 이 과정을 통해 지식을 생산하기 위해 소비하는 프로슈머로서의 능력을 향상시킬 수 있다. ◆ 토의의 기본적인 과정과 절차에 따라 문제해결방법을 도출하고, 온라인 커뮤니티 등의 양방향 매체를 활용한 지속적인 학습과정을 경험함으로써 의사소통능력을 신장시킬 수 있다.

시작하기

> **중심활동 : 문제출발점 파악하기, 학습흐름 이해하기**
>
> ◆ 세계 최저수준의 독서율을 나타내는 한국인의 오늘에 대해 이야기 나누기 : 사전활동으로 '왜 한국인은 책을 읽지 않는가?'라는 주제로 약식 토론하기(선택)
> ◆ 문제출발점을 제시하고 직면한 상황과 북디렉터로서의 역할 파악하기
> ◆ (선택)게임화 전략에 따른 피드백 방법에 맞게 게임규칙(과제수행규칙) 안내하기
> ◆ (선택)자기평가방법 공유, 온라인 학습커뮤니티 활용 기준 제시하기
> ◆ 활동내용 예상해 보기, PBL MAP을 활용하여 전체적인 학습흐름과 각 퀘스트의 활동 파악하기

　　초등학교 시절부터 독서를 강조하고 있지만, 여전히 한국인의 독서율은 OECD 국가 가운데 꼴지를 기록하고 있습니다. 문제의 심각성은 해가 거듭할수록 독서율이 더 낮아지고 있다는 사실입니다. 통계청이 발표한 '한국인의 생활시간 변화상' 보고서(2016년)에 따르면, 하루 평균 독서시간이 6분에 불과한 것으로 나타나고 있습니다. 한국인의 10명

중 4명은 1년 동안 책 한권도 읽지 않는다고 하니 말다했죠. 수업을 시작하기 직전에 '왜 한국인은 책을 읽지 않는가?'라는 주제로 가볍게 토론을 벌여보도록 합시다. 학교에서 실시하고 있는 독서활동의 문제점도 함께 다루면 더 좋습니다. 참고로 대다수의 성인들은 책을 읽지 않는 이유로 시간이 없기 때문이라고 꼽았습니다. 학생들이 자신의 경험을 바탕으로 독서에 대한 솔직한 이야기가 나올 수 있도록 편안한 분위기를 조성해주세요.

독서에 대한 이런저런 이야기를 나누며 책읽기의 필요성과 그 가치를 충분히 공유했다면, 이 수업의 첫 단추인 문제출발점을 제시하면 됩니다. 특히 학생들이 직면한 상황, 즉 북아트페어를 기획, 준비해야 하며, 북디렉터로서의 역할을 수행해야 한다는 점을 강조해주세요. 북아트의 기본개념은 '인트로(INTRO)'에 소개된 내용을 바탕으로 설명하면 됩니다. 최신 북아트 작품을 보여주면서 학생들의 이해를 돕는 것도 좋은 방법입니다.

'잼공북아트페어, 고전으로 세상읽기' 문제출발점에 대한 파악이 끝났다면, 학생들이 겪게 될 핵심활동을 간략하게 소개하도록 합니다. 먼저 워드클라우드를 활용해 학습내용에 대해 예상해보도록 하고, PBL MAP을 활용해 전체적인 학습흐름과 각 퀘스트별 중심활동을 짚어봅니다. 이때 학습자 개개인이 고전작품을 각색하고 북아트 작품을 만들어야 한다는 점도 강조해주길 바랍니다. 수업운영에 있어서 도입하고자 하는 규칙이나 평가방법, 새로운 학습환경이 있다면, 이에 관한 이야기도 빼먹지 말고 설명해 주도록 하세요.

🙂 전개하기

'잼공북아트페어, 고전으로 세상읽기'는 총 4개의 기본퀘스트로 구성되어 있습니다. 활동의 성격상 크게 두 부분으로 나눠서 볼 수 있는데요. 퀘스트1과 2는 고전작품을 선정하고 각색하는 활동으로 채워져 있는 반면, 퀘스트3과 4는 북아트작품을 제작하고 북아트페어를 여는 활동으로 구성되어 있습니다. 이들 활동의 특성상 시간을 많이 확보해 줄수록 최종결과물의 질이 올라갑니다. 가급적 관련 교과와 연계해서 충분한 수업시간을 확보하여 진행해주시길 바랍니다.

● 퀘스트1: 마음을 사로잡는 고전을 선정하라!

> **중심활동 : 소설 3권 읽기, 북아트페어에 출품할 작품 1권 선정하기**
>
> ◆ 북아트페어가 '고전으로 세상읽기'를 주제로 기획되고 있다는 점을 인식하며 문제상황 파악하기
> ◆ 문제상황을 제시하며 고전의 범위를 정하고, 해당되는 작품들을 공유하기
> ◆ 도서관에서 소설 3권을 찾고 일정 기간 동안 모두읽기
> ◆ 개별적으로 팀에서 중복되지 않는 1권의 책을 선정하고 내용과 선정이유를 밝히기(1인 1작품 이상)

Quest 퀘스트 01 마음을 사로잡는 고전을 선정하라! ★★★★★★

북아트페어가 '고전으로 세상읽기'라는 주제로 진행되는 만큼, 어떤 고전작품을 선정하고 출품할지 고민하는 시간이 필요합니다. 문제상황을 제시하며 청소년들의 마음을 사로잡을 고전에는 어떤 작품이 있는지 자유롭게 이야기하는 시간을 가져보도록 합시다. 학생들이 언급한 작품제목을 칠판에 적으며 공유해보는 것도 좋은 방법입니다. 고전의 범위를 넓혀서 진행하는 것도 얼마든지 가능합니다. 예를 들어 '미래의 고전'이라는 제목으로 청소년들이 즐겨 읽는 책을 대상으로 하는 것이죠. 미래에 고전으로서 가치를 인정받을 작품이라는 전제 속에서 최근 출간한 책도 선정할 수 있습니다. 아무튼 문제상황을 제시하며 고전(책)의 범위를 분명히 해주세요.

[─s Verne, 1828.2.8 ~ 1905.3.24]

'고전으로 세상읽기'를 주제로 기획되고 있는 잼공북아트페어, 이번 행사의 성패는 청소년들의 마음을 사로잡을 '고전(古典)'을 찾는 것에서부터 출발합니다. 당신은 사전조사를 통해 로미오와 줄리엣, 햄릿의 '셰익스피어', 어린왕자의 '생텍쥐페리', 15소년 표류기, 80일간의 세계일주, 해저2만리의 '쥘베른' 등 대표적인 작가의 작품을 선택한 상태입니다. 이들이 쓴 작 ─ㅓ의 얼굴이 될 고전소설을 선정해 주세요.

─서관에서 개인별로 셰익스피어, 생텍쥐페리, 쥘베른 등 유명 고전작가가 쓴 소설 3권을 찾습니다.

책제목	저자	출판사

> 가급적 학교도서관에서 이 과제를 수행하도록 합니다. 사전에 결정된 고전의 범주 안에서 소설 3권을 찾고, 대여까지 마치도록 안내해주세요. 이들 책은 약속된 기간 동안 모두 읽어야 함을 강조합니다.

❷ 북아트페어에 출품할 소설 선정하기 : 개별적으로 1편 / ─

내가 선정한 소설	내용(줄거리)

모둠원이 선정한 고전소설

우선 읽은 책 가운데 개별적으로 1권의 작품을 선정해야 합니다. 이때 팀 안에서 중복된 책이 없도록 사전조율과정이 필요할 수 있습니다. 최종 선정한 책의 줄거리와 선정이유를 밝히고 팀원들과 공유하도록 하세요. 북아트페어에는 1인 1작품 이상을 출품해야 한다는 점을 강조하면서 개별적으로 모두 참여해야 함을 안내합니다.

수학	과학	실과			체육	예술		영어	창의적 체험활동	자유학기활동		
		기술	가정	정보		음악	미술			진로 탐색	주제 선택	예술 체육
									●		●	●

─ 심사숙고해야 합니다. 무엇보다 자신이 흥미 있게 읽을 수 있는 책을 선정하는 것이 중

─을 조사한 이후, 희망하는 책이 학교도서관에 비치되어 있는지 먼저 확인해 보세요. 개별적으로 3

─, 그 중에서 최종적으로 1권의 책을 선정하도록 합니다.

─ ─해야 할 고전소설은 모둠원 수와 동일해야 합니다. 예를 들어 모둠원이 5명이면 5권의 책을 선정해야 합니다.

● 퀘스트2: 고전을 각색하라!

> **중심활동** : 소설에서 각색할 부분 선정하기, 소설 각색하기
>
> ◆ 고전을 현대적으로 각색해야 할 필요성을 공감하며 문제상황 이해하기
> ◆ 소설에서 바꾸고 싶은 부분을 선정하고 주요내용 정리하기
> ◆ 작가적 상상력을 발휘해 소설 각색하기

Quest 퀘스트 **02** 고전을 각색하라!   ＊＊＊＊＊＊＊

청소년들이 고전소설에 앞서 개별적으로 선정 게 각색해서 이야기 한 소설을 시대에 맞게 각색하 대에 맞 는 당시 상황 비 는 과제입니다. 특히 고전의 시대적 배 까지 황들을 소설 경이 다른 관계로 다소 거리감이 느껴지는 표현 는 작업은 책 제 들이나 이야기 전개가 있을 수 있습니다. 현대적 감각 으로 재구성하 을 발휘해서 청소년들도 쉽게 읽을 내용으로 재구성하는 북아트페어의 것이 핵심임을 밝혀주세요. 다만, 책 내용 전체를 각색 상상력을 마음껏 하는 데는 시간이 많이 필요로 하기 때문에 특정 부분을 어린 학생들이 역할 각색하도록 하는 것이 바람직합니다. 만일 역할극을 염 각색해 볼 생각도 있습니다 두고 있다면 희곡 형식으로 각색하는 것도 좋습니다. 어떤 방식으로 각색활동을 진행할지는 학생들 의 연령과 수준을 고려하여 융통성 있게 적용하시기 바랍니다.

> 현대적 감각으로 다시 태어난 고전소설이 어떤 모습일지 궁금해. 너무 궁금하단 말이야.
> 궁금하당~

❶ 고전소설에서 바꾸고 싶은 부분을 정리하고, 각색할 주요내용을 최종적으로 결정해 보세요.

바꾸고 싶은 부분	
각색할 주요내용	

> 먼저 책의 내용 중 바꾸고 싶은 부분을 정하도록 합니다. 해당 부분이 쓰여 진 책의 쪽수를 표기하고 각색할 주요내용을 정리하도록 지도하면 됩니다.

❷ 자신의 상상력을 더해 고전소설을 각색해 봅시다(희곡으로 쓰기→선택활동

원래 책의 핵심적인 줄거리와 다른 각색이 이루어지게 되면 완전히 다른 책이 되어 버릴 수도 있습니다. 이야기를 완전히 다른 방향으로 구성하고 자 한다면 중심인물의 이름을 비롯해 각종 명칭 등을 동일하게 해서 원작품의 느낌을 불어넣도록 해주세요. 연령이 낮은 학생일수록 희곡형식으로 각색하는 것을 선호합니다. 원작품을 희곡으로 바꾸게 되면 글을 더하고 빼는 과정에서 자연스레 각색이 이루어지는 모습을 볼 수 있습니다.

체육	예술		영어	창의적 체험활동	자유학기활동		
	음악	미술			진로 탐색	주제 선택	예술 체육
				●			

1. 소설의 등장인물, 핵심적인 이야기 흐름을 제외하고는 모두 바꾸어 쓸 수 있습니다. 현대를 시점으로 해서 각색해 보세 요. 희곡으로 고쳐 쓰는 것을 권장하나 자율적으로 결정할 수 있습니다.
2. 중요한 것은 고전의 의미가 훼손되지 않도록 하는데 있습니다. 핵심적인 줄거리가 변형되면 전혀 다른 작품이 될 수 있으 니 유의해 주세요

● 퀘스트3: 책과 예술의 만남, 북아트 만들기

> **중심활동 : 북아트 디자인하기, 북아트 만들기**
>
> ◆ 북아트를 만들어야 하는 문제상황 파악하기
> ◆ 책의 모양, 표지디자인, 삽화, 글씨체 등을 고려하여 북아트 디자인하기
> ◆ 시각적인 즐거움을 제공하는 북아트 만들기

Quest 퀘스트 **03** 책과 예술의 만남, 북아트 만들기   ★★★★★★★

북아트(우리나라에선 아트북이라고도 불림)는 책과 예술이 하나가 되기 ~

내 책이지만 정말 예술이다!

가 책의 ~
것과 ~
답게 디자 ~
에 없는 표 ~
하겠죠? ~
완성해 주서, ~

이 퀘스트는 각색한 소설을 북아트로 표현하는 과제입니다. 문제상황을 제시하며 책이 하나의 예술작품처럼 느껴지도록 하는데 삽화나 글씨체뿐만 아니라 표지디자인, 책의 겉모양, 장식 등 시각적인 모든 것이 좌우한다는 점을 강조해주세요. 활동이 진행되는 동안 획일적인 잣대로 작품의 우수성을 판단하거나 비교하지 말아주세요. 미술표현이 서툰 학생들의 작품도 충분히 존중되는 분위기를 만들어주는 것이 필요합니다.

북아트 디자인 하기 [표지디자인, 대표삽화, 책모양, 장식 등]

우선 인터넷 검색을 통해 북아트 사례를 수집하고, 이들 작품에서 아이디어를 얻는 시간을 갖도록 합니다. 어떻게 표현할지 충분히 모색할수록 불필요한 시행착오를 줄일 수 있습니다. 책의 모양, 표지디자인, 삽화, 글씨체 등 4개 항목은 작품제작과정에서 반드시 고려될 수 있도록 해주세요.

북아트 작품은 개인별 1작품을 원칙으로 하나, 팀원의 재능을 고려해 역할을 나눌 수도 있습니다. 서로 도움을 주고받으며 최상의 결과물이 나오도록 지도해주세요. 더불어 각종 소프트웨어나 어플을 활용해 표지디자인이나 삽화를 그리도록 하는 것도 고려해 볼 수 있습니다. 컴퓨터 폰트 중에 나름 예술성이 있다고 판단되는 글씨체를 선정하여 반영하는 것도 좋은 전략입니다. 아무쪼록 시각적인 즐거움을 줄 수 있는 책 만들기 활동이 되도록 이끌어주세요.

관련교과	국어	사회	도
	●		

1. 북아트, 아트북으로 키워드 검 ~
2. 시각적인 즐거움을 줄 수 있도 ~
3. 개인의 능력을 고려하여 모둠별로 역할분담을 해도 좋습니다. 표지디자인, 삽화, 사진, 글 구성 등 여야 될 일을 개별적으로 정해서 진행해 보세요.

'잼공북아트페어, 고전으로 세상읽기'의 마무리는 제목 그대로 북아트페어를 준비하고 여는 활동으로 구성됩니다. 당연히 앞서 퀘스트1에서 3까지의 활동을 통해 완성한 북아트 작품이 핵심전시물입니다. 학생들이 손수 만든 북아트 작품들을 맘껏 공유하고 읽으며, 고전소설에 흥미를 느낄 수 있는 축제의 마당을 연출해주세요.

● 퀘스트4: 잼공북아트페어가 열리다

> **중심활동 : 북아트페어 준비하기, 북아트페어 열기**
>
> - ◆ [퀘스트4]의 문제상황을 파악하고 북아트페어 준비하기
> - ◆ 사람들의 시선을 사로잡을 북아트 사례를 전시물로 만들기
> - ◆ 관람객에게 제공할 팸플릿 제작하기
> - ◆ 주제와 관련된 체험프로그램을 준비하고 전시부스 꾸미기
> - ◆ 부스운영하고 관람객으로서 참여하며 북아트페어 즐기기, (온라인) 성찰저널 작성하기

프로젝트학습

Quest 퀘스트 **04**

잼공북아트페어가 열리다

★★★★★★★

제1회 잼공북아트페어가 드디어 열립니다. 지금껏 준비한 모든 것이 한자리에 모이는 뜻

'다리고 있는 것이죠. 이 행사에는 '고전으로 세상읽기'라는 주제로 새롭게

고전을 각색하여 담
아낸 북아트 작품을 공유하는
데 목적을 둔 퀘스트입니다. '페
어(fair)'라는 의미를 살려 생동
감 넘치는 박람회 혹은 전시회
가 될 수 있도록 지도해주
세요.

아니라, 그동안 많은 사람들의 시선을 사로잡았던 전 세계 우수
된다고 합니다. 예술을 입은 책의 아름다움이 청소년들에게 어떤 감
써부터 기대되네요. 아무쪼록 책의 미래를 가늠할 수 있는 뜻 깊은
기대합니다. 마지막 무대에서 북디렉터인 당신의 진가를 유감없이 발
는 바랍니다.

❶ 사람들의 시선을 사로잡을 만한 북아트 사례를 찾아 전시물로 만듭니다.

학생들이 만든
작품 외에도 사람들의
시선을 사로잡을 만한 북아트
사례를 전시물로 만드는 과제입니다.
단순히 앞서 과제를 수행하며 수집
한 북아트 사진자료에서 직접 재연
한 작품에 이르기까지 학생들의 역
량에 따라 전시물을 만들도
록 안내해주세요.

❷ 관람객에게 제공할 팸플릿을 제작해 주세요.

팀별로 운영하는 전
시부스를 소개하는 팸플릿이
면 됩니다. 팸플릿 안에는 핵
심전시물인 학생들의 북아트
작품소개가 반드시 포함되도
록 해야 합니다. 가급적 한
글이나 MS 워드 등 워드프로
세서를 활용해 제작하는 것
이 좋습니다.

le) : 설명이나 광고, 선전 따위를 위하여 얄팍하게 맨 작은 책자

! 세상읽기"라는 주제에 걸맞게 체험프로그램을 준비하고, 이를 감안하여 부스를 꾸며주세요.

'고전으로 세상읽기'라는 주제에 걸맞게 체험프로그램을 준비하도록 안내해주
세요. 예를 들어 로빈후드가 되어 사과과녁에 활쏘기 등 작품내용과 연계된
어떤 활동도 가능합니다. 페이스 페인팅, 인물분장, 퀴즈대회 등도 주제에 맞
게 구성해볼 수 있습니다. 활동의 특성상 짧은 시간 안에 체험할 수 있는 프
로그램이어야 합니다. 더불어 학생들이 제작한 북아트 작품의 원작을 함께
전시하는 것도 고려해주세요. 고전소설에 대한 흥미가 책읽기로 이어질 수 있
도록 부스별 전시공간을 꾸며주도록 합니다.

관련교과	국어	사회	도덕	수학
	●			

1. 모둠별로 제작한 북아트 작품과 시중에
   전시하도록 합니다.
2. 전시물 중심의 부스운영이 되지 않도록 '고전으로 세상읽기'라는 주제에 어울리는 체험프로그램을 준비하도록 합니다.

잼공북아트페어의 준비를 모두 마쳤다면, 본격적인 행사를 벌이도록 합니다. 북아트페어는 팀별로 마련된 전시부스공간을 중심으로 이루어집니다. 2학급 이상이 참여한 공동수업으로 진행했다면 상대 학급의 학생들을 초대하는 방식으로 운영할 수도 있습니다. 아래 학년의 후배들을 초대하여 행사를 진행하는 것도 고려해볼 만합니다. 학급 안에서 부스운영과 관람객의 역할을 교대하며 진행해볼 수도 있지만, 다른 학생들을 초대하는 방식에서 활동의 만족도를 더 느낍니다. 현실적인 상황을 고려해서 진행해주세요. 참고로 아래는 두 학급이 공동수업으로 진행했을 때의 예를 제시한 것입니다.

| 북아트페어 활동 벌이기 2학급 공동수업 예

◆ 팀별로 부스설치 공간을 배정하고 북아트 작품을 비롯한 전시물 설치하기
◆ 북아트페어 행사는 1부와 2부로 진행되며, 각 부를 책임지고 운영할 팀을 나누기
◆ 북아트페어 1부는 각반의 홀수(1,3,5)팀이 부스를 운영하고, 짝수(2,4,6) 팀이 관람객으로 참여하기

A반 발표 [A반] 1조 – 관람객 [B반] 2조　　　B반 발표 [B반] 1조 – 관람객 [A반] 2조
　　　　　[A반] 3조 –　　　[B반] 4조 ◀▶　　　　[B반] 3조 –　　　[A반] 4조
　　　　　[A반] 5조 –　　　[B반] 6조　　　　　　　[B반] 5조 –　　　[A반] 6조

◆ [선택1] 부스별 발표시간은 10분으로 제한되며, 팀별 관람순서를 정해서 총3회(30분) 실시, [A반] 홀수팀이 다른 반[B반] 짝수팀을 대상으로 진행하기, 공동수업을 진행한 두 반이 동시진행하며, 발표가 끝나고 남은 시간 자율관람하기(쉬는 시간까지 최대 20분 가능)
◆ [선택2] 부스별 발표시간을 6분으로 제한하여 팀별 관람순서를 정해 총6회(40분)실시, 1차로 [A반] 홀수팀이 같은 반[A반] 짝수팀을 대상으로 발표하고 1차로, [A반] 홀수팀이 다른 반[B반] 짝수팀을 대상으로 발표하기

◆ 북아트페어 2부는 1부와 반대로 각반의 짝수(2,4,6)팀이 부스를 운영하고, 홀수(1,3,5) 팀이 관람객으로 참여하기

A반 발표 [A반] 2조 – 관람객 [B반] 1조　　　B반 발표 [B반] 2조 – 관람객 [A반] 1조
　　　　　[A반] 4조 –　　　[B반] 3조 ◀▶　　　　[B반] 4조 –　　　[A반] 3조
　　　　　[A반] 6조 –　　　[B반] 5조　　　　　　　[B반] 6조 –　　　[A반] 5조

◆ 서로 역할을 바꾸어 1부와 동일한 방식으로 북아트페어 행사진행하기
◆ 1부와 2부 행사가 모든 끝난 이후에 부스를 운영할 최소 인원(1~2명)을 제외한 나머지 학생들 자율관람하기, 중간에 부스운영자를 교체하며 관람하지 못한 전시부스 방문하기
◆ 교사는 관찰자로서 학생들의 활동 장면을 동영상과 사진으로 촬영하고 학급홈페이지에 올리기
◆ 이후 온라인 활동 안내하기(댓글을 통한 온라인 평가와 성찰일기 작성 안내, 총평)

비주얼하게 씽킹하기

IMAGE(그림) VS TEXT(글)
어떤 것이 오래 기억에 남을까?

사실, 우리는 모든 사물을
텍스트가 아닌 이미지로 기억하는 데 익숙해.

이미지에 생각을 담기도 하고
이미지를 통해 생각을 꺼내기도 하지.

[거울 앞에 소녀,
피카소 1932년 작품]

그러니 교과서에 적힌 수많은 글들이 기억에 남지 않는 것도 당연해.

토닥토닥~
텍스트를 텍스트 그대로 머릿속에
기억하려니 어렵게 느껴지는 거야.
당연히 재미없을 수밖에……

우리 뇌가 가진
본능에 충실해 볼까?

텍스트로 접하는 수많은 지식들을
이미지화시켜 보자고.

익숙하지 않아서 그렇지
어떤 누구나 할 수 있어.
원래 우린 그렇게 태어났으니까 말이야.

지루한 수업시간이면, 머릿속에 떠오르는 대로
낙서하길 즐겨하는 학생이 많지?

수업이 시작되면, 거의 본능적으로 공책에
긁적이는 자기 자신을 발견하곤 할 거야.

비주얼하게 씽킹하기

누구든 비주얼하게
씽킹할 수 있지.

물론 '공부'라는 목적을 가진 행위가
낙서와 같은 것일 수는 없을 거야.
하지만 '낙서'라는
우리에게 너무도 익숙한 방식을 활용해
공부한 내용을 그려보는 것이
얼마든지 가능해.

막막할 수도 있으니 몇 가지 예를 보여줄게. 참고만 하면 되는 것이니 똑같이 하려고
애쓰진 말고, 낙서에 정해진 방식이 없듯, 그냥 자기만의 방식대로 그리면 될 거야.

_6학년 서민주 학생의 공책 엿보기(2017년 작품)

아래의 예는 개념지도인데, 배운 내용을 핵심개념(용어) 중심으로 정리하는 것이 특징이야.
다양한 표현방식이 존재하지만, 일반적으로 평소 익숙하게 접해왔던
'마인드맵(mind map)'처럼 나타내는 경우가 많더라고.

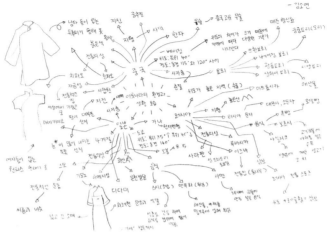

_6학년 김소연 학생의 공책 엿보기(2016년 작품)

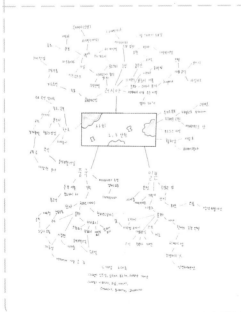

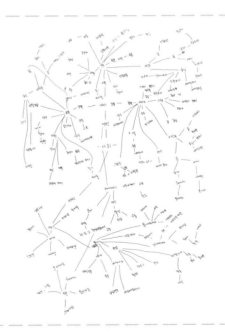

_6학년 홍승희 학생(2016년 작품)

배운 내용을 타이포그래피로 표현해 보면 어떨까? 타이포그래피는 글자를 이용한 모든 디자인을 말하는데, 상당히 즐거운 활동이 될 거야.

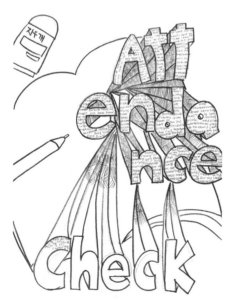

_6학년 최인서 학생(2016년 작품)

_6학년 김규민 학생(2016년 작품)

한 걸음 더 가볼까? '인포그래픽'이라고 들어봤어?
'정보시각화'라고도 하는데, 다양한 표현방법이 있어.
타이포그래피도 정보를 담고 있다면 인포그래픽의
범주 안에서 이해할 수 있어. 이런 측면에서 앞서 제시한
예도 어떻게 보면 인포그래픽 작품이라고도 볼 수 있겠지.

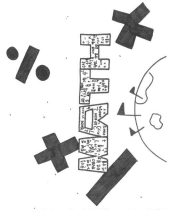

_6학년 조윤빈 학생(2016년 작품)

_6학년 왕세은 학생(2016년 작품)

구글(www.google.co.kr)에서 'infographic'으로 검색해보면
세계인들이 즐겨 사용하는 인포그래픽 사례를 쉽게 확인할 수 있어.
많이 보면 볼수록 참신한 아이디어를 잔뜩 얻을 수 있을 거야.

비주얼하게 씽킹하기

자, 지금부터 나만의 방식으로 비주얼하게 씽킹해볼까?

프로젝트학습 과정에서
공부한 내용을 시각화시킬 수 있도록 해보자.

프로젝트학습을 통해 빚어낸
특별한 보물들을 나만의 공간에
가득 담아보는 것은 어떨까

그림라글책 **01**   책 제목 :

공부한 내용의 중심생각(아이디어)들로 지혜나무를 완성해 주세요. 관련성이 높은 용어들을 한 가지에 묶어주는 것이 중요합니다. 탐스런 지식열매가 가득 자라도록 자유롭게 꾸며보세요.

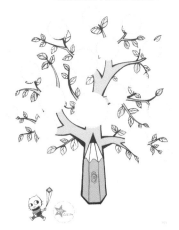

지식
보물상자   공부한 내용 중에 오랫동안 기억 속에 담아 두고 싶은 지식은 무엇입니까? 여러분들이 엄선한 지식열매를 보물상자에 담아주세요.

Visual Thinking

지혜나무와 자식보물상자에 담긴 내용들을 그림으로 나타내보자. 머릿속에 떠오르는 생각대로 제시된 형태 위에 자신만의 방식으로 표현하면 됩니다.

The Big Idea!

셀프 프로젝트학습을 수행하는 과정에서 배우고 느낀 점은 무엇입니까? 여러분에 담겨진 그대로 마음껏 마인드맵으로 풀어봐 봅시다. 더불어 학습과정에서 얻게 된 창의적이고, 창의적인 생각을 정리하는 것도 담지 마세요.

Big Idea! Creative Thinking!

CHAPTER

03

당신은
여행설계사

★ Teacher Tips

여행설계사의 역할은?

지방 곳곳, 세계 각지를 여행하는 건 생각만 해도 설레는 일입니다. 누구든 멋진 추억을 안겨 줄 여행을 손꼽아 기다리게 됩니다. 하지만 막상 여행에 대한 기대감만큼 만족스런 경험을 하긴 쉽지 않죠. 여행지가 생소할 경우엔 낯선 환경에서 오는 두려움으로 인해 여행 자체를 포기하기도 합니다. 그래서 직업 중에는 사람들이 여행이 주는 매력에 흠뻑 빠져들 수 있도록 해주는 여행설계사(tour planner)가 있습니다.

여행설계사는 여행코디네이터라는 이름으로 불려지기도 하는데요. 말 그대로 여행을 기획하고 일정을 짜며 각종 프로그램을 세우는 일을 합니다. 비용과 기간, 여러 제한점들을 꼼꼼하게 따져보며 여행의 만족도와 효율성을 높이기 위한 고민을 하면서 말이죠.

이제 여러분들은 행복투어의 여행설계사가 되어 고객을 감동시킬 만한 매력적인 여행상품을 만들어야 합니다. 더불어 까다로운 회사경영진을 설득해야 하는 임무가 부여됩니다.

* 문제시나리오에 사용된 어휘빈도(횟수)를 시각적으로 나타낸 워드클라우드(word cloud)입니다.
  워드클라우드를 통해 어떤 주제와 활동이 핵심인지 예상해 보세요.

당신은 여행설계사

아름다운 비경을 품고 있는 보물 같은
지역들은 이 지구상에서 이루 헤아릴 수
없을 정도로 많습니다. 우리나라에서 다른
나라에 이르기까지 유명 관광지는 늘
사람들로 붐비기 마련이죠.

당신은 국내외 여행전문회사인 행복투어의
여행설계자로서 선호도가 높은 지역을
선정하여 여행상품을 만들어야 합니다.
회사에서는 가족과 학생을 대상으로 한
가족여행이나 수학여행 상품개발을 요청하고
있는 상태입니다.

자, 이제부터 다양한 체험과 볼거리가 가득한
여행상품이 될 수 있도록 당신의 실력을 보여줄
때입니다. 그동안 공정여행의 정신을 자신이
만든 여행상품에 구현해 왔던 터라 더욱 기대가
되는데요. 아무쪼록 고객의 마음을 사로잡을만한
멋진 패키지여행상품이 탄생되길 바랍니다.

*공란에 원하는 여행지를 써 넣으면 됩니다.

▲ **PBL MAP**

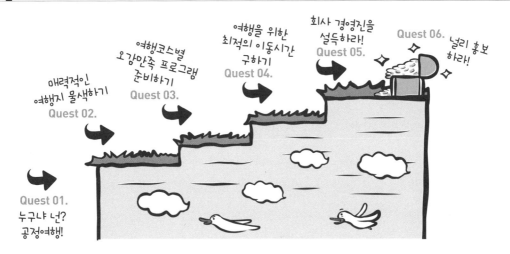

누구냐 넌? 공정여행!

★★★★★

최근 해외여행객이 급증하고 있지만 자본의 쏠림 현상이 두드러지게 나타나면서 여행자가 돈을 써도 지역경제에 도움이 되지 않고, 다국적기업의 이익만 불려주는 경향이 심화되고 있습니다. 여행은 이미 거대한 산업으로 성장해 다양한 부작용을 낳고 있지만, 누구도 적극적으로 규제에 나서지 않고 있는 것이 현실입니다. 바로 공정여행(Fair Travel)은 이러한 문제의식에서 출발합니다.

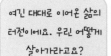

내가 바라보는 에메랄드 빛 꿈의 바다가 원래 주인인
원주민들을 쫓아내고 만들어진 가짜 천국은 아닐까.

내가 수영하는 풀장의 물이 누군가의 마실 물은 아닐까.

내가 여행지에서 지출한 돈이 지역주민에게
돌아가지 않고 대부분 대기업의 배만
불리는 것은 아닐까.

당신은 패키지여행상품에 공정여행의 정신을 반영하여 개발할 계획입니다. 이를 위해서는 공정여행에 대해 더 자세히 알아야 하겠죠?

❶ 공정여행 사례를 개별적으로 조사하여 봅시다.

❷ 팀원들과 조사한 사례를 분석해 봅시다.

사례	프로그램명	공정여행으로 판단한 기준	공통적으로 추구하는 방향
해외여행 사례			
국내여행 사례			

관련교과	국어	사회	도덕	수학	과학	실과			체육	예술		영어	창의적 체험활동	자유학기활동		
						기술	가정	정보		음악	미술			진로 탐색	주제 선택	예술 체육
		●	●										●		●	

1. [세바시 15분] 희망을 여행하라@임영신 전문가 편을 통해 공정여행의 의미를 생각해보세요.

2. 공감만세, 트래블러스맵, 착한여행 등의 사이트를 참고해보세요.

3. 공정여행 십계명이 있다고 합니다. 어떤 내용인지 확인해보면 공정여행을 이해하는데 도움이 될 거에요.

▲ 나만의 교과서

4가지 기본항목을 채우고, 퀘스트 해결과정에서 공부한 내용이나 수집한 정보를 토대로 자신만의 방식으로 알차게 표현해보세요. 그림이나 생각그물의 형태로 표현하는 것도 좋습니다.

ideas 문제해결을 위한 나의 아이디어	facts 문제와 관련하여 내가 알고 있는 것들

learning issues 문제해결을 위해 공부해야 할 주제	need to know 반드시 알아야 할 것

스스로 평가
자기주도학습의 완성!

나의 (신) (호) (등)

01	나는 공정여행의 다양한 사례를 조사했다.	① ② ③ ④ ⑤
02	나는 각 사례가 왜 공정여행이라 할 수 있는지 분석했다.	① ② ③ ④ ⑤
03	나는 분석을 통해 공정여행이 추구하는 바가 무엇인지 확인했다.	① ② ③ ④ ⑤
04	나는 적극적인 참여와 협력, 배려를 통해 모둠활동을 진행했다.	① ② ③ ④ ⑤
05	나는 문제해결을 위해 탐구한 내용과 수집한 정보를 바탕으로 나만의 교과서를 멋지게 완성하였다.	① ② ③ ④ ⑤

자신의 학습과정을 되돌아보고 진지하게 평가해주세요.

Level up

오늘의 점수　　나의 총점수

매력적인 여행지 물색하기 ★★★

만약 고객이라면 어떤 곳을 먼저 가고 싶어 할까.

음..

후루룩

좋은 여행상품을 만들기 위해선 기본적으로 고객의 입장이 되어 생각할 필요가 있습니다. 고객에게 평생 잊지 못할 감동적인 경험을 제공할 수 있도록 매력적인 장소를 물색하는 것이 우선이겠죠? 앞서 선택한 지역 안에 꼭 여행해야 할 장소 4곳을 선정하고, 그곳에 관한 주요정보와 선정이유를 정리해 두려 합니다. 대략적인 여행일정을 짜보고 결정해 주세요.

매력적인 여행지	주요정보	선정이유

관련교과	국어	사회	도덕	수학	과학	실과			체육	예술		영어	창의적 체험활동	자유학기활동		
						기술	가정	정보		음악	미술			진로탐색	주제선택	예술체육
		●											●		●	

1. 각종 SNS를 통해 관련 여행후기, 정보 등을 찾아 참고한다면 도움이 될 것입니다.
2. 여행지와 관련된 생생한 정보는 TV방송프로그램(다큐멘터리 등), 각종 동영상(유투브 참조)에서 찾을 수 있습니다.
3. 여행지의 주요정보는 놓치지 말고 보거나 체험해야 할 것들, 관련 체험프로그램, 관람소요시간, 비용 등의 모든 내용이 포함됩니다.

▲ 나만의 교과서

4가지 기본항목을 채우고, 퀘스트 해결과정에서 공부한 내용이나 수집한 정보를 토대로 자신만의 방식으로 알차게 표현해 보세요. 그림이나 생각그물의 형태로 표현하는 것도 좋습니다.

ideas 문제해결을 위한 나의 아이디어	facts 문제와 관련하여 내가 알고 있는 것들

learning issues 문제해결을 위해 공부해야 할 주제	need to know 반드시 알아야 할 것

스스로 평가
자기주도학습의 완성!

나의 (신) (호) (등)

01	나는 여행 장소를 다양하게 찾아보고, 이들 중 4곳을 선정하였다.	① ② ③ ④ ⑤
02	나는 여행지와 관련된 주요정보를 찾아보고 정리하였다.	① ② ③ ④ ⑤
03	나는 합리적이 기준에 따라 여행 장소 선정이유를 밝혔다.	① ② ③ ④ ⑤
04	나는 문제해결을 위해 탐구한 내용과 수집한 정보를 바탕으로 나만의 교과서를 멋지게 완성하였다.	① ② ③ ④ ⑤

자신의 학습과정을 되돌아보고 진지하게 평가해주세요.

Level up

오늘의 점수　나의 총점수

여행코스별 오감만족 프로그램 준비하기 ★★★★★★

여행은 공정여행의 정신을 살리면서 고객의 오감을 만족시킬 수 있는 일정으로 짜야 합니다. 보고(시각), 듣고(청각), 맛보고(미각), 만지고(촉각), 특유의 향기(후각)를 체험할수 있는 프로그램도 있어야 하겠죠? 고객의 오감을 만족시킬 수 있는 여행프로그램이어떻게 나올지 무척 기대됩니다.

일정	시간	주요코스	프로그램	
			주 제	내 용(요약)
1일	오전			
	오후			
2일	오전			
	오후			
3일	오전			
	오후			
4일	오전			
	오후			

관련교과	국어	사회	도덕	수학	과학	실과			체육	예술		영어	창의적 체험활동	자유학기활동		
						기술	가정	정보		음악	미술			진로 탐색	주제 선택	예술 체육
		●											●		●	

1. 지역별 공식홈페이지의 대표여행지 소개코너를 활용하면, 여행코스를 결정하는 데 도움이 될 것입니다. 활동지 양식은 3박4일을 기준으로 제공되고 있지만, 굳이 주어진 양식대로 할 필요는 없습니다.

2. 여행코스에 대한 정확하고 생생한 정보는 일반 여행객이 블로그나 카페에 남긴 수기나 여행지 대표 홈페이지에서 찾을수 있습니다.

3. 주요코스와 연계할 수 있는 프로그램을 만들기 위해 각 여행지에서 활용되고 있는 프로그램을 참고하는 것이 도움이 됩니다. 기존의 여행상품들에서 힌트를 얻는 것도 좋은 접근입니다.

▲ 나만의 교과서

4가지 기본항목을 채우고, 퀘스트 해결과정에서 공부한 내용이나 수집한 정보를 토대로 자신만의 방식으로 알차게 표현해 보세요. 그림이나 생각그물의 형태로 표현하는 것도 좋습니다.

ideas
문제해결을 위한 나의 아이디어

facts
문제와 관련하여 내가 알고 있는 것들

learning issues
문제해결을 위해 공부해야 할 주제

need to know
반드시 알아야 할 것

스스로 평가
자기주도학습의 완성!

나의 (신)(호)(등)

01	나는 공정여행 정신을 반영해서 프로그램을 준비하였다.	①②③④⑤
02	나는 여행코스별 적합한 프로그램을 선정하거나 만들었다.	①②③④⑤
03	나는 고객의 오감을 만족스킬 수 있는 여행프로그램으로 구성했다.	①②③④⑤
04	나는 문제해결을 위해 탐구한 내용과 수집한 정보를 바탕으로 나만의 교과서를 멋지게 완성하였다.	①②③④⑤

자신의 학습과정을 되돌아보고 진지하게 평가해주세요.

Level up

오늘의 점수   나의 총점수

여행을 위한 최적의 이동시간 구하기 ★★★★★

행복투어에서는 여행상품의 경우, 고객의 피로를 감안해서 전체 이동시간을 하루 평균 4시간미만으로 제한하고 있습니다. 각 여행코스 간 이동시간은 일반적으로 이동거리와 각 코스별 교통수단의 평균속력을 알면 쉽게 계산할 수 있습니다.

교통수단	비행기	버스	배	말	자전거	도보
이동거리/시간	600km/h	60km/h	40km/h	30km/h	12km/h	3km/h

※ 용어해설: 시속은 1시간 동안 물체가 이동한 전체 거리를 뜻하는 것이예요. 예를 들어 어떤 자동차가 평균시속 100km로 달리고 있다면, 이 자동차는 1시간 동안 전체 100km의 거리를 이동할 수 있어요.

여행지 간의 이동거리와 교통수단의 속력을 기준으로 소요시간을 계산해보세요. 여행지별로 이용될 교통수단은 현지여건을 고려하여 결정해야 합니다. 이동에 의한 피로감이 없는 다양한 체험과 볼거리가 가득한 여행이 될 수 있도록 당신의 실력을 발휘해주세요.

일정		여행코스		교통수단 (이동방법)	이동거리 (km)	이동시간	총 소요시간
		출발	도착				
1일	오전						
	오후						
2일	오전						
	오후						
3일	오전						
	오후						
4일	오전						
	오후						

관련교과	국어	사회	도덕	수학	과학	실과			체육	예술		영어	창의적 체험활동	자유학기활동		
						기술	가정	정보		음악	미술			진로 탐색	주제 선택	예술 체육
				●	●								●		●	

1. 하루 평균 이동제한시간과 교통수단별 속력은 제시된 기준 외에도 자유롭게 결정해서 진행할 수 있습니다.
2. 지도책을 이용하는 방법도 있지만, 인터넷(다음, 네이버, 구글 등)의 지도 서비스를 이용하면 여행지 간의 이동거리를 정확하게 파악할 수 있습니다.

▲ 나만의 교과서

4가지 기본항목을 채우고, 퀘스트 해결과정에서 공부한 내용이나 수집한 정보를 토대로 자신만의 방식으로 알차게 표현해 보세요. 그림이나 생각그물의 형태로 표현하는 것도 좋습니다.

ideas 문제해결을 위한 나의 아이디어	facts 문제와 관련하여 내가 알고 있는 것들

learning issues 문제해결을 위해 공부해야 할 주제	need to know 반드시 알아야 할 것

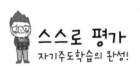

스스로 평가
자기주도학습의 완성!

나의 ⓢⓗⓔⓓ

01	나는 지도(온라인 서비스 포함)를 활용하여 여행지 간 거리를 측정하였다.	①②③④⑤
02	나는 여행지에서 운영 가능한 교통수단을 살펴보고, 이들 속력을 고려하여 이동시간을 산출하였다.	①②③④⑤
03	나는 하루 평균 이동제한시간을 준수하고자 하였다.	①②③④⑤
04	나는 문제해결을 위해 탐구한 내용과 수집한 정보를 바탕으로 나만의 교과서를 멋지게 완성하였다.	①②③④⑤

자신의 학습과정을 되돌아보고 진지하게 평가해주세요.

Level up

오늘의 점수   나의 총점수

Quest 퀘스트 05

회사 경영진을 설득하라!

★★★★★★

이번 기회를 놓치면 안 돼. 경영진의 마음을 사로잡아야겠어.

아가- 화팅!!

응성 응성 응성

어렵게 개발한 패키지여행상품을 최종 승인받기 위해 회사 경영진을 설득해야 하는 일이 남았습니다. 여행상품의 특성이 잘 드러나도록 일정과 프로그램에 대한 상세한 설명이 이루어져야 하겠죠? 다른 여행상품과의 차별성이 충분히 부각될 수 있도록 인상적인 프레젠테이션 자료도 준비할 계획입니다.

프레젠테이션 스토리보드

*스토리보드는 수정과 추가 등이 손쉬운 포스트잇을 활용하는 것이 좋습니다.

관련교과	국어	사회	도덕	수학	과학	실과			체육	예술		영어	창의적 체험활동	자유학기활동		
						기술	가정	정보		음악	미술			진로 탐색	주제 선택	예술 체육
	●							●						●	●	

1. 설득력있는 프레젠테이션을 위해 기본적으로 발표시나리오와 발표자료를 준비해야 합니다.
2. 발표시나리오(발표문)는 마치 드라마 극본처럼 사실감 있게 표현하여 작성하는 것이 좋습니다. 리허설도 충분히 해 보세요.
3. 발표자료는 시각적인 효과를 충족시킬 수 있도록 파워포인트, 프레지(Prezi) 등을 사용하여 발표 진행 순서에 맞게 간결하게 표현합니다.

▲ 나만의 교과서

4가지 기본항목을 채우고, 퀘스트 해결과정에서 공부한 내용이나 수집한 정보를 토대로 자신만의 방식으로 알차게 표현해 보세요. 그림이나 생각그물의 형태로 표현하는 것도 좋습니다.

ideas 문제해결을 위한 나의 아이디어	facts 문제와 관련하여 내가 알고 있는 것들

learning issues 문제해결을 위해 공부해야 할 주제	need to know 반드시 알아야 할 것

스스로 평가
자기주도학습의 완성!

나의 (신)(호)(등)

01	나는 회사경영진을 설득해야 하는 입장에서 발표문을 준비하였다.	①②③④⑤
02	나는 여행일정과 여행코스별 프로그램, 이동소요시간 등 자세히 발표하였다.	①②③④⑤
03	나는 인상적인 프레젠테이션을 준비하고 이를 활용하여 발표하였다.	①②③④⑤
04	나는 문제해결을 위해 탐구한 내용과 수집한 정보를 바탕으로 나만의 교과서를 멋지게 완성하였다.	①②③④⑤

자신의 학습과정을 되돌아보고 진지하게 평가해주세요.

Level up

오늘의 점수　　나의 총점수

널리 홍보하라!

★★★★★★

이 여행패키지 완전 끌린다.
꼭 가고 싶어.

대박!

드디어 멋진 프레젠테이션을 통해 회사경영진을 설득해냈습니다. 이제 패키지여행상품을 널리 알리는 일만 남았습니다. 예산을 고려하여 TV나 신문과 같은 값비싼 광고가 아닌 인터넷을 통한 홍보 방식을 채택할 생각입니다. 이왕이면 스마트폰으로도 쉽게 확인할 수 있는 광고유형이면 좋겠죠. 여행상품에 대한 흥미와 관심을 끌어 모을 수 있도록 기발한 아이디어의 광고물을 제작해 봅시다.

캐치프레이즈
광고내용
광고방법
광고계획

관련교과	국어	사회	도덕	수학	과학	실과			체육	예술		영어	창의적 체험활동	자유학기활동		
						기술	가정	정보		음악	미술			진로 탐색	주제 선택	예술 체육
	●							●			●		●			

1. 기존의 인터넷 홍보 방식을 참고하세요. 캐치프레이즈와 광고내용, 광고방법, 광고계획 등으로 구분하여 아이디어를 정리하면 도움이 됩니다.
2. 스마트폰으로 확인할 수 있도록 하기 위해서는 웹과 모바일 모두 지원하는 매체를 이용할 필요가 있습니다(유튜브, 트위터, 블로그, 카페 등).
3. 여행과 관련된 기존 홍보물을 참고하면 좀 더 질 좋은 결과물을 만들어낼 수 있습니다.

▲ 나만의 교과서

4가지 기본항목을 채우고, 퀘스트 해결과정에서 공부한 내용이나 수집한 정보를 토대로 자신만의 방식으로 알차게 표현해 보세요. 그림이나 생각그물의 형태로 표현하는 것도 좋습니다.

ideas
문제해결을 위한 나의 아이디어

facts
문제와 관련하여 내가 알고 있는 것들

learning issues
문제해결을 위해 공부해야 할 주제

need to know
반드시 알아야 할 것

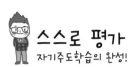

스스로 평가
자기주도학습의 완성!

나의 (신) (호) (등)

01	나는 패키지여행상품을 널리 알리는 활용할 광고를 만들었다.	① ② ③ ④ ⑤
02	나는 참신한 아이디어를 동원해 색다른 광고를 기획했다.	① ② ③ ④ ⑤
03	나는 제작한 광고를 온라인을 통해 많은 사람들과 공유하였다.	① ② ③ ④ ⑤
04	나는 문제해결을 위해 탐구한 내용과 수집한 정보를 바탕으로 나만의 교과서를 멋지게 완성하였다.	① ② ③ ④ ⑤

자신의 학습과정을 되돌아보고 진지하게 평가해주세요.

Level up

오늘의 점수　나의 총점수

All-Clear
sticker

03 CHAPTER

당신은 여행설계사

★Teacher Tips

▲ Teacher Tips

'나는야 여행설계사'는 문제의 특성상 기본적으로 관련 지식을 다루고 있는 사회교과 내용과 연계하여 적용하는 것이 수월합니다. 과학(물체의 속력을 이용한 이동시간 계산하기), 국어(시나리오 작성하기, 광고문구 및 광고내용쓰기)와 미술(광고물 제작) 등의 교과영역과 통합하여 학습활동이 이루어지므로 이를 감안하여 수업차시를 편성하는 것이 바람직합니다. 수업의 목적에 따라서 문제의 범위를 국내외 특정 지역으로 제한해 볼 수 있습니다. 여행지의 범위제한을 어떻게 할지는 전적으로 이 프로그램을 운영할 선생님의 몫입니다. 교육과정을 고려하여 국내 지역별 문화탐방으로 할지, 세계 여러 나라의 고유문화체험으로 할지 학생들과 함께 결정해 보세요.

여행설계사는 여행기획자라고도 불립니다. 소비자와 시장의 요구에 맞춰 여행관광상품을 새로 기획하고 개발하거나 기존의 여행상품을 추천해주는 일을 하는 전문직업이죠. 여행산업은 크게 인바운드(inbound)와 아웃바운드(outbound)로 나눌 수 있는데, 인바운드는 외국 관광객들을 국내로 유치하는 일을 주로 하며, 아웃바운드는 자국민이 해외로 나가는 일을 맡습니다. 이런 까닭으로 아웃바운드 분야의 여행기획자는 주로 해외여행상품의 개발업무를 담당하고, 인바운드 분야의 여행기획자는 국내여행상품의 개발업무를 책임집니다. 해외여행기획자는 해외여행을 원하는 사람들의 상담을 받고 일정 규모의 단체가 구성되면, 이들의 출국에서부터 귀국 때까지의 모든 과정, 즉 항공 스케줄, 숙박, 여권, 관광지, 교통편, 식사 등을 모두 책임지고 관리합니다. 또한 신규여행지에 대한 조사와 개발 여부의 결정, 개발예정 여행지에 대한 교통편, 일정, 숙박시설, 비용 등을 종합적으로 검토하고 여행상품을 개발합니다(출처: 네이버지식백과, 두산백과).

따라서 수업참여자는 여행설계사가 어떤 일을 하는지 확실히 이해하고 주어진 과제를 수행해야 합니다. 학생들이 여행설계사라는 직업에 대해 제대로 흥미를 가지게 된다면, 학습과정에 대한 동기와 몰입감이 자연스레 커지게 될 것입니다. 좋은 평을 받았던 여행상품이나 교사와 학생들이 과거에 경험했던 인상적인 여행패키지상품을 서로 공유해 보는 것도 사전활동으로 적합합니다. 아무튼 여행설계사로서 개개인의 창의적인 아이디어가 충분히 반영된 여행상품이 만들어질 수 있도록 하는 것이 제일 중요하겠죠? 이왕이면 자신이 개발한 여행상품에 따라 실제로 여행을 해보는 것도 좋을 것 같습니다. 가능하다면 말이죠.

'당신은 여행설계사' 수업은 대략 지역교과서를 활용하는 초등학교 4학년 이상이면 시도해볼만 합니다. 여행대상지역이 우리 동네에서부터 세계 여러 나라까지 담지 못할 곳은 없기 때문에 폭넓은 적용이 가능할 것으로 보입니다. 학생들의 연령과 교육과정을 감안할 때, 적합하지 않다고 판단되는 활동은 생략해서 진행해 주세요. 교과와의 연계를 고려하여 현장상황에 맞춰 탄력적으로 적용하면 됩니다.

교과	영역	내용요소	
		초등학교 [5–6학년]	중학교 [1–3학년]
국어	말하기듣기	◆발표[매체활용] ◆체계적 내용 구성	◆발표[내용 구성] ◆매체 자료의 효과 ◆청중 고려
과학	힘과 운동	◆속력과 안전	
도덕	사회·공동체와의 관계	◆공정한 사회를 위해 무엇을 해야 할까? (공정성)	◆세계 시민으로서 도덕적 과제는 무엇인가? (세계 시민 윤리)
실과 정보	자료와 정보	◆소프트웨어의 이해	◆자료의 유형과 디지털 표현
	기술활용	◆일과 직업의 세계 ◆자기 이해와 직업 탐색	
사회	지리인식 장소와 지역	◆국토의 위치와 영역, 국토애 ◆세계 주요 대륙과 대양의 위치와 범위, 대륙별 국가의 위치와 영토 특징	◆우리나라 영역 ◆위치와 인간 생활 ◆세계화와 지역화
	경제	◆국가 간 경쟁, 상호 의존성	◆국제 거래, 환율
	지속 가능한 세계	◆지역 갈등의 원인과 해결 방안	◆지역 불균형 ◆인류 공존을 위한 노력

▲ Teacher Tips

● 적용대상(권장): 초등학교 4학년–중학교 3학년
● 자유학년활동: 주제선택(권장) / 진로탐색
● 학습예상소요기간(차시): 8-10일(8-12차시)
● Time Flow   8일 기준(예)

시작하기_문제제시		전개하기_과제수행			마무리_발표 및 평가	
문제출발점 설명 PBL MAP으로 학습 흐름 소개	QUEST 01 누구냐 넌? 공정여행!	QUEST 02 매력적인 여행지 물색하기	QUEST 03 여행코스별 오감만족 프로그램 준비하기	QUEST 04 여행을 위한 최적의 이동시간 구하기	QUEST 05 회사 경영진을 설득하라!	QUEST 06 널리 홍보하라! 성찰일기 작성하기
교실 25분	교실|온라인 55분|2-3hr	교실|온라인 40분|2-3hr	교실|온라인 40분|1-2hr	교실|온라인 40분|1-2hr	교실|온라인 80분|2-3hr	교실|온라인 40분|1hr
1-2 Day		3-4 Day		5 Day	7-8 Day	

● 수업목표(예)

QUEST 01	◆공정여행의 기본정신을 이해할 수 있다. ◆다양한 사례를 통해 공정여행이 추구하는 바를 파악할 수 있다.
QUEST 02	◆선정한 지역의 대표적인 여행지를 찾아 볼 수 있다. ◆공정여행 정신을 고려하여 여행지를 선정할 수 있다. ◆여행지와 관련된 주요정보를 찾아보고 정리할 수 있다. ◆합리적인 이유를 내세워 여행 장소의 선정이유를 밝힐 수 있다.
QUEST 03	◆공정여행 정신을 반영해서 여행프로그램을 만들 수 있다. ◆여행코스별 적합한 프로그램을 선정하거나 만들 수 있다. ◆여행대상을 고려하여 오감을 만족시킬 수 있는 프로그램으로 구성할 수 있다.
QUEST 04	◆지도를 이용해 여행지 간 거리를 측정할 수 있다. ◆교통수단의 속력을 고려하여 여행지 간 이동시간을 산출할 수 있다. ◆하루 평균 이동제한시간을 고려하여 여행코스별 교통수단을 선택할 수 있다.
QUEST 05	◆회사경영진을 설득하기 위한 발표문을 작성할 수 있다. ◆인상적인 프레젠테이션 자료를 준비하고 이를 활용하여 설득력있게 발표할 수 있다.
QUEST 06	◆패키지여행상품을 널리 알리는데 효과적인 방식으로 광고를 제작할 수 있다. ◆온라인 공간에 적합한 형태의 광고를 제작할 수 있다. ◆참신한 아이디어가 반영된 광고를 기획할 수 있다.
공통	◆문제해결의 절차와 방법에 대한 이해를 바탕으로 학습과정에 참여할 수 있다. ◆공부한 내용을 정리하고 자신의 언어로 재구성하는 과정을 통해 창의적인 문제를 만들어낼 수 있다. 이 과정을 통해 지식을 생산하기 위해 소비하는 프로슈머로서의 능력을 향상시킬 수 있다. ◆토의의 기본적인 과정과 절차에 따라 문제해결방법을 도출하고, 온라인 커뮤니티 등의 양방향 매체를 활용한 지속적인 학습과정을 경험함으로써 의사소통능력을 신장시킬 수 있다.

시작하기

여행에 대한 관심은 나이를 불문하고 높습니다. 누구에게든 여행은 매우 친근한 소재일 수밖에 없는 것이죠. 여행을 많이 다녀본 학생일수록 자리만 깔아준다면 자신의 여행담을 늘어놓기 바쁠 것입니다. 그런 의미에서 본격적인 수업을 앞두고 '나에게 잊지 못할 여행기'라는 주제로 이야기를 나눠보는 것은 효과적인 전략일 수 있습니다. 저마다 겪었던 좌충우돌 여행기와 즐거웠던 추억들이 대거 소환될수록 수업에 대한 관심도 그만큼 커지기 마련이니까요. JTBC의 '뭉치면 뜬다'와 같이 패키지여행을 소재로 한 방송프로그램의 일부 영상을 보여주며 수업을 시작하는 것도 좋은 전략입니다. 학생들은 이 수업을 통해 여행설계사로서 주어진 문제를 해결해야 하고 최종결과물로 패키지여행상품을 만들어야 하는 만큼, 이들 방송프로그램 자체가 동기유발자료이면서 유용한 학습자료로 활용될 수 있습니다. 때에 따라선 결정적인 힌트도 얻을 수 있으니 수업활용을 적극 고려해 보시길 바랍니다.

행복투어의 여행설계사가 되어 패키지여행상품을 개발해야 하는 상황을 강조하며 문제출발점을 제시하도록 합니다. 여행설계사가 하는 일이 무엇인지 정확히 알고 과제수행을 할 수 있도록 부연설명을 해줄 필요가 있습니다. 다양한 국내외 패키지여행사례를 소개해주며 이들 상품들이 여행설계사를 통해 완성된다는 사실을 알려주시기 바랍니다. 특히 여행설계사로서 개발해야 할 패키지여행상품이 기본적으로 공정여행의 정신을 담고 있어야 함을 강조해주세요.

▲ Teacher Tips

학생들이 문제상황을 파악하고 여행지를 선정하는 데까지 성공하였다면, 이어서 학습활동이 어떤 과정으로 진행될지 간략하게 소개하는 시간을 갖도록 합니다. 워드클라우드와 PBL MAP을 활용해 전체적인 학습흐름과 각 퀘스트별 활동내용을 예상해보도록 하고, 여행상품개발뿐만 아니라 경영진을 대상으로 한 설득력있는 프레젠테이션을 준비해야 한다는 사실을 예고해주세요.

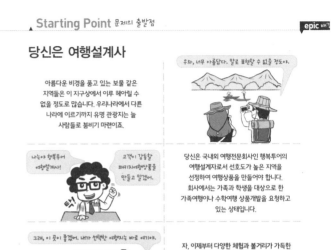

▶ **Starting Point** 문제의 출발점

당신은 여행설계사

아름다운 비경을 품고 있는 보물 같은 지역들은 이 지구상에서 이루 헤아릴 수 없을 정도로 많습니다. 우리나라에서 다른 나라에 이르기까지 유명 관광지는 늘 사람들로 붐비기 마련이죠.

당신은 국내외 여행전문회사인 행복투어의 여행설계사로서 선호도가 높은 지역을 선정하여 여행상품을 만들어야 합니다. 회사에서는 가족과 학생을 대상으로 한 가족여행이나 수학여행 상품개발을 요청하고 있는 상태입니다.

자, 이제부터 다양한 체험과 볼거리가 가득한 여행상품이 될 수 있도록 당신의 실력을 보여줄 때입니다. 그동안 공정여행의 정신을 자신이 만든 여행상품에 구현해 왔던 터라 더욱 기대가 되는데요. 아무쪼록 고객의 마음을 사로잡을만한 멋진 패키지여행상품이 탄생되길 바랍니다.

*공간에 원하는 여행지를 써 ... 넣 합니다.

여행지를 어디로 선정할지 결정하고 적는 공간입니다. 여행범위를 국내로 할지, 해외로 할지, 아니면 특정 지역을 대상으로 할지, 완전 자율로 맡길 건지는 교육과정을 고려하여 선생님이 사전에 결정해주셔야 합니다.

 **전개하기**

'당신은 여행설계사' 수업은 총 6개의 기본퀘스트가 제공됩니다. 특히 이들 중 '퀘스트4 여행을 위한 최적의 이동시간 구하기'의 경우 기본적으로 속력에 대한 개념을 알아야 해결할 수 있습니다. 학생들의 수준과 교육과정을 고려해서 생략여부를 결정하시길 바랍니다. 아울러 사전에 여행기간을 어느 정도로 할지 결정하는 것도 필요합니다. 전체적인 학습량을 고려해서 몇박 며칠로 할지 최소치와 최대치를 알려주세요. 긴 여행을 선호하는 학생들이 많습니다. 일반적으로 할애할 수 있는 수업시간에 한계가 있으므로 2박 3일에서 4박 5일 정도로 여행기간을 제한하는 것이 적절합니다.

> **중심활동** : 공정여행사례 조사하기, 팀별로 공정여행사례 분석하기
>
> ◆ 공정여행에 대한 정확한 이해를 바탕으로 문제상황 파악하기
> ◆ 국내외 공정여행 사례를 개별적으로 조사하기
> ◆ 공정여행 십계명을 판단기준으로 삼아서 조사한 사례 분석하기

Quest 퀘스트 01   누구냐 넌? 공정여행!   *****

최근 해외여행객이 급증하고 있지만 자본의 쏠림 현상이 두드러지게 나타나면서 여행자가 돈을 써도 지역경제에 도움이 되지 않고, 다국적기업의 이익만 불려주는 경향이 심화되고 있습니다. 여행은 이미 거대한 산업으로 성장해 다양한 부작용을 낳고 있지만, 누구도 적극적으로 규제에 나서지 않고 있는 것이 현실입니다. 바로 공정여행(Fair Travel)은 이러한 문제의식에서 출발합니다.

공정여행은 공정무역과 동일한 선상에서 이해할 수 있습니다. 빈곤한 제3세계 농가에게 덤핑가격이 아닌 정당한 가격을 지불하여 그들이 자립할 수 있도록 돕자는 취지에서 출발한 사회운동이 공정무역인데요. 선진국이 대량구입을 빌미로 정상가격의 50% 이상을 낮춰 커피 원두를 구입한다는 사실이 알려지면서 이슈화되기도 했습니다. 공정여행도 같은 맥락에서 살펴볼 수 있다는 점을 언급하며 문제상황을 제시하도록 하세요.

이 퀘스트에서 학생들이 공정여행의 개념을 정확히 이해하는 것이 무엇보다 중요합니다. 전체적인 문제상황을 제시하는 데 그치지 말고 사례 하나하나씩을 곱씹으며 공정여행에 대한 부연설명을 해주세요. 불편하더라도 공정여행은 착한여행이며 진정한 여행의 즐거움을 만끽할 수 있는 길임을 강조합니다.

특히 '당신이 알아야 하는 여행의 비밀'을 제시하며 여행이라는 특권을 누리는 사람은 전 세계 인구에 14%에 불과하다는 점을 알려줍니다. 특권을 누리는 만큼 마땅히 지켜야 할 의무를 다해야 하며, 후대를 생각하는 지속 가능한 여행을 하는 것! 그것이 우리가 가져야할 책임임을 인식하는 것이 중요합니다.

생상품에 공정여행의 정신을 반영하여 개발할 계획입니다. 이를 위해서 ⋯⋯ 대해 더 자세히 알아야 하겠죠?

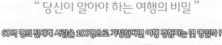

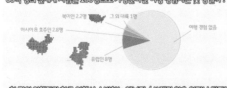

자료출처: 임영선 「희망을 여행하라(소나무)」 & 이미지 T프렌즈

❶ 공정여행 사례를 개별적으로 조사하여 봅시다.

> 착한여행, 공정여행 등의 키워드로 검색해보면 해당 사례들을 접할 수 있습니다. 'Fun Tips'의 내용을 참고해서 인상적인 사례를 조사하도록 안내해주세요.

❷ 팀원들과 조사한 사례를 분석해 봅시다.

사례	프로그램명	공정여행으로 판단한 기준	공통적으로 추구하는 방향
해외여행 사례			
국내여행 사례			

> 공정여행 전문가 임영선의 '희망을 여행하라' 책을 소개하며, 개별적으로 조사한 사례를 판단해 보는 시간을 가져봅니다. 판단기준으로 이 책에 제시된 '공정여행 십계명'이 안성맞춤입니다. 조사한 사례가 공정여행 기준에 미치지 못한다면, 이를 어떻게 개선하는 것이 좋을지 자유롭게 토의하는 시간을 갖도록 합니다.

관련교과	국어	사회	도덕	수학	과학	실과			예술		영어	창의적 체험활동	자유학기활동		
						기술	가정	정보	체육	음악	미술			진로 탐색	주제 선택	예술 체육
		●	●								●			●		●

1. [세비시 15분] 희망을 여행하라@임영신 전문가 편을 통해 공정여행의 의미를 생각해보세요.
2. 공감만세, 트래블러스맵, 착한여행 등의 사이트를 참고해보세요.
3. 공정여행 십계명이 있다고 합니다. 어떤 내용인지 확인해보면 공정여행을 이해하는데 도움이 될 거에요.

희망을 여행하라

세상은 여행에 대한 통념을 넘어서

Fair Travel Guide Book

공정여행 가이드북

소나무

공정여행 십계명

지구를 돌보는 여행
비행기 이용 줄이기, 일회용품 쓰지 않기, 물 낭비하지 않기 등.

기부하는 여행
나눔을 준비, 여행 경비의 1%는 현지의 단체에.

성매매를 하지 않는 여행
아동 성매매, 섹스관광, 섹매매 골프 관광하지 않기.

친구가 되는 여행
현지 인사말을 배우고 노래와 춤 배우기.

윤리적으로 소비하는 여행
과도한 쇼핑 하지 않기, 공정무역 제품 이용, 지나치게 깎지 않기.

행동하는 여행
세상을 변화시키는 여행

다른 문화를 존중하는 여행
생활 방식, 종교를 존중하고 예의 갖추기

지역에 도움이 되는 여행
현지인이 운영하는 숙소, 음식점, 가이드, 교통시설 이용.

다른 이의 인권을 존중하는 여행
직원들의 근로조건을 지키는 숙소 혹은 여행사 선택.

상대를 존중하고 약속을 지키는 여행
사진을 찍을 땐 허락을 구하고, 약속한 것은 지키는 여행.

FAIR TRAVEL

> **중심활동** : 매력적인 여행지를 결정하고 관련 정보조사하기
>
> ◆ 문제상황 속 내용을 살펴보고 중심활동 파악하기
> ◆ 선택한 지역 안에 매력적인 여행지 4곳을 선정하기
> ◆ 선정한 여행지의 주요정보를 조사하고 선정이유를 밝히기

Quest 퀘스트 **02** 매력적인 여행지 물색하기 　　　★★★

만약 고객이라면 어떤 곳을 먼저 가고 싶어 할까.

음...

후루룩

좋은 여행상품을 만들기 위해선 기본적으로 고객의 입장이 되어 생각할 필요가 있습니다. 고객에게 평생 잊지 못할 감동적인 경험을 제공할 수 있도록 매력적인 장소를 물색하는 것이 ~~~~이기 ~~~~ 꼭 여행해야 할 장소 ~~~~ 정보와 선정이유~~~~ 일정을 짜보고 결~~~~

앞서 문제출발점에서 선정한 지역 안에서 꼭 여행해야 할 장소를 찾아보고 4곳을 선택해야 하는 문제상황이 제시되어 있습니다. 간혹 이것저것 따지지도 않고 자신이 가고 싶은 장소를 덜썩 선택하는 경우가 있습니다. 활동이 진행되는 동안 공정여행의 정신을 잊지 않도록 계속 강조해 줄 필요가 있습니다. 해당지역의 여행후기는 각종 SNS를 통해 쉽게 확인할 수 있음을 알려주세요. 필요하다면 예를 찾아 보여주며 이야기하는 것이 좋습니다. 이왕이면 선생님의 실제사례를 들어 설명하는 것이 좋겠죠?

매력적인 여행지	주요정보

여행지와 관련된 정보들이 너무 많아서 오히려 선택의 어려움을 느끼는 경우가 많습니다. 여행정보를 실감나게 담고 있는 TV 방송영상이나 책 등을 활용토록 안내해주세요. 여행지의 주요정보에는 꼭 봐야 하는 것, 체험해야 하는 것으로 크게 구분하여 정리하도록 하고, 체험프로그램, 소요시간, 비용까지 핵심적인 내용이 포함되도록 해야 합니다. 더불어 선정이유에는 공정여행의 정신을 바탕으로 설명할 수 있도록 해주세요. 앞으로 선정한 장소가 포함된 여행패키지상품을 만들어야 한다는 사실을 상기시키며 신중한 결정을 요구합니다.

실과		체육	예술		영어	창의적 체험활동	자유학기활동		
가정	정보		음악	미술			진로 탐색	주제 선택	예술 체육
						●		●	

1. 각종 SNS를 통해 관련 여행후기 정보 등을 찾아 참고한다면 도움이 될 것입니다.
2. 여행지와 관련된 생생한 정보는 TV방송프로그램(다큐멘터리 등), 각종 동영상(유튜브 참조)에서 찾을 수 있습니다.
3. 여행지의 주요정보는 놓치지 말고 보거나 체험해야 할 것들, 관련 체험프로그램, 관람소요시간, 비용 등의 모든 내용이 포함됩니다.

● 퀘스트3: 여행코스별 오감만족 프로그램 준비하기

> **중심활동 : 여행코스별 오감만족 프로그램 만들기**
>
> ◆ 공정여행 전문가이면서 여행설계사로서 문제상황 속 내용을 살펴보고 중심활동 파악하기
> ◆ 여행할 주요코스를 정하고 일정별 오감을 만족시킬 프로그램 정하기

Quest 퀘스트 **03** 여행코스별 오감만족 프로그램 준비하기 ******

여행은 공정여행의 정신을 살리면서 고객의 오감을 만족시킬 수 있는 일정으로 짜야 합니다. 보고(시각), 듣고(청각), 맛보고(미각), 만지고(촉각 ~~~~~~~)를 체험할 수 있는 프로그램도 있어야 하겠죠? 고객의 ~~~~ 어떻게 나올지 무척 기대됩니다.

퀘스트3은 여행프로그램을 구체화시켜야하는 문제상황이 제시되고 있습니다. 공정여행의 정신을 살리면서 오감(시각, 청각, 미각, 촉각, 후각)을 만족시킬 프로그램을 짜야 하는 과제가 부여되고 있는 것이죠. 학생들은 공정여행 전문가이면서 여행설계사로서 이들 조건이 충족된 여행일정을 세워야 합니다. 이런 자신의 역할을 잊지 않고 수업활동에 참여할 수 있도록 활동이 진행되는 동안 필요한 역할을 다해주세요.

상식적인 얘기지만 여행프로그램을 짜려면 해당 지역에 대한 상당한 지식이 요구됩니다. 선정한 장소의 위치와 동선 등도 모두 체크해서 일정을 세워야 합니다. 충분한 고려 없이 유명 관광지를 단순히 나열하는 수준으로 활동이 진행되지 않도록 주의해 주시길 바랍니다. 실제 여행패키지상품사례(이왕이면 공정여행상품)에서 힌트를 얻어 부분적으로 반영하는 것도 좋은 전략입니다. 다만, 단순히 복사해서 활용하는 수준에 그치는지 꼼꼼하게 체크하고 피드백을 해주세요.

일정	시간	주요코스	
1일	오전		
	오후		
2일	오전		
	오후		
3일	오전		
	오후		
4일	오전		
	오후		

관련교과	국어	사회	도덕	수학	과학	실과			체육	예술		자유학기활동	
						기술	가정	정보				주제선택	예술체육
		●											

아무튼 주요 코스를 정하고 그곳에 어울리는 프로그램 주제를 선정했다면 일정별로 한눈에 알아볼 수 있도록 정리해줘야 합니다. 여행프로그램은 이 책에서 제시하는 방식과 다르게 정리해도 상관없습니다. 이해를 돕기 위한 형식일 뿐이니까 틀에 얽매이지 마세요.

1. 지역별 공식홈페이지의 대표여행지 소개코너를 활용하면, 여행코 4일을 기준으로 제공되고 있지만, 굳이 주어진 양식대로 할 필요 ~~~~ 3박
2. 여행코스에 대한 정확하고 생생한 정보는 일반 여행객이 블로 ~~~~ 찾을 수 있습니다.
3. 주요코스와 연계할 수 있는 프로그램을 만들기 위해 각 여행지 ~~~~ 됩니다. 기존의 여행상품들에서 힌트를 얻는 것도 좋은 접근입니다.

● 퀘스트4: 여행을 위한 최적의 이동시간 구하기

중심활동 : 여행코스별 이동시간 산출하기

◆ 여행피로도와 교통수단, 이동시간의 관계를 이해하며 문제상황을 파악하기
◆ 인터넷 지도서비스, 지도책 등을 활용하여 여행코스별 이동거리 산출하기
◆ 교통수단의 평균속력을 기준으로 여행코스별 이동시간 계산하기

Quest 퀘스트 **04 여행을 위한 최적의 이동시간 구하기** *****

여행의 피로도는 이동거리 가 어느 정도인지, 어떤 교통수단을 이용하는지에 따라 크게 영향을 받는 다는 점을 강조하며 문제상황을 제시합니다. 먼 거리를 이동하다 겪게 되는 멀미증상이나 걷고 또 걸으며 느꼈던 극심한 피로감 등의 일상의 경험을 공유하며, 이 활동의 중요성을 인식할 수 있도록 합니다.

행복투어에서는 여행상품의 경우, 고객의 피로를 감안해서 전체 이동시간을 하루 평균 4 시간미만으로 제한하고 있습니다. 각 여행코스 간 이동시간은 일반적으로 이동거리와 각 코스별 교통수단의 평균속력을 알면 쉽게 계산할 수 있습니다.

교통수단	비행기	버스	배	말	자전거	도보
이동거리/시간	600km/h	60km/h	40km/h	30km/h	12km/h	3km/h

※ 용어해설: 시속은 1시간 동안 물체가 이동한 전체 거리를 뜻하는 것이야 * 들어 어떤 자동차가 평균시속 100km로 달리고 있다면 이 자동차는 1시간 동안 전체 100km의 거리를 이동...

중요한 것은 여행코스별 어떤 교통수단을 이용할지, 이동시간은 얼마나 필요한지 따져보는 것입니다. 1일을 기준으로 이동하는 데 필요한 총 소요시간을 계산해 보도록 합니다. 만일 축척과 관련된 교과단원과 연계하고자 한다면 지도책을 활용하는 것이 좋습니다. 교육과정에 따라 고려해 보세요.

여행지 간의 이...
별로 이용될 교...
없는 다양한 체...

일정	
1일	오전
	오후
2일	오전
	오후
	오전
	오후
4일	오전
	오후

퀘스트4 활동은 교통수단의 평균속력을 기준으로 이동시간을 계산해야 하는 것이 기본으로 요구됩니다. 학생들이 이동거리에 따른 소요시간 산출에 어려움을 느끼고 있다면 계산방법을 친절하게 알려주고 함께 계산하도록 합니다. 참여하는 학습자 수준에 적합하지 않다고 판단된다면 생략하거나 간소화하는 방향으로 이끌어가도 됩니다.

관련교과	국어	사회	도덕	수학	과학	실과			체육	예술		영어	창의적 체험활동	자유학기활동			
						기술	가정	정보		음악	미술			진로 탐색	주제 선택	예술 체육

1. 하루 평균 이동제한시간과 교통수단별 속력은 제시된 기준 외에도 자유롭게 결정해서 진행할 수 있습니다.
2. 지도책을 이용하는 방법도 있지만, 인터넷다음, 네이버, 구글 등)의 지도 서비스를 이용하면 여행지 간의 이동거리를 정확하게 파악할 수 있습니다.

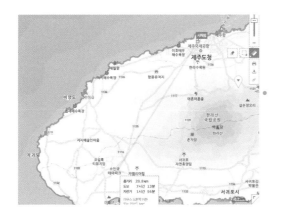

퀘스트3에서 결정했던 주요여행코스의 출발과 도착지점을 확인하도록 합니다. 여행코스 간 이동거리를 측정하는데, 인터넷 지도를 활용하는 것이 좀 더 효율적인 수업진행을 가능하게 해줍니다. 더욱이 이동거리를 측정하지 않고도 출발지와 목적지를 입력하면 교통수단별 예상소요시간을 알 수 있습니다. 속력구하기 과정을 생략하고자 한다면 이 기능을 적극 활용해 보도록 하세요.

Teacher Tips

 마무리

　퀘스트1에서 4까지의 활동을 진행하면서 완성한 패키지여행상품을 최종 승인받는 과정이 남았습니다. 인상적인 프레젠테이션을 준비해서 회사경영진을 설득하는 것이 핵심입니다(퀘스트5). 프레젠테이션에 성공하게 되면 여행상품이 정식 출시될 수 있으며, 이를 홍보하는 활동도 벌일 수 있게 됩니다(퀘스트6). 'Maker Note ❸ 돋보이는 프레젠테이션 자료 만들기'편을 참고해서 활동을 진행해 주세요.

● 퀘스트5: 회사경영진을 설득하라!

> **중심활동** : 발표시나리오, 발표자료 준비하기, 인상적인 프레젠테이션 벌이기
>
> ◆ 문제상황을 파악하고 회사경영진을 설득하기 위한 프레젠테이션 준비하기
> ◆ 개발한 여행패키지상품의 특징이 제대로 반영된 발표시나리오 작성하기
> ◆ 발표시나리오에 따라 시각적 효과를 반영한 프레젠테이션 자료 제작하기
> ◆ 회사경영진을 설득하기 위한 인상적인 프레젠테이션 벌이기

회사 경영진을 설득하라!

★★★★★

이번 기회를 놓치면 안 돼. 경영진의 마음을 사로잡아야겠어.

어렵게 개발한 패키지여행상품을 사 경영진을 설득해야 하는 이 의 특성이 잘 드러나도록 일정 한 설명이 이루어져야 하겠죠? 성이 충분히 부각될 수 있도록 자료도 준비할 계획입니다.

어렵게 개발한 상품이더라도 회사경영진을 설득하지 못하면 세상에 출시되지 못한다는 점을 강조해주세요. 매력적인 여행상품임을 어필하며 회사경영진의 마음을 사로잡는 일이 중요하다는 점을 상기하며 문제상황을 제시하길 바랍니다. 설득이 목적인 프레젠테이션의 특성을 잘 이해하며 활동에 참여할 수 있도록 해주세요.

프레젠테이션 스토리보드

우선 개발한 여행패키지 상품의 특징이 잘 드러나도록 프레젠테이션을 준비하도록 하고, 대략적인 발표내용을 정리하도록 안내합니다. 특히 발표시나리오의 중요성을 강조하며, 꼼꼼히 준비할 수 있도록 지도해주세요. 발표시나리오를 활용해 리허설을 해보면서 실전 감각을 끌어올리는 작업도 병행하도록 합니다.

발표시나리오가 완성됐다면 이를 시각적으로 보완해줄 프레젠테이션 자료제작에 돌입하도록 합니다. 스토리보드를 미리 작성하면 프레젠테이션 자료제작의 시행착오를 줄여줍니다. 수정이나 교체가 용이한 포스트잇 등을 활용해 스토리보드를 작성하고, 이를 바탕으로 프레젠테이션 자료를 제작하도록 하세요. 이 책의 Maker Note ❸에 소개하고 있는 프레젠테이션 관련 소프트웨어를 활용할 수 있도록 안내해주는 것이 좋습니다. 모든 준비를 마쳤다면 회사경영진 앞에서 인상적인 프레젠테이션을 펼치도록 합니다. 이왕이면 회사경영진은 정장을 빼입은 선생님들 혹은 부모님들(2-3명)이 맡아주는 것으로 해주세요. 그 자체가 실감나는 발표환경이 될 테니까요. 이런 수업을 위해서라도 학교에서 평소 좋은 인간관계를 맺는 건 필수입니다.

관련교과	국어	사회	도덕	수학	과학
	●				

1. 설득력있는 프레젠테이션을 위해 기본적으로 ᄇ
2. 발표시나리오(발표문)는 마치 드라마 극본처럼
3. 발표자료는 시각적인 효과를 충족시킬 수 있 하게 표현합니다.

● 퀘스트6: 널리 홍보하라!

> **중심활동 : 강연하기, 질문하고 답변하기**
>
> ◆ 문제상황을 파악하고 여행상품을 널리 알릴 광고물 제작하기
> ◆ 온라인을 통해 제작한 광고물을 활용한 홍보활동 벌이기
> ◆ 전체 학습과정을 되짚어 보며 배우고 느낀 점에 대한 성찰저널 작성하기

Quest 퀘스트 **06 널리 홍보하라!**   ★★★★★★

회사경영진을 설득하는데 성공한 매력적인 여행상품을 널리 홍보하는데 목적을 둔 퀘스트 활동입니다. 여행상품을 홍보하는 실제 사례들을 보여주며, 문제상황을 제시하는 것이 효과적입니다. 광고사례에 대한 자신의 느낌들을 전체 혹은 팀별로 이야기하고, 이들 사례에서 장점을 찾아 벤치마킹한 후, 여행상품의 특징이 잘 드러난 광고제작에 돌입할 수 있도록 합니다.

이 여행패키지 완전 끌린다. 꼭 가고 싶어.

대박!

드디어 멋진 프레젠테이션을 통해 회사경영진을 설득해냈습니다. 이제 패키지여행상품을 널리 알리는 일만 남았습니다. 예산을 고려하여 TV나 신문과 같은 값비싼 광고가 아닌 인터넷을 통한 홍보 방식을 채택할 생각입니다. 이왕이면 스마트폰으로도 쉽게 확인할 수 있는 광고유형이면 좋겠죠. 여행상품에 대한 흥미와 관심을 끌어 모을 수 있도록 기발한 아이디어의 광고물을 제작해 봅시다.

캐치프레이즈	
광고내용	
광고방법	

앞서 수행한 활동에 많은 시간을 할애해서 참여한 학생들이 지쳐있는 상태라면 홍보활동을 생략하거나 간소하게 진행해도 괜찮습니다. 활동지의 캐치프레이즈, 광고내용, 광고방법, 광고계획 등을 대략 작성하고 자신이 개발한 여행상품을 뽐내기 위한 광고물을 제작하도록 안내해주세요. 광고물의 질도 중요하겠지만, 그보다는 즐겁고 유쾌한 활동으로 마무리짓는 것이 더욱 중요합니다. 선생님의 개입을 최소화하면서 학생들이 자유롭게 표현할 수 있는 분위기를 만들어 주세요.

		사회	도덕	수학	과학	실과			...		자유학기활동
		●									

1. 기존의 인터넷 홍보 방식을 참고하세요. 캐치... 하면 도움이 됩니다.
2. 스마트폰으로 확인할 수 있도록 하기 위해... 위터, 블로그, 카페 등).
3. 여행과 관련된 기존 홍보물을 참고하면 좀 ...

오프라인에서 회사경영진을 상대로 여행상품을 설득하고, 온라인에서 광고물을 활용해 널리 홍보하는 활동을 했다면 모든 활동이 끝난 것입니다. 학습결과물에 대한 긍정적인 피드백과 더불어 개인별로 작성한 성찰저널에 성공적인 학습경험으로 귀결될 칭찬의 댓글을 많이많이 달아주세요. 언제나 프로젝트학습의 마침표는 선생님의 칭찬 한 줄입니다.

CHAPTER 04

6℃의 악몽

지구 온도 상승 시나리오

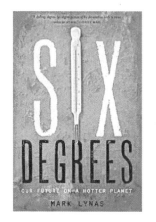

마크 라이너스(Mark Lynas)가 쓴 '6도(Six Degrees)'는 1도부터 6도까지의 지구 온도 상승 시나리오를 담고 있습니다. 온도 상승에 지구환경에 미치는 재앙적인 결과를 과학적으로 상세하게 그려내고 있습니다. 그의 작품은 내셔널지오그래픽의 다큐멘터리로 실감나게 그려지기도 했는데요. 라이너스의 작품은 지구온난화의 파괴적인 영향력에 대해 강력한 경각심을 심어주기에 충분합니다.

어쩌면 무서운 이야기지만 많은 학자들의 지적처럼 인류가 해결할 수 있는 지점을 훌쩍 넘겨 버렸을지도 모르는 일입니다. 어느 시점에 도래할지는 알 수 없지만, 만약 가까운 미래에 지구의 온도가 급격히 상승한다면 우리는 과연 어떻게 될까요?

지금부터 여러분들은 지구온도가 상승한 가상의 지구를 예상해보고, 이곳에서의 생존방법을 고안해야 합니다. 온도가 상승한 지구에서 가족의 안전을 지켜낼 위기대응 매뉴얼을 완성하는 것이 당신에게 부여된 임무입니다.

* 문제시나리오에 사용된 어휘빈도(횟수)를 시각적으로 나타낸 워드클라우드(word cloud)입니다.
워드클라우드를 통해 어떤 주제와 활동이 핵심인지 예상해 보세요.

6℃의 악몽

전국의 강과 하천이 녹조로 몸살을 앓고
있습니다. 4대강 보건설의 영향도 있지만,
전문가들은 수온의 상승이 결정적인
영향이라 보고 있습니다. 최근 들어 폭염과
마른장마, 집중호우 등 예기치 않은
기상변화가 심상치 않습니다.

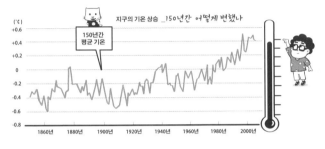

지구온난화가 점점 심각한 수준에 이르면서 동식물뿐만 아니라 인간의 생존에 실질적인 위협이 되고 있습니다. 이를 증명하듯 유엔(UN) 산하 국제기후변화위원회 (IPCC)는 폭염·호우·가뭄·태풍·우박 등 '극한적인 기상 이변'이 여러 지역에서 뚜렷하게 증가하고 있다는 보고서를 발표했습니다. 이 보고서에 따르면, 최악의 경우 지구의 온도가 100년 안에 평균 6℃ 상승할 것이라는 비관적인 전망도 내놓고 있는 상태입니다.

이런 상황 속에서 우리는 생존의 길을 찾아야 합니다. 미래의 당신은 가족을 지켜내야 하는 막중한 책임을 안고 있습니다. 가족의 안전을 대비하고 실천하는 일이 미래의 당신에게 주어진 일입니다. 극한의 기상 이변에서 가족의 안전을 지킬 비책을 준비해 봅시다. 지구온도변화에 따른 위기대응 매뉴얼 '1·3·6'을 만드는 것은 그 출발점이 될 것입니다.

"기후변화, 이제 먼 나라의 이야기가 아닙니다."

PBL MAP

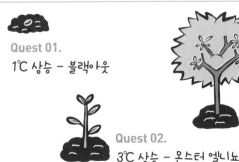

Quest 01.
1℃ 상승 - 블랙아웃

Quest 02.
3℃ 상승 - 온스터 엘니뇨

Quest 03.
6℃ 상승 - 지구 최후의 날?

Quest 04. 우리가 미래이며 희망이다

1℃ 상승 – 블랙아웃

★★★★★★

어쩌지. 음식이 모두 썩어가고 있어.

허얼

온실가스의 배출량이 좀처럼 줄지 않으면서 지구의 온도는 평균 1℃ 상승했습니다. 한반도 여름의 폭염이 심각한 수준에 이르면서 냉방기 사용이 급증하게 되었고, 엎친 데 덮친 격으로 블랙아웃이 발생한 상태입니다. 게다가 지구의 온도 1℃ 상승으로 인한 기상 이변이 한반도를 집어 삼키고 있습니다. 위기의 한반도, 당신은 전기 공급이 이루어질 수 없는 상황에서 최소 2주간 가족의 안전을 지켜내야 합니다. 어떻게 하면 좋을까요?

*블랙아웃(blackout) : 전기가 부족해 갑자기 모든 전력 시스템이 정지한 상태 또는 그러한 현상을 말한다. 대규모 정전(停電) 사태를 가리키는 용어로, 보통 특정 지역이 모두 정전된 경우를 일컫는다.

❶ 1℃ 상승, 지구의 변화를 예상해 봅시다.

❷ 블랙아웃이 휩쓴 상태에서 폭염을 극복하기 위한 방법을 고안하시오.

❸ 가족의 안전을 지켜내기 위한 '1℃' 동영상 매뉴얼을 제작하시오(주요 영상장면 스케치).

#1 　　　　　　　#2 　　　　　　　#3 　　　　　　　#4

관련교과	국어	사회	도덕	수학	과학	실과			체육	예술		영어	창의적 체험활동	자유학기활동		
						기술	가정	정보		음악	미술			진로 탐색	주제 선택	예술 체육
		●			●								●		●	

1. [지구온도 1℃ 상승이 의미하는 바를 정확히 이해할 수 있어야 합니다. 1℃ 상승으로 인한 지구변화를 과학적인 근거를 토대로 예상하세요.

2. 모든 전기제품이 무용지물이 될 수밖에 없는 블랙아웃 상태를 가정해야 합니다. 생존하기 위한 방법을 실질적으로 제안해 주세요.

3. 1℃ 상승에 관한 위기대응 동영상 매뉴얼은 가족의 안전을 지키기 위한 구체적인 방안을 담아서 마치 영화처럼 실감나게 제작합니다.

4가지 기본항목을 채우고, 퀘스트 해결과정에서 공부한 내용이나 수집한 정보를 토대로 자신만의 방식으로 알차게 표현해 보세요. 그림이나 생각그물의 형태로 표현하는 것도 좋습니다.

ideas
문제해결을 위한 나의 아이디어

facts
문제와 관련하여 내가 알고 있는 것들

- | -

learning issues
문제해결을 위해 공부해야 할 주제

need to know
반드시 알아야 할 것

- | -

스스로 평가
자기주도학습의 완성!

나의 신 호 등

01	나는 지구온도 1℃ 상승으로 인한 변화를 과학적 근거를 통해 예상했다.	① ② ③ ④ ⑤
02	나는 블랙아웃으로 인한 폭염을 극복하기 위해 구체적인 방안을 제시하였다.	① ② ③ ④ ⑤
03	나는 가족의 안전을 지켜내기 위한 1℃ 위기대응 매뉴얼을 제작하였다.	① ② ③ ④ ⑤
04	나는 문제해결을 위해 탐구한 내용과 수집한 정보를 바탕으로 나만의 교과서를 멋지게 완성하였다.	① ② ③ ④ ⑤

자신의 학습과정을 되돌아보고 진지하게 평가해주세요.

Level up

오늘의 점수　　나의 총점수

3℃ 상승 – 몬스터 엘니뇨

★★★★★★

주민 여러분 모두 대피해주세요. 슈퍼태풍이 올라오고 있습니다.

무서워. 어디로 가야 안전할까.

토사무소

안돼

지구의 온도가 평균 3℃ 상승하면서 예측 불허의 기상 이변과 재앙적인 피해가 속출하고 있습니다. 올해 몬스터엘니뇨 현상으로 동태평양의 수온이 평년보다 5-6℃ 상승하면서 막대한 피해를 안긴 이후, 매년 여름과 가을에는 극심한 가뭄과 홍수가 이어지고 있습니다. 초여름부터 강력한 태풍들도 예외 없이 한반도를 위협하고 있습니다. 전기 공급이 제한적인 상황에서 급격한 기상 이변에 가족의 안전을 지켜내기가 너무 어렵습니다. 어떻게 하면 이 위기를 벗어날 수 있을까요?

*엘니뇨(El Niño) : 적도 동태평양 해역의 월평균 해수면 온도가 6개월 이상 지속적으로 평년보다 0.5℃ 이상 높은 상태를 일컫는다. 2014년 평년보다 5–6℃ 상승한 동태평양 해역의 심상치 않은 현상에 대해 세계 주요언론들은 공포에 가까운 우려를 쏟아내며 몬스터엘니뇨라 표현하고 있다.

❶ 3℃ 상승, 지구의 변화를 예상해 봅시다.

❷ 제한된 전기 공급 상태에서 극심한 가뭄과 홍수, 강력한 태풍 등으로부터 생존할 수 있는 방법을 제안하시오.

❸ 가족의 안전을 지켜내기 위한 '3℃' 동영상 매뉴얼을 제작하시오(주요 영상장면 스케치).

#1   #2   #3   #4

관련교과	국어	사회	도덕	수학	과학	실과			체육	예술		영어	창의적 체험활동	자유학기활동		
						기술	가정	정보		음악	미술			진로 탐색	주제 선택	예술 체육
		●			●								●		●	

1. 지구온도 3℃ 상승이 의미하는 바를 정확히 이해할 수 있어야 합니다. 3℃ 상승으로 인한 지구변화를 과학적인 근거를 토대로 예상하세요.
2. 극심한 가뭄과 홍수, 강력한 태풍 등 일상화된 재앙적인 기후변화에 대한 이해를 토대로 생존전략을 제안해야 합니다.
3. 3℃ 상승에 관한 위기대응 동영상 매뉴얼은 가족의 안전을 지키기 위한 구체적인 방안을 담아서 마치 영화처럼 실감나게 제작합니다.

4가지 기본항목을 채우고, 퀘스트 해결과정에서 공부한 내용이나 수집한 정보를 토대로 자신만의 방식으로 알차게 표현해 보세요. 그림이나 생각그물의 형태로 표현하는 것도 좋습니다.

ideas 문제해결을 위한 나의 아이디어	**facts** 문제와 관련하여 내가 알고 있는 것들

learning issues 문제해결을 위해 공부해야 할 주제	**need to know** 반드시 알아야 할 것

스스로 평가
자기주도학습의 완성!

나의 (신) (호) (등)

01	나는 지구온도 3℃ 상승으로 인한 변화를 과학적 근거를 통해 예상했다.	① ② ③ ④ ⑤
02	나는 극심한 가뭄과 홍수, 강력한 태풍 등 일상화된 재앙적인 기후변화를 극복하기 위한 구체적인 방안을 제시하였다.	① ② ③ ④ ⑤
03	나는 가족의 안전을 지켜내기 위한 3℃ 위기대응 매뉴얼을 제작하였다.	① ② ③ ④ ⑤
04	나는 문제해결을 위해 탐구한 내용과 수집한 정보를 바탕으로 나만의 교과서를 멋지게 완성하였다.	① ② ③ ④ ⑤

자신의 학습과정을 되돌아보고 진지하게 평가해주세요.

Level up

오늘의점수　　나의 총점수

6℃ 상승 – 지구 최후의 날?

지구의 온도가 평균 6℃ 상승하면서 재앙적인 기상 이변은 일상화가 된 상태입니다. 모든 동식물이 멸종 위기에 직면해 있고, 인간 역시 생존을 보장할 수 없는 상태입니다. 지구 최후의 날이 다가온다는 암울한 예측만이 살아 있는 사람들의 마음을 짓누르고 있는 지금, 우리는 과연 가족의 안전을 지켜낼 수 있을까요? 이제 지구온도변화에 따른 위기대응매뉴얼 '1·3·6'을 완성해 주세요.

❶ 6℃ 상승, 지구의 변화를 예상해 봅시다.

❷ 모든 기후 조건을 최악으로 가정해서 생존 방법을 고안해 주세요.

❸ 가족의 안전을 지켜내기 위한 '6℃' 동영상 매뉴얼을 포함하여 위기대응 매뉴얼 전체를 완성하시오.
여기에는 지구온도 상승을 막기 위한 예방책이 포함되어 있어야 합니다.

관련교과	국어	사회	도덕	수학	과학	실과			체육	예술		영어	창의적 체험활동	자유학기활동		
						기술	가정	정보		음악	미술			진로 탐색	주제 선택	예술 체육
		●			●								●		●	

1. 지구온도 6℃ 상승이 의미하는 바를 정확히 이해할 수 있어야 합니다. 6℃ 상승으로 인한 지구변화를 과학적인 근거를 토대로 예상하세요.
2. 최악 기후변화를 가정해서 생존전략을 제안합니다. 아울러 지구온도상승을 막기 위한 예방책을 제안하도록 하세요.
3. 이번 퀘스트는 최종적으로 모든 동영상을 묶어서 하나의 작품으로 만들어야 합니다. 동영상 편집에 특히 신경써 주세요.

▲ 나만의 교과서

4가지 기본항목을 채우고, 퀘스트 해결과정에서 공부한 내용이나 수집한 정보를 토대로 자신만의 방식으로 알차게 표현해 보세요. 그림이나 생각그물의 형태로 표현하는 것도 좋습니다.

ideas
문제해결을 위한 나의 아이디어

facts
문제와 관련하여 내가 알고 있는 것들

learning issues
문제해결을 위해 공부해야 할 주제

need to know
반드시 알아야 할 것

스스로 평가
자기주도학습의 완성!

나의 신 호 등

01	나는 지구온도 6℃ 상승으로 인한 변화를 과학적 근거를 통해 예상했다.	①②③④⑤
02	나는 최악 기후변화를 가정해서 생존전략을 제안하였다.	①②③④⑤
03	나는 가족의 안전을 지켜내기 위한 6℃ 위기대응 매뉴얼을 제작하였다.	①②③④⑤
04	나는 위기대응 매뉴얼을 하나로 묶어서 제작하고, 지구온도상승을 막기 위한 예방책을 제안하였다.	①②③④⑤
05	나는 문제해결을 위해 탐구한 내용과 수집한 정보를 바탕으로 나만의 교과서를 멋지게 완성하였다.	①②③④⑤

자신의 학습과정을 되돌아보고 진지하게 평가해주세요.

Level up

오늘의 점수　　나의 총점수

우리가 미래이며 희망이다

******

당신이 만든 위기대응 매뉴얼이 사람들의 마음을 움직이고 있습니다. 유튜브 조회수가 급격히 증가하면서 지구온난화의 심각성을 일깨워주고 있습니다. 이제 거리로 나가 행동으로 보여줄 차례입니다. 자 지금부터 홍보부스를 꾸미고 사람들을 불러 모으도록 합시다. 한 사람이 모여 두 사람이 되고, 그렇게 모이다보면 지구온도상승을 조금이나마 늦출 수 있지 않을까요? 아직 시간이 있습니다. 우리가 곧 미래이며 희망임을 잊지 마세요!

❶ 캠페인 활동을 준비해 봅시다.

캠페인 광고   캠페인 슬로건

캠페인 피켓   캠페인 송

❷ 캠페인 기획 및 부스 설치

캠페인 이벤트   캠페인부스 설치 및 꾸미기

관련교과	국어	사회	도덕	수학	과학	실과			체육	예술		영어	창의적 체험활동	자유학기활동		
						기술	가정	정보		음악	미술			진로 탐색	주제 선택	예술 체육
	●		●					●		●	●		●			

1. 캠페인 활동을 위해 준비해야 할 것은 여러 가지입니다. 역할분담이 중요합니다. 협의해서 준비하도록 하세요.
2. 면대면 캠페인 활동입니다. 다수가 아니라 소수를 대상으로 집중적으로 설득하는 방식을 채택하고 있습니다.

▲ 나만의 교과서

4가지 기본항목을 채우고, 퀘스트 해결과정에서 공부한 내용이나 수집한 정보를 토대로 자신만의 방식으로 알차게 표현해 보세요. 그림이나 생각그물의 형태로 표현하는 것도 좋습니다.

ideas
문제해결을 위한 나의 아이디어

facts
문제와 관련하여 내가 알고 있는 것들

learning issues
문제해결을 위해 공부해야 할 주제

need to know
반드시 알아야 할 것

스스로 평가
자기주도학습의 완성!

나의 〔신〕〔효〕〔등〕

01	나는 광고, 슬로건, 피켓, 노래 등을 만들어 캠페인 활동을 벌였다.	①②③④⑤
02	나는 사람들의 시선을 모을 수 있도록 창의적인 발상으로 캠페인 부스를 설치하고 꾸몄다.	①②③④⑤
03	나는 면대면 설득의 효과를 높이기 위해 캠페인 활동을 효과적으로 펼쳤다.	①②③④⑤
04	나는 문제해결을 위해 탐구한 내용과 수집한 정보를 바탕으로 나만의 교과서를 멋지게 완성하였다.	①②③④⑤

자신의 학습과정을 되돌아보고 진지하게 평가해주세요.

Level up

오늘의 점수 　나의 총점수

All-Clear sticker

04 CHAPTER

6℃의 악몽

★Teacher Tips

'6℃의 악몽'은 지구온도상승이라는 가상의 상황을 전제로 진행되는 수업입니다. 지구온도가 1℃ 만 오르더라도 환경과 생태계에 미치는 영향력이 상상이상으로 대단합니다. 이미 지구의 온도가 1℃ 상승 구간에 접어들고 있다는 점에서 예사로운 일이 아니죠. 이 수업은 과학, 사회교과를 중심으로 통합(융합)수업을 지향하고, 창의적 체험활동이나 자유학년(학기)활동과의 연계를 적극 모색하여 진행하는 것이 좋습니다. 학습할 내용의 특성상 STEAM, 생태환경교육 등의 프로그램으로 활용하는 것도 충분히 가능합니다. 교수자의 전문적 판단 하에 수업의 목적과 대상학습자의 수준을 감안하여 진행해 주세요.

2014년 기후변화보고서에 따르면, 지구의 기온은 1980년부터 지금까지 0.8℃가 상승했고 금세기 말까지 약 4℃가 상승할 것이라고 예측하고 있습니다. 이미 지구촌 곳곳의 빙하가 사라진 상태이며, 지난 40년간 47%의 빙하가 사라진 남미 안데스 산맥의 경우, 수십 년 내에 남은 빙하마저 완전히 사라질 수 있다는 경고도 나오고 있습니다. 북극과 남극의 빙하가 빠르게 녹고 있다는 소식은 어제오늘의 이야기가 아닙니다. 그럼에도 불구하고 지구온도상승에 대한 학생들의 우려는 크지 않습니다. 단순히 빙하를 녹이고, 해수면이 상승하는 정도로만 생각합니다. 빙하가 얼마나 많은 사람과 동식물의 생존을 지켜주고 있는지 알지 못합니다. 얼마나 많은 생명들이 지구온도상승에 민감한지, 이들이 어떤 영향을 받고 있는지, 이와 관련해서 고민하거나 탐구해 본 학생들도 극히 드뭅니다. 오늘날 지구온도상승으로 인해 수많은 멸종위기동식물이 생겨나고 있고, 매년 이들 중 상당수가 지구상에서 완전히 자취를 감추고 있음에도 그 심각성을 체감하지 못하고 있는 상황입니다. 설사 안타까운 일로 느낀다 해도 당장 그로 인해 내가 받을 영향은 미미하거나 전혀 없다고 생각하기 때문에 그렇습니다.

그래서 이 수업은 지구의 온도상승이 미래를 살아갈 우리들에게 어떤 영향을 미치게 될지 실컷 생각해 보고, 지구환경, 생태계, 인류 모두가 서로 영향을 주고받는 상호의존적인 관계임을 학생들이 느끼고 깨닫도록 하는데 우선적인 가치를 둡니다. 지구온난화가 나에게 가족이라는 공동체에 어떤 영향을 미치게 될 것인지 예상하고 느끼는 것만으로도 소기의 수업목적은 달성되었다고 볼 수 있습니다.

'6℃의 악몽'은 여러 교과와 연계하여 진행할 수 있습니다. 과제의 내용과 직접적으로 관련된 사회와 과학교과를 중심으로 운영하거나 중심활동의 성격에 맞게 자유학년(학기)활동, 창의적 체험활동 프로그램으로 활용할 수 있습니다. '다큐멘터리 제작' 동아리처럼 활동성격이 문제에서 요구하는 중심활동과 일치한다면 동아리프로그램으로도 활용이 가능합니다.

교과	영역	내용요소	
		초등학교 [5-6학년]	중학교 [1-3학년]
국어	말하기듣기	◆토의[의견조정] ◆발표[매체활용] ◆체계적 내용 구성	◆토의[문제 해결] ◆발표[내용 구성] ◆매체 자료의 효과
과학	환경과 생태계 [초등학교]	◆환경요인/환경오염이 생물에 미치는 영향 ◆생태계 보전을 위한 노력	◆지구계의 구성 요소 ◆온실 효과 ◆지구 온난화
	고체지구, 대기와 해양[중학교]	◆환경요인/환경오염이 생물에 미치는 영향 ◆생태계 보전을 위한 노력	◆지구계의 구성 요소 ◆온실 효과 ◆지구 온난화
실과 정보	자료와 정보	◆소프트웨어의 이해	◆자료의 유형과 디지털 표현
미술	표현	◆표현 방법(제작) ◆소제와 주제(발상)	◆표현 매체(제작) ◆주제와 의도(발상)
	체험	◆이미지와 의미 ◆미술과 타 교과	◆이미지와 시각문화 ◆미술관련직업(미술과 다양한 분야)
사회	자연 환경과 인간 생활	◆국토의 기후 환경 ◆세계의 기후 특성과 인간 생활 간 관계 ◆국토의 자연재해와 대책, 생활 안전 수칙	◆기후 지역 ◆열대 우림 기후 지역 ◆온대 기후 지역 ◆기후 환경 극복 ◆자연재해 지역 ◆자연재해와 인간 생활
	지속 가능한 세계	◆지구촌 환경문제 ◆지속 가능한 발전 ◆개발과 보존의 조화	◆지구환경문제 ◆지역 환경문제 ◆환경 의식

'6℃의 악몽'은 전반적인 활동의 수준을 고려할 때, 대략 초등학교 5학년 이상이면 무난히 도전할 수 있습니다. 대상 학생과 수업의 목적을 고려하여 기본 퀘스트를 수정하거나 활동의 양을 조절하여 적용이 수월하도록 준비해 주세요.

▲ Teacher Tips

● 적용대상(권장): 초등학교 5학년-중학교 3학년
● 자유학년활동: 주제선택(권장)
● 학습예상소요기간(차시): 8-12일(9-12차시)
● Time Flow

8일 기준

시작하기_문제제시		전개하기_과제수행		마무리_발표 및 평가	
문제출발점 설명 PBL MAP으로 학습 흐름 소개	QUEST 01 1℃ 상승 -블랙아웃	QUEST 02 3℃ 상승 -몬스터 엘니뇨	QUEST 03 6℃ 상승 -지구 최후의 날?	QUEST 04 우리가 미래이며 희망이다	캠페인 활동(발표)하기 성찰일기 작성하기
교실 25분	교실ㅣ온라인 55분ㅣ1-2hr	교실ㅣ온라인 80분ㅣ1-2hr	교실ㅣ온라인 80분ㅣ3-4hr	교실ㅣ온라인 80분ㅣ4-6hr	교실ㅣ온라인 40분ㅣ1hr
1-2 Day		3 Day	4-5 Day	6-8 Day	

● 수업목표(예)

QUEST 01	◆지구온도 1℃ 상승으로 인한 변화를 과학적 근거를 통해 예상할 수 있다. ◆블랙아웃으로 인한 폭염을 극복하기 위해 구체적인 방안을 제시할 수 있다. ◆가족의 안전을 지켜내기 위한 방안을 논의하고 1℃ 위기대응 매뉴얼을 제작할 수 있다.
QUEST 02	◆지구온도 3℃ 상승으로 인한 변화를 과학적 근거를 통해 예상할 수 있다. ◆극심한 가뭄과 홍수, 강력한 태풍 등 일상화된 재앙적인 기후변화를 극복하기 위한 구체적인 방안을 제시할 수 있다. ◆가족의 안전을 지켜내기 위한 3℃ 위기대응 매뉴얼을 제작할 수 있다.
QUEST 03	◆지구온도 6℃ 상승으로 인한 변화를 과학적 근거를 통해 예상할 수 있다. ◆최악 기후변화를 가정해서 생존전략을 제안할 수 있다. ◆가족의 안전을 지켜내기 위한 6℃ 위기대응 매뉴얼을 제작할 수 있다. ◆위기대응 매뉴얼을 하나로 묶어서 제작하고, 지구온도 상승을 막기 위한 예방책을 제안할 수 있다.
QUEST 04	◆환경의 소중함을 일깨워줄 수 있는 캠페인 활동을 기획하고 전개할 수 있다. ◆캠페인 활동에 필요한 광고, 슬로건, 피켓, 노래 등을 직접 만들고 준비할 수 있다. ◆창의적인 발상으로 시각적인 주목을 받을 수 있도록 캠페인 부스 설치 및 꾸미기를 할 수 있다.
공통	◆지구온난화가 생태계와 환경에 미치는 영향을 이해하고 이를 바탕으로 제시된 문제들을 해결할 수 있다. ◆다양한 매체에서 조사한 내용을 정리하고 자신의 언어로 재구성하는 과정을 통해 창의적인 산출물을 만들어낼 수 있다. 이 과정을 통해 지식을 생산하기 위해 소비하는 프로슈머로서의 능력을 향상시킬 수 있다. ◆토의의 기본적인 과정과 절차에 따라 문제해결방법을 도출하고, 온라인 커뮤니티 등의 양방향 매체를 활용한 지속적인 학습과정을 경험함으로써 의사소통능력을 신장시킬 수 있다.

 **시작하기**

> **중심활동 : 문제출발점 파악하기, 학습흐름 이해하기**
>
> ◆ 멸종되거나 멸종위기에 처한 동식물을 시작으로 꿀벌개체수의 급격한 감소에 관한 이야기 나누기
> ◆ 제시된 문제의 출발점에서 배경과 상황 파악하기
> ◆ 문제의 조건과 주인공으로서의 관점 이해하기
> ◆ (선택)게임화 전략에 따른 피드백 방법에 맞게 게임규칙(과제수행규칙) 안내하기
> ◆ (선택)자기평가방법 공유, 온라인 학습커뮤니티 활용 기준 제시하기
> ◆ 활동내용 예상해 보기, PBL MAP을 활용하여 전체적인 학습흐름과 각 퀘스트의 활동 내용 일부 공개하기

　지구온도상승이 앞으로 제시될 문제상황의 핵심이므로 이와 관련된 동영상을 시청하며 시작하는 것이 무난합니다. 이어서 계절상 봄인데도 불구하고 무더운 여름날씨를 보이거나 늦은 가을인데도 여전히 더위가 물러가지 않는 상황, 지나치게 춥거나 따뜻한 겨울날씨, 집중호우, 태풍 등 기상이변이 속출하고 있는 지구촌 소식 등 실제 경험이나 사례를 들어 다양한 이야기를 나누도록 하는 것이 좋습니다. 그리고 자연스레 최근 빈번해지고 있는 강과 하천의 녹조현상이 지구온난화로 인한 수온상승과 관련이 있음을 소개하며 문제의 출발점을 제시하도록 합니다. 특히 유엔의 기후변화보고서에 따른 '극한적인 기상이변'을 소개하며, 지구의 온도가 100년 동안 평균 6도 상승할 것이라는 예측을 강조해야 합니다. 지구의 온도변화가 수온상승으로 인해 벌어진 생태계의 파괴사례처럼 동식물뿐만 아니라 인간의 생존에 엄청난 위협으로 다가올 것임을 공유하며, 그 심각성에 대해 참여하는 모든 학생들이 공감하도록 만드는 것이 중요합니다. 더불어 어쩌면 미래의 현실이 될지도 모를 절망적인 가상의 상황을 지금부터 준비해야 할 필요가 있음을 역설하도록 하세요. 이 수업을 통해 완성한 위기대응 매뉴얼이 가까운 미래에 우리가족의 안전을 지켜낼 수 있다는 점을 꼭 강조합니다.

　'6℃의 악몽' 문제상황에 대한 충분한 파악이 이루어졌다면, 학생들이 경험하게 될 활동을 간략하게 소개하는 시간을 갖습니다. PBL MAP을 활용해 전체적인 학습흐름과 각 퀘스트별 활동내용을 간략하게 제시하도록 하세요. 수업운영에 있어서 도입하고자 하는 규칙이나 평가방법, 새로운 학습환경이 있다면, 이에 관해 충분히 이해할 수 있도록 설명해 주어야 합니다.

Teacher Tips

'6℃의 악몽'는 총 4개의 기본퀘스트로 구성되어 있습니다. 퀘스트1에서 3까지는 온도상승에 따른 대응방법을 동영상에 담아 알려주는 위기대응메뉴얼 제작이 핵심활동이며, 이후 퀘스트4에서 캠페인활동으로 마무리하게 됩니다. 동일한 학습패턴이 계속되기 때문에 첫 단추를 잘 꿰면 비교적 수월하게 진행될 수 있습니다. 초기 활동과정에서 불필요한 어려움을 겪고 있는지 잘 살펴보고 이를 해소하기 위한 효과적인 피드백과 도움을 제공해 주시기 바랍니다.

● 퀘스트1 : 1℃ 상승 - 블랙아웃

> **중심활동 : 1℃ 상승 지구변화 예측하기, 블랙아웃 극복방법 제안하기, 1℃ 위기대응 매뉴얼 제작하기**
>
> ◆ 지구온도상승의 심각성을 인식하며 문제상황 파악하기
> ◆ 1도 상승에 따라 전 지구적으로 확대되고 있는 기상이변, 기후변화를 토대로 예상해 보기
> ◆ 블랙아웃 사태가 벌어졌을 때, 극심한 폭염을 극복해 낼 수 있는 방법을 고안하고 제안하기
> ◆ 모든 전기제품을 사용하지 못하는 2주간 동안 가족의 안전을 지켜내기 위한 구체적인 방안을 동영상 매뉴얼에 담아내기

프로젝트학습

1℃ 상승 – 블랙아웃

어쩌지. 음식이 모두 썩어가고 있어.

온실가스의 배출량이 ~~~~는 평균 1℃ 상승했습니다. 수준에 이르면서 냉방기 사~ 덮친 격으로 블랙아웃이 발~ 의 온도 1℃ 상승으로 인한 ~ 키고 있습니다. 의기이 한반도,

1℃ 상승이 초래하게 될 지구의 변화를 자유롭게 이야기해보며, 정리해 보는 과제입니다. 최근 지구촌에서 벌어지고 있는 기후변화, 기상이변 등이 여기에 해당됩니다. 점차 전 지구적인 현상으로 나타날 수밖에 없다는 점을 부각하며 예상할 수 있도록 해주세요. 내셔널지오그래픽의 '지구를 위협하는 6도' 다큐멘터리 중에서 1도 상승 부분 영상을 함께 시청하며 활동을 진행하는 것도 좋은 전략입니다.

수업의 몰입감은 지구온도상승의 심각성을 학생들이 얼마나 깊이 체감하느냐에 따라 결정됩니다. 그런 의미에서 퀘스트1은 미래가 아닌 현재의 상황을 다루고 있다는 점을 알려 주는 것이 좋습니다. 이미 지구온도가 평균적으로 1℃ 가깝게 상승한 상태라는 것을 알게 되면 여름폭염이 예사롭지 않게 느껴질 테니까요. 특히 문제상황 속 전력공급차단이 초래하게 될 대혼란에서 어떻게 살아남을지 상상해보고 최소 2주간 전력공급 없이 가족의 안전을 지켜낼 방법을 모색하도록 해야 합니다.

2주간 ~ 까요?

그러한 현상을 말한다. 대규모 정전(停

*블랙아웃(blackout) : 전기가 부족해 ~ 電) 사태를 가리키는 용어로, 보통 특

❶ 1℃ 상승, 지구의 변화를 예~

❷ 블랙아웃이 휩쓴 상태에서 폭염을 극복하기 위한 방법을 고안하시오.

❸ 가족의 안전을 지켜내기 위한 '1℃' 동영상 매뉴얼을 제작하시오(주요 영상장~

#1	#2	#3

전력사용량 급증으로 인한 블랙아웃 상태에서 폭염을 극복하기 위한 방법을 고민하는 과제입니다. 전기가 없다면 우리의 삶이 어떻게 될지 상상해 본다면 그 심각성을 더욱 느낄 수 있을 것입니다. 전기모터가 있어야 각 세대에 물이 공급될 수 있으며, 냉장고가 음식이 상하지 않도록 만든다는 점, 전력이 공급되지 않으면 엘리베이터, 지하철 등 이동수단의 운행이 불가능하다는 점 등을 예로 들며 블랙아웃이 가져올 파장의 크기를 인식하도록 해주세요.

관련교과	국어	사회		수학	과학	실과			체육	예술		
						기술	가정	정보		음악	미술	

지구온도 1℃

상승이 몰고 오게 될 위험한 상황 중에서 블랙아웃이 초래하게 될 위기상황을 예상해보고, 가족의 안전을 지켜내기 위한 방법을 동영상으로 담아내는 과제입니다. 위기상황과 대처방법이 실감나게 표현될 수 있도록 중심내용을 극으로 꾸며 구성하는 것이 좋습니다. 활동이 진행되는 초기에 학생들이 위기대응 매뉴얼이라는 명칭 자체에 막막함을 느껴 멘탈붕괴현상이 오는 경우가 더러 있습니다. 첫 퀘스트인 만큼 불필요한 진입장벽이 생기지 않도록 세심하게 챙기고 이끌어 주시기 바랍니다.

C 상승으로 인한 지구는

합니다. 생존하기 위한 방법을 실질적으로 제안

~체적인 방안을 담아서 마치 영화처럼 실감나게

● 퀘스트2 : 3℃ 상승 - 몬스터 엘니뇨

중심활동 : 3℃ 상승 지구변화 예측하기, 블랙아웃 극복방법 제안하기, 3℃ 위기대응 매뉴얼 제작하기

◆ 지구온도상승의 심각성을 인식하며 문제상황 파악하기

◆ 3도 상승에 따른 지구변화를 예상해 보기

◆ 극심한 가뭄과 홍수, 강력한 태풍 등으로부터 생존할 수 있는 방법을 고안하고 제안하기

◆ 3도 상승이 초래한 위기상황에서 가족의 안전을 지켜낼 위기대응 매뉴얼 제작하기

Quest 퀘스트 **02** 3℃ 상승 – 몬스터 엘니뇨   ★★★★★★

주민 여러분 모두 대피해주세요.
슈퍼태풍이 올라오고 있습니다.

무서워. 어디로 가야
안전할까.

지구의 온도가 평균 3℃ /
재앙적인 피해가 속출
으로 동태평양의
피해를 안긴 이후,
가 이어지고 있습
한반도를 위협하고
급격한 기상 이변에
다. 어떻게 하면 이 위기

지구온난화가 지금처럼 지   이번과
속된다면 아주 가까운 미래에 만나   '상
게 될 세상임을 학생들에게 알려주세요.
지구온도가 평균적으로 3℃ 상승하게 되면 예
측불허의 기상이변과 재앙적인 피해가 속출하
게 된다는 점을 부각하며, 문제상황을 제시해주
면 됩니다. 극심한 가뭄과 홍수, 강력한 태풍
들이 우리 가족의 안전에 어떤 위협이 될
지 자유롭게 이야기하며 수업을 시
작해주세요.

앞서 수행했던 퀘스트I과
마찬가지로 3℃ 상승이 초래하
게 될 지구의 변화를 자유롭게 예
상해보는 과제입니다. 가뭄과 홍
수, 강력한 태풍 등이 초래한 실
제 재난사례를 찾아보도록 하고
예측의 근거로 활용하도록 해주세요.
더불어 내셔널지오그래픽의 '지구
를 위협하는 6도' 다큐멘터리 중
에서 3도 상승 부분 영상을 함께
시청하며 활동을 진행하는 것도
고려해볼 만합니다.

*엘니뇨(El Niño) : 적도 동태평양 해역의 월평균 해수면 온도가 6개월 이상 .   높은 상태를
일컫는다. 2014년 평년보다 5~6℃ 상승한 동태평양 해역의 심상치 않은 현상에 대해   들은 공포에 가까운
우려를 쏟아내며 몬스터엘니뇨라 표현하고 있다.

❶ 3℃ 상승, 지구의 변화를 예상해 봅시다.

제한된 전기공급 상태에서 극심한 가뭄과 홍수, 강력한 태
풍 등으로부터 생존할 수 있는 방법을 제안하는 과제입니다. 이들 재
❷ 제한된 전기 공급 상태에   앙적인 기후변화에 대한 이해가 있어야 효과적인 생존전략을 세울 수
제안하시오.   있습니다. 위기로부터 소중한 생명을 지켜낼 만큼 실질적인 방안이어
야 한다는 점을 강조해주세요.

❸ 가족의 안전을 지켜내기 위한 '3℃' 동영상 매뉴얼을 제작하시오(주요 영상장면 스케치).

#1	#2	#3	#4

지구온도 3℃ 상
승이 몰고 오게 될 위기상
황에서 가족의 안전을 지켜내기
위한 방법을 동영상으로 담아내는 과제입
니다. 퀘스트I과 동일한 방식대로, 위기상
황과 대처방법을 극으로 꾸며 동영상 매뉴
얼을 제작하도록 지도해주세요. 학생들의
표현방식을 최대한 존중해줘야 제작과
정에 흥미를 가지며 참여할 수
있습니다.

관련교과	국어	사회	도덕	창의적 체험활동	자유학기활동		
					진로 탐색	주제 선택	예술 체육
			●		●		●

1. 지구온도 3℃ 상승이 의미하는 ㅂ
토대로 예상하세요.
2. 극심한 가뭄과 홍수, 강력한 태풍
3. 3℃ 상승에 관한 위기대응 동영상
게 제작합니다.

지구변화를 과학적인 근거를

존전략을 제안해야 합니다.

담아서 마치 영화처럼 실감나

중심활동 : 6℃ 상승 지구변화 예측하기, 생존방법 제안하기, 6℃ 위기대응 매뉴얼 제작하기

◆ 지구온도상승의 심각성을 인식하며 문제상황 파악하기
◆ 3도 상승에 따른 지구변화를 예상해 보기
◆ 극심한 가뭄과 홍수, 강력한 태풍 등으로부터 생존할 수 있는 방법을 고안하고 제안하기
◆ 3도 상승이 초래한 위기상황에서 가족의 안전을 지켜낼 위기대응 매뉴얼 제작하기

Quest 퀘스트 03 6℃ 상승 – 지구 최후의 날?

이제 지구의 운명은 어떻게 될까.

앞서 수행했던 퀘스트과 2에 이어서 6℃ 상승이 초래하게 될 파멸적인 지구의 변화를 예상해보는 과제입니다. 막막해하는 학생들을 위해 재앙적인 기상이변이 일상화되고, 모든 동식물이 멸종위기에 놓였으며, 대부분의 산업과 경제가 파괴된 상황 등을 예로 들어주세요. 내셔널지오그래픽의 '지구를 위협하는 6도' 다큐멘터리 중에서 6도 상승 부분을 함께 시청하며 그 심각성을 공유하는 시간을 갖는 것도 좋은 선택입니다.

지구의 온도가 평균 6℃ 상승은 일상화가 된 상태입니다. 직면해 있고, 인간 역시 ㅡ 다. 지구 최후의 날이 다가 있는 사람들의 마음을 짓누 가족의 안전을 지켜낼 수 있을 에 따른 위기대응매뉴얼 '1·3·6'을 ㅡ

대략 10분 동안 6℃ 상승으로 상상하기도 싫은 최악의 위기상황에 놓여 있는 지구의 모습을 그림으로 표현하도록 해주세요. 이들 그림을 칠판에 모아놓고 자유롭게 이야기를 나누도록 합니다. 6℃ 상승이 지구에 어떤 파괴적인 영향을 줄지 예상해보면서 문제상황을 파악해보고, 이런 상황에서 우리 가족의 안전을 지켜낼 수 있을지 그 가능성을 가늠해보며 수업을 시작해주세요.

❶ 6℃ 상승, 지구의 변화를 예상해 봅시다.

모든 기후 조건을 인간의 생존을 위협하는 최악으로 가정해서 과제를 수행하도록 합니다. 여기선 과학적인 대응방법을 생각해낸다는 것이 무의미할 수도 있습니다. 다소 허황되더라도 상상력을 총동원하여 생존방법을 고안해내도록 해주세요.

❷ 모든 기후 조건을 최악으로

❸ 가족의 안전을 지켜내기 위한 '6℃' 동영상 매뉴얼을 포함하여 위기대응 매뉴얼 전체를 완성하시오. 여기에는 지구온도 상승을 막기 위한 예방책이 포함되어 있어야 합니다.

효과적인 홍보를 위해서는 해당 지역의 정확한 정보가 필요합니다. 대외적인 상품으로 개발 가능한 지역의 자랑거리를 분류기준에 맞게 조사하는 것은 기본입니다. 자연환경, 음식과 문화, 역사와 전통 외에도 홍보해 활용할 만한 다양한 정보를 찾아볼 수 있도록 안내합니다.

관련교과	국어	사회	도덕	수학	과학	실과			체육
						기술	가정	정보	
		●			●				

1. 지구온도 6℃ 상승이 의미하는 바를 정확히 이해할 수 있어야 합니다. ㅡ 토대로 예상하세요.
2. 최악 기후변화를 가정해서 생존전략을 제안합니다. 아울러 지구온도상승을 막기 ㅡ세요.
3. 이번 퀘스트는 최종적으로 모든 동영상을 묶어서 하나의 작품으로 만들어야 합니다. 동영상 ㅡ에 특히 신경써 주세요.

▲Teacher Tips

😊 **마무리**

'6℃의 악몽'의 마무리는 캠페인 활동을 준비하고 실천하는 시간으로 채워집니다. 앞서 수행한 내용을 토대로 지구온도상승의 심각성을 알리는 설득력있는 캠페인 활동을 벌여 주세요. 캠페인 활동을 계획하고 준비하는 일련의 과정에서 참여하는 학생들 모두가 미래이며 희망이라는 소명의식이 싹틀 수 있도록 지도해주시기 바랍니다.

● 퀘스트4 : 우리가 미래이며 희망이다

> **중심활동 : 캠페인 활동 준비하기, 캠페인 활동 벌이기**
>
> ◆ [퀘스트4]의 문제상황을 파악하고 캠페인 활동을 위한 계획세우기
> ◆ 역할분담을 통해 캠페인 활동에 필요한 슬로건, 피켓, 캠페인 송, 소품 등을 준비하기 / 다양한 방법의 실제 캠페인 활동 참고하기
> ◆ 캠페인 기획 및 부스 설치하기
> ◆ 준비한 자료를 활용하여 캠페인 활동 벌이기, (온라인) 성찰저널 작성하기

Quest 퀘스트 **04**
우리가 미래이며 희망이다

★★★★★★★

당신이 만든 위기대응 매뉴얼이 사람들의 마음을 급격히 증가하면서 지구온난화의 심각성을 일깨○으로 보여줄 차례입니다. 자 지금부터 홍보부○다. 한 사람이 모여 두 사람이 되고, 그렇게 모○출 수 있지 않을까요? 아직 시간이 있습니다. 우○

위기대응 매뉴얼을 제작하면서 갖게 된 문제의식을 바탕으로 캠페인 활동을 준비하고 실천하는 퀘스트입니다. 아직 희망이 있는 현 상황에서 지구온도상승의 심각성을 알릴 캠페인 활동이 필요함을 알립니다. 아울러 앞서 수행한 내용을 캠페인 활동에서 적극 활용하도록 안내하고, 지구온난화의 심각성뿐만 아니라, 이를 막기 위한 일상의 작은 실천이 얼마나 중요한지 알리도록 합니다.

---

❶ 캠페인 활동을 준비해 봅시다.

캠페인 광고, 슬로건, 피켓, 노래 등 사람들의 시선을 모을 수 있는 방법을 선택하여 준비하도록 안내합니다. 기존의 여러 캠페인 사례를 참고하여 준비하도록 해주세요.

캠페인 슬로건

캠페인 송

---

❷ 캠페인 기획 및 부스 설치

캠페인 이벤트

캠페인 활동을 구체적으로 기획하고, 기획한 내용에 어울리는 부스를 설치하고 꾸미도록 안내합니다. 환경부스가 캠페인 활동의 거점이 되는 만큼 어떻게 꾸밀지, 각자의 역할은 어떻게 나눌지 토의하여 결정하는 것이 중요합니다.

관련교과	국어	사회	도덕	수학	과학	실과			체육	예술			세선택	예술체육
						기술	가정	정보		음악	미술			
	●		●					●		●			●	●

1. 캠페인 활동을 위해 준비해야 할 것은 여러 가지입니다. 역할분담이 중요합니다. 협의해서 준비하도록 하세요.
2. 면대면 캠페인 활동입니다. 다수가 아니라 소수를 대상으로 집중적으로 설득하는 방식을 채택하고 있습니다.

▲ Teacher Tips

캠페인 활동 준비가 이루어졌다면, 부스 운영을 통한 캠페인 활동을 벌이기를 합니다. 캠페인 활동은 얼마든지 다양한 방식으로 진행 가능합니다. 캠페인 활동을 학내에서 불특정 학생들을 대상으로 벌일지(혹은 실제 거리로 나가서 진행할지), 학급 내에서 자체적으로 실시할지를 사전에 알려주어야 합니다. 불특정 학생들을 대상으로 하거나 일반인을 대상으로 펼치는 캠페인 활동의 경우는 수업부담과 할애해야 할 시간이 크지만 효과만큼은 탁월합니다. 아무튼 학교 주변 거리로 나가서 실제 캠페인을 진행하는 방법부터 교실 안에서 가상으로 운영해 보는 것까지 주어진 환경에 맞게 선택하도록 합니다. 아래 제시된 방법은 아무래도 수업참여자의 부담이 낮고, 적용이 수월한 교실 속 캠페인 활동 실행하기의 예입니다. 아무쪼록 현장 상황을 고려해서 가장 합리적인 방법으로 캠페인 활동을 진행해 주세요.

| 모둠별로 부스 운영을 통한 캠페인 활동 벌이기(예)

◆ 그룹별로 부스설치 공간을 배정하고 캠페인 활동을 위해 준비한 자료를 설치하기
◆ 캠페인 활동은 1부와 2부로 나누며, 그룹별로 이미 구분한 A조와 B조가 역할을 바꿔가며 캠페인 활동 주도하기
◆ 캠페인 활동 1부는 각 그룹 A조가 발표를 주도하며, B조는 청중으로서 자기 그룹을 제외한 캠페인 활동에 참여, 발표는 다른 그룹을 대상으로 2회 실시.

1차 발표 [1그룹] A조 - 청중 [2그룹] B조　　**2차** [1그룹] A조 - 청중 [3그룹] B조
　　　　　[2그룹] A조 -　　[3그룹] B조　▶　[2그룹] A조 -　　[1그룹] B조
　　　　　[3그룹] A조 -　　[1그룹] B조　　　[3그룹] A조 -　　[2그룹] B조

◆ 발표시간은 15분으로 제한되며, 2회 실시 총 30분 간 발표 진행
◆ 상호평가는 청중 역할을 하는 학습자에게 지급된 코인을 통해 이루어지며, 블랙칩(3점), 레드칩(2점), 화이트칩(1점)을 인상적인 캠페인 활동 여부에 따라 해당 그룹에 지급

◆ 캠페인 활동 2부는 1부와 반대로 각 그룹 B조가 발표를 주도하며, A조는 청중으로서 자기 그룹을 제외한 캠페인 활동에 참여, 발표 역시 다른 그룹을 대상으로 2회 실시

1차 발표 [1그룹] B조 - 청중 [2그룹] A조　　**2차** [1그룹] B조 - 청중 [3그룹] A조
　　　　　[2그룹] B조 -　　[3그룹] A조　▶　[2그룹] B조 -　　[1그룹] A조
　　　　　[3그룹] B조 -　　[1그룹] A조　　　[3그룹] B조 -　　[2그룹] A조

◆ 발표시간은 15분으로 제한되며, 타이머를 활용하여 정보 제공
　(위의 순서에 따라 발표 2회 실시 총 30분 간 발표 진행)
◆ 상호평가는 청중 역할을 하는 학습자에게 지급된 코인을 통해 이루어지며, 블랙칩(3점), 레드칩(2점), 화이트칩(1점)을 인상적인 캠페인 활동 여부에 따라 해당 그룹에 지급하기, 특별히 참관하는 선생님들도 상호평가에 참여하여 그룹별로 우수한 팀에게 보너스 칩 주기
◆ 교사는 관찰자로서 학생들의 활동 장면을 동영상과 사진으로 촬영하고 학급홈페이지에 올리기
◆ 이후 온라인 활동 안내하기(댓글을 통한 온라인 평가와 성찰일기 작성 안내, 총평)

[학습설계] 성공적인 PBL 실천을 위한 수업설계안 짜기

PBL 수업 설계는 문제를 개발한 이후, 실천을 위한 구체적인 준비과정에 해당합니다. PBL 수업을 계획하는 교사는 '축구감독'에 비유할 수 있습니다. 축구감독은 경기 시작되기 전에 상대팀을 분석하고 자신의 팀이 갖고 있는 강점을 활용해 전략과 경기계획을 세워 만반의 준비를 합니다. 그러나 막상 경기가 시작되면 계획한대로 경기가 흘러가지 않을 때가 많습니다. 축구경기장을 누비는 선수들이 주도하며 각본 없는 드라마를 펼치기 때문에 그렇습니다. 물론 감독은 상대팀의 대응방식과 선수들의 컨디션, 경기흐름 등에 따라서 수시로 계획과 전술을 변경시키며 자신의 역할을 다하게 됩니다. 아울러 경기는 선수들이 직접 뛰지만 그 결과(승패)에 대한 총책임은 감독이 짊어집니다. PBL을 준비하는 교사도 이와 같습니다. 교육과정을 분석하고 꼼꼼하게 계획했더라도 실제 수업상황에 따라 얼마든지 변경될 수 있음을 인식할 필요가 있습니다.

> "선생님이 얼마나 공들여서 준비했는지 알아? 그런데 너희들 이렇게 밖에 할 수 없었던 거니? 해도 해도 너무 하는구나! 너희들하곤 앞으로 프로젝트수업을 하지 않을 거야."

무엇보다 PBL 수업설계는 교사의 전문적인 행위임을 인식하고, 학습과정과 결과에 대한 책임의식을 가지고 임해야 합니다. 혹여 실패의 원인을 학생들에게 찾고 자신의 부족한 면을 돌아보지 않는다면 절대 PBL 수업의 전문가로 거듭날 수 없습니다. 아무쪼록 PBL 수업의 준비와 실천과정을 곱씹으며 '성찰적 실천가(reflective practitioner)'로서의 전문적인 역할을 멋지게 수행해 나가시길 바랍니다. 자, 그럼 교수학습설계자로서 성공적인 PBL 실천을 위한 수업설계안 짜기에 도전해 보도록 합시다.

Step❶ 수업목표세우기

수업을 설계하는 교사로서 PBL의 목표를 어디에 둘지 고민하는 것은 당연합니다. 수업목표는 기본적으로 교사의 의도가 반영되어 있어야 하며, 특정교과, 단원, 주제 등과 연계하여 세울 수 있습니다. 다만 수업목표는 학습자가 스스로 세운 학습목표와 반드시 일치하는 것은 아니며, 이를 지나치게 기대해서도 안 됩니다. PBL 과정에서 학습자가 어느 부분에 방점을 두느냐에 따라 저마다 다른 학습목표를 세울 수 있기 때문입니다. '수업목표와 학습목표'에 대한 설명은 이 책의 에필로그 'Q&A로 보는 프로젝트학습'의 열여덟 번째 코너로 대신하겠습니다. 여하튼 수업목표세우기는 교육과정에 대한 이해와 분석, 개발한 문제의 내용과 난이도 등을 종합적으로 고려하여 이뤄져야 합니다.

PBL문제 : 교통사고 원인을 밝혀라!

어제 새벽 1시에 경춘 국도에서 승용차 추돌사고가 발생했습니다. 남양주 경찰서에서는 사고 조사를 위해 교통사고 처리 요원을 급파했습니다. 사고현장에 도착했을 때 심하게 훼손된 자동차 운전자 한 명은 이미 인근 병원으로 급하게 후송된 상태였고, 비교적 부상이 덜한 운전자는 자신의 차 안에서 충격을 받은 듯 앉아 있었습니다. 교통사고 처리 요원은 우선 사고경위를 조사하기 위해 운전자의 진술을 받아놓기로 결정하였습니다. 운전자의 진술은 다음과 같습니다.

> "저도 순간에 일어난 일이라 뭐가 먼지 솔직히 잘 모르겠습니다."
>
> "상대 사고차량은 분명히 백미러로 확인했을 때 바로 뒤에 따라오던 자동차였습니다."
>
> "제가 차선변경을 위해 사이드미러로 확인했을 때는 분명히 뒤 따라오는 자동차는 없었고요. 사이드미러를 통해 옆 차선에 자동차가 없는 것을 확인하고 차선변경을 했죠. 그런데 이런 사고가 발생한 겁니다."
>
> "저는 분명히 백미러하고 사이드미러를 확인하고 차선변경을 한 겁니다. 어떻게 이런 사고가 발생할 수 있는지 이해가 안갑니다."

※ 백미러 (back+mirror)[명사] 자동차 등에서 운전자가 뒤쪽을 볼 수 있게 달아 놓은 거울
올바른 영어 표현 : rear view mirror
사이드미러 : 뒤쪽 양 측면을 볼 수 있게 자동차 양쪽에 달아 놓은 거울

운전자의 진술을 통해 이번 추돌사고가 차선변경으로 인해 발생했다는 사실을 확인했습니다. 사고 처리 요원은 사고의 원인을 밝히는 것이 단지 운전자의 진술만으로 이루어질 수 없다는 사실을 잘 알고 있습니다. 그렇기 때문에 과학적인 근거를 들어 교통사고의 원인을 분명하게 밝히는 것이 필요하다는 판단입니다. 당신은 유능한 교통사고 처리 요원으로써 운전자의 진술과 과학적 근거를 통해 교통사고의 원인을 증명할 것입니다. 아울러, 이런 종류의 교통사고가 재발하지 않도록 본 사건의 사고원인과 처리과정, 이를 예방하기 위한 방법 등을 다양한 방법으로 시민들에게 홍보할 예정입니다.

① 여러분은 남양주 경찰서 교통사고 처리 요원으로서 제시된 사고의 원인을 분석하고 과학적으로 증명해야 합니다.
② 교통사고의 원인과 처리과정, 재발방지를 위한 예방법을 시민들을 대상으로 알려야 합니다.
③ 과학 1단원 '거울과 렌즈'/4단원 '물체의 속력' 등을 참고하면 문제해결에 도움이 됩니다.

필자가 2004학년도 1학기 어느 과학교과수업을 위해 개발했던 '교통사고 원인을 밝혀라!' 문제처럼 관련 단원의 지식을 주어진 상황을 해결하는 데 활용하도록 수업목표를 둘 수 있습니다. 이들 교과지식들이 문제상황에서 발생한 교통사고의 가설을 검증하거나 원인을 규명하는 데 주요근거로 활용되길 바라는 교사의 의도가 고스란히 반영된 것입니다. 다만 교사의 이런 의도대로 학생들이 그대로 따라갈지는 미지수입니다. 설사 학습이 진행되는 과정에서 교사의 노골적인 요구가 있다고 해도 학습자가 세운 목표에 따라서 지식의 범위와 깊이를 달리 할 수 있습니다. 그러므로 학습의 자율성을 강조하는 PBL 환경에서 기본적으로 교사가 세운 목표는 수업의 방향성을 담는데 일차적인 의미를 가지며, 학습자가 스스로 세운 목표를 포용하고 수용할 수 있는 융통성을 지니고 있어야 합니다.

| 교과
정보 | 중심교과 | 과학 | 중심단원 | [과학5-1] 1. 거울과 렌즈 |
| | 관련교과 | 체육 / 실과 | 관련단원 | [체육5] 4. 안전한 생활
[실과5] 4. 컴퓨터는 내 친구 |

| 수업
목표 | ·자동차 거울에 반사되는 빛의 방향을 이해하고, 과학적 근거를 들어 교통사고의 원인을 규명할 수 있다.
·자동차에 사용되는 거울의 기능을 알고, 오목거울을 중심으로 평면거울, 볼록거울에 대한 차이를 이해할 수 있다.
·경찰(교통사고 처리 전문요원)의 입장에서 교통사고의 처리과정을 살펴보고 경험할 수 있다.
·교통사고의 심각성을 다양한 사례를 통해 알고 안전의 중요성을 인식할 수 있다.
·다양한 형태의 자료를 제작하는 과정에서 여러 가지 정보를 파악하고 이해하며 활용할 수 있는 능력을 기를 수 있다.
·유용한 정보를 탐색·파악하고 자신의 언어로 재구성하는 과정을 통해 정보를 효과적으로 활용하고 이를 바탕으로 창의적인 산출물을 만들어 내는 과정을 통해 '정보지식 리터러시' 능력을 향상시킬 수 있다.
·온라인 커뮤니티 등의 양방향 매체를 활용하여 지속적인 학습과정을 경험하고 협업과 토의활동을 통해 '사회문화 리터러시'를 신장시킬 수 있다.
·발표를 위해 소품이나 자료를 제작하는 과정을 통해 '기술환경 리터러시'를 향상시킬 수 있다. |
| | |

만일 이 책에서 제공하는 PBL 프로그램처럼, '게임화(Gamfication)' 등의 전략을 적용해 퀘스트(단계)별로 문제를 개발했다면, 이에 맞는 수업목표가 필요합니다. 다음 제시한 예는 「설레는 수업, 프로젝트학습_PBL 달인되기 1: 입문(2016)」에 수록된 '4장. 교통사고 원인을 과학적으로 밝혀라!'의 수업목표입니다.

단 계	수업목표
QUEST 01 사고 상황을 다양하게 유추하라!	◆운전자의 신체증상을 토대로 사고상황을 유추하고 가설을 수립할 수 있다. ◆뒷차량의 파손된 부분을 통해 사고상황을 유추하고 가설을 수립할 수 있다. ◆파손차량과 신체증상으로부터 유추해낸 가설의 과학적 근거(논리적 근거)를 제시할 수 있다.
QUEST 02 사고 원인 정확하게 규명하기	◆운전자의 진술을 토대로 사고상황을 추론하고 이전 가설을 수정·보완할 수 있다. ◆앞차량의 파손된 부분을 통해 사고상황을 추론하고 이전 가설을 수정·보완할 수 있다. ◆사고상황을 구체적으로 정리하고, 과학적 근거(논리적 근거)를 통해 사고원인을 규명할 수 있다.
QUEST 03 앞뒤 차량 운전자, 누가 더 잘못했을까?	◆운전자의 과실여부를 종합적으로 판단하여 합리적인 의견을 제시할 수 있다. ◆자동차사고 과실비율 기준을 따져보며, 이번 사건의 운전자의 과실정도를 판단할 수 있다. ◆누가 더 잘못했는지, 운전자의 과실비율을 놓고 자유롭게 토론할 수 있다. ◆교통사고의 상황과 발생원인을 반영하여 경위서를 작성할 수 있다.
QUEST 04 교통사고 사례를 시민들에게 알려라	◆사고사례와 예방방법을 기본적으로 포함한 강의시나리오를 작성할 수 있다. ◆강의의 설득력을 높이기 위해 멀티미디어 자료를 제작할 수 있다. ◆제한된 시간 안에 청중의 반응을 살피며 자신감있게 특별강의를 펼칠 수 있다. ◆(선택)설득력을 갖춘 UCC 영상을 만들어 온라인 통해 배포하고 공유할 수 있다.
공 통	◆문제해결의 주인공으로서 절차와 방법을 이해하고 적극적으로 학습과정에 참여할 수 있다. ◆학습한 내용을 정리하고 자신의 언어로 재구성하는 과정을 통해 창의적인 문제를 만들어낼 수 있다. 이 과정을 통해 지식을 생산하기 위해 소비하는 프로슈머로서의 능력을 향상시킬 수 있다. ◆토의의 기본적인 과정과 절차에 따라 문제해결방법을 도출하고, 온라인 커뮤니티 등의 양방향 매체를 활용한 지속적인 학습과정을 경험함으로써 의사소통능력을 신장시킬 수 있다.

특정 학년의 교과나 단원과 연계하여 PBL 문제를 개발했다고 하더라도 실제 학습의 내용은 그 경계와 범위를 넘어설 수밖에 없습니다. 주제 중심적이고 통합교과적인 성격을 지닌 PBL의 특성을 고려한다면, 완성된 문제가 교과의 어떤 내용요소를 품고 있는지 분석해볼 필요가 있습니다. 이 책에 수록된 '3장. 당신은 여행설계사' Teacher Tips의 내용처럼 문제와 연계된 교과별 내용요소를 충분히 정리해 볼 수 있습니다. 자연스럽게 교사가 적용하려는 학년에 따라 교과 및 단원, 내용 등을 손쉽게 도출할 수 있으며, 이를 참고하여 수업목표를 세우게 됩니다.

교과	영 역	내용요소	
		초등학교 [5-6학년]	중학교 [1-3학년]
국어	말하기듣기	◆발표[매체활용] ◆체계적 내용 구성	◆발표[내용 구성] ◆매체 자료의 효과 ◆청중 고려
과학	힘과 운동	◆속력과 안전	
도덕	사회·공동체와의 관계	◆공정한 사회를 위해 무엇을 해야 할까? (공정성)	◆세계 시민으로서 도덕적 과제는 무엇인가? (세계 시민 윤리)
실과 정보	자료와 정보	◆소프트웨어의 이해	◆자료의 유형과 디지털 표현
	기술활용	◆일과 직업의 세계 ◆자기 이해와 직업 탐색	
사회	지리인식 장소와 지역	◆국토의 위치와 영역, 국토애 ◆세계 주요 대륙과 대양의 위치와 범위, 대륙별 국가의 위치와 영토 특징	◆우리나라 영역 ◆위치와 인간 생활 ◆세계화와 지역화
	경제	◆국가 간 경쟁, 상호 의존성	◆국제 거래, 환율
	지속 가능한 세계	◆지역 갈등의 원인과 해결 방안	◆지역 불균형 ◆인류 공존을 위한 노력

단 계	수업목표
QUEST 01	◆공정여행의 기본정신을 이해할 수 있다. ◆다양한 사례를 통해 공정여행이 추구하는 바를 파악할 수 있다.
QUEST 02	◆선정한 지역의 대표적인 여행지를 찾아 볼 수 있다. ◆공정여행 정신을 고려하여 여행지를 선정할 수 있다. ◆여행지와 관련된 주요정보를 찾아보고 정리할 수 있다. ◆합리적인 이유를 내세워 여행 장소의 선정이유를 밝힐 수 있다.

QUEST 03	◆공정여행 정신을 반영해서 여행프로그램을 만들 수 있다.
	◆여행코스별 적합한 프로그램을 선정하거나 만들 수 있다.
	◆여행대상을 고려하여 오감을 만족시킬 수 있는 프로그램으로 구성할 수 있다.
QUEST 04	◆지도를 이용해 여행지 간 거리를 측정할 수 있다.
	◆교통수단의 속력을 고려하여 여행지 간 이동시간을 산출할 수 있다.
	◆하루 평균 이동제한시간을 고려하여 여행코스별 교통수단을 선택할 수 있다.
QUEST 05	◆회사경영진을 설득하기 위한 발표문을 작성할 수 있다.
	◆인상적인 프레젠테이션 자료를 준비하고 이를 활용하여 설득력있게 발표할 수 있다.
QUEST 06	◆패키지여행상품을 널리 알리는데 효과적인 방식으로 광고를 제작할 수 있다.
	◆온라인 공간에 적합한 형태의 광고를 제작할 수 있다.
	◆참신한 아이디어가 반영된 광고를 기획할 수 있다.
공 통	◆문제해결의 절차와 방법에 대한 이해를 바탕으로 학습과정에 참여할 수 있다.
	◆공부한 내용을 정리하고 자신의 언어로 재구성하는 과정을 통해 창의적인 문제를 만들어낼 수 있다. 이 과정을 통해 지식을 생산하기 위해 소비하는 프로슈머로서의 능력을 향상시킬 수 있다.
	◆토의의 기본적인 과정과 절차에 따라 문제해결방법을 도출하고, 온라인 커뮤니티 등의 양방향 매체를 활용한 지속적인 학습과정을 경험함으로써 의사소통능력을 신장시킬 수 있다.

QUEST 6-1

교육과정과 개발한 문제(이 책에 수록된 문제도 가능)를 분석하여 수업목표를 세워봅시다.

교과 정보	중심교과		중심단원	
	관련교과		관련단원	
수업 목표				

Step❷ 단계별 중심활동 짜기

일반적으로 문제를 만드는 과정부터 거의 동시적으로 학습과정의 전반적 흐름을 어떻게 구성할 것인지를 고민하게 됩니다. 문제에 따라 전개되는 과정 자체도 생략되거나 변형될 수 있기 때문에 이를 감안한 포괄적인 접근이 필요합니다. 아무래도 통상적인 교실 수업처럼 교과지식을 습득하기 위한 목표를 설정하고 이를 달성하기 위한 과정과 활동 하나하나를 세분화하여 제시하는 방식과 구별됩니다. 교사와 학생의 발문을 예상하며 교수자의 활동과 학생들의 반응을 통제하기 위해 세밀하게 기록하는 방식은 더욱이 아닙니다. 수업목표와 각 과정별 주요 활동을 파악하여 이를 중심으로 수업설계를 하는 것이 특징입니다. 이렇게 세운 계획은 수업이 진행되는 중이라도 얼마든지 학습자의 요구와 필요, 여러 상황들에 따라 새롭게 추가되거나 수정할 수 있는 융통성을 지닙니다. PBL에서는 학습의 흐름에 따라 중심활동을 나열해 놓는 것만으로도 수업의 길라잡이로 손색이 없습니다. 다음은 PBL 수업의 일반적인 전개과정인 '문제제시〉과제수행〉발표 및 평가〉성찰하기'순으로 중심활동을 정리한 예입니다. 「설레는 수업, 프로젝트학습_PBL 달인되기1: 입문(2016)」에 수록된 '실전가이드❶ PBL은 문제로 통한다'와 '실전가이드❷ 체험을 통해 PBL 과정 이해하기'에서 제시된 바 있는 '다도해해상국립공원 여행상품 만들기' 문제와 관련이 있습니다.

프로젝트학습

단 계		중 심 활 동 내 용
문제제시		◆문제의 핵심 내용을 정리하고 공유하면서 이해기반 다지기
		◆문제의 이해와 동기유발을 위한 동영상 시청 : 다도해 해상국립공원 홍보 동영상, 나로우주센터 관련 동영상 등
		◆문제를 정확하게 파악하고 이해할 수 있도록 팀원 간의 문제 설명하기
		◆학습주제(Learning Issue) 도출하기
		◆모둠별로 과제수행계획과 역할분담을 작성하고 실천을 위한 세부계획안 짜기
		◆토의결과를 정리하여 모둠별 온라인 커뮤니티에 과제수행계획서 올리기
과제 수행	문제 해결 모색	◆과제수행계획에 따라 개별 역할에 맞게 문제해결을 위해 모색하고 필요한 정보와 자료를 탐색하여 공유하기
		◆다도해 해상국립공원, 물체의 속력과 관련된 정보와 의견을 탐색하고 여행상품 개발을 위한 아이디어를 교환, 이를 바탕으로 재미있는 체험프로그램 고안
		◆온라인 커뮤니티에서 교사와 학생, 6학년 튜터 간에 서로 적절한 피드백 교환하기
	결과 정리	◆다양한 방식으로 발표안 짜기
		◆여행설계사로서 주어진 조건에 맞는 여행상품 개발하기
		◆지도서비스를 활용해서 여행코스 간 거리와 이동수단을 고려한 14시간 미만의 이동시간 확보와 2박 3일 여행일정 정하기
		◆발표에 활용할 발표 시나리오 작성하기
		◆발표에 필요한 보조자료(파워포인트, 동영상 자료등)나 소품 제작하기
발표 및 평가		◆모둠별로 작성한 보고서를 학습갤러리에 올리기(학급홈페이지 : 발표 전)
		◆여행설계사로서 주어진 조건에 부합하는 매력적인 여행상품을 발표하기
		◆해결안에 대한 상호평가지 배부 및 발표 진행과 함께 동료 간에 상호평가 실시
		◆발표 후 경영진(6학년 평가단)의 평가 / 발표와 함께 질의응답 진행
		◆교사의 총평 / 관련 과학개념과 연결하여 이해기반 형성하기
성찰하기		◆성찰일기(reflective journal) 작성하기
		◆발표 동영상 보고 시청소감 쓰기

이 책에서 제공하는 PBL 프로그램처럼, '게임화(Gamfication)' 등의 전략을 적용하고자 한다면 그러한 학습환경에 맞게 퀘스트(단계)별로 문제상황에 맞게 중심활동을 짜야 합니다. 다음 제시한 예는 「설레는 수업, 프로젝트학습_PBL 달인되기1: 입문(2016)」에 수록된 '7장. 내 집은 내가 디자인한다' 문제의 퀘스트별 중심활동을 짜놓은 것입니다.

단 계	중 심 활 동 내 용
문제의 출발	◆문제의 출발점을 제시하고 배경과 상황 안내하기 ◆문제의 조건과 주인공으로서의 관점 제시하기 ◆게임화 전략에 따른 피드백 방법에 맞게 게임규칙(과제수행규칙) 안내하기 ◆자기평가방법 공유, 온라인 학습커뮤니티 활용 기준 제시하기 ◆각 퀘스트의 활동 내용 일부 공개, 문제에서 제시한 아파트 설계절차에 따라 활동이 진행된다는 사실 공유하기
[퀘스트 1] 공간스케치	◆제시된 퀘스트에 따라 우리 집만의 개성을 담아낼 수 있는 공간스케치 활동 펼치기 ◆친환경적인 설계를 위해 생활자원의 절약과 효율적인 관리가 이루어질 수 있는 방향으로 촉진하기 ◆모둠구성원이 가상의 가족이 되어 공간별 역할분담, 개별적으로 테마 결정하기 ◆모둠구성원 각자가 정한 공간별 아이디어와 특성을 반영하여 그리기
[퀘스트 2] 건축디자이너	◆우정건설의 건축디자이너로서 [퀘스트 1]의 공간스케치를 바탕으로 설계도면 작성 ◆축척을 이용하여 방안지(전지)에 작성하고, 공간별 넓이 산출하기 ◆소비자의 이해를 돕기 위한 공간별 활용방법 제안하기
[퀘스트 3] 벽면디자인	◆공간별 테마에 부합하는 벽면디자인 구안하기 ◆모둠구성원 간의 협업을 통해 최종 디자인 결정하기 ◆교실 벽면에 디자인한 도안을 직접 표현하기(절연테이프를 활용한 시안 제작) – 참관하고 있는 부모님과 함께 활동하기 ◆완성된 벽면디자인 작품설명 UCC 동영상을 제작하고 온라인 발표공간에 올리기
[퀘스트 4] 마리스칼	◆[퀘스트 1]의 공간스케치와 [퀘스트 2]의 설계도면, 그리고 [퀘스트 3]의 벽면디자인을 토대로 '집 모형(house miniature)' 만들기 ◆마리스칼의 작품과 디자인 철학을 접목하여 창의적으로 표현하기 ◆최종결과물을 활용한 우정건설의 30초 TV CF 만들기
평가 및 성찰	◆각 퀘스트에 따른 수행점수(경험치) 집계하여 프로그래스바로 공개하기 ◆누적해 온 수행점수를 토대로 레벨 부여하기 ◆PBL 스스로 점검(자기평가 & 상호평가) 내용을 토대로 능력점수(능력치) 집계하기 ◆성찰일기(reflective journal)를 작성해서 온라인 학습커뮤니티에 올리고 교사로부터 피드백 받기 ◆Level Up 피드백 프로그램에 따른 개인별 레벨 선정과 리더보드 공개하기 – 결과에 따른 배지 수여

  PBL의 주요활동을 시간순서와 공간을 고려하여 단계별로 나열하는 것은 교수학습흐름을 디자인하는데 효과적인 방식입니다. 일종의 '플로차트(flowchart)'인 셈이죠. 다음 제시한 예는 「설레는 수업, 프로젝트학습_PBL 달인되기3: 확장(출판예정)」에 수록될 '우리의 문화를 커피에 담다' 문제의 퀘스트별 중심활동을 플로차트 형식으로 표현한 것입니다.

사전
과제 교과서 밖 우리음악(국악) 탐색하기 : 개별로 친구들에게 추천하고 싶은 1곡 선정해서 가져오기

⇩

[퀘스트1] 문제 제시하고, 중심활동 내용 파악하기

⇩

[온라인 활동] 우리의 차문화를 공부하고 다도 체험하기

⇩

음악교과서에 수록된 우리음악 감상하며 특징 파악하기

⇩

창업할 카페에 어울릴 만한 전통음악을 선정하고 이유 밝히기

⇩

개별적으로 조사해온 교과서 밖 전통음악 곡에 대한 선호도 조사하기

⇩

선호도 조사결과에 따라 아침, 점심, 저녁으로 나누어 카페(레스토랑)에서 들려주면 좋을 곡을 최종결정하여 발표하기

⇩

상호
평가 각 모둠의 발표를 듣고 한 줄 평과 나의 별점 부여하기

퀘스트Quest **1** *우리의 음악과 茶문화에서 길을 얻다* ★★★★★

고즈넉이 스며든 은은한 색과 마음을 사로잡는 향. 그는 전통 차(茶)문화에도 오래전부터 관심을 기울여왔습니다. 특히 차를 정성스럽게 달여 손님에게 권하거나 마실 때의 예법. '다도(茶道)'에 우리 '차'문화의 매력이 잘 드러나고 있는데요. 이러한 고유의 '차'문화를 통해 내려온 선조의 정신이 창업할 카페에도 고스란히 반영될 수 있길 기대하고 있습니다. 더불어 우리의 전통음악인 국악을 통해 카페의 분위기를 한껏 살릴 묘책을 찾고 있는 중인데요. 외국인을 비롯해 요즘 젊은 세대도 호감을 가질만한 곡을 선정하고자 애쓰고 있습니다.

❶ 우리의 차(茶) 문화를 공부해보고, 다도에 따라 차를 마셔 보도록 합시다.

조사한 내용	체험후기

❷ [개별] 음악교과서와 교과서 밖에서 창업할 카페에 어울릴만한 전통음악을 찾아보고, 선정이유를 밝히시오.

구분	곡명	특징	선정이유
음악 교과서			
교과서 밖 (휴전음악 가능)			

QUEST 6-2

개발한 PBL 문제(이 책에 수록된 문제도 가능)의 단계별 중심활동을 나열해보고 플로차트 형식으로 표현해 보세요.

* CORE ACTIVITY FLOW

⇩

⇩

⇩

⇩

단계	중심활동내용

현장 교사라면 누구나 교과진도를 고려할 수밖에 없고, 실제 사용가능한 정규수업시수를 따져서 시간운영계획을 세울 수밖에 없습니다. 시간에 따른 학습활동의 흐름을 이 책에서 제공하는 '타임플로우(timeflow)' 방식으로 그려보는 것도 좋은 방법이 될 것입니다. 아무튼 시간운영계획이 어느 정도 세워지면 구색을 갖춘 수업설계안 작성에 돌입할 수 있습니다. 일단 수업목표, 관련 단원, 학습주제, 학습시간 등의 정보가 반영된 수업개요와 과정별(단계별)로 정리한 중심활동내용이 있다면 수업설계안의 필수요소는 다 갖춘 셈이니까요. 이것 자체만으로도 수업의 핵심이해를 돕는데 필요한 수준은 충족하며, 수업설계약안으로도 손색이 없습니다. 앞서 소개했던 '내 집은 내가 디자인한다' 수업의 약안 사례를 참고한다면 좀 더 이해가 수월해질 것입니다.

학부모공개수업

PBL수업 : 내 집은 내가 설계한다!

"내 집은 내가 설계한다" PBL 수업은 게임화 전략(Gamification)이 반영된 수업으로 4월 14일-18일 총 5일간 진행된다. 큰 틀에서는 PBL 수업의 일반적인 전개과정인 '문제>과제수행>발표 및 평가>성찰하기'의 일련의 문제해결과정을 따르지만, 과제수행 과정을 활동별로 구분하고 단계화하여 학습과정의 용이성을 제공하고 있다. 특히 게임의 강력한 피드백 시스템을 도입하여 학습의 재미와 몰입(flow)을 증대시키도록 하고 있다. 공개부분은 본 수업의 3번째 단계인 '[퀘스트3]벽면디자인에 당신의 감성을 담아라!'이다.

문제명	내 집은 내가 설계한다!			대상학년 (인원/모둠)	6학년(27/7)
관련 교과	국 어	2. 정보의 이해 3. 다양한 주장	실 과	2. 생활 자원과 소비 4. 인터넷과 정보	
	사 회	1. 우리 경제의 성장과 과제			
	미 술	4. 선을 이용한 평면 표현 6. 미술 작품과의 만남	수 학	3. 각기둥과 각뿔 / 전개도 7. 비례식 / 축척	
학습 시간	학습기간	4/14-18(5일)	학습소요시간	온라인 오프라인	4/14-18(5일) 160분(4차시)
구 분		수업 목표			중심교과
[퀘스트1] 공간스케치	- 우리 집만의 공간스케치를 통해 생활자원의 절약과 효율적인 관리에 대한 중요성을 인식할 수 있다. - 주거 공간에 대한 발상의 전환과 공간별 쓰임에 대한 다양한 생각을 동료와 공유할 수 있다.				실과/미술
[퀘스트2] 건축디자이너	- 건축디자이너로서 축척(비례식)을 반영하여 설계도면을 작성할 수 있다. - 입체 공간을 전개도 방식으로 도면에 나타내고, 각 공간별 넓이를 구할 수 있다. - 공간스케치를 바탕으로 정확한 설계도면을 완성할 수 있다.				수학
[퀘스트3] 벽면디자인	- 공간별 개성이 잘 드러나도록 선을 이용한 벽면디자인을 할 수 있다. - 벽면디자인 작품설명 UCC 동영상을 제작할 수 있다.				미술/실과
[퀘스트4] 마리스칼	- 다양한 입체도형을 이용하여 집 모형을 만들 수 있다. - 마리스카의 작품과 디자인 철학을 이해하고 창의적인 방식으로 표현할 수 있다.				수학/미술
공 통	- 모든 퀘스트가 건설회사로서 차별화된 경쟁력을 확보하기 위해 추진되는 사업이므로 자유와 경쟁에 대한 기본적인 이해를 바탕으로 문제를 해결할 수 있다. - 다양한 매체에서 조사한 내용을 정리하고 자신의 언어로 재구성하는 과정을 통해 정보를 효과적으로 활용하고 이를 바탕으로 창의적인 산출물을 만들어 내는 과정을 통해 지식을 생산하고 소비하는 **프로슈머**로서의 능력을 향상시킬 수 있다. - 토의의 기본적인 과정과 절차에 따라 문제해결방법을 도출하고, 온라인 커뮤니티 등의 양방향 매체를 활용한 지속적인 학습과정을 경험함으로써 의사소통능력을 신장시킬 수 있다.				국어/사회

※ 프로슈머 [Prosumer]: 앨빈 토플러 등 미래 학자들이 예견한 생산자(producer)와 소비자(consumer)를 합성한 말

	문제 개요	친환경적인 주택건설에서 높은 사업 실적을 올리고 있는 우정건설이 소비자의 참여를 극대화한 새로운 방식의 아파트 건설을 추진하고 있다. 소비자 스스로 자신의 집을 디자인하고 이를 건설회사에서 적극 반영하는 구조. 설계과정에서부터 완성까지 소비자가 직접 참여하는 형태로 4단계 절차에 따라 진행된다.

소비자가 직접 그린 공간 스케치 제출 → 건축디자이너를 통한 설계도면 완성 → 벽면디자인을 포함한 인테리어 방안 제시 → 우리 집 모형 제작

중심학습 활동	-[퀘스트1] 공간스케치 -[퀘스트2] 설계도면 그리기(축척과 전개도) -[퀘스트3] 선으로 표현하는 벽면디자인 & UCC 제작 -[퀘스트4] 입체도형을 활용한 창의적인 집모형 만들기(마리스카의 디자인 철학 실천)

일정	단계		중심활동내용
4/14	문제의 출발		▪ 문제의 출발점을 제시하고 배경과 상황 안내하기 ▪ 문제의 조건과 주인공으로서의 관점 제시하기 ▪ 게임화 전략에 따른 피드백 방법에 맞게 게임규칙(과제수행규칙) 안내하기 ▪ 자기평가방법 공유. 온라인 학습커뮤니티 활용 기준 제시하기 ▪ 각 퀘스트의 활동 내용 일부 공개. 문제에서 제시한 아파트 설계절차에 따라 활동이 진행된다는 사실 공유하기
4/14 -18	과제 수행	[퀘스트1]	▪ 제시된 퀘스트에 따라 우리 집만의 개성을 담아낼 수 있는 공간스케치 활동 펼치기 ▪ 친환경적인 설계를 위해 생활자원의 절약과 효율적인 관리가 이루어질 수 있는 방향으로 촉진하기 ▪ 모둠구성원이 가상의 가족이 되어 공간별 역할분담, 개별적으로 테마 결정하기 ▪ 모둠구성원 각자가 정한 공간별 아이디어와 특성을 반영하여 그리기
		[퀘스트2]	▪ 우정건설의 건축디자이너로서 [퀘스트1]의 공간스케치를 바탕으로 설계도면 작성 ▪ 축척을 이용하여 방안지(전지)에 작성하고, 공간별 넓이 산출하기 ▪ 소비자의 이해를 돕기 위한 공간별 활용방법 제안하기
		[퀘스트3] 학부모 공개	▪ 공간별 테마에 부합하는 벽면디자인 구안하기 ▪ 모둠구성원 간의 협업을 통해 최종 디자인 결정하기 ▪ 교실 벽면에 디자인한 도안을 직접 표현하기(절연테이프를 활용한 시안 제작) - 참관하고 있는 부모님과 함께 활동하기 ▪ 완성된 벽면디자인 작품설명 UCC 동영상을 제작하고 온라인 발표공간에 올리기
4/18	결과 완성	[퀘스트4]	▪ [퀘스트1]의 공간스케치와 [퀘스트2]의 설계도면, 그리고 [퀘스트3]의 벽면디자인을 토대로 '집 모형(house miniature)' 만들기 ▪ 마리스칼의 작품과 디자인 철학을 접목하여 창의적으로 표현하기 ▪ 최종결과물을 활용한 우정건설의 30초 TV CF 만들기
4/18 -19	평가 및 성찰		▪ 각 퀘스트에 따른 수행점수(경험치) 집계하여 프로그램스바로 공개하기 ▪ 누적해 온 수행점수를 토대로 레벨 부여하기 ▪ PBL 스스로 점검(자기평가 & 상호평가) 내용을 토대로 능력점수(능력치) 집계하기 ▪ 성찰일기(reflective journal)를 작성해서 온라인 학습커뮤니티에 올리고 교사로부터 피드백 받기 ▪ Level Up 피드백 프로그램에 따른 개인별 레벨 선정과 리더보드 공개하기 - 결과에 따른 뱃지 수여

이처럼 'Step❶ 수업목표세우기'와 'Step❷ 단계별 중심활동 짜기'를 수행했다면 수업설계약안을 쉽게 완성할 수 있게 됩니다. 수업설계안 작성의 목적에 따라 중심활동내용을 좀 더 자세히 기술하는 것도 충분히 가능합니다. 다음 제시한 예는 「설레는 수업, 프로젝트학습_PBL 달인되기1: 입문(2016)」에 수록된 '8장. 꿀벌이 사라졌다' 문제의 4번째 퀘스트 중심활동내용을 비교적 상세히 기록한 사례입니다. 일반적인 장학수업에서 동료교사들의 이해를 돕는데 필요한 수준의 정보를 제공하고 있음을 알 수 있습니다.

단 계			중 심 활 동 내 용
결과 완성		문제 상황	당신이 만든 미니다큐가 사람들의 마음을 움직이고 있습니다. 유튜브 조회수가 급격히 증가하면서 '꿀벌 없는 세상'을 살아가는 우리에게 경종을 울리고 있습니다. 이제 거리로 나가 행동으로 보여줄 차례입니다. 환경부스를 꾸미고 사람들을 불러 모으세요. 그리고 면대면 캠페인 활동을 시작하는 겁니다. 한 사람이 모여 두 사람이 되고, 그렇게 모이다 보면 환경에 소중함을 깨닫는 사람들이 점점 많아질 거예요. 뭐 하세요? 지금 당장 시작해야죠! Let's do it now!
			◆[퀘스트4]의 문제를 파악하고 캠페인 활동을 위한 계획세우기 ◆역할분담을 통해 캠페인 활동에 필요한 슬로건, 피켓, 캠페인 송, 소품 등을 준비하기 / 다양한 방법의 실제 캠페인 활동 참고하기 ◆캠페인 활동의 거점이 되는 환경부스와 관련한 아이디어 교환하기 ◆설득력을 높일 수 있는 캠페인 이벤트를 고안하고, 적용할 준비하기
[퀘스트4] 캠페인 활동으로	발표 및 평가		◆그룹별로 부스설치 공간을 배정하고 캠페인 활동을 위해 준비한 자료를 설치하기 ◆캠페인 활동은 1부와 2부로 나뉘며, 그룹별로 이미 구분한 A조와 B조가 역할을 바꿔가며 캠페인 활동 주도하기 ◆캠페인 활동 1부는 각 그룹 A조가 발표를 주도하며, B조는 청중으로서 자기 그룹을 제외한 캠페인 활동에 참여, 발표는 다른 그룹을 대상으로 2회 실시. **1차** 발표 [1그룹] A조 – 청중 [2그룹] B조　　**2차** [1그룹] A조 – 청중 [3그룹] B조 　　　　　 [2그룹] A조 –　　　 [3그룹] B조 ▶　 [2그룹] A조 –　　　 [1그룹] B조 　　　　　 [3그룹] A조 –　　　 [1그룹] B조　　　　 [3그룹] A조 –　　　 [2그룹] B조 ◆발표시간은 7–8분으로 제한되며, 2회 실시 총 15분 간 발표 진행 ◆상호평가는 청중 역할을 하는 학습자에게 지급된 코인을 통해 이루어지며, 블랙칩(3점), 레드칩(2점), 화이트칩(1점)을 인상적인 캠페인 활동 여부에 따라 해당 그룹에 지급 ◆캠페인 활동 2부는 1부와 반대로 각 그룹 B조가 발표를 주도하며, A조는 청중으로서 자기 그룹을 제외한 캠페인 활동에 참여, 발표 역시 다른 그룹을 대상으로 2회 실시. **1차** 발표 [1그룹] B조 – 청중 [2그룹] A조　　**2차** [1그룹] B조 – 청중 [3그룹] A조 　　　　　 [2그룹] B조 –　　　 [3그룹] A조 ▶　 [2그룹] B조 –　　　 [1그룹] A조 　　　　　 [3그룹] B조 –　　　 [1그룹] A조　　　　 [3그룹] B조 –　　　 [2그룹] A조 ◆발표시간은 7–8분으로 제한되며, 타이머를 활용하여 정보 제공 　(위의 순서에 따라 발표 2회 실시 총 15분 간 발표 진행) ◆상호평가는 청중 역할을 하는 학습자에게 지급된 코인을 통해 이루어지며, 블랙칩(3점), 레드칩(2점), 화이트칩(1점)을 인상적인 캠페인 활동 여부에 따라 해당 그룹에 지급하기, 특별히 참관하는 선생님들도 상호평가에 참여하여 그룹별로 우수한 팀에게 보너스 칩 주기 ◆교사는 관찰자로서 학생들의 활동 장면을 동영상과 사진으로 촬영하고 학급홈페이지에 올리기 ◆이후 온라인 활동 안내하기(덧글을 통한 온라인 평가와 성찰일기 작성 안내, 총평)
평가 및 성찰 [온라인]			◆각 퀘스트에 따른 수행점수(경험치) 집계하여 프로그래스바로 공개하기 ◆누적해 온 수행점수를 토대로 레벨 부여하기 ◆PBL 스스로 점검(자기평가 & 상호평가) 내용을 토대로 능력점수(능력치) 집계하기 ◆성찰일기(reflective journal)를 작성해서 온라인 학습커뮤니티에 올리고 교사로부터 피드백 받기 ◆Level Up 피드백 프로그램에 따른 개인별 레벨 선정과 리더보드 공개하기 　– 결과에 따른 배지 수여

학교현장에서 어떠한 이유가 됐든 수업설계 세안을 작성해야 하는 경우도 발생합니다. 특히 경력이 낮은 교사의 경우, 수업 장학을 위한 의무조건으로 요구되기도 합니다. 한편 PBL 수업에 초보자인 경우 약안보다는 세안을 작성하는 것이 학습흐름을 이해하고 불필요한 개입이나 오류방지에 도움이 될 수도 있습니다. 세안을 작성한다는 것은 일종의 모의수업을 머릿속에 그려보고 글로 나타내는 것과도 같습니다. 세안 작성을 통한 시뮬레이션 행위는 교수학습의 매우 세밀한 부분까지 들여다보고 적용할 수 있게 만듭니다. 특별한 공개수업이 아니더라도 PBL 수업능력의 향상을 위해서 세안 작성에 도전해 보길 바랍니다. 다음은 앞서 소개했던 '당신은 여행설계사: 다도해해상국립공원 여행상품 만들기'의 중심활동을 교수자와 학습자로 나누어 상세하게 작성한 예입니다.

※ PBL수업 문제제시 단계 세부 설계안 예

❶ 문제제시 : **문제파악**   학습소요기간(시간) : 4/12(교실 40분)

	교수자	학습자
교수 학습 활동	◆외나로도에 위치한 나로우주센터와 다도해 해상국립공원 홍보동영상을 동기유발 자료로 제시한다. ◆'당신은 여행설계사' PBL 문제지를 제공한다. 문제에 제시된 조건과 유의점을 종합적으로 안내한다. ◆아동과의 질의, 응답 시간을 통해 문제 파악을 위한 부가적인 설명을 한다. ◆문제해결에 도움을 주기 위해 핵심적인 과정인 이동거리 구하는 방법을 지도서비스를 이용해 확인시켜준다. 이때, 문제에서 기본적으로 제시하고 있는 '김포공항–여수공항–여수항' 간의 이동거리를 확인시켜준다. 아울러, 이동수단의 속력을 고려해서 이동에 필요한 시간의 산출과정을 보여준다. ◆문제에 등장하는 주인공이 될 수 있도록 주어진 문제를 나만의 문제로 고칠 수 있도록 안내한다. 모둠별로 자신의 상황에 부합할 수 있도록 수정) ◆수업의 전체 일정과 학습흐름, 수업의 특징 소개, 특히 화상프로그램과 온라인 커뮤니티 활용에 대한 안내 제공한다.	◆동기유발 자료를 확인하고 다도해 해상국립공원에 대한 관심을 갖도록 한다. ◆제시된 PBL 문제를 확인하고, 주어진 조건과 유의점에 대해 확인한다. 아울러, 질의, 응답 시간을 통해 문제에 제시된 핵심을 분명하게 이해하고 파악할 수 있도록 노력한다. ◆문제해결의 핵심적인 요소인 지도서비스를 통한 이동거리 구하는 방법과 이동수단의 속력을 통한 각 코스 간 이동시간 산출방법을 배운다. ◆제시된 문제를 학습자 본인의 것으로 만들기 위해 모둠별로 자신의 상황에 부합할 수 있도록 수정한다(여행사 이름 바꾸기, 여행설계사를 본인의 이름으로 수정하기 등). ◆제시된 문제에서 학습주제(Learning Issue)와 학습목표를 도출한다(물체의 속력과 관련된 교과지식, 다도해 해상국립공원에 대한 조사 등). ◆수업의 전체 일정과 학습 흐름을 파악하고 교사가 소개한 화상프로그램과 온라인 커뮤니티 활용에 대한 안내를 자세히 듣는다.
Tips	* 제시된 문제를 학생들이 충분히 이해할 수 있도록 관련 동영상을 제공하고 이에 대한 부가적인 설명을 구체적으로 충분히 한다.	

	교수자	학습자
교수 학습 활동	◆모둠별 문제파악과 학습주제 및 학습목표 도출 이후 본격적인 과제수행계획 수립으로 이어질 수 있도록 안내한다. 과제수행계획 수립은 점심시간이나 방과후 시간 혹은 온라인 커뮤니티를 통해 이루어지도록 안내한다. ◆모둠별로 온라인 튜터(6학년 학생)와 교사를 통한 피드백이 가능할 수 있도록 한다. ◆교사는 과제해결을 위한 조사 방법, 문제해결 방법, 역할 분담, 모둠 학습일정에 대한 구체적인 설명 및 예시자료 제공 등 학습안내자와 촉진자 역할을 충실히 수행한다. ◆모둠별 과제수행 계획서에 대한 피드백을 제공한다. ◆역할분담 내용을 분명히 하고 모둠원 간에 중복되는 일이 없도록 또한 무임승차하는 일이 발생하지 않도록 충분한 협의를 유도한다. ◆완성된 과제수행계획서를 넷북을 활용하여 온라인 커뮤니티에 올리고 공유할 수 있도록 안내한다.	◆모둠별로 과제수행계획과 역할분담을 작성하고 실천을 위한 세부계획을 세운다. ◆과제수행계획서를 모둠별로 작성하는 과정에서 담임교사와 튜터의 피드백을 받는다. ◆문제해결을 위한 아이디어를 구체화하고 학습일정을 세우며, 역할분담을 정확하게 한다. ◆제시된 조건에 맞게 여행상품 개발 방향과 경영진을 설득하기 위한 발표자료 제작 방법을 정하도록 한다. ◆무임승차가 발생하지 않도록 역할을 분명히 하고, 한 사람에게 지나친 집중이 이루어지지 않도록 한다. ◆교사와 온라인 튜터의 최종 점검 확인 및 수정/보완한다. ◆완성된 과제수행계획서는 넷북을 활용하여 온라인 커뮤니티에 올리고 공유한다.
Tips	* 과제수행계획 수립 과정이 원활히 진행될 수 있도록 역할분담, 학습일정, 공부할 주제 분담 등을 체계적으로 점검하도록 한다.	

PBL에서 수업설계안은 문제 못지않은 지적창작물에 해당합니다. 일반적인 교과수업의 경우, 다른 수업설계안들을 모아서 짜깁기하거나 단순히 복사에서 붙이는 것만으로도 충분히 완성할 수 있지만, PBL 수업은 여러모로 불가능합니다. 세상에 없는 나만의 PBL 문제를 만들었다는 것은 세상에 존재하지 않는 수업설계안을 작성해야 한다는 것을 의미하는 것이기 때문에 그렇습니다. 문제개발의 난관을 통과해놓고 수업설계안을 작성하지 못해 반쪽짜리에 그치는 경우도 많습니다. 약안 수준이더라도 문제개발과 더불어 수업설계안을 꼭 작성하길 바랍니다. 'Step❷ 단계별 중심활동 짜기'까지만 성공해도 PBL 실천에 길라잡이가 되어줄 수업설계안으로 충분할 것입니다.

개발한 PBL 문제(이 책에 수록된 문제도 가능)의 수업목표와 중심활동을 토대로 수업설계안(약
안)을 완성해 보세요.

문 제 명		대상학년 (인원/모둠)	
관련 교과			
학습 시간	학습기간	학습소요시간	온라인
			오프라인
수업목표			
문제개요			

단 계	중 심 활 동 내 용
문제 제시	
과제 수행	
발표 및 평가	

CHAPTER **05**

사건번호 601 **1**탄: 진실에 다가가다

★Teacher Tips

INTRO.

범죄의 흔적을 파헤치는 과학수사

모든 범죄는 흔적을 남기기 마련입니다. 현장에 남긴 흔적을 통해 사건의 정황을 파악하고, 범인의 정체를 밝혀내는 것이 과학수사의 목적입니다. 아래 호텔살인사건 사례에서 엿볼 수 있듯이 오늘날 과학수사의 수준은 상당합니다. 해당 그래픽 자료와 기사문을 자세히 살펴보면 알 수 있을 것입니다. 아무쪼록 대한민국 과학수사대(KCSI)의 경찰로서 사건의 진실을 밝혀내길 바랍니다.

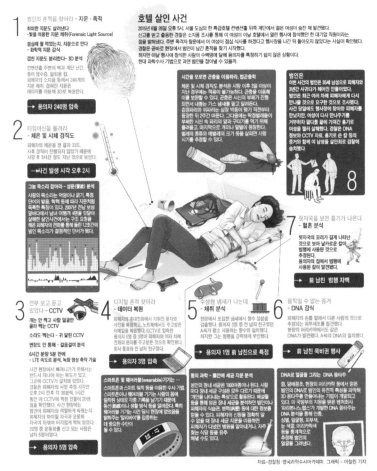

출처: 2015. 6. 27.일자 조선일보 Visual News 호텔 살인사건, 누가 그녀를 죽였나

* 문제시나리오에 사용된 어휘빈도(횟수)를 시각적으로 나타낸 워드클라우드(word cloud)입니다.
  워드클라우드를 통해 어떤 주제와 활동이 핵심인지 예상해 보세요.

PBL MAP

Quest 03. 사건은 다시 미궁 속으로

Quest 02. 3주 만에 백골이 된 변사체,
그 이유가 궁금하다

Quest 01. 사망 시기는 언제?

사건번호 601, 진실에 다가가다

한 달 전, 근처 야산에서 신원미상의 백골의 변사체가 발견됐습니다. 뜻밖에 변사체는 사람들이 자주 오가던 산책로에서 불과 10m 정도밖에 떨어져 있지 않았습니다. 이상한 것은 많은 사람들의 왕래가 있었음에도 불구하고 시체의 부패 냄새를 느끼지도 못했고, 수상하게 여겨지는 사람도 목격하지 못했다는 점입니다. 변사체가 백골이 진행되는 동안 근처에 지나던 어느 누구도 인지하지 못했다는 건, 상당히 이례적인 일입니다.

사건이 자칫 미궁 속으로 빠져들고 있던 찰나에 다행히 결정적인 단서가 포착됐다고 합니다. 인근 치과병원의 치아기록을 살피던 중 변사체와 일치하는 기록을 찾았다는 소식입니다. 사람마다 치열이나 치아의 모양, 보존상태가 다르기 때문에 백골로 진행된 변사체의 신원을 확인하는 것은 시간문제라고 할 수 있습니다.

이제 과학수사대의 핵심요원인 당신에겐 사건이 발생한 여러 정황을 꼼꼼히 살펴보고, 변사체의 사망시기와 원인을 과학적으로 규명해야 하는 임무가 부여됩니다. 사건번호 601, 백골로 발견된 변사체, 그가 말하는 사건의 실체는 과연 무엇일까요? 진실에 다가갈 수 있는 열쇠는 바로 당신이 쥐고 있습니다.

* 변사체(變死體) : ① 뜻밖의 사고로 죽은 사람의 시체 ② 범죄에 의하여 죽었을 것으로 의심이 가는 시체

사망 시기는 언제?

★★★★★★★

변사체의 신원이 밝혀졌습니다. 그는 어느 무역회사의 대표이며, 상당한 재산을 소유한 재력가라고 합니다. 가족들에겐 사업목적으로 미주와 유럽 등지를 방문한다며, 장기 출장을 떠난 상태였고, 통신이 안 되는 지역에 오랫동안 머문다는 연락이 마지막이었다고 합니다. 그때가 3개월 전이었다고 하네요. 가족들은 해외출장이 장기화된다고만 여겼기에 국내에서 발견된 변사체가 동일인이 아닐 것이라 믿고 있는 상태입니다. 하지만 그의 집에서 채취한 머리카락 DNA를 분석한 결과, 변사체와 완전히 일치하는 것으로 나타나고 있습니다. 이제 변사체의 신원이 밝혀진 만큼 본격적인 수사는 불가피합니다. 사건 발생 직후까지의 행적을 낱낱이 밝혀내기 위해 베테랑 수사관의 활약이 본격적으로 시작되는 건 당연한 순리겠죠?

우선 수사의 범위를 확실히 하기 위해서라도 변사체의 사망 시기를 과학적으로 정확히 밝혀낼 필요가 있습니다. 가족의 진술을 근거로 하면 변사체는 길게 봐도 2개월 전에 사망한 것으로 추정되는데요. 연락이 두절된 시점(3개월 전)부터 변사체로 발견(1개월 전)되기까지 정확히 2개월(60일) 간의 행적이 오리무중입니다. 문제는 날씨의 영향 때문인지 부패가 완전히 진행돼서 피부조직이 거의 남지 않은 상태라는 점입니다. 시신의 부패에 당시 날씨가 어떤 영향을 미쳤을지 당장 알아봐야겠습니다. 사건이 자칫 미궁 속으로 빠질 수 있으니 서둘러 주세요.

*오리무중(五里霧中) 짙은 안개가 5리나 끼어 있다는 의미로 아무 것도 알 길이 없음을 뜻한다.

❶ 실제 날씨(온도와 습도) 자료를 분석해서 시신 부패가 빨리 진행된 이유를 밝히시오.　　★★★

❷ 완전 백골화가 진행되는데 어느 정도의 시간이 필요할까요? 믿을 만한 자료(신문기사, 과학책 등)를 통해 과학적으로 추정해 봅니다. ★★★★

관련교과	국어	사회	도덕	수학	과학	실과			체육	예술		영어	창의적 체험활동	자유학기활동		
						기술	가정	정보		음악	미술			진로 탐색	주제 선택	예술 체육
					●								●		●	

1. 포털사이트(네이버, 다음 등)나 기상청 홈페이지에 들어가면 과거 기상자료들이 있습니다. 해당 기간의 실제 날씨자료를 분석하고 이를 바탕으로 시신 부패가 빨리 진행된 이유를 밝힙니다.
2. 신문기사와 미국 테네시 대학의 보디 팜(Body Farm) 연구에 관한 글, 과학책 등 시신 부패 속도를 추정해 볼 수 있는 자료가 많습니다. 이를 근거로 사망 시기를 제시해 보세요.

나만의 교과서

4가지 기본항목을 채우고, 퀘스트 해결과정에서 공부한 내용이나 수집한 정보를 토대로 자신만의 방식으로 알차게 표현해 보세요. 그림이나 생각그물의 형태로 표현하는 것도 좋습니다.

ideas
문제해결을 위한 나의 아이디어

facts
문제와 관련하여 내가 알고 있는 것들

learning issues
문제해결을 위해 공부해야 할 주제

need to know
반드시 알아야 할 것

스스로 평가
자기주도학습의 완성!

나의 신 호 등

01	나는 실제 날씨자료를 토대로 시신의 부패가 빨리 진행된 이유를 밝혔다.	①②③④⑤
02	나는 완전 백골화가 진행되는데 걸리는 시간에 대해 믿을 만한 자료를 통해 확인했다.	①②③④⑤
03	나는 문제해결을 위해 탐구한 내용과 수집한 정보를 바탕으로 나만의 교과서를 멋지게 완성하였다.	①②③④⑤

자신의 학습과정을 되돌아보고 진지하게 평가해주세요.

Level up

오늘의 점수

나의 총점수

3주 만에 백골이 된 변사체, 그 이유가 궁금하다······

2개월 전, 일본을 경유하여 국내에 입국한 사실이 밝혀졌습니다. 그는 홀로 공항버스를 타고 이동했으며, 지난달 초, 지방터미널 CCTV에 목격된 이후 행적이 드러나지 않고 있다고 합니다. 확실한 것은 그가 변사체로 발견된 시점으로부터 3주 전까지 살아있었다는 사실입니다. 문제는 변사체가 백골 상태라는 점입니다.

누군가가 시신의 훼손을 일부러 해서 그렇게 된 것인지, 아니면 기후와 생태환경이 시신의 부패를 가속화시켰는지 지금으로선 알 수 없는 상황입니다. 분명한 것은 3주도 안 되는 시간에 백골화가 진행됐다는 사실입니다. 게다가 산책로와 인접해 있어서 부패과정에서의 악취가 심했을 텐데도 사람들 중에 어느 누구도 이를 감지하지 못했다는 것도 놀라울 따름입니다. 분명, 이유가 있을 텐데요. 그것이 과연 무엇일까요?

❶ 기후(고온 다습)와 생태환경(다양한 야생동물 서식, 그늘 진 숲속 등)이 시신의 부패 속도에 어떤 영향을 미쳤을지 추론하시오. ★★★

❷ 부패과정의 악취가 10m 떨어진 산책로를 거닐 던 사람에게 감지되지 않았던 까닭은 어디에 있을지 과학적으로 설명하시오. ★★★★

관련교과	국어	사회	도덕	수학	과학	실과			체육	예술		영어	창의적 체험활동	자유학기활동		
						기술	가정	정보		음악	미술			진로탐색	주제선택	예술체육
					●								●		●	

1. 3주라는 짧은 시간 안에 시신이 부패될 수 있었던 원인은 단순하지 않습니다. 여러 경우의 수를 따져보는 것이 필요합니다. 기후와 생태환경까지 면밀히 검토하면서 최상의 가설을 제시해 보세요.
2. 경험적으로 동물성 음식의 부패한 냄새를 맡아 본 적이 있을 겁니다. 우리 후각이 10m라는 거리 밖에서 나는 냄새를 맡을 수 있을까요? 맡기 위해선 어느 정도의 강도가 필요할까요. 정답은 없습니다. 실험이나 자료탐색을 통해 그 이유를 밝혀 보세요.

▲ 나만의 교과서

4가지 기본항목을 채우고, 퀘스트 해결과정에서 공부한 내용이나 수집한 정보를 토대로 자신만의 방식으로 알차게 표현해 보세요. 그림이나 생각그물의 형태로 표현하는 것도 좋습니다.

ideas
문제해결을 위한 나의 아이디어

facts
문제와 관련하여 내가 알고 있는 것들

learning issues
문제해결을 위해 공부해야 할 주제

need to know
반드시 알아야 할 것

스스로 평가
자기주도학습의 완성!

나의 (신)(효)(등)

01	나는 기후와 생태환경에 시신부패에 어떤 영향을 미쳤을지 과학적으로 추론하였다.	①②③④⑤
02	나는 부패과정의 악취가 인근 산책로에서 나지 않았던 까닭에 대해 과학적 근거(이론, 실험 등)를 들어 설명하였다.	①②③④⑤
03	나는 문제해결을 위해 탐구한 내용과 수집한 정보를 바탕으로 나만의 교과서를 멋지게 완성하였다.	①②③④⑤

자신의 학습과정을 되돌아보고 진지하게 평가해주세요.

Level up

오늘의 점수　　나의 총점수

사건은 다시 미궁 속으로

****

충격적인 사태가 벌어졌습니다. 변사체의 추가적인 유전자 검사 결과, 특정 부분의 뼈가 동일한 사람의 것이 아니었음이 드러난 것입니다. 당초 탈골된 뼈라고 추정했던 팔 부위에서 그와는 전혀 다른 사람의 DNA가 검출되었습니다. 과연 이 변사체에게 무슨 일이 벌어졌던 것일까요? 사건은 다시 미궁 속으로 빠져들고 있습니다.

❶ 살인? 사고사? 자연사? 사망의 원인은 무엇일까요. 변사체의 뼈에는 흉기에 찔리거나 외부에서 가해진 어떤 흔적도 없이 깨끗한 상태입니다.　　　　　★★★

❷ 얘기치 못한 유전자 검사 결과에 당황스러울 것입니다. 변사체가 말하고 있는 사실이 무엇인지 지금까지의 중간수사결과를 종합해서 발표하세요.　　　　　★★★★

관련교과	국어	사회	도덕	수학	과학	실과			체육	예술		영어	창의적 체험활동	자유학기활동		
						기술	가정	정보		음악	미술			진로탐색	주제선택	예술체육
	●				●								●		●	

1. 사망원인을 규명하는데 제한적일 수밖에 없습니다. 지금까지의 퀘스트 수행결과를 종합하고 상상력을 발휘해서 사망원인을 추론해 보세요.
2. 언론을 대상으로 중간 수사결과를 발표하는 형식으로 진행됩니다. 모두가 참여하는 발표가 될 수 있도록 준비해 주세요.
3. 사건번호 601 2탄이 다음 PBL에서 이어집니다. 많이 기대해 주세요.

▲ 나만의 교과서

4가지 기본항목을 채우고, 퀘스트 해결과정에서 공부한 내용이나 수집한 정보를 토대로 자신만의 방식으로 알차게 표현해 보세요. 그림이나 생각그물의 형태로 표현하는 것도 좋습니다.

ideas
문제해결을 위한 나의 아이디어

facts
문제와 관련하여 내가 알고 있는 것들

learning issues
문제해결을 위해 공부해야 할 주제

need to know
반드시 알아야 할 것

스스로 평가
자기주도학습의 완성!

나의 [신] [호] [등]

01	나는 지금까지의 수사과정을 종합해서 사망원인을 과학적으로 설명하였다.	① ② ③ ④ ⑤
02	나는 유전자 검사결과를 반영하여 중간수사결과를 실감나게 발표하였다.	① ② ③ ④ ⑤
03	나는 문제해결을 위해 탐구한 내용과 수집한 정보를 바탕으로 나만의 교과서를 멋지게 완성하였다.	① ② ③ ④ ⑤

자신의 학습과정을 되돌아보고 진지하게 평가해주세요.

Level up

오늘의 점수

나의 총점수

All-Clear
sticker

05 CHAPTER

사건번호 601 ❶탄: 진실에 다가가다

★Teacher Tips

▲ Teacher Tips

'사건번호 601'은 총 3탄의 시리즈로 구성되어 있습니다. 관련 사례는 이전 저서인 「재미와 게임으로 빚어낸 신나는 프로젝트학습」의 289–313쪽에 걸쳐 소개한 바 있으니 참고하시기 바랍니다. 문제 속 이야기의 전개는 백골화가 상당히 진행된 신원미상의 변사체 발견을 출발점으로 하고 있습니다. 2014년 7월 전국을 떠들썩하게 했던 실제 사건에서 모티브를 얻어 구성한 것인데요. 당시 시신의 백골화 정도를 두고 여러 의혹이 제기됐던 사건이기도 합니다. 물론 문제의 내용상 모티브가 되었던 실제 사건과 동일한 부분은 전혀 없습니다. 논란의 소지가 될 수도 있으므로 실제 사건을 특정하여 수업을 진행하지 않도록 주의해 주세요. 여하튼 '사건번호 601 1탄: 진실에 다가가다'는 과학수사대로서 과학적 근거를 토대로 사건을 규명하는데 초점을 두고 있습니다. 수업 시작부터 과학수사의 기법을 탐색해 보고, 수사원칙을 세워 진행하는 것이 좋습니다. 이왕이면 가능한 범위 안에서 실감나는 상황이 연출될 수 있도록 다양한 아이디어를 반영해 봅시다.

과학수사는 현장에 남아 있는 단서와 증거물을 과학적으로 분석해 사건을 해결하거나 범인을 찾아내는 수사 방법을 말합니다. 밤새 잠복을 하거나 주변인물에 대한 탐문조사, 용의자 심문 등의 방법을 사용하는 일반 수사와는 구별되죠. 수집한 단서와 증거를 기반으로 과학적 가설을 세우고, 관련 지식을 총동원하거나 첨단과학기술을 적용해 이를 검증하게 됩니다. 사건의 진상을 밝혀내는데 있어서 자연과학 분야뿐만 아니라 심리학, 사회학, 철학 등 사회과학 분야의 지식이 널리 활용되기 마련입니다. 참고로 과학수사와 직접적으로 관련된 학문이 '법과학(Forensic science)'입니다. 법의학으로도 불리는 경우가 종종 있는데, 이는 정확한 표현이 아닙니다. '포렌식 기법', '포렌식 수사'라고 일컫는 용어들이 과학수사와 동일한 의미로 사용되는 경우도 있으니 용어에 의한 혼란이 발생되지 않도록 수업초기부터 학생들에게 알려주도록 합시다.

아울러, 과학수사에 대한 기초이해를 담고 있는 영상

자료를 상황에 맞게 적절히 활용하는 것도 좋은 방법입니다. YTN science 채널의 이지사이언스(tv.naver.com/easyscience) 프로그램에는 과학수업에 활용할 만한 유용한 자료들이 많습니다. 특히 과학수사대로서 문제를 해결해야 하는 만큼 수업초기에 '과학수사의 시작(19분)' 편을 제공하여 관련 지식의 이해를 높이도록 해 줍시다.

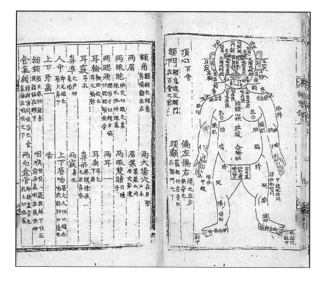

세종20년(1438년), 최치운 등이 펴낸 「신주무원록新註無冤錄」, 조선시대 과학수사

한편, 서기 1000년, 로마 법정에서 피 묻은 지문을 단서로 용의자를 지목했다는 기록이 남아있지만, 과학수사의 시작을 정확히 특정하기는 어렵습니다. 우리나라의 경우엔 은수저로 음식에서 독성분을 검출하고, 상처의 모양을 보고 죽은 원인을 추측하는 방식 등의 과학수사기록이 남아 있기도 합니다.

이 수업은 참여한 학생들의 상상력 발휘가 무엇보다 중요합니다. 특정 교과지식의 습득을 강조하며 진행하게 되면 주어진 문제 상황 속에 제대로 빠져들지 못할 수도 있습니다. 과제의 내용과 연계하여 배워야 할 핵심적인 과학지식은 미니강의를 통해 전달하고, 각종 단서와 상황에 따라 학생들이 실컷 상상의 나래를 펼치도록 수업분위기를 만들어 주세요. 교과내용과 연계하여 진행할 수 있지만, 자유학년(학기)활동, 창의적 체험활동 프로그램으로 활용한다면, 주제를 중심으로 폭넓은 학습이 가능해집니다. 현장 상황에 맞게 탄력적으로 적용해 주세요. 이 수업은 제시된 과제의 난이도를 고려할 때, 초등학교 6학년 이상이면 무난하게 도전할 수 있습니다.

교과	영 역	내용요소		
		초등학교 [5-6학년]	중학교 [1-3학년]	고등학교[1학년]
국어	말하기듣기	◆토의[의견조정] ◆발표[매체활용] ◆체계적 내용 구성 ◆추론하며 듣기	◆토의[문제 해결] ◆발표[내용 구성] ◆매체 자료의 효과 ◆비판하며 듣기	◆토론[논증 구성] ◆협상 ◆의사소통 과정의 점검과 조정
과학	생명과학	◆환경 요인이 생물에 미치는 영향	◆첨단 생명과학과 우리 생활	◆귀납적 탐구 방법 ◆DNA와 유전자
	지구과학	◆습도 ◆계절별 날씨	◆상대 습도 ◆기압과 바람	◆온대 저기압과 날씨
실과 정보	기술활용	◆일과 직업의 세계 ◆자기 이해와 직업 탐색		◆기술과 직업
	자료와 정보	◆소프트웨어의 이해	◆자료의 수집 ◆자료의 유형과 디지털 표현	◆자료의 분석 ◆효율적인 디지털 표현

● 적용대상(권장): 초등학교 6학년-고등학교 1학년
● 자유학년활동: 주제선택(권장)
● 학습예상소요기간(차시): 5-7일(5-8차시)
● Time Flow　　　　　　　　　　　　　　　　　　　　　　　　　　　5일 기준

● 수업목표(예)

QUEST 01	◆ 날씨자료를 토대로 시신의 부패가 빨리 진행된 이유를 밝힐 수 있다. ◆ 시신의 백골화가 진행되는 데 걸리는 시간에 대해 신뢰할 만한 자료를 통해 확인할 수 있다. ◆ 과학적 근거를 바탕으로 변사체의 사망시기를 추정할 수 있다.
QUEST 02	◆ 기후와 생태환경에 시신부패에 어떤 영향을 미쳤을지 과학적으로 추론할 수 있다. ◆ 부패과정의 악취가 인근 산책로에서 나지 않았던 까닭에 대해 과학적 근거(이론, 실험 등)를 들어 설명할 수 있다.
QUEST 03	◆ 지금까지의 수사과정을 종합해서 사망원인을 과학적으로 설명할 수 있다. ◆ 유전자 검사결과를 반영하여 중간수사결과를 실감나게 발표할 수 있다.
공통	◆ 과학수사에 대한 이해를 바탕으로 제시된 과제들을 해결할 수 있다. ◆ 다양한 매체에서 조사한 내용을 정리하고 자신의 언어로 재구성하는 과정을 통해 창의적인 산출물을 만들어낼 수 있다. 이 과정을 통해 지식을 생산하기 위해 소비하는 프로슈머로서의 능력을 향상시킬 수 있다. ◆ 토의의 기본적인 과정과 절차에 따라 문제해결방법을 도출하고, 온라인 커뮤니티 등의 양방향 매체를 활용한 지속적인 학습과정을 경험함으로써 의사소통능력을 신장시킬 수 있다.

※ 프로슈머 [Prosumer]: 앨빈 토플러 등 미래 학자들이 예견한 생산자(producer)와 소비자(consumer)를 합성한 말

시작하기

> **중심활동 : 문제출발점 파악하기, 학습흐름 이해하기**
>
> ◆ 인트로에 소개된 호텔살인사건(출처:조선일보) 자료를 활용하여 과학수사의 오늘에 대해 이야기 나누기
  (선택) 미국의 유명드라마인 CSI 시리즈를 소개하며 학생들의 흥미를 이끌기
> ◆ 백골화가 진행된 의문의 변사체 발견을 시작으로 문제출발점의 내용을 파악하기
> ◆ 문제의 주인공인 과학수사대로서 사건이 발생한 여러 정황을 살피고, 변사체의 사망시기와 원인을 규명해야 하는 임무가 부여됐음을 인식하기
> ◆ (선택)자기평가방법 공유, 온라인 학습커뮤니티 활용 기준 제시하기
> ◆ PBL MAP을 활용하여 전체적인 학습흐름과 각 퀘스트의 활동 내용 일부 살펴보기

문제의 출발점이 백골화가 진행된 의문의 변사체를 발견하면서 시작되는 만큼, 선생님의 목소리 톤과 표정, 몸짓 등 관련 이야기에 학생들이 빠져들도록 의도하는 것이 효과적입니다. 특히 변사체가 사람들이 자주 오가던 산책로에서 불과 10m 정도 떨어진 곳에서 발견됐다는 점, 그럼에도 시신이 부패되는 동안 지독한 냄새를 느끼지 못했다는 점을 부각하며 상당히 이례적인 사건임을 강조하는 것이 필요합니다. 무엇보다 참여하는 학

Teacher Tips

생들이 과학수사대의 핵심요원으로서 문제상황을 해결해야 하는데, 이를 위해선 사건이 발생한 여러 정황을 꼼꼼하게 살펴보고 변사체의 사망시기와 원인을 과학적으로 규명해야 한다는 점을 인식할 수 있도록 해야 합니다. 이를 위해 문제출발점을 제시하기 전이나 직후, 인트로에 소개된 '호텔살인사건'를 비롯한 실제사례와 과학수사 관련 동영상을 시청하며 과학수사의 오늘에 대한 여러 이슈들을 공유해 볼 수 있도록 합니다. 좀 더 많은 시간을 할애할 수 있다면, CSI 시리즈처럼 과학수사대를 주인공으로 하는 영화나 드라마를 활용해 보는 것도 학습자로 하여금 문제상황에 몰입하도록 만드는 데 효과적인 전략일 수 있습니다. 과학수사대에 대한 기초적인 이해를 높이는데 기여할 뿐만 아니라 문제상황에 부여된 임무에 대해 흥미를 느낄 수 있도록 만들기 때문입니다. 여건이 허락된다면 인체골격모형을 학교 숲에 두고 현장감을 주며 설명하는 것도 고려해볼 만합니다. 어쨌든 학생들이 이야기에 흥미를 느끼고 문제상황에 빠져들게 됐다면, 언제나 그렇듯 'PBL MAP'을 활용해 단계적으로 수행해야 할 과제 및 활동을 간략하게 소개하는 시간을 가져봅시다. 여기서 퀘스트마다 예상치 못한 이야기가 전개되므로 선생님이 스포일러가 되지 않도록 주의해 주셔야 합니다.

전개하기

'사건번호601, 진실에 다가가다'는 총3개의 기본 퀘스트로 구성되어 있습니다. 의문의 변사체 발견이라는 강렬한 시작이 이야기에 대한 학생들의 집중도를 높이므로 이런 상황이 지속될 수 있는 분위기 조성이 꼭 필요합니다. 각 퀘스트의 문제상황을 해결하는 데 있어서 과학적인 접근도 중요하지만, 그것보다는 학생들의 풍부한 상상력이 훨씬 더 많이 요구됩니다. 문제해결과정에서 엄정한 잣대, 특히 과학지식의 활용을 지나치게 강조되다보면 오히려 상상력을 위축시키고 흥미를 반감시킬 수 있습니다. 참여하는 학생들의 상상의 나래를 맘껏 펼칠 수 있도록 선생님의 개입을 최소화하고 허용적인 학습 분위기가 형성되도록 힘써 주시기 바랍니다. 장담컨대, 기대이상의 인상적인 수업을 경험할 수 있을 겁니다.

중심활동 : 변사체의 사망 시기와 시신의 백골화가 빨리 진행된 이유 밝히기

◆ 문제상황을 파악하고, 변사체의 사망시기를 추정할 만한 단서 종합해보기
◆ 짧은 시간동안 피부조직이 거의 남지 않을 정도로 백골화가 진행된 이유를 과학적으로 밝히기 : 해당 기간의 날씨(온도와 습도) 자료를 분석해서 기후조건이 어떤 영향을 미쳤을지 추론하기
◆ 시신부패에 영향을 주는 요소가 무엇인지 신문기사, 책, 다큐멘터리 등을 통해 살펴보기
◆ 개별적으로 조사한 내용을 팀원 간에 공유하고 가장 설득력있는 가설을 만들어보기

Quest 퀘스트 **01** 사망 시기는 언제?

변사체의 신원이 밝혀졌습니다. 그는 어느한 재력가라고 합니다. 가족들에겐 사업□출장을 떠난 상태였고, 통신이 안 되는 지□고 합니다. 그때가 3개월 전이었다고 하네요. □기에 국내에서 발견된 변사체가 동일인이 아닐□의 집에서 채취한 머리카락 DNA를 분석한 결과, □나오고 있습니다. 이제 변사체의 신원이 밝혀진 만큼 본격□발생 직후까지의 행적을 낱낱이 밝혀내□되는 건 당연한 순리겠죠?

우선 수사의 범위를 확실히 하기 위해□밝혀낼 필요가 있습니다. 가족의 진술을□망한 것으로 추정되는데요. 연락이 두□되기까지 정확히 2개월(60일) 간의 행적□부패가 완전히 진행돼서 피부조직□당시 날씨가 어떤 영향을 미쳤을□질 수 있으니 서둘러 주세요.

*오리무중(五里霧中) 짙은 안개가 5리나 끼어 있□

❶ 실제 날씨(온도와 습도) 자료를 분□

변사체의 신원이 확인된 만큼, 사건해결의 열쇠가 될 만한 단서가 무엇일지 찾아보도록 합니다. 여기서 선생님은 스토리텔러가 되어 흥미진진하게 이야기를 이끌어주세요. 학생들이 이야기 속 단서를 쫓아 사망 시기를 추정해 보고, 짧은 시간동안 시신의 백골화가 빠르게 진행된 이유를 과학적으로 밝히는 것에 초점을 둘 수 있도록 안내해 주어야 합니다.

❷ 완전 백골화가 진행되는데 어느 정도의 시간이 필요할까요? 믿을 만한 자료(신문기사, 과학책 등)를 통해 과학적으로 추정해 봅니다. ＊＊＊＊

수업 시기는 가급적 온도와 습도가 비교적 높은 늦은 봄에서 초가을 사이에 진행하는 것이 적합할 수 있습니다. 개별적으로 해당 기간(60일)의 실제 날씨 자료를 분석하고 이를 근거로 시신 부패가 빨리 진행된 이유를 팀원들에게 설명하도록 해 주세요. 팀원 간의 토의과정을 거쳐서 가장 타당성 높은 가설이 완성될 수 있도록 지도합니다.

사람을 포함해 어떤 생명체든 죽음을 피할 수 없다는 사실을 주지시키며 과제를 해결하도록 해주세요. 학생들이 시신의 부패과정을 혐오스럽게 인식하거나 하나의 오락거리로 받아들이지 않도록 주의해야 합니다. 사체의 부패는 자가분해와 박테리아활동의 결과로 나타나는데, 처음에는 피부에서 수액으로 가득 찬 수포와 가스가 나오기 시작하고 시간이 지나면서 점차 검은 색으로 변한다고 합니다. 피부의 색깔만으로도 사망시기를 추정할 수 있는 이유죠. 이런 이유로 피부조직이 거의 남아있지 않을 정도로 완전 백골화가 진행된 시신의 경우, 사망시기를 정확히 추정하기 어려운 측면이 있다고 하네요. 보통 공기 중에 노출된 사체가 백골화되기까지 1년 내외가 걸린다지만, 기후조건과 생태환경에 따라서 급속하게 진행될 수 있으니 이런 점을 강조해 주면 좋습니다. 'Fun Tips'에 소개된 보디 팜(Body Farm) 연구관련 콘텐츠를 활용하는 것도 고려해 보세요. 학생들의 연령에 따라 민감하게 받아들일 수도 있는 주제인 만큼 관련 자료를 선생님이 엄선해서 제공하는 것을 권장합니다.

● 퀘스트2 : 3주 만에 백골이 된 변사체, 그 이유가 궁금하다

중심활동 : 짧은 기간임에도 백골화가 진행된 이유를 과학적으로 밝히기

◆ 문제상황을 파악하고, 변사체의 백골화가 빨리 진행된 상황을 인식하기
◆ 짧은 시간 동안 백골화가 진행된 이유를 기후와 생태환경을 들어 추론하기
◆ 부패과정의 악취가 10m 떨어진 산책로를 거닐던 사람들의 후각에 감지되지 않았던 이유 밝히기

Quest 퀘스트 02 3주 만에 백골이 된 변사체, 그 이유가 궁금하다······

2개월 전, 일본을 경유하여 국내에 입국한 사실이 밝혀졌습니다. 그는 흐름 고향버스를 타고 이동했으며, 지난달 초, 지방터미널 CC 있다고 합니다. 확실한 것은 그가 변사체로 발 ...실입니다. 문제는 변사체가 백골 상태대

시신의 훼손을 일부러 해서 그렇게 _화시켰는지 지금으로선 알 수_ 화가 진행됐다는 사실입니다. _을 텐데도 사람들 중에 어느_ 있을 텐데요. 그

3주 만에 급속히 백골화가 진행된 이유를 기후와 생태환경에서 찾는 과제입니다. 과학적 상상력을 동원하여 설득력있는 가설을 세우면 됩니다. 특별한 정답이 있는 것이 아니므로 학생들의 최대한 존중해주는 분위기를 만들어 주세요.

❶ 기후(고온 다습 ... 영향을 미쳤을... _해 속도에 어떤_ ***

퀘스트 활동이 성공적으로 이루어질수록 다음에 전개될 문제상황을 몹시 궁금해 하는 모습을 볼 수 있습니다. 문제가 제시되자마자 새롭게 전개되는 이야기 속에 빠져 들어 친구들과 활발히 의견 교환하는 모습을 볼 수 있는데요. 그 과정에서 자연스레 문제상황에 드러난 단서들을 파악할 수 있습니다. 이 단계에서 피해자가 변사체로 발견되기 3주 전까지 생존에 있었다는 사실과 시신이 부패되는 동안 심한 악취에도 불구하고 산책로를 지나던 사람들이 미처 발견하지 못한 점 등을 콕 집어서 부연설명해 주도록 합니다.

❷ 부패과정의 악취가 10m 떨어진 산책로를 거닐 던 사람에게 감지되지 않았던 까닭은 어디에 있을지 과학적으로 설명하시오. ****

어떻게 3주 만에 시신의 백골화가 진행될 수 있는 걸까?

흠..

부패과정의 악취가 어떤 정도인지 체험해 보는 방법으로는 동물성 음식쓰레기의 냄새를 맡아보는 것으로 대신할 수 있습니다. 실제로 이 과제를 해결하기 위해 자신이 거주하는 아파트 또는 학교 등의 음식물 쓰레기통을 기준으로 어디까지 악취가 풍기는지 거리측정을 하는 경우도 있답니다. 아무튼 가상의 상황 속에 시신의 부패가 가속화된 까닭을 완벽히 아는 것은 불가능합니다. 정답이 없으니 다양한 의견이 쏟아질 수밖에 없고요. 박테리아, 세균 등의 미생물이나 곤충, 야생동물로 인한 훼손, 바람의 영향, 지형적 특징, 약품에 의한 처리 등 근거로 내세울 만한 것은 무궁무진합니다. 과학적 상상력을 총동원할 수 있도록 분위기를 조성해 주세요.

관련교과	국어	사회	도덕

1. 3주라는 짧은 시간 안에 시신이 부... 다. 기후와 생태환경까지 면밀히 검...
2. 경험적으로 동물성 음식의 부패한... 을 수 있을까요? 맡기 위해선 어느... 밝혀 보세요

마무리

　이 수업은 누구도 예상치 못했던 유전가 검사결과를 들어 사건을 미궁 속으로 몰아넣으며 종료됩니다. 과학수사대의 중간수사결과를 발표하며 마무리되도록 설계되어 있으니 현실감을 줄 수 있는 무대를 준비해 주세요.

● 퀘스트3 : 사건은 다시 미궁 속으로

중심활동 : 사망의 원인 제시하기, 중간수사결과 발표하기

◆ 새로운 문제상황을 파악하고 사망의 원인이 무엇일지 상상의 나래를 펼치기
◆ 퀘스트 1에서 3까지의 과제수행내용을 정리하고 중간수사결과를 발표하기 위한 시나리오 작성하기
◆ 언론을 대상으로 중간수사결과를 발표하는 형식으로 진행하고, 청중은 기자로서 질문하기
◆ [선택]각 퀘스트별 수행점수(경험치)를 각자 집계하고 누계점수 기록하기
◆ 학생들은 성찰저널을 작성해서 온라인 학습커뮤니티에 올리고 선생님은 댓글로 피드백 해주기
◆ [선택] 누적해 온 수행점수를 토대로 레벨 부여하기(Level Up) / PBL 스스로 점검(자기평가 & 상호평가) 내용을 토대로 능력점수(능력치) 집계하기 / Level Up 피드백 프로그램에 따른 개인별 레벨 선정과 프로그래스바 혹은 리더보드 공개하기, 결과에 따른 배지 수여

사건번호601 1탄: 진실에 다가가다 수업사례는 재미와 게임으로 빚어낸 신나는 프로젝트학습 289–298쪽에 수록되어 있습니다.

Quest 퀘스트 **03**

사건은 다시 미궁 속으로

★★★★★★★★★

> 변사체의 유전자 검사결과가 나왔습니다.

> 근데 결과가 이상합니다. 정말 말이 안돼요. 탈골된 팔 부위의 뼈에서 다른 사람의 DNA가 나왔어요.

> 그래 결과는 어떻게 나왔지?

문제상황을 파악해 보며, 특정 부분의 뼈가 유전자 검사결과, 다른 사람의 DNA로 판명되었음을 실감나게 알립니다. 상식적으로 이해할 수 없는 새로운 상황인 만큼, 이것을 어떤 식으로 받아들일지는 전적으로 참여하는 학생들에게 달려 있습니다. 혼란스런 상황에 학생들이 당황하도록 만들었다면 그것만으로도 충분합니다.

...태가 벌어졌습니다. 변사체의 추가적인 유전자 검사 결과, 특정 부분의 뼈...의 것이 아니었음이 드러난 것입니다. 당초 탈골된 뼈라고 추정했던 팔 부...는 전혀 다른 사람의 DNA가 검출되었습니다. 과연 이 변사체에게 무슨 일이...씨는 것일까요? 사건은 다시 미궁 속으로 빠져들고 있습니다.

❶ 살인? 사고사? 자연사? 사망의 원인은 무엇일까요. 변사체의 뼈에는 흉기... 해진 어떤 흔적도 없이 깨끗한 상태입니다.

> 변사체의 뼈에 어떤 흔적도 없이 깨끗한 상태임을 강조해 주시기 바랍니다. 주어진 문제상황에서 사망의 원인을 어디에 두지는 전적으로 학생들의 몫입니다. 사건의 실체를 맘껏 그려보고 가설을 세울 수 있도록 안내해 주세요.

❷ 얘기치 못한 유전자 검사 결과에 당황스러울 것입니다. 변사체가 말하... 금까지의 중간수사결과를 종합해서 발표하세요.

> 중간수사결과에는 퀘스트에서 3가지 세웠던 가설이 모두 포함되어 있어야 합니다. 이왕이면 현실감을 주기 위해 언론을 대상으로 한 수사결과 발표가 되도록 무대를 꾸며주시길 바랍니다. 과학수사대의 책임자로서 수사결과를 발표하도록 하는 것이 중요합니다. 발표가 끝나면 청중들은 기자가 되어 질문을 하도록 하는데, 팀별로 1~2개 이상이 나올 수 있도록 사전에 공지하는 것이 좋습니다.

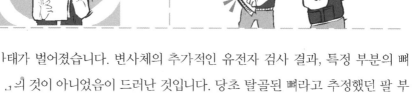

			실과			예술				창의적	자유학기활동		
학	과학		기술	가정	정보	체육	음악	미술	영어	체험활동	진로	주제	예술
	●												

> 활동이 모두 종료된 이후에는 퀘스트별 수행점수를 집계하거나 이를 토대로 레벨을 부여하는 등의 활동을 선택적으로 진행합니다. 온라인 커뮤니티에 성찰저널을 작성하도록 하고 이에 대한 피드백을 꼭 해주세요. 사건번호 601이 시리즈인 만큼 이에 대한 기대감이 형성되도록 하는 것, 잊지 마세요.

...석일 수밖에 없습니다.

2. 언론들 대상으로도 중간 수사결과를 발표하는 형식으...

3. 사건번호 601 2탄이 다음 PBL에서 이어집니다. 많이 /...

CHAPTER **06**

사건번호 601 ❷탄: 용의자

★**Teacher Tips**

실제 범죄사건을 추리소설로 쓰다

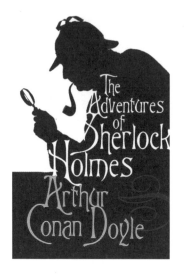

셜록홈즈(Sherlock Holmes)는 영국의 추리소설가 도일(Arthur Conan Doyle)의 1887년 작품, 「주홍색의 연구」에 등장한 이래 장편과 단편소설 약 60편에서 주인공으로 등장하는 인물입니다. 당시 도일의 작품이 획기적인 성공을 거두면서 셜록홈즈가 명탐정의 대명사같이 되었고, 심지어 아직까지 실존 인물로 믿는 이들도 많습니다. 셜록홈즈의 모델이 작가 도일의 대학생 시절 스승으로 알려지고 있지만 말이죠. 소설에 등장하는 인물이 허구라 하더라도 셜록홈즈에는 실제 범죄사건을 바탕으로 쓰여진 이야기들이 상당수 차지합니다. 불세출의 명탐정 캐릭터가 만들어질 수 있었던 것도 이 때문이기도 했습니다.

이제 여러분들은 사건번호 601 ❶탄에서 맡았던 과학수사대 핵심요원에서 강력계 형사로 활약해야 합니다. 동시에 추리소설가가 되어 사건을 이야기로 재구성해야 하는 임무가 부여됩니다. 등장하는 용의자들을 이야기의 중심인물로 삼아서 재미있는 추리소설을 집필해 주세요. 참고로 추리소설은 일반소설과 달리 가장 중요하게 추구하는 것이 '재미'입니다. 문학성, 예술성 등을 갖추는 건 그 다음이죠. 아무쪼록 모든 독자가 재미있게 읽을 수 있는 추리소설이 완성되길 기대해 보겠습니다.

* 문제시나리오에 사용된 어휘빈도(횟수)를 시각적으로 나타낸 워드클라우드(word cloud)입니다. 워드클라우드를 통해 어떤 주제와 활동이 핵심인지 예상해 보세요.

사건번호 601 : 용의자

이건 여러 정황상 살인 사건이 분명해. 신원미상의 뼈조각을 밝혀내는 것도 이번 수사에 중요하겠어.

변사체의 이름은 최건(가명)으로 밝혀졌다. 그러나 그와 함께 발견된 뼈조각은 아직 주인을 찾아내지 못한 상태이다.

최건의 주변 인물에 대한 탐문 조사를 본격적으로 시작해야겠어. 그의 주변에 누가 있을까?

원한 관계에 의한 계획적인 살인 여부를 밝히는데 초점을 두고 탐문조사를 벌입시다.

진실을 밝혀내야 할 책임이 강력계 형사인 나에게 있다. 과거 범인을 밝혀내지 못한 연쇄살인사건들처럼 장기미제사건이 되지 않도록 수사의 총력을 모아야 한다. 현재 수사는 두 팀으로 나누어 진행되고 있다.

혹시 이 사람 아시나요?

최건의 인물 관계를 중심으로 탐문 수사하는 1팀

저기 저 장면이 이상한데, 좀 더 자세히 살펴보자.

사건 현장 주변의 CCTV와 각종 단서를 중심으로 수사하는 2팀

범인을 심증만으로 잡을 수 없기에 증거 확보를 위한 전방위적인 노력이 계속되고 있다. 다행스럽게 수사가 어느 정도 진행돼 가면서 사건의 실마리를 풀어줄 단서들이 하나둘씩 모이기 시작했다. 최건의 주변에 의심할 만한 인물들이 포착되었다는 보고와 더불어 CCTV 자료에서도 이번 사건과 관련하여 의심스런 장면들이 추려지고 있는 것으로 알려지고 있다.

사건번호 601, 백골의 변사체로 발견된, 최건 살인사건의 진실은 과연 무엇일까? 또 다른 피해자로 추정되는 뼈조각의 주인은 과연 누구일까? 수사를 조롱하며 사건 뒤에서 웃고 있을 살인자를 절대 놓쳐서는 안 된다. 진실에 다가가기 위한 숨가쁜 질주가 본격적으로 시작된다.

*용의자(容疑者) : 범죄의 혐의가 뚜렷하지 않아 정식으로 입건되지는 않았으나 내부적으로 조사의 대상이 된 사람

PBL MAP

미모의 여인 K

★★★★★★

무역회사의 대표이며, 상당한 재산을 소유한 재력가, 최건! 그는 오래전 부인과 사별하고 홀아비로 두 자녀를 장성할 때까지 키운 모범적인 가장이었다. 부부금술이 좋았던 터라, 부인과 사별한 이후에도 다른 여자에게 마음 주지 않고 오로지 일에만 매진하였다고 전해진다. 그러던 그가 작년부터 한 여인에게 마음을 주었다고 하는데, 탐문조사를 벌이던 중 최건을 잘 아는 지인 'Y'로부터 관련 이야기를 듣게 된다.

Y의 진술에서 사건해결의 열쇠가 엿보인다. 그녀의 실체를 밝히면 사건의 실마리도 찾을 수 있지 않을까.

돌이켜보면 최건은 3년 전부터 부쩍 외로움을 느꼈던 것 같아. 자식과 일만 생각하며 지내다가 자녀들이 장성하여 독립하니 허전하기도 했겠지. 자식 키운 사람들은 느끼는 뭐 그런 허전함이겠지만, 최건 같은 경우 부인과 사별하고 아이들만 보고 열심히 살았거든. 그러니 더 할 수밖에…, 그런데 작년 이맘때던가 얼굴이 달라 보이더라고. 이유를 캐묻자. 운명적인 여인을 만난 것 같다며 어색한 웃음을 짓던 모습이 생각나는군 그려.

그러나 최건의 연인이라고 알려진 의문의 여인을 백방으로 수소문해도 좀처럼 종적을 알 수 없었다. 결국 그녀의 신병을 확보하지 못한 채, 알아낸 부분이라곤 최건의 행적이 묘연해진 시점에 곁을 지키던 그녀도 함께 사라졌다는 사실뿐이었다. 과연 미모의 여인 'K'는 이번 사건과 어떤 관련이 있을까? 최건 살인사건과 미모의 여인 'K'의 관계에 초점을 맞추고 다양한 가설을 세워봐야겠다. 이 중 사건해결의 열쇠가 분명 있을 것이다.

❖**이름** : 김미모(K)
❖**나이** : 40세
❖**직업** : 영어 통역사(프리랜서)
❖**학력** : 한국대학교(명문대학)
❖**신체적 특징** : 동안이며 쌍커플이 뚜렷한 서구 미인형
165cm의 키와 48kg의 몸무게
❖**가족** : 3년 전 이혼하였으며 자녀는 없음.
2남 1녀 중 둘째, 부모는 모두 생존해 있음.
❖**최건과의 관계** : Y의 진술을 근거로 연인 관계로 추정됨(양쪽 가족들은 둘의 관계를 모르고 있음).
❖**만남** : 최건과 해외구매자와의 미팅 때 통역사로 채용된 적이 있는 것으로 밝혀짐.
❖**특이사항** : 최건이 변사체로 발견된 곳 주변에서 주기적으로 가벼운 운동을 하거나 산책하기도 함.

❶ 사건번호 601 ❶탄의 내용을 종합해 보고 문제에서 제시한 K에 관한 신상 정보를 분석하여 최
건 살인사건에 관한 2가지 가설을 세워봅시다. 맘껏 상상해 보세요. ★★★★

가설 1	가설 2

❷ 팀별로 서로의 가설을 공유하고 협의를 통해 유력한 가설 3개를 선정하세요. ★★★

TOP3	가설내용
1	
2	
3	

관련교과	국어	사회	도덕	수학	과학	실과			체육	예술		영어	창의적 체험활동	자유학기활동		
						기술	가정	정보		음악	미술			진로 탐색	주제 선택	예술 체육
	●												●		●	

1. 수사 과정에서 다양한 가설이 만들어 집니다. 각각의 가설을 수사를 통해 검증해가며 사건의 실체를 밝히게 되는 것이죠.
   단서는 제한적이지만 밝혀진 내용을 가지고 가설을 세워봅시다.
2. 미모의 여인 K가 사건의 범인이라는 어떠한 단서도 없는 상태입니다. 한쪽으로 치우쳐서 생각하지 말고 여러 경우의 수
   를 따져서 가설을 세웁시다. 팀별로 선정한 가설도 한쪽으로 단정 짓지 않도록 가급적 다양한 관점에서 출발하는 것이
   좋습니다.

▲ 나만의 교과서

4가지 기본항목을 채우고, 퀘스트 해결과정에서 공부한 내용이나 수집한 정보를 토대로 자신만의 방식으로 알차게 표현해 보세요. 그림이나 생각그물의 형태로 표현하는 것도 좋습니다.

ideas
문제해결을 위한 나의 아이디어

facts
문제와 관련하여 내가 알고 있는 것들

learning issues
문제해결을 위해 공부해야 할 주제

need to know
반드시 알아야 할 것

스스로 평가
자기주도학습의 완성!

나의 신 호 등

01	나는 퀘스트마다 추가되는 인물(K)의 기본 정보를 토대로 다양한 가설을 세웠다.	① ② ③ ④ ⑤
02	나는 추가되는 인물과 전개되는 사건상황을 고려하여 2가지 가설로 범죄를 재구성하였다.	① ② ③ ④ ⑤
03	나는 팀별로 각자 세운 가설을 공유하고, 유력한 가설 3개를 선정하였다.	① ② ③ ④ ⑤
04	나는 문제해결을 위해 탐구한 내용과 수집한 정보를 바탕으로 나만의 교과서를 멋지게 완성하였다.	① ② ③ ④ ⑤

자신의 학습과정을 되돌아보고 진지하게 평가해주세요.

Level up

오늘의 점수 　　 나의 총점수

CCTV에 용의자가 포착되다!

******

최건의 사체가 발견된 지점으로부터 반경 1km 안의 CCTV 자료를 정밀 분석한 결과, 이번 사건의 유력한 용의자로 추정되는 인물이 포착되었다고 한다. 자정이 조금 넘은 시간대에 커다란 여행 가방을 끌며 야산으로 들어가는 장면이 촬영되었다. 얼핏 보아서도 체격이 큰 남성이었으며, 검은색 마스크와 모자를 눌러 쓴 채로 어울리지 않는 커다란 여행 가방을 들고 야산으로 사라진 후, 새벽 2시 정도에 가방을 끌고 천천히 내려오는 장면이었다. 비슷한 시간대에 용의자가 탔을 것으로 추정되는 검은색 H승용차가 근처 CCTV에 잡히기도 했다. 그러나 교묘하게도 번호판을 가리고 있었으며, 차량 안에 탑승한 상태에서도 모자와 마스크를 벗지 않고 있었다.

어~ 있네 있어. 그렇다면 공범이 있단 말인가?

차량 안을 자세히 봐 주세요. 차량 뒷자리에 누군가 있어요. 얼굴은 잘 보이지 않는데, 틀림없이 있어요.

CCTV 자료를 유심히 살펴보던 박 형사가 검은색 차량의 뒷자리를 가리키며 말했다. 유심히 살펴보니 분명 누군가가 뒷자리에 앉아 있었다. 실루엣 정도면 살짝 보이는 정도였지만 분명 사람이었다.

과학수사대의 도움을 받아 영상자료를 확대하여 분석한 결과, 뒷자리에 앉아 있는 사람은 마른 체형의 여성으로 판명되었다. 이목구비는 확인할 수 없었지만, 드러난 윤곽은 영락없는 여성이었다. 사건의 진실은 어디에 있을까? 범인은 과연 누구일까? 기존의 가설에 새롭게 드러난 증거를 추가하여 살인사건을 재구성하고 설득력 있는 시나리오로 완성해 보자!

❶ 기존 가설들을 새로운 사실들을 반영하여 수정해 봅시다. ★★

❷ 살인사건의 재구성, 소설에 버금가는 실감나는 시나리오로 표현해 보세요.　　　　★★★★★

관련교과	국어	사회	도덕	수학	과학	실과			체육	예술		영어	창의적 체험활동	자유학기활동		
						기술	가정	정보		음악	미술			진로 탐색	주제 선택	예술 체육
	●												●		●	●

1. 아직 주어진 단서는 많지 않습니다. CCTV에 포착된 용의자가 남성과 여성이라는 점 외에 알 수 있는 것은 없어 보입니다. 이제 여러분의 상상력이 필요할 때입니다. 맘껏 상상하며 살인사건을 재구성해 보세요.

2. 가설, 즉 '예상하기'는 수사에 있어서 매우 중요합니다. 드러난 증거를 바탕으로 가설이 치밀해질수록 사건의 실체에 좀 더 다가갈 수 있습니다. 마치 추리소설처럼 시나리오를 엮어본다면 훨씬 사건을 이해하는 데 도움이 되겠죠.

▲ 나만의 교과서

4가지 기본항목을 채우고, 퀘스트 해결과정에서 공부한 내용이나 수집한 정보를 토대로 자신만의 방식으로 알차게 표현해 보세요. 그림이나 생각그물의 형태로 표현하는 것도 좋습니다.

ideas 문제해결을 위한 나의 아이디어	facts 문제와 관련하여 내가 알고 있는 것들

learning issues 문제해결을 위해 공부해야 할 주제	need to know 반드시 알아야 할 것

스스로 평가
자기주도학습의 완성!

나의 (신)(효)(등)

01	나는 퀘스트마다 새롭게 확보되는 증거와 상황을 토대로 기존 가설을 수정하였다.	①②③④⑤
02	나는 상상력을 발휘하여 살인사건을 재구성하였다.	①②③④⑤
03	나는 추리소설가로서 실감나는 이야기로 표현했다.	①②③④⑤
04	나는 문제해결을 위해 탐구한 내용과 수집한 정보를 바탕으로 나만의 교과서를 멋지게 완성하였다.	①②③④⑤

자신의 학습과정을 되돌아보고 진지하게 평가해주세요.

Level up

오늘의 점수   나의 총점수

Who are you?

＊＊＊＊＊＊＊

*국과수: 국립과학수사연구원의 준말

최건의 사체와 함께 발견된 의문의 뼈조각 주인이 최건의 연인 K로 드러났다. K의 자택에서 체모를 확보하여 유전자 검사를 통해 드러난 결과라서 더욱 명백하다. 검은색 H차량 뒷자리에 포착된 의문의 여성이 적어도 K는 아닐 가능성이 높다. 도대체 누가 이런 짓을 저질렀을까?

만약, 최건처럼 K도 함께 살해된 것이라면, 이들에게 공통으로 원한을 가진 자의 소행으로 볼 수도 있는 문제다. 그만큼 사건의 변수가 많아졌다는 의미이기도 하다. 아무튼 K와 관계된 주변인물까지 살펴봐야하는 상황임에는 틀림없다.

*국과수: 국립과학수사연구원의 준말

그러고 보니 수사팀에선 Y의 진술만 믿고 최건과 K의 관계를 연인으로 단정 짓고 있었다. Y가 최건의 오랜 지인이라는 말만 믿었지, 그가 사건에 깊숙이 개입되어 있다고 생각하진 않았다. 그런데 갑자기 그런 그가 사라졌다.

Y, 도대체 넌 누구냐?

❶ 기존 가설들을 새로운 사실들을 반영하여 수정해 봅시다. ★★

❷ Y의 등장, 새로운 가설에 맞게 소설에 버금가는 실감나는 시나리오로 표현해 보세요. ★★★★★

관련교과	국어	사회	도덕	수학	과학	실과			체육	예술		영어	창의적 체험활동	자유학기활동		
						기술	가정	정보		음악	미술			진로 탐색	주제 선택	예술 체육
	●												●		●	●

1. 범죄사건은 예상 밖의 변수가 많이 작용하기 마련입니다. 계획적인 범행일수록 치밀한 모의 과정이 있을 수밖에 없겠지요. Y의 등장을 예사롭게 보지 말아야 할 이유이기도 합니다.
2. 소설과 같은 시나리오 작성이 중요합니다. 이야기의 주인공으로서 사건을 풀어가면서 동시에 추리소설가로서 이야기를 재구성해 주세요.

4가지 기본항목을 채우고, 퀘스트 해결과정에서 공부한 내용이나 수집한 정보를 토대로 자신만의 방식으로 알차게 표현해 보세요. 그림이나 생각그물의 형태로 표현하는 것도 좋습니다.

ideas
문제해결을 위한 나의 아이디어

facts
문제와 관련하여 내가 알고 있는 것들

learning issues
문제해결을 위해 공부해야 할 주제

need to know
반드시 알아야 할 것

스스로 평가
자기주도학습의 완성!

나의 신 효 등

01	나는 퀘스트마다 새롭게 확보되는 증거와 상황을 토대로 기존 가설을 수정하였다.	① ② ③ ④ ⑤
02	나는 Y의 등장을 감안하여 상상력을 발휘해 살인사건을 재구성하였다.	① ② ③ ④ ⑤
03	나는 추리소설가로서 실감나는 이야기로 표현했다.	① ② ③ ④ ⑤
04	나는 문제해결을 위해 탐구한 내용과 수집한 정보를 바탕으로 나만의 교과서를 멋지게 완성하였다.	① ② ③ ④ ⑤

자신의 학습과정을 되돌아보고 진지하게 평가해주세요.

Level up

오늘의 점수   나의 총점수

끝나지 않은 싸움

****

사건이 자칫 미궁 속으로 빠질 우려가 높아지는 가운데, 수사팀은 Y에 대한 신병확보에 총력을 기울이고 있다. 그러나 Y의 행방은 좀처럼 드러나지 않고 있다. 사건이 자꾸 미궁 속에 빠져버리는 시점에 국립과학수사연구원에 의뢰한 CCTV 분석결과가 도착했다.

*국과수: 국립과학수사연구원의 준말

수사팀에 극한의 혼란이 찾아왔다. 혼란에 빠져 허우적대는 것을 누구보다 범인이 원하고 있을지도 모르는 일, 수사팀을 교묘하게 속이며, 사건의 뒤에서 웃고 있을 그에게 이대로 당할 수만은 없다. 사건의 실체는 과연 무엇일까?

❶ 기존 가설들을 새로운 사실들을 반영하여 수정해 봅시다.　　　　★★

❷ K, 그녀는 누구일까? 새로운 가설을 반영하여 소설에 버금가는 실감나는 시나리오로 완성해 주세요. ★★★

❸ 책표지 포함, 앞서 작성한 시나리오를 모아서 단편 추리소설을 완성해 주세요. ★★★★★★

책 표지 디자인   책 목차

관련교과	국어	사회	도덕	수학	과학	실과			체육	예술		영어	창의적 체험활동	자유학기활동		
						기술	가정	정보		음악	미술			진로 탐색	주제 선택	예술 체육
	●										●		●		●	●

1. 사건번호 601 1탄과 2탄의 결과를 모두 종합하여 멋진 시나리오를 완성해 주세요. 상상력을 맘껏 발휘된 재미있는 추리소설을 기대하겠습니다.
2. 사건번호 601은 아직 끝나지 않았습니다. 범인과의 치열한 싸움을 포기하면 안 되겠죠? 그런 의미에서 3탄을 기대해 주세요!^^

▲ 나만의 교과서

4가지 기본항목을 채우고, 퀘스트 해결과정에서 공부한 내용이나 수집한 정보를 토대로 자신만의 방식으로 알차게 표현해 보세요. 그림이나 생각그물의 형태로 표현하는 것도 좋습니다.

ideas
문제해결을 위한 나의 아이디어

facts
문제와 관련하여 내가 알고 있는 것들

learning issues
문제해결을 위해 공부해야 할 주제

need to know
반드시 알아야 할 것

스스로 평가
자기주도학습의 완성!

나의 (신)(호)(등)

01	나는 퀘스트마다 새롭게 확보되는 증거와 상황을 토대로 기존 가설을 수정하였다.	①②③④⑤
02	나는 K의 등장을 감안하여 상상력을 발휘해 살인사건을 재구성하였다.	①②③④⑤
03	나는 추리소설가로서 실감나는 이야기로 표현했으며, 단편추리소설을 완성했다.	
04	나는 문제해결을 위해 탐구한 내용과 수집한 정보를 바탕으로 나만의 교과서를 멋지게 완성하였다.	①②③④⑤

자신의 학습과정을 되돌아보고 진지하게 평가해주세요.

Level up

오늘의 점수   나의 총점수

All-Clear
sticker

06 CHAPTER

사건번호 601 ❷탄: 용의자

★Teacher Tips

'사건번호 601' 시리즈 2탄은 용의자라는 부제에 걸맞게 사건과 연결된 핵심 인물들이 차례로 등장합니다. 참여하는 학생들 입장에선 등장하는 인물과 관련된 사건의 실체 혹은 배경이 궁금해질 수밖에 없는데요. 이들 인물들을 중심으로 작가적 상상력을 더해 이야기 창작활동에 도전하게 됩니다. '사건번호 601 1탄: 진실에 다가가다'와 마찬가지로 사건의 실체를 밝혀야 하는 이야기 속 주인공이 되어 문제를 해결해야 합니다. 동시에 추리소설가로서의 임무가 부여되는 만큼 학생들이 각 퀘스트에 등장하는 인물들을 토대로 맘껏 상상의 나래를 펼칠 수 있도록 하는 것이 중요합니다. 이야기 창작과정에서 선생님의 개입은 불필요합니다. 학생들이 소설쓰기 재미에 푹 빠져들도록 자율적인 분위기를 조성해 주세요. 추리소설의 장르적 특성상 일반소설과 달리 문학성, 예술성 등을 갖추는 것보다 이야기 자체의 재미를 추구합니다. 잔인하거나 자극적인 표현이 남발되지 않도록 안내하고, 모든 연령의 독자를 대상으로 하는 추리소설이어야 함을 강조해 주시기 바랍니다.

소설은 기본적으로 긴장감과 즐거움을 유지시키며 이야기가 전개되도록 구성하는 것이 중요합니다. 이를 위해서는 여러 이야기가 뒤죽박죽 섞이지 않도록 주의할 필요가 있습니다. 친구 와의 일상적인 수다에서도 이 얘기, 저 얘기를 뒤섞어서 하게 되면 무슨 말을 하려는지 제대로 파악이 안 되는 것처럼 소설 속 사건과 이야기가 아무렇게나 나열되면 독자가 금세 흥미를 잃기 마련입니다. 이야기의 전개, 사건들 간의 인과 관계 등을 중심으로 여러 요소들을 밀접하게 연결시켜 짜임새 있게 꾸며질 수 있도록 안내해 주세요. 인물, 사건, 배경, 즉 소설구성의 3요소를 이야기 안에 어떻게 배치할지, 사건의 전개, 인물들 간의 갈등양상을 어떤 방식으로 표현할지 등을 아이디어 단계부터 학습자간에 활발히 공유하도록 하는 것이 좋습니다.

한편 소설 집필 과정부터 온라인 웹소설 서비스를 활용하는 것도 고려해 보세요. 예를 들어 네이버 웹소설(novel.

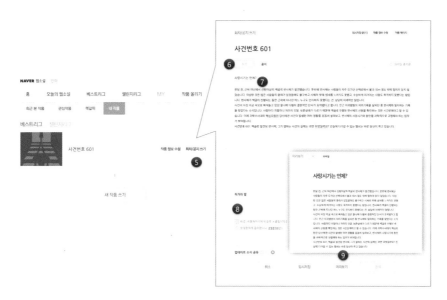

naver.com)에 접속하면 ❶작품올리기 메뉴가 있어요. 거기로 들어가면 나만의 소설작품을 올릴 수 있는 공간이 있습니다. 제시된 양식에 따라 ❷장르와 연재주기, 표지이미지를 결정하고, ❸작품소개란을 채우면 되는데, ❹필명과 작가블로그 연계여부도 지정하도록 되어 있습니다. 마지막으로 저장버튼을 클릭하면 작품정보 등록이 완료됩니다.

　작품등록이 완료됐다면 챌린지리그 탭에 표지이미지와 작품제목이 나타납니다. 본격적인　소설쓰기는 이때부터 시작할 수 있는데요. ❺회차/공지쓰기를 클릭하면 됩니다. 소설은 연재를 기본으로 하기 때문에 회차별로 글을 쓰도록 되어 있습니다. 스마트폰이나 테블릿pc용으로 웹소설을 출판하고 싶다면, ❻모바일줄바꿈을 선택해야 합니다. 이어서 ❼제목과　내용(20,000자 이내)을 작성하고, ❽작가의 말을 덧붙이면 됩니다. ❾미리보기 버튼을 클릭하면 PC와 모바일 환경에서 각기 웹소설이 어떻게 출판되는지 확인할 수도 있습니다. 수업환경이 허락된다면 적극적으로 활용해 보도록 하세요.

　이 수업은 참여한 학생들이 작가적 상상력을 발휘하는 것 자체에 흥미를 가지도록 하는 것이 무엇보다 중요합니다. 교수자의 여러 잣대와 기준에 따라 검열 아닌 검열이 이루어지는 경우가 많으니 개입을 최소화하고 허용적인 분위기 속에서 이야기 창작의 자유를 누릴 수 있도록 해 주세요. 소설의 형식을 지나치게 강조하며 진행하게 되면 주어진 문제 상황 속에 제대로 빠져들지 못하게 됩니다. 때론 과격한 형식 파괴도 존중하고, 등장인물과 상황에 따라 학생들이 실컷 상상의 나래를 펼칠 수 있도록 수업 분위기를 만들어

Teacher Tips

주세요. 이 수업은 제시된 과제의 난이도를 고려할 때, 초등학교 6학년 이상이면 무난하게 도전할 수 있습니다. 아래 교과별 내용요소를 참고하여 수업시간에 적용하거나 창의적 체험활동과 자유학년(학기) 활동, 동아리 프로그램으로 활용해도 됩니다.

교과	영역	내용요소		
		초등학교[5-6학년]	중학교[1-3학년]	고등학교[1학년]
국어	문학	◆이야기, 소설 ◆작품의 이해와 소통	◆이야기, 소설 ◆개성적 발상과 표현	◆서사 ◆갈래 특성에 따른 형상화 방법
	듣기 말하기	◆토의[의견조정] ◆발표[매체활용] ◆체계적 내용 구성	◆토의[문제 해결] ◆발표[내용 구성] ◆청중 고려	◆협상 ◆의사소통 과정의 점검과 조정
	쓰기	◆목적·주제를 고려한 내용과 매체 선정 ◆독자의 존중과 배려	◆감동이나 즐거움을 주는 글 ◆표현의 다양성	◆쓰기 맥락 ◆고쳐 쓰기[쓰기 과정의 점검]
	문법	◆문장 성분과 호응	◆문장의 짜임	◆한글 맞춤법의 원리와 내용
실과 정보	자료와 정보	◆소프트웨어의 이해	◆자료의 유형과 디지털 표현	◆효율적인 디지털 표현
미술	표현	◆표현 방법(제작) ◆소제와 주제(발상)	◆표현 매체(제작) ◆주제와 의도(발상)	◆표현 매체의 융합(제작) ◆주제의 확장(발상)

● **적용대상(권장):** 초등학교 6학년-고등학교 1학년
● **자유학년활동:** 주제선택(권장)
● **학습예상소요기간(차시):** 8-12일(8-12차시)
● **Time Flow**   8일 기준

● 수업목표(예)

QUEST1	◆추가되는 인물(K)의 기본정보를 토대로 다양한 가설을 세울 수 있다. ◆추가되는 인물과 전개되는 사건상황을 고려하여 2가지 가설로 범죄를 재구성할 수 있다. ◆팀별로 각자 세운 가설을 공유하고, 유력한 가설 3개를 선정할 수 있다.
QUEST2	◆새롭게 확보되는 증거와 상황을 토대로 기존 가설을 수정할 수 있다. ◆상상력을 발휘하여 살인사건을 재구성하고, 실감나는 이야기로 표현할 수 있다.
QUEST3	◆Y의 등장을 감안하여 상상력을 발휘해 살인사건을 재구성할 수 있다. ◆새로운 가설에 맞게 실감나는 이야기로 표현할 수 있다.
QUEST4	◆K의 등장을 감안하여 상상력을 발휘해 살인사건을 재구성할 수 있다. ◆이야기를 짜임새 있게 구성하고, 단편추리소설을 완성할 수 있다.
공통	◆소설가로서 이야기 창작활동에 적극적으로 참여할 수 있다. ◆사건의 실체를 밝혀야 하는 수사관으로서 용의자와 관련한 다양한 가설을 세울 수 있다. ◆다양한 매체에서 조사한 내용을 정리하고 자신의 언어로 재구성하는 과정을 통해 창의적인 산출물을 만들어낼 수 있다. 이 과정을 통해 지식을 생산하기 위해 소비하는 프로슈머로서의 능력을 향상시킬 수 있다. ◆토의의 기본적인 과정과 절차에 따라 문제해결방법을 도출하고, 온라인 커뮤니티 등의 양방향 매체를 활용한 지속적인 학습과정을 경험함으로써 의사소통 능력을 신장시킬 수 있다.

※ 프로슈머 [Prosumer]: 앨빈 토플러 등 미래 학자들이 예견한 생산자(producer)와 소비자(consumer)를 합성한 말

 시작하기

> **중심활동 : 문제출발점 파악하기, 학습흐름 이해하기**
>
> ◆ 전편(사건번호 601 1탄)에서 수행했던 내용을 다시 공유하며, 새로운 문제상황에 대한 궁금증 유발하기
> ◆ 살인사건임을 전제로 문제출발점을 이해하고 인물관계와 각종 단서의 중요성을 부각시키기
> ◆ 문제의 주인공인 강력계 형사로서 새롭게 드러난 정황을 파악하고 어떤 역할을 맡아 문제를 해결해야 하는지 이해하기
> ◆ 추리소설가로서 최종 결과가 소설로 표현되어야 함을 알리고, 유명 추리소설에 대해 자유롭게 이야기 나누기
> ◆ (선택)자기평가방법 공유, 온라인 학습커뮤니티 활용 기준 제시하기
> ◆ PBL MAP을 활용하여 전체적인 학습흐름과 각 퀘스트의 활동 내용 일부 살펴보기

　　수업을 본격적으로 시작하기 전, 앞서 경험했던 '사건번호 601: 진실에 다가가다'의 주요내용을 상기해 보고, 어떤 이야기가 펼쳐지게 될지 예상해 보는 시간을 가져보는 것은 어떨까요? 새롭게 전개될 이야기에 대한 궁금증이 커지는 만큼, 주어질 문제에 대한 기대감을 높일 수 있습니다. 사건의 전개과정이 어떻게 될지 몹시 궁금해질 무렵, 문제의 출발

▲Teacher Tips

점을 제시해 보도록 합시다. 좋은 타이밍을 놓쳐서는 안 되겠죠?

문제의 출발점을 살펴보면 의문의 변사체 사건이 새로운 국면에 들어선 것을 알 수 있습니다. 이름 모를 피해자가 아닌 최건(가명)이라는 인물의 살인사건으로 명명된 것만 보아도 감이 올 겁니다. 용의자라는 부제가 의미하는 바와 같이 피해자의 주변 인물들이 사건해결의 실마리를 쥐고 이야기 전면에 등장할 것을 예고하는 대목이기도 합니다. 학생들에게 문제상황을 설명하면서 피해자의 주변인물에 주목할 필요가 있음을 알려주세요. 퀘스트마다 새롭게 등장할 인물분석과 각종 정황증거, 단서를 종합하여 문제를 해결해야 한다는 점을 강조해 줄 필요가 있습니다. 더불어 최종 결과물이 소설로 표현돼야 함을 부각시키면서 문제 속 강력계 형사로서의 문제해결 못지않게 추리소설가로서의 임무수행이 필수적임을 콕 집어서 알려주세요. 인물, 사건, 배경을 기준으로 기존 이야기(제시된 문제상황)를 분석하고, 새롭게 도출한 가설을 어떻게 창작할 이야기에 반영할지 고민하는 과정이 중요합니다. 이때 팀원 간에 읽었던 인상 깊은 추리소설들의 내용전개방식을 공유해가며 이야기 창작의 방향을 다양하게 모색해 보는 시간을 갖는 것이 효과적입니다.

문제출발점 파악이 충분히 이루어졌다면, 'PBL MAP'을 활용해 주요 퀘스트와 활동의 흐름을 간단히 살펴보는 시간을 가지도록 합니다. 퀘스트마다 제시되는 새로운 이야기에 대한 기대감과 궁금증을 불러일으키기 위해 모호하고 알쏭달쏭한 표현들을 사용해 학생들의 애간장을 살짝 태워보는 것도 고려해 보세요.

😀 전개하기

'사건번호 601, 용의자'는 총 4개의 기본 퀘스트로 구성되어 있습니다. 첫 퀘스트부터 의문의 여인 K가 등장하면서 사건의 전개는 상당히 빨리 진행됩니다. 학생들은 새로운 이야기를 접할 때마다 혼란스런 상황을 겪게 되는데, 이는 작가적 상상력을 자극해 주는 좋은 환경이 되어 줍니다. 학생들이 추리소설가로서 맘껏 상상의 나래를 펼칠 수 있도록 허용적인 학습분위기를 조성해 주세요. 다만 지나치게 자극적이거나 폭력적인 이야기로 흐르지 않도록 주의를 기울일 필요는 있습니다.

중심활동 : 후미모의 여인 K와 피해자의 관계, 살인사건과의 연관성에 대해 가설 세우기

◆ 문제상황을 파악하고, K와 피해자의 관계를 예상해 보기

◆ 사건발생 직전에 사라진 K의 행방과 그 이유, 최건 살인사건과의 연관성에 대해 상상하며 가설 세우기

◆ 개별적으로 세운 가설을 팀원 간에 공유하고 이 중에서 가장 유력한 3개의 가설 선정하기

Quest 퀘스트 **01** 미모의 여인 K

****

무역회사의 대표이며, 상당한 재산을 소유한 재력가, 최건! 그는 오래전 부인과 사별하 아비로 두 자녀를 장성할 때까지 키운 모범적인 가장이었다. 부부금슬이 좋았던 터 이후에도 다른 여자에게 마음 주지 않고 오로지 일에만 매진하였다고 던 그가 작년부터 한 여인에게 마음을 주었다고 하는데, 탐문조사를 벌이 잘 아는 지인 'Y'로부터 관련 이야기를 듣게 된다.

문제상황 속 Y진술과
기본 프로필을 토대로 미모의 여
인 K에 대해 맘껏 상상하도록 하는
것이 핵심입니다. 과연 피해자 최건과
어떤 관계인지, 살인사건과 어떻게
연관되어 있을지 다각도로 예상해
보면서 가설을 세우도록 안내해
주세요.

사건해결의 열쇠가 엿보인다. 그녀의
사건의 실마리도 찾을 수 있지 않을까.

돌이켜보면 최건은 3년 전부터 부쩍 외로움을 느꼈던
것 같아. 자식과 일만 생각하며 지내다가 자녀들이
장성하여 독립하니 허전함도 했겠지. 자식 키운
사람들은 느끼는 뭐 그런 허전함이겠지만, 최건
같은 경우 부인과 사별하고 아이들만 보고 열심히
살았거든. 그러니 더 할 수밖에…, 그런데 작년
이맘때인가 얼굴이 달라 보이더라고. 이유를 캐묻자.
운명적인 여인을 만난 것 같다며 어색한 웃음을 짓던
모습이 생각나는군 그려.

그러나 최건의 연인이라고 알려진 의문의 여인을 백방으로 수소문해도 좀처럼 종적을
알 수 없었다. 결국 그녀의 신병을 확보하지 못한 채, 알아낸 부
묘연해진 시점에 곁을 지키던 그녀도 함께 사라졌다는 사실뿐이
'K'는 이번 사건과 어떤 관련이 있을까? 최건 살인사건과 미모의
을 맞추고 다양한 가설을 세워봐야겠다. 이 중 사건해결의 열쇠

피해자 최건과 관련이
있는 부분이 무엇일지 학생들로
하여금 찾아보도록 해주세요.
특히 연인 관계로 추정되는 것이
Y의 진술을 근거로 하는 것인데
가족들은 이들 관계를 모르고
있음을 언급해 줄 필요가 있습니
다. 학생들이 프로필을 간과할 경
우, 이 안에 사건의 단서가 될
만한 정보가 포함돼 있을 가능
성에 대해 슬쩍 흘려주는 것도
좋은 방법입니다.

◆이름 : 김미모(K)
◆나이 : 40세
◆직업 : 영어 통역사(프리랜서)
◆학력 : 한국대학교(명문대학)
◆신체적 특징 : 동안이며 쌍커풀이 뚜렷한 서구 165cm의 키와 48kg의 몸무게
◆가족 : 3년 전 이혼하였으며 자녀는 없음.
　　　　2남 1녀 중 둘째, 부모는 모두 생존해 있음
◆최건과의 관계 : Y의 진술을 근거로 연인 관계로 를 모르고 있음.
◆만남 : 최건과 해외구매자와의 미팅 때 통역사로 채용된 적이 있는 것으로 밝혀짐.
◆특이사항 : 최건이 변사체로 발견된 곳 주변에서 주기적으로 가벼운 운동을 하거 나 산책하기도 함.

Quest 퀘스트 **01**

❶ 사건번호601 ❶탄의 내용을 종합해 보고 문제에서 제시한 K에 관한 신상 정보를 분석하여 최건 살인사건에 관한 2가지 가설을 세워봅시다. 맘껏 상상해 보세요.　　　　★★★★

가설 1

> 문제에 제시된 K에 관한 진술과 신상정보를 토대로 최건 살인사건과 연관지어 가설을 세우는 것이 핵심입니다. 밝혀진 내용과 상황과 동떨어진 가설이 만들어지지 않도록 주의를 기울여 주세요. 작가적 상상력이 발휘될 수 있도록 하는 것이 중요합니다. 선생님의 임의적인 생각으로 상상의 범주를 한정짓지 않도록 주의하고, 이 활동에서 생산된 다양한 가설들이 수용될 수 있도록 해야 합니다.

❷ 팀별로 서로의 가설을 공유하고 협의를 통해 유력한 가설 3개를 선정해보세요.　　　　★★★

TOP3	가설내용
1	
2	
3	

> 미모의 여인 K가 사건의 범인이라는 단서는 문제상황 어디에도 없습니다. 학생들이 한쪽으로만 결론내리고 가설을 세우지 않도록 해야 합니다. 특히 팀별로 유력한 가설을 선정할 때, 유사한 내용이 아닌 뚜렷이 구별되는 가설이 채택해야 함을 강조해 주세요.

관련교과	국어	사회	도덕	수학	과학	실과			체육	예술		영어	창의적 체험활동	자유학기활동		
						기술	가정	정보		음악	미술			진로 탐색	주제 선택	예술 체육
	●												●		●	

1. 수사 과정에서 다양한 가설이 만들어 집니다. 각각의 가설을 수사를 통해 검증해가며 사건의 실체를 밝히게 되는 것이죠. 단서는 제한적이지만 밝혀진 내용을 가지고 가설을 세워봅시다.
2. 미모의 여인 K가 사건의 범인이라는 어떠한 단서도 없는 상태입니다. 한쪽으로 치우쳐서 생각하지 말고 여러 경우의 수를 따져서 가설을 세웁시다. 팀별로 선정한 가설도 한쪽으로 단정 짓지 않도록 가급적 다양한 관점에서 출발하는 것이 좋습니다.

중심활동 : 새로운 사실들을 반영하여 가설 수정하기, 소설쓰기(가설을 토대로 시나리오 작성하기)

◆ CCTV에 포착된 상황을 자세히 묘사하며 문제상황을 머릿속에 그려보기
　: (선택)부연설명과 해당상황을 연상시켜 주는 이미지 등을 활용하기

◆ 용의자의 차량 뒷좌석에 앉아있는 인물에 대해 예상해 보기

◆ 새로운 사실들과 증거(정황)들을 정리하고 이를 바탕으로 가설을 수정, 보완하기

◆ 가설을 토대로 사건을 재구성하고 소설에 버금가는 실감나는 시나리오 작성하기

Quest 퀘스트 **02** CCTV에 용의자가 포착되다!

최근의 사체가 발견된 지점으로부터 반경 1km 안의 CC
이번 사건의 유력한 용의자로 추정되는 인물이 포착된
간대에 커다란 여행 가방을 끌며 야산으로 들어가는
도 체격이 큰 남성이었으며, 검은색 마스크와 모자를 눌
란 여행 가방을 들고 야산으로 사라진 후, 새벽 2시 정도
는 장면이었다. 비슷한 시간대에 용의자가 탔을 것으로 추
처 CCTV에 잡히기도 했다. 그러나 교묘하게도 번호판을
벗지 않고 있었다.

❷ 살인사건의 재구성, 소설에 버금가는 실감나는 시나리오로 표현해 보세요.　　　★★★★★

선생님은 문제상황을 제시하며 용의자가 CCTV에 포착된 상황을 자세히 묘사해주도록 합니다. 학생들이 마치 본 것처럼 머릿속에 그려볼 수 있도록 부연설명을 해주거나 해당 상황을 연상하는 데 도움이 될 만한 이미지(사진 등)를 활용하는 것도 좋은 전략일 수 있습니다. 특히 용의자 차량의 뒷자리에 앉아있는 인물이 누구일지 추측하며 사건의 진실이 어디에 있을지 예상하도록 이끌어 주세요.

CCTV 자료를 유심히 살펴보던 박 형사가 검은색 차량의 뒷자리를 가리키며 말했다. 유심히 살펴보니 분명 누군가가 뒷자리에 앉아 있었다. 실루엣 저
살짝 보이는 정도

유력하게 꼽은 기존 가설들 중에서 새로운 사실들을 반영하기에 적합한 것을 선택합니다. 문제상황에 드러난 새로운 사실들 혹은 증거(정황)들을 일목요연하게 정리하며 기존 가설을 수정·보완하는 방식으로 정리하도록 안내해 주세요.

료를 확대하여 분석한 결과,
었다. 이목구비는 확인할 수 없
은 어디에 있을까? 범인은 과연 누
살인사건을 재구성하고 설득력 있

추리소설가로서의 역할이 요구되는 과제입니다. 소설은 팀원 전체가 공동집필하는 형식이 아닙니다. 개별적으로 세운 가설을 공유하고, 이를 바탕으로 팀 단위로 가설을 확정 짓는다하더라도 추리소설은 개인 혹은 짝(2인) 단위로 진행하는 것이 적절하기 때문입니다. 2인 공저로 소설을 쓰는 경우에도 메인작가와 삽화가로 역할을 구분하여 진행하는 것이 효율적입니다. 웹소설 등의 온라인 출판물을 염두하고 있다면 이 책의 'Maker Note❷ 온라인 출판물 만들기'를 참조하길 바랄게요.

하여 수정해 봅시다.　　　★★

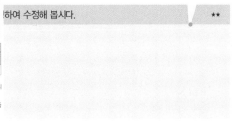

	자유학기활동		
	진로 탐색	주제 선택	예술 체육
	●	●	●

있는 것은 없어 보입니
질해질수록 사건의 실제에 좀
는 데 도움이 되겠죠.

Teacher Tips

● 퀘스트3 : Who are you?

> **중심활동 :** 새로운 사실들을 반영하여 가설수정하기, 소설쓰기(가설을 토대로 시나리오 작성하기)
>
> ◆ 피해자의 사체에서 함께 발견된 뼈조각이 K의 것임을 알며 문제상황 파악하기
>   : (선택)뼈조각의 DNA 검사결과에 대해 박형사와 주인공이 나눈 이야기를 상황극으로 꾸며 제시하기
> ◆ 피해자의 지인 Y의 갑작스런 실종, 그의 실제 정체에 대해 상상하고 관련 이야기 나누기
> ◆ 새로운 사실들과 Y라는 인물의 등장을 감안하여 가설을 수정, 보완하기
> ◆ 가설을 토대로 사건을 재구성하고 소설에 버금가는 실감나는 시나리오 작성하기

Quest 퀘스트 **03** Who are you?   *******

❶ 기존 가설들을 새로운 사실들을 반영하여 수정해 봅시다.   **

새롭게 전개된 이야기로 인해 사건의 변수가 많아진 만큼 이를 반영해 설득력있는 가설이 완성되도록 안내합니다. 문제상황에 드러난 새로운 사실들과 Y라는 인물의 등장을 감안하여 기존 가설을 수정·보완하는 것이 중요합니다. 이때 반드시 팀원 간의 활발한 토의과정을 통해 가설이 세워질 수 있도록 지도해 주세요.

❷ Y의 등장, 새로운 가설에 맞게 소설에 버...

국과수에서 의문의 뼈조각에 대한 DNA검사결과가 나왔습니다.

그게? 도대체 누구래?

Good!

그렇다면 그녀도 같이 살해됐단 말인가?

전체 문제상황을 제시하기 전에 박형사와 주인공 간에 나눈 대화를 상황극으로 살짝 꾸며보는 것은 어떨까요? 최건의 사체와 함께 발견된 뼈조각의 주인이 K라는 사실을 강조하면서 말이죠. 정황상 K도 최건과 함께 살해되었을 가능성이 높아진 상태지만 먼가 석연치 않은 구석도 있음을 집어 주세요. 한쪽 결론으로 쏠리지 않도록 먼가 다른 여지를 계속 줄 필요가 있습니다. 무엇보다 피해자와 K간의 관계가 연인이라고 진술한 Y가 갑자기 사라진 후반부 상황을 부각하며 학생들을 혼란 속에 몰아넣어주세요.

...ㅡ의 뼈조각 주인이 최건의 연인...를 통해 드러난 결과라서 ㄴ...
...이어도 K는 아닐 가능성이 높...
...엇이라면, 이들에게 공통으로...
...ㄴ 사건의 변수가 많아졌다는 의...
...봐야하는 상황임에는 틀림없다.

번 둘의 관계를 최건의 지인 Y가 사라졌어요.

그러고 보니 수사팀에선 Y의 진술만 믿고 최건과 K의 관계를 연인으로 단정 짓고

Y의 등장으로 전혀 새로운 이야기로 전개될 수 있습니다. 다양한 가설이 가능해진 만큼 추리소설가로서의 상상력이 더욱 요구된다고 볼 수 있습니다. 특히 소설이라는 글쓰기 활동이 학생들에게 부담으로 다가가지 않도록 각별히 주의할 필요가 있습니다. 글을 쓰는 단계부터 맞춤법 등의 문법을 지나치게 강조하다보면 정확성을 써야 한다는 압박감으로 인해 흥미를 잃어버리게 됩니다. 글의 오탈자나 문장의 완성도, 문법에 적합도 등은 초고를 완성한 이후에 진행해도 늦지 않습니다. 실제 책을 출판할 때도 동일한 프로세스로 진행된다는 점을 참고해 주세요.

관련교과	국어	사회	도덕	수학	과학	실과				예술	
						기술	가정	정보	체육	음악	미술
	●										

1. 범죄시간은 예상 밖의 변수가 많이 작용하기 마련입니다. 계획적인 범행일수록 치밀... Y의 등장을 예시롭게 보지 말아야 할 이유이기도 합니다.
2. 소설과 같은 시나리오 작성이 중요성이 있습니다. 이야기의 주인공으로서 사건을 풀어가면서... 재구성해 주세요.

 **마무리**

이 수업은 예상치 못한 CCTV 분석결과를 제시하며 사건을 다시 미궁 속으로 몰아넣으며 끝납니다. 인물을 중심으로 한 극적인 전환, 예상을 깨는 사건전개는 학생들로 하여금 상상력이 비집고 들어갈 공간을 만들어줍니다. 사건번호 601 1탄과 2탄의 이야기와 활동결과를 종합하고, 이를 토대로 추리소설을 완성할 수 있도록 해 주세요. 작품의 완성도도 중요하지만 학생들이 글 쓰는 즐거움을 만끽하도록 하는 것이 더 중요함을 잊지 마시기 바랍니다.

● 퀘스트4 : 끝나지 않은 싸움

> **중심활동 :** 새로운 사실들을 반영하여 가설수정하기, 소설완성하고 온라인 출판하기
>
> ◆ 뼈조각의 주인과 용의자 차량에 동승한 여인이 동일 인물임을 강조하며 문제상황 제시하기
> ◆ 행방이 묘연한 Y와 충격적인 CCTV 분석결과를 토대로 맘껏 상상하고, 가설수정, 보완하기
> ◆ 새로운 가설을 반영하여 소설에 버금가는 실감나는 시나리오 작성하기
> ◆ 앞서 작성한 시나리오를 종합하고 책표지 및 목차 완성하기
> ◆ 온라인을 통해 단편추리소설을 출판하고 작가와의 만남 형식으로 발표하기
> ◆ '사건번호 601 3탄: 반전'에 대한 예고(선택)와 성찰저널 작성하기
> ◆ [선택] 누적해 온 수행점수를 토대로 레벨 부여하기(Level Up) / PBL 스스로 점검(자기평가 & 상호평가) 내용을 토대로 능력점수(능력치) 집계하기 / Level Up 피드백 프로그램에 따른 개인별 레벨 선정과 프로그래스바 혹은 리더보드 공개하기, 결과에 따른 배지 수여

Quest 퀘스트 **04**

끝나지 않은 싸움   ★★★★★★★★★★★

사건이 자칫 미궁 속으로 빠질 우려가 높아지는 가운데, 수사팀은 Y에 대한 신병확보에 총력을 기울이고 있다. 그러나 Y의 행방은 좀처럼 드러나지 않고 있다. 사건이 자꾸 미궁 속에 빠져버리는 시점에 국립과학수사연구원에 의뢰한 CCTV 분석결과가 도착했다.

용의자 차량 뒷자리 여성의 신원이 확인됐다고 합니다.

잘됐다. 잘됐어! 이제 사건을 해결할 수 있겠구나!

끼익

*국과수: 국립과학수사연구원의 준말

아니, 근데요. 차량 뒷자리에 타고 있었던 여성이 K라고 하는데요. 뼈조각의 주인, 바로 그 여인 말이죠.

어떻게 그럴 수 있지? 같이 살해된 게 아니란 말이야?

급적

혈압

Y의 행방을 찾고 있는 가운데 좀처럼 이해되지 않는 충격적인 분석결과를 마주한 상황을 실감나게 표현해 주세요. 이야기 속에 수사팀이 극한의 혼란을 느끼고 있는 것처럼 학생들 역시 예상치 못한 상황전개에 당혹감을 느끼도록 해야 합니다. 문제제시 과정에서 학생들을 전혀 예상치 못한 방향으로 이끌어내어 혼란스럽게 만들었다면 그것만으로 일단 성공입니다. 학생들이 다양한 가능성을 열어놓고 맘껏 상상할 수 있도록 촉진자 역할을 맡아주세요.

수사팀에 극한의 혼란이 찾아왔다. 혼란에 빠 하고 있을지도 모르는 일, 수사팀을 교묘하게 속 이대로 당할 수만은 없다. 사건의 실체는 과연 무

❶ 기존 가설들을 새로운 사실들을 반영하여 수정해 봅시다.

앞서 했던 방식대로 새로운 사실들을 반영하여 기존 가설을 수정·보완하도록 합니다. 뼈조각의 주인과 용의자 차량에 동승한 인물이 미모의 여인 K임을 고려하여 최근 살인사건의 범인이 누구인지 예상해 보고, 팀원 간에 활발한 의견교환을 통해 합의된 가설을 도출하는 것이 필요합니다.

❷ K, 그녀는 누구일까? 새로운 가설을 반영하여 소설에 버금가는 실감나는 시나리오로 완성해 주세요. ★★★

피해자의 사건과 여러모로 관련이 깊은 K에 대해 자유롭게 이야기를 나누며, 가능성이 높은 가설을 토대로 시나리오를 작성하도록 합니다. 마지막 단계인 만큼 앞서 완성했던 시나리오와 매끄럽게 연결될 수 있도록 작성하는 것이 중요합니다. 아무쪼록 팀원 간의 협업을 통해 소설에 버금가는 실감나는 시나리오를 완성해 주세요.

❸ 책표지 포함, 앞서 작성한 시나리오를 모아서 단편 추리소설을 완성해 주세요. ★★★★★★

책 표지 디자인	책 목차

온라인 출판을 위한 활동으로 어느 정도의 시간(기간)이 요구됩니다. 책표지를 디자인하고 책목차를 확정짓는 것도 중요하지만 무엇보다 추리소설의 완성이 우선됩니다. 시나리오를 토대로 학생 각자의 상상력이 총동원된 개성있는 추리소설이 만들어질 수 있도록 필요한 역할을 다해주어야 합니다. 빈약해 보이는 작품일지라도 존중해 주면서 학생들이 작품을 완성할 수 있도록 용기를 북돋아 주는 것이 가장 중요합니다. 선생님의 일방적인 잣대로 작품결과를 평가하지 않도록 각별히 주의해 주세요.

관련교과				실과		예술			자유학기활동			예술 체육
												●

온라인 출판까지 성공하면 작품 발표시간을 갖도록 합니다. 이 책의 1장. 베드타임 스토리의 '퀘스트 5. 작가와의 대화'와 동일한 방식으로 진행하는 것도 충분히 고려해볼 만합니다. 발표를 간소화시키고자 한다면, 온라인을 통해 작품을 공개하고, 이들 작품에 대해 서평을 쓰는 방식으로 대신할 수도 있습니다. 어떤 방식으로 마무리지을지는 실천현장 상황에 맞게 결정하시면 됩니다. 아무튼 성공적인 작품발표까지 마쳤다면, 성찰저널 작성 안내와 함께 사건번호 601 3탄을 홍보해 주세요. 특히 단편영화제작에 도전해야 한다는 사실을 부각시키면서 학생들의 기대감을 더욱 높여 보시기 바랍니다.

1. 사건번호 60 소설을 기대ㅎ 있는 추리
2. 사건번호 60 세요!^^ 기대해 주

Teacher Tips

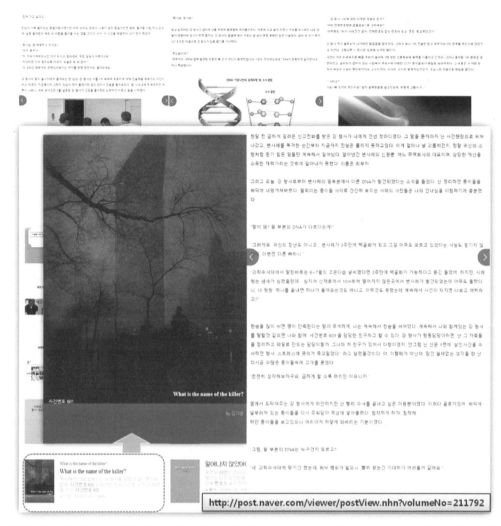

http://post.naver.com/viewer/postView.nhn?volumeNo=211792

[사건번호 601 2탄: 용의자 수업사례는 재미와 게임으로 빚어낸 신나는 프로젝트학습 298–303쪽에 수록되어 있습니다]

도전! 온라인 출판물 만들기 : 웹툰, 웹소설, QR 코드

지금껏 출판은 특정 작가에게만 해당하던 먼 나라 이야기쯤으로 여겨왔어.

그런데 이제는 먼 나라 이야기가 아니야. 세상이 완전히 바뀐 거지. 누구나 페이스북, 카카오, 유튜브 등의 소셜미디어(social media)를 이용해 개인 방송을 즐겨하니 말이야.

그거 알아? 최근 초등학생이 꼽은 미래희망직업 1위가 웹툰작가라는 사실.

웹툰작가에 누구든 도전할 수 있어. 나이, 학력, 성별, 경력 등 어떤 것도 영향을 주지 않아. 실력만 있다면, 많은 사람들로부터 사랑받을 수 있지.

누구든 도전할 수 있다는 사실, 유명 웹툰작가의 과거직업만 봐도 쉽게 알 수 있어.

웹툰 도전!

그럼, 웹툰에 도전해볼까?
생각보다 어렵지 않아.

먼저, 편한 방법을 선택해서
만화를 그려보자!

재미있는 이야기를
담아야지.

종이에 직접 그린 만화는 스마트폰의 사진 기능을 이용해 이미지 파일로 만들 수 있지만,
스캔어플을 사용하면 더욱 선명한 결과를 얻을 수 있어.

스캐너블(Scannable)
앱은 종이 스캔을 간편하게
지원해 주는 어플이야.
스캔한 파일은 JPG/PDF
형식으로 저장할 수 있는데
에버노트(Evernote)와
환상의 궁합을 자랑하지.
다른 어플도 많으니
사용하기 편한 녀석을
고르면 될 거야.

스케치북(Sketchbook) 앱은
다양한 브러시도구들과
색상 조합, 레이어 기능 등
폭넓게 지원되는 게 특징이야.
스마트폰이나 테블릿 PC를
이용해 직접 그림을 그려 이미지
파일로 저장할 수도 있고,
반대로 이미지 파일을 불러와서
수정할 수도 있어. 스캐너블로
스캔한 이미지를 스케치북으로
불러와 채색하고 저장하는 것도
얼마든 가능해. 유사한 기능을
가진 어플도 많으니 적극 사용해
보면 좋을 것 같아.

이쯤하면 초등학생들이 그린 웹툰 작품도 살짝 궁금하지 않아?

아이들은 말합니다.

뭐해? (해맑)

빠직

빠직

낄땐 끼고 빠질땐 빠지라고

_6학년 배민솔 학생(2017년 작품)

도전! 온라인 출판물 만들기

좋은 웹툰은 대부분 매력적인 캐릭터가 등장하지만,
무조건 잘(?) 그린 그림이 독자들의 마음을
움직이는 것은 아니야. 그것보다는 웹툰이 담고 있는
이야기가 더 큰 역할을 한다고 볼 수 있어.

_6학년 조형빈 학생(2017년 작품)

이때부터, 나와
이 여우의 이야기가
시작된다.

_6학년 서민주 학생(2017년 작품)

드디어 나만의 매력적인 웹툰이 완성됐다면, 온라인 출판과정을 밟아나가면 돼.
네이버(naver.com) 등의 포털사이트에서는 손쉽게 온라인 출판을 할 수 있도록 관련 서비스를
제공해 주고 있어. 아래 등록 과정을 살펴보면 이해가 될 거야.

◆ 네이버 웹툰에 접속해서 만화올리기 클릭!

◆ 저작권에 유의하며 양식에 맞게 등록하기 - 등록할 이미지 파일크기에 유의할 것

◆ 도전만화 공간에서 등록성공여부 확인하기

_5학년 김현경 학생(2015년 작품)

네이버에서는 등록한 웹툰이
독자들의 호응을 많이 받게
되면 '베스트 도전만화'로
승격해서 더 많은
이들이 볼 수 있도록
하고 있어.

도전! 온라인 출판물 만들기

한편, 만화뿐만 아니라 소설도 온라인을 통해 손쉽게 출판할 수 있어.
소설가를 꿈꾸는 친구들이라면 특별한 때를 기다리지 말고 바로 도전해 봐.
뭐, 소설가를 꿈꾸지 않더라도 재미삼아서 도전해 보는 것은 어때?

자세히 살펴볼까? 네이버 웹소설(novel.naver.com)에 접속하면 ❶작품올리기 메뉴가 있어. 거기로 들어가면 나만의 소설작품을 올릴 수 있는 공간이 나타날 거야. 제시된 양식에 따라 ❷장르와 연재주기, 표지이미지를 결정하고, ❸작품소개란을 채우면 되는데, ❹필명과 작가블로그 연계여부도 지정하도록 되어 있어. 마지막으로 저장버튼을 클릭하면 작품정보 등록 완료!

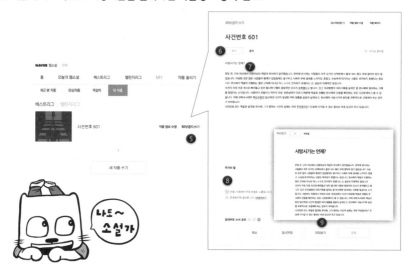

작품등록이 완료됐다면 챌린지리그 탭에 표지이미지와 작품제목이 보일 거야. 본격적으로 소설쓰기를 하려면 ❺회차/공지쓰기를 클릭해야 해. 소설은 연재를 기본으로 하기 때문에 회차별로 글을 쓰도록 되어 있어. 스마트폰이나 테블릿pc용으로 웹소설을 출판하고 싶다면, ❻모바일 줄바꿈을 선택해야 한다는 것 잊지마. 이어서 ❼제목과 내용(20,000자 이내)을 작성하고, ❽작가의 말을 덧붙이면 되는데, 하단에 운영원칙과 완결여부도 체크하도록 되어 있어. 더불어 페이스북과 트위터 등과 연계하여 웹소설의 업데이트 소식을 공유할 수 있어. ❾미리보기 버튼을 클릭하면 PC와 모바일 환경에서 각기 웹소설이 어떻게 출판되는지 확인할 수도 있으니 즐겨 사용해봐.

스낵북(snackbook.net)처럼 간편하게 작가등록을
하면 자유롭게 웹소설을 올리고, 심지어 자신의 작품을
판매할 수 있도록 지원해 주기도 해. 다만 작가등록을
하려면 19세 성인인증을 받아야 하니까 참고하길 바래.
암튼 실력만 된다면 어느 곳에서든 웹툰 혹은 웹소설
작가로 활약할 수 있다는 건 분명해.

카카오(다음)를 비롯해 여러
인터넷기업에서 다양한 형태의
온라인 출판서비스를 제공하고 있어.
다만 여기선 네이버에서 제공하고
있는 서비스에 치중하고 있어.
설명하다보니 이렇게 됐네. 뭐 특별히
네이버에서 후원받아 하는 것은
아니니 오해하진 말자고. 하하하~
이번에 소개할 출판 방법은
네이버포스트(post.naver.com),
개인적인 생각이지만 잡지와 같은
발행물 느낌이 필요하다면, 여러모로
제격인 것 같아.

네이버포스트는 스마트폰과 같은 모바일을 이용해 손쉽게 작성할 수 있도록 지원해 줘. 이들 중에서 템플릿을
이용하는 방법을 추천해 주고 싶어. 화면 상단에 ❶글쓰기 아이콘을 클릭한 후, ❷기본형과 카드형 중에
발행형식을 선택하면 돼. 참고로 카드형은 페이지 구분이 있는 것이고, 기본형은 구분이 없는 거야. ❸템플릿
화면에서 자신의 취향에 맞는 디자인을 고르면 글쓰기 화면이 나타나게 돼.

글쓰기 화면은 선택한 템플릿에 맞게 구성되어 있는데, 모든 것은 자신의 취향에 맞게 수정이 가능해. ④스포이트 아이콘은 배경색깔을 변경할 때 사용하는 것이고, 그림 아이콘은 삽입할 이미지 파일을 추가하거나 변경할 때 사용되는 거야. 휴지통 아이콘은 선택한 페이지를 제거할 때 필요하겠지? 글을 터치하면 원하는 내용으로 곧바로 수정이 가능해서 제작 속도가 상대적으로 빨라.
⑤더욱이 검색이 쉽도록 '태그추가하기' 기능을 제공하고, 블로그, 페이스북, 트위터와 연계하여 동시발행이 이뤄질 수 있도록 지원해 줘. '내 템플릿에 추가'를 켜면 수정한 템플릿을 이후에도 쉽게 활용할 수 있게 돼. 참 편리하지?

PC를 이용해 포스트를 작성할 것 같으면, 굳이 템플릿을 이용하지 않아도 될 것 같아. 좀 더 섬세한 작업이 가능하니 도전해 보라고. 마지막으로 각종 멀티미디어 자료를 한 곳에 모아 손쉽게 온라인 무대에 출판하는 방법을 소개해 볼께. QR 코드라고 들어봤지? 바로 그 주인공이야.

QR 코드(qr.naver.com) 메인화면에 가면 ❶나만의 QR 코드 만들기 버튼이 있어. 클릭하면 곧바로 코드제목, 코드스타일, 추가옵션 등을 설정하는 ❷기본정보입력 화면이 나와. 이어서 다음 단계를 누르면 추가정보입력 화면이 나오게 돼.
근데 여기가 제일 중요해. 먼저 특정 홈페이지를 홍보할 목적이 아니라면 ❸원하는 정보 담기를 선택해야 해. ❹여기에는 URL 주소, 글, 그림, 동영상, 인터넷지도, 연락처 등 대부분의 멀티미디어 자료를 한꺼번에 담아낼 수 있어. 게다가 ❺댓글달기를 체크하면, 해당 QR 코드에 접속한 독자들이 간단한 글을 남길 수도 있어.

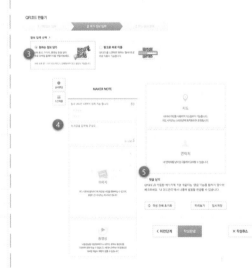

그렇다면 완성된 QR 코드는 어떻게 읽을까? 아주 간단해. 앱스토어나 구글플레이에서 'QR code'라고 검색하면 관련 어플이 쏟아질 거야. 이 중에 자신에게 맞는 걸로 골라서 사용하면 돼. 물론 특정 어플을 사용하지 않더라도 QR 코드를 쉽게 읽을 수 있어. 네이버 모바일 웹에서 'QR 코드'를 검색하면 관련 화면이 나오는데, 이중 ❺코드 버튼을 누르면 ❼QR 코드 리더기가 곧바로 나오게 돼.

The BEST QR Code Readers

경주런닝맨 2

경주런닝맨 3

경주런닝맨 4

경주런닝맨 5

QR 코드 리더기를 '경주 런닝맨' QR 코드에 가까이 대면 ❽의 화면처럼 등록된 정보가 바로 나타나. 참 쉽지? 나머지 경주 런닝맨 QR 코드들도 확인해 봐. 재미삼아 경주에서 해 보는 것도 좋을 것 같은데? 암튼 얼마든지 QR 코드를 이용해 쉽고 간단한 방법으로 온라인 출판물을 만들 수 있음을 알게 됐을 거야. 조금만 익숙해지면 QR 코드를 찾아다니며 비밀지령을 수행하게 될지도 모르지. QR 코드에 자녀와의 소중한 추억이 담긴 사진과 동영상을 등록하는 것은 어떨까? 아마도 오랫동안 소중하게 간직할 수 있는 가족앨범이 탄생하게 될 거야.

프로젝트학습으로 빚어낸 작품들을 온라인 출판물로 메이킹(Making)해 보자!

CHAPTER

07

사건번호 601 ❸탄: 반전

★**Teacher Tips**

실제 범죄사건을 영화로 만들다

1위 살인의 추억 (12세 관람가)	6위 메멘토 (15세 관람가)
2위 시티 오브 갓 (청소년 관람불가)	7위 25시 (15세 관람가)
3위 조디악 (15세 관람가)	8위 인히어런트 바이스 (청소년 관람불가)
4위 노인을 위한 나라는 없다 (청소년 관람불가)	9위 드라이브 (청소년 관람불가)
5위 내 심장이 건너뛴 박동 (15세 관람가)	10위 차퍼 (청소년 관람불가)

'더플레이리스트(theplaylist.net)'에서는 21세기 범죄영화 베스트 50편을 2017년 6월 27일에 발표한 적이 있었습니다. 여기서 쟁쟁한 작품들 가운데 봉준호 감독의 '살인의 추억'이 1위를 차지하며 한국 팬들에게 기분 좋은 소식을 안겨준 바 있는데요. 사실 영화 하나하나가 고유의 이야기와 표현방식을 따르기 때문에 순위로 작품성을 매기는 건 아무래도 불편한 면이 있습니다. 아무튼 영화가 탄생된 이후 범죄분야는 하나의 장르를 확고하게 구축하며 관객의 사랑을 받아온 것만은 분명합니다.

우리가 주목할 것은 범죄영화들의 주요 이야기가 실화에서 비롯되는 경우가 많다는 겁니다. 적어도 실제 사건이 하나의 모티브로 작용해서 작품으로 표현되는 것이 대부분입니다. 영화 '살인의 추억'만해도 장기미제사건으로 남아있는 화성연쇄살인사건을 담아내고 있습니다. 자, 이제 여러분들에게는 사건번호 601을 영화로 담아내는 임무가 부여됩니다.

* 문제시나리오에 사용된 어휘빈도(횟수)를 시각적으로 나타낸 워드클라우드(word cloud)입니다.
  워드클라우드를 통해 어떤 주제와 활동이 핵심인지 예상해 보세요.

사건번호 601 : 반전

그는 어디로 사라진 것일까? 최건의 유력한 살해용의자로 지목된 Y의 행방은 여전히 미궁 속에 빠져있다. 최건의 사체와 같이 발견된 뼈조각의 주인, 여인 K의 행방 역시 묘연하다. 한 달 이상 수사는 지지부진한 상태로 이어지고 있으며, 사건의 실체 역시 제대로 밝혀내지 못하고 있다. 장기미제사건으로 남게 될 것만 같은 불안감이 엄습하면서, 수사팀에는 긴장감만 감돈다. 결국 이대로 끝나고 마는 것인가.

현재 특수수사대는 범행에 사용된 것으로 추정되는 검은색 H승용차의 행방을 찾으려 수사력을 집중하고 있다. Y의 주변인물을 탐문하였지만 별 성과가 없는 상태라서 승용차의 행방을 찾는 건 그만큼 절실해졌다. Y에 대한 이웃들의 증언은 범인이라 단정하기 어려운 걸로 가득했다. 오히려 평소 법 없이도 살만한 성품으로 오랜 기간 이웃들의 신뢰를 받고 살아왔다는 증언이 대부분을 이뤘다. 이처럼 Y와 K의 행방이 묘연한 가운데 뭐 하나 제대로 맞춰지는 퍼즐이라곤 없었다. 수사는 그야말로 미궁 속에서 좀처럼 헤어나지 못하고 있었다. 그러던 중 갑작스런 소식이 전해져 왔다.

수배하셨던 차량으로 보이는 검은색 H승용차가 저희 관할 저수지에 빠져 있는 것 같습니다.

네, 정말이요? 바로 담당 수사관을 보내도록 하겠습니다.

지금 바로 내려가겠습니다~!

전남의 어느 저수지에서 용의자가 몰던 차량과 유사한 검은색 H승용차가 발견됐다는 소식이다. 아직 용의자 차량으로 의심될 뿐 단정지을 수 있는 단계는 아니지만. 뭔가 예감이 좋다. 차량을 인양하고 실질적인 과학수사가 진행되면 좀 더 명확히 알 수 있을 것이다. 과연 이를 계기로 사건의 전모를 밝혀낼 수 있을 것인가.

PBL MAP

Quest 01.
차량 안의 두 시신

Quest 02.
특별한 장치

Quest 03.
사이코메트리

Quest 04.
꼭두각시

차량 안의 두 시신

★★★★★★★

가을 가뭄에 저수지의 수위가 급격히 낮아지면서 차량의 모습이 수면 위로 드러났다고 한다. 자칫 미궁 속에 빠질 수 있었던 사건이 하늘의 도움을 받아 새로운 국면을 맞게 된 것이다. 아직 반쯤 잠긴 차량으로 수중수색 팀이 접근했다. 그리고 무언가 발견했다는 신호와 함께 격한 몸짓으로 상황을 설명하기 시작했다.

상황 보고합니다. 지금 차 안에는 두 구의 시신이 있습니다. 안전벨트를 한 상태로 부패가 상당히 진행된 것으로 보여집니다. 시신이 입고 있는 옷으로 보아 각각 남자와 여자로 추정됩니다.

상황 보고를 듣자마자 이상한 기운이 감돌았다. 혹시 발견된 시신이 Y와 K란 말인가. 정말 그렇다면 이들은 왜 죽었을까? 아직 확실한 증거는 없다. 차량 안의 시신이 그들이라는 확증도 없다. 사건은 과연 어느 방향으로 흐르게 되는 걸까?

❶ 사건번호 601 ❶과 ❷탄의 내용을 종합해 보고 제시된 상황에 따른 가설을 2가지 이상 세워봅시다. 그냥 맘껏 상상해 보세요.   ★★★

가설 1	가설 2

❷ 팀별로 서로의 가설을 공유하고 협의를 통해 유력한 가설 3개를 선정하세요.   ★★★

TOP3	가설내용
1	
2	
3	

관련교과	국어	사회	도덕	수학	과학	실과			체육	예술		영어	창의적 체험활동	자유학기활동		
						기술	가정	정보		음악	미술			진로 탐색	주제 선택	예술 체육
	●												●		●	

1. 수사 과정에서 다양한 가설은 필수입니다. 가설을 세울 때는 상상력은 필수죠. 여러 상황을 고려하여 최적의 가설을 세워 보세요.
2. 아직은 차량에 대한 어떠한 단서도 없는 상태입니다. 한쪽으로 치우쳐서 생각하지 말고 여러 경우의 수를 따져서 가설을 세웁시다. 팀별로 가설을 선정할 때도 다양한 관점을 고려해 주세요.

나만의 교과서

4가지 기본항목을 채우고, 퀘스트 해결과정에서 공부한 내용이나 수집한 정보를 토대로 자신만의 방식으로 알차게 표현해 보세요. 그림이나 생각그물의 형태로 표현하는 것도 좋습니다.

ideas
문제해결을 위한 나의 아이디어

facts
문제와 관련하여 내가 알고 있는 것들

learning issues
문제해결을 위해 공부해야 할 주제

need to know
반드시 알아야 할 것

스스로 평가
자기주도학습의 완성!

나의 (신) (호) (등)

01	나는 사건번호 601 ❶과 ❷탄의 내용을 종합하고 팀원들과 공유하였다.	① ② ③ ④ ⑤
02	나는 추가되는 사건상황을 고려하여 2가지 가설을 세웠다.	① ② ③ ④ ⑤
03	나는 팀별로 각자 세운 가설을 공유하고, 유력한 가설 3개를 선정하였다.	① ② ③ ④ ⑤
04	나는 문제해결을 위해 탐구한 내용과 수집한 정보를 바탕으로 나만의 교과서를 멋지게 완성하였다.	① ② ③ ④ ⑤

자신의 학습과정을 되돌아보고 진지하게 평가해주세요.

Level up

오늘의 점수   나의 총점수

특별한 장치

★★★★★★★★★★

차량 안의 두 시신에 대한 과학수사대의 정밀 감식이 이루어졌다. 유전자 검사결과, 시신은 예상대로 Y와 K로 드러났다. 그리고 K의 절단된 한쪽 팔에는 의수가 끼워져 있었다. 그런데 이들에게서 특이점이 발견됐다. 두 시신의 몸에는 지금껏 보지 못했던 이상한 장치가 단단하게 부착되어 있었다.

장치가 뇌의 특정 부분에 전류를 보내 특별한 자극을 유발시키는 것으로 추정되고 있을 뿐이다. 전선 끝 부분이 행복, 만족, 즐거움 등의 감정들을 결정하는 뇌의 특별한 부분과 연결되어 있었다는 것이 이를 뒷받침해 준다.

시신에게서 발견된 장치는 마치 베르베르 작가의 소설『뇌』에 등장하는 특수 장치를 연상케 한다. 소설 속에 장치도 뇌의 특정 부분을 자극해서 마약보다 더 강력한 쾌감과 황홀감을 제공해 주는 것으로 그려지고 있다. 더 나아가 이를 활용해 평범한 사람이라도 목적에 맞게 길들이고 조종할 수 있음을 보여준다.

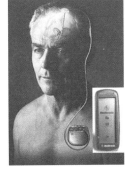

그렇다면 Y와 K의 몸에서 발견된 장치가 이번 사건과 과연 어떤 관계를 맺고 있을까. 새로운 국면으로 접어들게 된 사건의 실체, 그것이 궁금하다.

❶ 기존 가설들을 새로운 사실들을 반영하여 수정해 봅시다. ★★

❷ 살인사건의 재구성, 실감나는 시나리오를 작성해 주세요. ★★★★

❸ 영화 스틸컷 촬영 1차: 시나리오의 주요장면을 콘티로 표현하고 그대로 촬영해 보세요. ★★★★

	장면 (씬#)	
영화 주요 콘티	설명 (대사)	
	장면 (씬#)	
	설명 (대사)	
	장면 (씬#)	
	설명 (대사)	

관련교과	국어	사회	도덕	수학	과학	실과			체육	예술		영어	창의적 체험활동	자유학기활동		
						기술	가정	정보		음악	미술			진로 탐색	주제 선택	예술 체육
	●										●		●		●	●

1. 베르베르의 소설 『뇌』를 직접 읽거나 줄거리라도 참고한다면 가설을 세우는 데 도움이 될 것입니다.
2. 영화 제작을 고려한 실감나는 시나리오 작성과 함께 주요 이야기를 근거로 영화 스틸컷(주요 장면 사진) 촬영도 시작해 주세요.
3. 주요 장면 촬영은 사전에 준비한 콘티를 활용하고, 각종 소품으로 영화적 분위기를 살려주세요.

▲ 나만의 교과서

4가지 기본항목을 채우고, 퀘스트 해결과정에서 공부한 내용이나 수집한 정보를 토대로 자신만의 방식으로 알차게 표현해 보세요. 그림이나 생각그물의 형태로 표현하는 것도 좋습니다.

ideas
문제해결을 위한 나의 아이디어

facts
문제와 관련하여 내가 알고 있는 것들

learning issues
문제해결을 위해 공부해야 할 주제

need to know
반드시 알아야 할 것

스스로 평가
자기주도학습의 완성!

나의 신 호 등

01	나는 퀘스트마다 새롭게 확보되는 증거와 상황을 토대로 기존 가설을 수정하였다.	① ② ③ ④ ⑤
02	나는 상상력을 발휘하여 살인사건을 재구성하고 실감나는 시나리오로 표현했다.	① ② ③ ④ ⑤
03	나는 시나리오에 따라 영화콘티를 작성하고 주요장면을 촬영했다.	① ② ③ ④ ⑤
04	나는 문제해결을 위해 탐구한 내용과 수집한 정보를 바탕으로 나만의 교과서를 멋지게 완성하였다.	① ② ③ ④ ⑤

자신의 학습과정을 되돌아보고 진지하게 평가해주세요.

Level up

오늘의 점수   나의 총점수

사이코메트리

****

특별한 장치가 이번 사건의 열쇠를 쥐고 있음이 분명하다. 그러나 이 장치가 왜 이들의 몸에 부착되어있는지 도저히 알 수가 없다. 지푸라기라도 잡는 심정에 새로운 수사를 진행하려고 한다. 그건 바로 사이코메트리, 영국과 미국에선 이미 채택되어 범죄현장의 유류품에서 범인의 행방을 쫓는 실험이 진행되고 있다고 한다. 초과학적 방법이지만 범인을 찾기 위해서는 못할 것이 없다. 이를 위해 국내의 최고 투시능력자 G를 영입했다. G는 특별한 장치의 이곳저곳을 만지며 뜻밖의 말을 쏟아내기 시작했다.

G는 우리 수사대에게 믿을 수 없는 충격적인 말을 했다. 믿기지 않는 말에 그곳에 모든 사람이 할 말을 잃었다. 어디서부터 어떻게 믿어야 할지 종잡을 수가 없었다. 만약 G의 말이 사실이라면…….

※ 사이코메트리(psychometry): 한 실험 결과에 의하면 남성은 10명 중 1명, 여성은 4명 중 1명이 이 능력을 가졌다고 한다. 이 능력은 투시의 일종인데, 이전에 존재했던 인간의 기억이 냄새처럼 주위의 사물에 남는다는 초심리학적 가설에 의거한다. 최근 영국 ·미국에서는 사이코메트리를 채택하여 범죄현장의 유류품에서 범인이나 피해자의 행방을 추적하는 실험을 한다. 네덜란드의 투시능력자 크로아젯은 이 분야의 경찰협력자로서 유명하다.

❶ 기존 가설들을 새로운 사실들을 반영하여 수정해 봅시다. ★★

❷ 사이코메트리 G의 등장을 담아서 실감나는 시나리오를 작성해 주세요. ★★★★

❸ 영화 스틸컷 촬영 2차: 시나리오에 추가되는 주요장면을 콘티로 표현하고 그대로 촬영해 보세요.
★★★★

영화 주요 콘티	장면 (씬#)	
	설명 (대사)	
	장면 (씬#)	
	설명 (대사)	

관련교과	국어	사회	도덕	수학	과학	실과			체육	예술		영어	창의적 체험활동	자유학기활동		
						기술	가정	정보		음악	미술			진로 탐색	주제 선택	예술 체육
	●										●		●		●	●

1. 사이코메트리 G의 증언을 참고해서 작가적인 상상력을 발휘해 주세요. 실감나는 시나리오 작성은 영화의 완성도에 핵심적인 영향을 미칩니다.
2. 영화 스틸컷에는 영화에서 담고자하는 이야기가 함축적으로 묘사되어야 합니다. 영화 장르에 맞게 진지한 촬영을 진행해 주세요.

▲ 나만의 교과서

4가지 기본항목을 채우고, 퀘스트 해결과정에서 공부한 내용이나 수집한 정보를 토대로 자신만의 방식으로 알차게 표현해 보세요. 그림이나 생각그물의 형태로 표현하는 것도 좋습니다.

ideas 문제해결을 위한 나의 아이디어	**facts** 문제와 관련하여 내가 알고 있는 것들

learning issues 문제해결을 위해 공부해야 할 주제	**need to know** 반드시 알아야 할 것

스스로 평가
자기주도학습의 완성!

나의 (신)(호)(등)

01	나는 퀘스트마다 새롭게 확보되는 증거와 상황을 토대로 기존 가설을 수정하였다.	① ② ③ ④ ⑤
02	나는 상상력을 발휘하여 살인사건을 재구성하고 실감나는 시나리오로 표현했다.	① ② ③ ④ ⑤
03	나는 시나리오에 따라 영화콘티를 작성하고 주요장면을 촬영했다.	① ② ③ ④ ⑤
04	나는 문제해결을 위해 탐구한 내용과 수집한 정보를 바탕으로 나만의 교과서를 멋지게 완성하였다.	① ② ③ ④ ⑤

자신의 학습과정을 되돌아보고 진지하게 평가해주세요.

Level up

오늘의 점수　　나의 총점수

꼭두각시

★★★★★★★★★★★★

사이코메트리 G의 말이 모두 맞았다. 최건의 두개골을 정밀 검시한 결과 미세한 바늘 구멍이 발견됐다. Y와 K에게 장착됐던 특별 장치가 그에게도 부착되었던 것이다. 꼭두각 시처럼 누군가에게 조종을 받으며 이와 같은 엽기적인 사건을 일으켰다는 것으로밖에 이해되지 않는 대목이다. 그렇다면 도대체 누가 배후에서 이런 일을 저질렀을까. 더 이상의 실마리를 찾지 못하는 상황에서 G에게 어려운 요청을 하게 됐다. 시신들의 몸에 직접 손을 대고 범인을 찾는 부탁이었다. 그는 망설였지만 우리 수사대의 간곡한 부탁을 물리치지 못했다.

아~ 피해자들이 너무 괴로워하네요. 자신의 의지가 아니었어요. 그가 모두 시켰던 겁니다. K의 팔을 자르도록 시킨 것도 최건을 죽인 것도 그리고 이들을 저수지로 몰아넣은 것도 모두 그예요.

으윽 너무 괴로워요. 그에게 다가갈수록 고통스럽습니다. 한 가지 확실한 건, 저와 같은 능력을 지닌 인물이에요. 그는 사람보다 우월한 존재로 여기며 장난삼아 사람을 죽이고 있어요.

그만하세요. 이러다 큰 일 나겠어요.

겉보기에 그는 지극히 평범하고 나약한 인물로 보일 거예요. 학창시절 집단따돌림과 폭력을 경험하면서 인간에 대한 혐오감을 키워왔을 가능성이 높습니다.

이제 그가 보이지 않아요. 그는 우리 주변에 있어요. 언제든 마음만 먹으면 다시 꼭두각시놀이를 시작할 거예요.

G는 더 이상 그가 보이지 않는다고 한다. 그의 능력이 자신의 존재를 지우고 있다는 말만 반복하며 추가적인 범행이 발생할 수 있음을 경고하였다. 더 이상의 꼭두각시놀이를 멈추어야 한다. 어떻게 범인을 잡을 수 있을까. 또 다른 피해자가 발생하지 않도록 사건을 반드시 해결하길 바란다.

❶ 기존 가설들을 새로운 사실들을 반영하여 수정해 봅시다. ★★

❷ 새로운 상황을 반영하여 영화 시나리오를 완성해 주세요. ★★★★

❸ 영화 스틸컷을 추가로 촬영하고 이를 활용해 영상을 완성해 주세요. ★★★★★★

		곡명	영화장면
배경 음악			
영화 주요 콘티 (추가분)	장면 (씬#)		
	설명 (대사)		
	장면 (씬#)		
	설명 (대사)		

관련교과	국어	사회	도덕	수학	과학	실과			체육	예술		영어	창의적 체험활동	자유학기활동		
						기술	가정	정보		음악	미술			진로 탐색	주제 선택	예술 체육
	●									●	●		●			●

1. 사건번호 601 시리즈가 모두 마무리되었습니다. 열린 결말로 마무리했지만 나머지 부분은 상상력을 발휘해서 완성해 주세요.

2. 주요장면사진(스틸컷)을 영화의 흐름에 맞게 배열하고 이어 붙여서 영상을 만들어 주세요. 영화의 긴장감이 관객에게 전해지도록 장면에 맞는 배경음악을 삽입하고, 내용 전달을 위해 자막도 제공하도록 합니다.

3. 무성영화를 촬영하고 변사극으로 나타내는 것도 좋은 방법입니다.

나만의 교과서

4가지 기본항목을 채우고, 퀘스트 해결과정에서 공부한 내용이나 수집한 정보를 토대로 자신만의 방식으로 알차게 표현해 보세요. 그림이나 생각그물의 형태로 표현하는 것도 좋습니다.

ideas
문제해결을 위한 나의 아이디어

facts
문제와 관련하여 내가 알고 있는 것들

learning issues
문제해결을 위해 공부해야 할 주제

need to know
반드시 알아야 할 것

스스로 평가
자기주도학습의 완성!

나의 신호등

01	나는 퀘스트마다 새롭게 확보되는 증거와 상황을 토대로 기존 가설을 수정하였다.	① ② ③ ④ ⑤
02	나는 상상력을 발휘하여 살인사건을 재구성하고 실감나는 영화시나리오로 완성했다.	① ② ③ ④ ⑤
03	나는 영화의 주요장면을 콘티에 따라 추가로 촬영했다.	① ② ③ ④ ⑤
04	나는 주요장면(스틸컷)을 이용해 배경음악, 자막 등이 들어간 영상을 제작했다.	① ② ③ ④ ⑤
05	나는 문제해결을 위해 탐구한 내용과 수집한 정보를 바탕으로 나만의 교과서를 멋지게 완성하였다.	① ② ③ ④ ⑤

자신의 학습과정을 되돌아보고 진지하게 평가해주세요.

Level up

오늘의 점수　　나의 총점수

All-Clear
sticker

07
CHAPTER
사건번호 601 ❸탄:
반전

★Teacher Tips

Teacher Tips

'사건번호 601' 시리즈 3탄은 반전이라는 부제에 걸맞게 일반적인 예상을 뛰어넘는 이야기 전개
과정을 보여주고 있습니다. 기존 소설과 영화에서 모티브를 얻은 극적인 이야기 전환을 통해 참
여하는 학생들의 상상력을 극대화시키는데 초점을 둡니다. 이전 활동이 작가적 상상력을 발휘해
소설을 완성하도록 했다면, 이 수업은 학생들로 하여금 복잡한 과정이 뒤따를 수밖에 없는 영화
제작에 도전할 것을 요구합니다. 물론 영화제작과정 자체가 제한된 시간동안 운영해야 할 수업
활동으로 부적합하다고 여길 수 있고, 그만큼 적용에 부담을 느낄 수도 있습니다. 하지만 이는
영화에 대한 일반적인 선입견에서 비롯된 것일 수 있습니다. 표현방식을 어떻게 하느냐에 따라 얼
마든지 제작과정을 간소화시킬 수 있고, 스마트폰 앱을 비롯한 관련 소프트웨어를 활용해 손쉽
게 영화로 구현할 수 있답니다. 허접한 작품으로 보이더라도 함부로 우습게 보면 절대 안 됩니다.
본인들이 제작한 영화에 대해선 무한 자부심을 가지고 있으니까요. 필자의 경험상 활동과정과
결과에 대해 학생들이 무척 만족감을 표현하는 수업 중에 하나입니다. 이것저것 고민하며 망설일
것 없이 그냥 시작해 보세요. 뜻밖의 인생수업이 펼쳐질 수도 있습니다.

1895년 12월 파리의 그랑 카페에서 뤼미에르 형제에 의해 첫 영화가 유료로 상영된 이후,
영화는 사람들에게 가장 사랑받는 대중매체로 자리매김하고 있습니다. 오늘날 굳이 영
화관을 가지 않더라도 TV, 인터넷, 스마트폰, SNS 등을 통해 언제 어디서든 원하는 영화
를 즐길 수 있게 되면서, 그 영향력은 더욱 커지고 있습니다. 영화는 취미의 영역을 넘어서
일상생활 깊숙이 파고들어 우리 삶의 일부가 된 상태입니다. 이런 영화는 가치, 의미, 목적
등에 따라 여러 용어로 표현되기도 합니다. 수업 전에 영화를 일컫는 여러 용어를 배워보
는 시간을 갖는다면 관련 내용에 대한 지적 호기심을 이끌어낼 수 있을 겁니다.

시네마(Cinema)	필름(Film)	무비(Movie)	모션 픽처(Motin Picture)
영화의 이론적 전달을 부각한 용어	예술, 독립, 작가영화를 지향하는 영화 용어	일반적인 영화 용어, 상업 영화 전반을 일컫는 용어	영화를 산업적으로 통칭할 때 사용하는 용어

출처: 네이버 지식백과 「영화란 무엇인가」

더불어 영화의 탄생과 관련하여 에디슨이 윌리엄 딕슨과 발명한 '키네토스코프(kineto-
scope)'가 뤼미에르 형제의 '시네마토그라프(cinematographe)'에게 최초의 자리를 내주게

된 이유를 학생들과 같이 이야기해보는 것은 어떨까요.

키네토스코프가 1891년에 발명된 최초의 영화상영기임에도 불구하고 확대경으로 혼자만 볼 수밖에 없는 구조였던 반면, 시네마토그라프는 이런 키네토스코프의 기초기술을 이용해 스크린에 영사하는 장치 겸 촬영기였다는 점이 결정적이었다고 합니다.

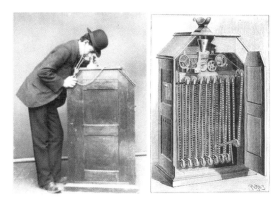

Kinetoscope, 1894

더욱이 에디슨의 촬영장치는 성능은 상대적으로 좋았지만 크고 무거워 불편했던 반면, 시네마토그라프는 키네토스코프의 1/100인 약 5kg 정도로 이동이 손쉽고 실용적이었습니다. 여러모로 많은 사람들이 함께 관람하는 영화의 대중적인 개념과 시네마토그라프가 잘 맞았던 것이죠. 참고로 영화를 지칭하는 'Cinema'라는 용어가 시네마토그라프에서 비롯된 것이기도 합니다. 이렇게 시네마토그라프의 완승으로 키네토스코프의 인기가 시들해지면서 절치부심한 에디슨은 1896년 2월 토머스 아맷(Thomas Armat)이 개발한 바이타스코프(Vitascope)를 선보이게 됩니다. 바이타스코프 영사기가 미국 전역으로 퍼져나가면서 상업적인 성공을 거두게 되고 에디슨은 미국 영화산업의 선두주자가 됩니다.

누구나 다 알듯 이제 영화는 굴뚝 없는 거대한 산업으로 성장했습니다. 동시에 기술적 진입장벽이 점차 사라지면서 남녀노소 누구든 영화를 만들 수 있는 세상이 되었습니다. 공들여 제작한 영화를 공유할 수 있는 무대는 온라인상에 넘쳐납니다.

본인의 의지만 있다면 나이 어린 학생일지라도 얼마든지 단편영화를 만들 수 있고, 관련 영화제에 출품도 할 수 있습니다. 아무쪼록 영화제작의 기회가 모두에게 열려있다는 점을 활동이 시작되

기 전에 강조해주길 바랍니다.

이 수업은 참여한 학생들이 영화적 상상력을 발휘하여 제작과정 자체에 흥미를 가지도록 하는 것이 무엇보다 중요합니다. 앞서 수행했던 사건번호 601 시리즈와 마찬가지로 이야기 창작의 자유를 맘껏 누릴 수 있도록 하는 것은 기본입니다. 영화제작절차를 지나치게 강조하고 엄격하게 적용하지 않도록 주의해 주세요. 영화적 표현 자체가 중요하므로 영상의 완성도를 높이기 위한 무리한 일정 소화는 득보다 실이 많습니다. 이 수업은 제시된 과제의 난이도를 고려할 때, 초등학교 6학년 이상이면 무난하게 도전할 수 있습니다.

교과	영역	내용요소		
		초등학교 [5-6학년]	중학교 [1-3학년]	고등학교[1학년]
국어	문학	◆이야기, 소설, 극 ◆작품의 이해와 소통	◆이야기, 소설, 극 ◆개성적 발상과 표현	◆서사, 극 ◆갈래 특성에 따른 형상화 방법
	듣기 말하기	◆토의[의견조정] ◆발표[매체활용] ◆체계적 내용 구성	◆토의[문제 해결] ◆발표[내용 구성] ◆청중 고려	◆협상 ◆의사소통 과정의 점검과 조정
실과 정보	자료와 정보	◆소프트웨어의 이해	◆자료의 유형과 디지털 표현	◆효율적인 디지털 표현
미술	표현	◆표현 방법(제작) ◆제작 발표 ◆소재와 주제(발상)	◆표현 매체(제작) ◆주제와 의도(발상)	◆표현 매체의 융합(제작) ◆주제의 확장(발상)
	체험	◆이미지와 의미	◆이미지와 시각 문화	◆시각 문화의 가치와 역할

● **적용대상(권장):** 초등학교 6학년-고등학교 1학년
● **자유학년활동:** 주제선택(권장)
● **학습예상소요기간(차시):** 10-15일(12-16차시)
● **Time Flow**   10일 기준

QUEST 01	◆사건번호 601 ❶과 ❷탄의 내용을 종합하고 팀원들과 충분히 공유할 수 있다. ◆추가되는 사건상황을 고려하여 2가지 가설을 세울 수 있다. ◆팀별로 각자 세운 가설을 공유하고, 유력한 가설 3개를 선정할 수 있다.
QUEST 02	◆특별한 장치와 새로운 사건상황을 반영하여 실감나는 시나리오로 표현할 수 있다. ◆시나리오에 따라 1차 영화콘티를 작성하고 주요장면을 촬영할 수 있다.
QUEST 03	◆사이코메트리 등장을 포함하여 기존 시나리오를 재구성하여 완성도 있게 표현할 수 있다. ◆시나리오에 따라 2차 영화콘티를 작성하고 주요장면을 촬영할 수 있다.
QUEST 04	◆영화의 주요장면으로 추가되어야 할 부분을 살펴보고 콘티에 따라 촬영할 수 있다. ◆주요장면 촬영사진(또는 동영상)을 활용해 배경음악, 자막 등이 들어간 영화를 제작할 수 있다.
공통	◆영화제작과정에 역할에 맞게 적극적으로 참여할 수 있다. ◆퀘스트마다 새롭게 확보되는 증거와 상황을 토대로 기존 가설을 수정할 수 있다. ◆다양한 매체에서 조사한 내용을 정리하고 자신의 언어로 재구성하는 과정을 통해 창의적인 산출물을 만들어낼 수 있다. 이 과정을 통해 지식을 생산하기 위해 소비하는 프로슈머로서의 능력을 향상시킬 수 있다. ◆토의의 기본적인 과정과 절차에 따라 문제해결 방법을 도출하고, 온라인 커뮤니티 등의 양방향 매체를 활용한 지속적인 학습과정을 경험함으로써 의사소통능력을 신장시킬 수 있다.

※ 프로슈머 [Prosumer]: 앨빈 토플러 등 미래 학자들이 예견한 생산자(producer)와 소비자(consumer)를 합성한 말

시작하기

중심활동 : 문제출발점 파악하기, 학습흐름 이해하기

◆ 인트로에 제시된 워드클라우드를 보며 앞으로 전개될 상황 예상해 보기
 :(선택) 화성연쇄살인사건을 다룬 살인의 추억을 비롯해 범죄 장르의 영화에 대해 자유롭게 이야기를 나누면서 이번 핵심활동이 범죄영화제작에 있음을 강조하기
◆ 사건의 열쇠를 쥔 Y와 K의 행방이 묘연한 가운데 검은색 용의자 차량이 발견되는 상황을 이해하고 문제출발점 파악하기
◆ 검은색 용의자 차량의 발견을 계기 앞으로 어떤 사건이 전개될지 예상해보면서 팀원 간에 의견교환하기
◆ (선택)자기평가방법 공유, 온라인 학습커뮤니티 활용 기준 제시하기
◆ PBL MAP을 활용하여 전체적인 학습흐름과 각 퀘스트의 활동 내용 일부 살펴보기

본격적인 수업시작의 앞서 사건번호 601 1탄과 2탄의 주요활동내용을 상기해 보도록 합니다. 인트로에 제시된 워드클라우드를 활용해 앞으로 어떤 이야기(상황)가 전개될지 예상해 보는 것도 수업에 대한 기대감을 형성하는데 긍정적인 영향을 줄 수 있습니다. 이왕이면 화성연쇄살인사건을 다룬 '살인의 추억'과 같은 작품을 언급하며 범죄 장르의 영화 중 인상적인 작품을 중심으로 이야기를 나누거나 실제 영화감상활동과 연계하여 진행하는 것도 고려해볼 만합니다. 범죄영화제작이 이 수업의 핵심활동인 만큼, 참여하는

학생들의 기대와 관심을 이끌어내는데 좋은 참고자료가 될 수 있습니다. 아무튼 사건의 열쇠를 쥐고 있는 피해자의 주변인물 Y와 K의 행방을 찾을 수 없는 가운데, 검은색 용의자 차량의 발견이 어떤 사건의 전환을 예고하는 것인지 충분한 시간을 갖고 이야기하는 것이 좋습니다. 이왕이면 문제출발점의 새로운 상황이 좀 더 인상적으로 각인될 수 있도록 선생님의 목소리 톤, 표정, 몸짓 등을 연출해 보시기 바랍니다. 가능하다면 자발적인 지원을 받아 문제상황을 영상이나 상황극으로 꾸며보는 것도 고려해볼 만합니다.

'반전'이라는 부제가 의미하듯 각 퀘스트에 등장하는 이야기들이 일반적인 예상의 범주를 훌쩍 넘어서게 될 것임을 예고하는 것도 긍정적인 기대감 형성을 위한 좋은 전략일수 있습니다. 아무튼 주어진 문제상황을 토대로 가설을 세우고, 이를 토대로 이야기 창작과정이 진행되는 것은 이전 사건번호 601 시리즈와 동일합니다. 창작결과물을 추리소설로 하느냐, 영화로 표현하느냐의 차이만 있을 뿐, 결국은 작가적 상상을 통해 이야기를 만드는데 있습니다. 학생들과 선생님, 학생들 상호간에 끊임없이 이루어진 대화가 흥미진진한 이야기를 만드는 창작과정임을 명심해 주시기 바랍니다.

문제출발점에서 제시된 상황을 충분히 파악하고 그와 관련된 이야기로 꽃을 피웠다면, 'PBL MAP'을 활용해 학습과정을 미리 짚어보는 시간을 가져볼 수 있습니다. 어떤 과정이든 수업을 운영하는 선생님의 판단 하에 생략하거나 추가할 수 있습니다. 문제상황을 설명하면서 앞으로 전개될 중심활동에 대해 자연스럽게 소개해 주는 대신, PBL MAP을 활용한 과정을 생략할 수 있는 것처럼 말이죠. 아무쪼록 여러 측면을 고려하여 융통성 있게 적용하시기 바랍니다.

 전개하기

'사건번호 601, 반전'에서 최종적으로 완성해야 하는 결과물은 영화입니다. 학생들은 총 4개의 기본 퀘스트를 수행하며 제시된 상황과 단서를 바탕으로 시나리오를 쓰고, 주요 장면을 연출한 사진(영화 스틸컷)을 이용해 영화제작을 시도하게 됩니다. 퀘스트마다 영화적 상상력을 자극하기 위해 영화보다 더 영화 같은 문제상황을 제시하고자 했습니다. 이를 위해 필자는 유명 소설과 영화에서 모티브를 얻어 일반적인 상식선을 넘어선 사건의 전개양상을 나타내도록 구성하였습니다.

● 퀘스트1 : 차량 안의 두 시신

중심활동 : 새로운 상황을 파악하고 2가지 이상의 가설세우기, 팀별로 유력한 가설 3개 선정하기

◆ 문제상황을 파악하고, 차량 안의 두 시신이 누구인지 추론하기
◆ 두 시신이 Y와 K일 수도 있다는 전제 속에 죽음의 이유를 예상하며 개별적으로 2가지 이상의 가설세우기
◆ 팀원 간에 각자 세운 가설을 공유하고 이 중에서 가장 유력한 가설 3개 선정하기

Quest 퀘스트 **01 차량 안의 두 시신**

가을 가뭄에 저수지의 수위가 급격히 낮아지□
고 한다. 자칫 미궁 속에 빠질 수 있었던 사건□
게 된 것이다. 아직 반쯤 잠긴 차량으로 수중□
다는 신호와 함께 격한 몸짓으로 상황을 설명□

문제내용을 파악하며 용 ★★★★★★
의자의 차량에서 신원미상의 남
자와 여자 시신이 발견된 상황을 실감 □다
나게 표현해 주세요. 시신들이 용의자로 쫓 □
고 있었던 Y와 K일 가능성을 언급하며, 이들 □
이 왜 죽었는지 다양한 의견을 나누도록 합
니다. 앞으로 전개될 사건의 향방에 대해
학생들이 궁금해 할 수 있도록 관련 □감
의문들을 마구마구 던져주도 □ 말인
록 하세요.

사 □

❷ 팀별로 서로의 가설을 공유하고 협의를 통해 유력한 가설 3개를 선정하세요. ★★★

TOP3	가설내용
1	
2	

정말 그렇□□ □ □세 죽었을까? 아
□실한 증거는 없다. 차량 안의 시신이

□이라는 사건번호 601 1탄과 2탄에서 제시된
내용들을 정리해보고, 새로운 상황과 연결지
으로 호 어 생각해 보는 시간을 갖습니다. 특히 학생
들의 상상력으로 빚어낸 단편추리소설 가운데
이와 유사한 내용을 그린 작품이 있는지 살
펴보는 것도 좋은 전략입니다. 전부가 아니라
극히 일부라도 자신이 쓴 작품부터 시작해서
상황에 □ 유사한 점을 찾아보도록 안내해 주세요. 새
롭게 제시된 상황과 앞서 다루었던 내용들이
맥락적으로 연결되는 것이 중요합니다. 개인
별로 맘껏 상상의 나래를 펼쳐서 2가지 이상
의 가설을 세우도록 해야 합니다.

개별로 세운 가설을
서로 공유하고, 각자의 의견을
자유롭게 제시하도록 합니다. 여기서 의
견교환은 상대방의 가설을 비판하거나
허점을 꼬집는 식으로 이루어지면 안됩니
다. 가설 중에 팀원 모두에게 설득력을
주는 부분을 꼽아보고, 그 중에서 유
력한 가설 3개를 선정하도
록 해 주세요.

예술		영어	창의적	자유학기활동		
음악	미술		체험활동	진로 탐색	주제 선택	예술 체육
			●		●	

1. 수사 과정에서 □
보세요.
□ 때는 상상력은 필수죠. 여러 상황을 고려하여 최적의 가설을 세워
2. 아직은 차량에 대한 어떠한 단서도 없는 상태입니다. 한쪽으로 치우쳐서 생각하지 말고 여러 경우의 수를 따져서 가설을
세웁시다. 팀별로 가설을 선정할 때도 다양한 관점을 고려해 주세요.

● 퀘스트2 : 특별한 장치

중심활동 : 새로운 사실들을 반영하여 가설 수정하기, 콘티 작성하고 영화 촬영하기

◆ 차량 안의 두 시신에 대한 감식결과와 특별한 장치가 등장하는 문제상황을 파악하기

◆ 특별한 장치가 Y와 K의 죽음과 어떤 연관이 있는지 예상해 보며, 가설수정하기

◆ 가설을 토대로 사건을 재구성하고 소설에 버금가는 실감나는 시나리오 작성하기

◆ 시나리오의 주요장면을 콘티로 표현하고 그대로 영화 스틸컷(연출사진) 촬영을 진행하기

Quest 퀘스트 **02 특별한 장치**   **************

차량 안의 두 시신에 대한 과학수사대의 정밀 감식이 이루어졌다. 유전자 검사결과, 시신은 예상대로 Y와 K로 드러났다. 그리고 K의 절단된 한ᄅ다. 그런데 ᄀᆯ게서 특이점이 발견됐다. 두 시신의ᄃ 있었다.

차량 안의 두 시신에 대한 감식결과가 예상대로 Y와 K임을 알려주며 새로운 문제상황을 제시해 줍니다. 전체 문제상황을 글이 아닌 선생님의 구술을 통해 실감나게 표현해주고 맘껏 상상할 수 있는 시간을 주는 것도 괜찮습니다. 어떤 방식이든 학생들의 호기심을 자극할 수 있도록 해 주세요. 특히 시신에게서 발견된 특별한 장치에 주목하도록 하고, 이것이 이번 사건에 어떤 영향을 주었을지 여러 측면에서 고민하도록 해야 합니다.

시신에게서 발견된 특별한 장치가 Y와 K라는 인물에 어떤 영향을 주었으며, 왜 이런 살인사건이 일어났는지, 왜 이들이 죽어야만 했는지, 새로운 사실들을 반영하여 가설을 세워봅시다.

❶ 기존 가설들을 새로운 사실ᄃ   ******

❷ 살인사건의 재구성, 실감나는 시나리오를 작성해 주세요.   ********

이미 학생들에게 익숙한 활동일 것입ᄂ것으로 추정되고 있니다. 퀘스트1과 2의 가설을 토대로 살인사건을 재구성하고, 소설과 같은 실감나는 시나리오를 완성하도록 안내해 주세요. 특히 최종결과물이 영화인만큼 극본(희곡)과 같은 형식으로 쓰는 것이 적합합니다.

ᄂ 뇌의 특별한 부

ᄒ는 특수 장치를

❸ 영화 스틸컷 촬영 1차: 시나리오의 주요장면을 콘티로 표현하고 그대로 촬영해 보세요.

영화 주요 콘티	장면 (씬#)	
	설명 (대사)	
	장면 (씬#)	
	설명 (대사)	
	장면	

ᅡ람   ᅵ길

사건번호 6의 1탄과 2탄, 그리고 3탄의 퀘스트2까지 시나리오의 주요장면을 콘티로 표현ᅥ떤해 주세요. 콘티에 대한 이해가 부족한 학생들이 있다면 관련 사례를 소개해주고 진행하는 실체,것이 좋습니다. 다만 영화스틸컷(연출사진) 촬영은 콘티가 완성된 직후 그때마다 해도 되고, 영화제작기간을 충분히 제공할 수 있다면 모든 퀘스트 활동이 마무리된 이후 한꺼번에 진행해도 됩니다. 어떤 방식으로 수업을 이끌어갈지는 현장상황에 따라 결정해 주세요.

2.ᅲ

3. 주요 장면 촬영은 사전에 준비한 콘티를 활용하고, 각종 소품으로 영화적 분위기를 살려주세요.

중심활동 : 새로운 사실들을 반영하여 가설 수정하기, 콘티 작성하고 영화 촬영하기

◆ 사이코메트리 G의 등장과 그의 진술에 주목하며 문제상황 파악하기
◆ G의 진술을 바탕으로 주요인물들의 관계를 예상해 보며, 가설수정하기
◆ 가설을 토대로 사건을 재구성하고 소설에 버금가는 실감나는 시나리오 작성하기
◆ 시나리오의 주요장면을 콘티로 표현하고 그대로 영화스틸컷(연출사진) 촬영을 진행하기

Quest 퀘스트 **03** 사이코메트리

특별한 장치가 이번 사건의 열쇠를 쥐고 있음이 ㅂ
몸에 부착되어있는지 도저히 알 수가 없다. 지푸라기ㄱ
행하려고 한다. 그건 바로 사이코메트리, 영국과 미국
류품에서 ㅂ　　　　　　　ㄴ 실험이 진행되고 있다고
을 찾　　리 G의 등장과 그의　　ㄴ 이를 위해 국내의 최
특　　　　　　　　　　　　ㄷ밖의 말을 쏟아내기

사건이 미궁 속에 빠져들고 있는 현재의 상황을 설명하며, 사이코메트리를 수사에 투입할 계획임을 알립니다. 사이코메트리가 생소한 학생들의 질문과 답변을 통해 궁금증을 키우고, 한때 영화와 개그의 소재가 되었다는 사실도 소개하며 문제를 제시합니다. 투시능력자 G라는 인물의 발언에 주목하며 문제상황을 파악하도록 안내해 주세요.

❷ 사이코메트리 G의 등장을 담아서 ㅅ

발언을 토대로 상상의 나래를 펴고 소설과 같은 실감나는 시나리오로 표현해 봅시다. 가설에 담긴 내용들이 빠짐없이 반영되도록 하는 것이 중요합니다.

****

G는 우리 수사대에게 믿을 수 없는 충격적인 말을 했다. 믿기지 않는 말에 그곳에 모든 사람이 할 말을 잃었다. ㅇ
믿어야 할ㄱ　　사이코메트리 G가 밝
만약 G♀　혀낸 새로운 사실들에 주목하
며 가설을 세워보도록 합시다. 살
인피해자 최건과 용의자였던 Y와
K, 그리고 이들에게 부착됐던 특별
한 장치까지 놓치지 말고 가설
에 반영될 수 있도록 지도
해 주세요.

❸ 영화 스틸컷 촬영 2차: 시나리오에 추가되는 주요장면을 콘티로 표현하고 그대로 촬영해 보세요. ****

ㄱ가 보이질
을 철저히
네요.

영화 주요 콘티	장면 (씬#)	
	설명 (대사)	
	장면 (씬#)	
	설명 (대사)	

은 10명 중 1명. 여성은 4명 、
ㅣ 냄새처럼 주위의 사물에 남는
현장의 유류품에서 범인이나 피해자,
협력자로서 유명하다.

해 봅시다. ★★

퀘스트2에서의 활동에 이어 시나리오의 주요장면을 콘티로 표현하는 활동을 계속합니다. 콘티는 연출할 장면을 표현하는데 초점을 두는 것임을 잊지 마세요. 수정되는 시나리오에 따라 콘티가 바뀔 수도 있으므로 포스트잇과 같이 수정이 용이한 재료의 사용을 권장해 주세요.

관련교과	국어

1. 사이코메트리 G의
   작인 영향을 마칩니다.
2. 영화 스틸컷에는 영화에서 담고자하는 이야기가 함축적으로 묘시되어야 합니다. 영화 장르에 맞게 진지한 촬영을 진행해 주세요.

Teacher Tips

 마무리

사건번호 601의 이야기 결론은 참여한 학생들이 직접 결정하는 것입니다. 끝내 마지막 퀘스트에서 제시된 문제상황에도 이야기의 결말은 알 수 없죠. 프로젝트학습의 모든 학습과정이 열린 구조를 가지고 있고, 비구조적인 성격을 지니고 있기 때문에 최종적인 해법은 당연히 학습자의 몫입니다. 저마다 다르게 그려낸 이야기 결과에 주목하며 마무리 활동을 신나고 재미있게 즐겨보도록 합시다.

● 퀘스트4 : 꼭두각시

중심활동 : 새로운 사실들을 반영하여 가설 수정하기, 콘티 작성하고 영화 완성하기, 발표하기

- ◆ 사이코메트리 G의 추가진술과 '그'라는 인물에 주목하며 문제상황 파악하기
- ◆ G의 진술에서 나타난 '그'의 존재를 예상해 보며, 가설수정하기
- ◆ 가설을 토대로 사건을 재구성하고 소설에 버금가는 실감나는 시나리오 최종완성하기
- ◆ 추가된 시나리오의 주요장면을 콘티로 표현하고 완성하기
- ◆ 콘티에 따라 영화장면(사진 또는 영상)을 촬영하고, 배경음악, 자막 등을 편집하고 삽입하여 영화로 완성하기
- ◆ 영화시사회처럼 감독과 배우의 무대인사와 상영회로 구성된 결과발표를 진행하기
- ◆ '사건번호 601'의 전체과정을 되짚어 보면서 성찰저널 작성하기
- ◆ [선택] 누적해 온 수행점수를 토대로 레벨 부여하기(Lev el Up) / PBL 스스로 점검(자기평가 & 상호평가) 내용을 토대로 능력점수(능력치) 집계하기 / Level Up 피드백 프로그램에 따른 개인별 레벨 선정과 프로그래스바 혹은 리더보드 공개하기, 결과에 따른 배지 수여

프 로 젝 트 학 습

꼭두각시

****

사이코메트리 G의 말이 모두 맞았다. 최건의 두개골은 저미 거시차 격과 미세차 바느 구멍이 발견됐다. Y와 K에게 장착됐던 특별 장치가 시처럼 누군가에게 조종을 받으며 이와 같은 해되지 않는 대목이다. 그렇다면 도대체 누가 배후어 실마리를 찾지 못하는 상황에서 G에게 어려운 요청을 을 대고 범인을 찾는 부탁이었다. 그는 망설였지만 우 지 못했다.

최건, Y와 K에게 부착된 특별 장치가 그들을 꼭두각시처럼 만들었다는 점을 강조하며 문제상황을 제시해 주세요. 시신의 몸에 직접 손을 대며 사건의 실체에 다가가려는 G의 모습을 실감나게 표현해보고, '그'라는 인물에 대한 진술에 주목하도록 안내합니다. '그'라는 알 수 없는 존재가 꼭두각시놀이를 벌이며 추가적인 범행을 저지를 수 있다는 점을 부각시키도록 합니다. 미완의 이야기를 어떻게 완성할지 전적으로 참여한 학생들의 몫인 만큼, 영화의 결말이 얼마나 중요한지 강조해 줍니다.

아~ 피해자들이 너무 괴로워하네요. 자신의 의지가 아니었어요. 그가 모두 시켰던 겁니다. K의 팔을 자르도록 시킨 것도 최건을 죽인 것도 그리고 이들을 저수지로 몰아넣은 것도 모두 그예요.

부들

으윽 너무 확실한

우월한 존재로 여기며 실간;음아 사남을 죽이고 있어요.

으윽

그만하세요. 이러다 큰 일 나겠어요.

겉보기에 그는 지극히 평범하고 나약한 인물로 보일 거예요. 학창시절 집단따돌림과 폭력을 경험하면서 인간에 대한 혐오감을 키워왔을 가능성이 높습니다.

털썩

이제 그가 보이지 않아요. 그는 우리 주변에 있어요. 언제든 마음만 먹으면 다시 꼭두각시놀이를 시작할거예요.

헉 헉

G 말ㄷ 를 건ㅌ 사이코메트리 G가 진술한 '그'라는 인물에 대해 주목하며 새롭게 알게 된 사실들을 토대로 기존 가설을 수정·보완하도록 합니다. 최건, Y와 K, 그리고 '그'의 관계를 그려보고 팀원 간에 활발한 의견교환을 통해 합의된 가설을 도출하도록 지도해 주세요.

다. 그의 능력이 자신의 존재를 지우고 있다는 ㄴ 있음을 경고하였다. 더 이상의 꼭두각시놀이 있을까. 또 다른 피해자가 발생하지 않도록 사

❶ 기존 가설들을 새로운 사실ㅌ 반영하여 수정해 봅시다. ★★

Quest 퀘스트 **04**

❷ 새로운 상황을 반영하여 영화 시나리오━━━━━━네요. ★★★★

> 사건번호 6이에 제시
> 됐던 모든 퀘스트 활동에 대해
> 자유롭게 이야기를 나누며, 가설
> 들을 종합하여 시나리오를 완성하
> 도록 합니다. 특히 영화적 재미를
> 느낄 수 있도록 하는데 초점을
> 맞추길 바랍니다.

❸ 영화 스틸컷을 추가로 촬영하고 이를 활용━━ ━━을 완성해 주세요. ★★★★★★

		곡명	영화장면
배경 음악			
영화 주요 콘티 (추가 분)	장면 (씬#)		
	설명 (대사)		
	장면 (씬#)		
	설명 (대사)		

> 영화 스틸컷처럼 주요장면
> 을 연출한 사진을 촬영하고, 이들 사진
> 을 이야기 전개과정에 맞게 이어 붙이며 영
> 상을 제작하도록 합니다. 시나리오의 주요대사(혹은
> 해설 등)는 자막으로 표현하도록 하고, 작품(이야기) 분위기와
> 잘 어울리는 배경음악을 선정하여 장면에 삽입토록 해 주세요. 이런
> 방법은 연출이 쉽고, 제작이 비교적 짧은 기간 안에 이루어질 수 있
> 어서 초등학교 고학년 정도라면 부담없이 만들 수 있습니다.
> 사실 수업여건만 허락된다면 영화제작 과정을 제대로 경험하도록
> 하는 것이 맞습니다. 시나리오와 콘티에 따라 배우들이 연기하고,
> 이를 영상에 담아서 이야기의 흐름에 맞게 편집하면 하나의 단편영
> 화가 만들어지는 것이죠. 영상을 동시녹음방식으로 담아내기 어려
> 운 환경이라면 무성영화시대에 했던 방식대로 변사극으
> 로 꾸며볼 수도 있을 것입니다. 어떤 방법이든 참
> 여하는 학생들에 의해 영화가 완성될 수
> 있도록 해 주세요.

관련교과	국어	사회	도덕	수학	과학	실과		체육	예술		영어	창의적 체험활동	자유학기활동		
													진로	주제	예술

1. 사건번호
   세요.

2. 주요장면
   해지도록

3. 무성영화

> 마침내 영화제작에 성공하게 되면 상영회(영화시사회) 시간을 갖도록 합니다. 이왕이면 학교
> 의 시청각실과 같이 영화관의 느낌을 살릴 수 있는 장소를 섭외하고, 진행해 주세요. 영화상영 직전에
> 감독과 배우가 나와서 무대인사를 하는 것처럼 꾸며준다면 훨씬 더 실감나는 발표시간이 될 수 있습니다.
> Gamification PBL로 수업을 진행했다면 퀘스트 수행에 따라 받은 경험치(xp)를 가상화폐로 환전해
> 주고, 영화티켓, 팝콘과 음료 등의 구입비용으로 사용하도록 할 수 있습니다. 그밖에도 영화포스터, 예고편
> 제작 등 연계하여 진행할 수 있는 활동들이 많이 있으니 현장여건에 따라 융통성 있게 진행해 주시면 됩
> 니다. 영화상영회가 성공적으로 마무리됐다면 온라인 커뮤니티에 성찰저널을 작성하도록 안내합니다. 총
> 3탄에 걸쳐 진행된 수업인 만큼 사건번호 6이의 전체과정을 되짚어보며 쓸 수 있도록 지도해 주세요.

[사건번호 601 3탄: 반전 수업사례는 재미와 게임으로 빚어낸 신나는 프로젝트학습 303-313쪽에 수록되어 있습니다]

CHAPTER

08

NO.1 2 3 4 ...99

error
질문 초과...
삐비삐

차이나는 클래스,
세상의 모든 질문을 허하라!

★Teacher Tips

질문을 이끌어내는 수업방식

질문으로 만들어가는 즐거운 수업, 차이나는 클래

요즘 질문을 이끌어내는 수업방식에 관심을 갖는 선생님들이 많습니다. 미국의 행동과학연구소(NTL)에서 여러 학습방법 중에 '서로 가르치기(teaching other)' 방식이 가장 효과적이라는 발표가 있고 나서부터 유대인의 전통교육법인 '하브루타'가 집중조명을 받기도 했죠. 이 실험에서 24시간 이후의 기억율을 측정에 보았더니 전통적인 교수방법인 강의가 5% 남짓인 것에 비해 '서로 가르치기' 방식은 무려 90%에 이르렀다고 합니다. 수치상 18배 가량의 차이가 말해주듯 학습효과의 차이가 분명히 나타나는 결과였죠. 이런 실험결과와 무관하게 수업에 대한 생각의 변화는 시대흐름과 맞물려 지금 이 순간에도 계속되고 있습니다.

이번 장에서 소개할 프로젝트학습은 제목에서도 엿볼 수 있듯, JTBC 방송프로그램인 「차이나는 클라스」에서 아이디어를 얻어 만든 프로그램입니다. 물론 기본 아이디어만 가져왔을 뿐 문제의 세부내용은 방송과 전혀 다릅니다, 그래도 방송프로그램이 주는 친근감을 이용해서 학생들의 호의적인 참여를 이끌어낼 수 있다면 좋겠죠. 주제에 따라 방송영상들을 동기유발자료로 활용하는 것도 가능할 것 같습니다. 아무쪼록 질문으로 만들어가는 우리 반만의 특별한 수업이 멋지게 구현되길 바랍니다.

* 문제시나리오에 사용된 어휘빈도(횟수)를 시각적으로 나타낸 워드클라우드(word cloud)입니다.
워드클라우드를 통해 어떤 주제와 활동이 핵심인지 예상해 보세요.

차이나는 클래스, 세상의 모든 질문을 허하라!

질문이 사라진 시대에 꼭 필요한 공부, 시끌벅적한 교실 속 차이나는 클래스의 주인공이 되어주세요.
듣는 공부에서 말하는 공부로의 대전환이 지금 이 순간부터 시작됩니다.

PBL MAP

한 수 배워볼까?

★★★★★★

미니강연?
어떻게 준비해야 하지?
막막해.

차이나는 클래스를 위해서는 미니강연을
하나씩 준비해야 해요.

으흠, 얼굴에 걱정이 가득하네요. 인터넷에서
관련 주제의 강연영상을 찾아보고
참고해 보면 도움이 될 거예요.

www.xprize.org/TED
• Good Idea?
• How long a TED Talk?
• How do we select the topic for the A.I.?
• How long should the A.I. have to prepare?
• How do we keep this from being gamed?

A.I. XPRIZE
presented by TED

TED

우와, 유명인들의 미니강연들이 가득하네. TED에서는
한국어 자막도 지원되는 군. 어떤 강연을 시청해볼까?
뭘 봐야할지 고민되는데, 하하하.

우와

---

❶ 내가 보고 듣고 싶은 미니강연 2개를 선정하고, 주제와 강사이름을 기록해주세요. ★★

강사이름

주제

선정이유

❷ 인상 깊었던 부분을 중심으로 강연 내용을 정리하고 강연자에게서 배울 점(발표방식, 자료제시, 시선처리, 태도 등)을 정리해 봅시다. ★★★★

강연제목

핵심내용

인상적인
한마디

배울 점

관련교과	국어	사회	도덕	수학	과학	실과			체육	예술		영어	창의적 체험활동	자유학기활동		
						기술	가정	정보		음악	미술			진로 탐색	주제 선택	예술 체육
													●		●	

1. 각자 흥미를 갖고 있는 주제의 강연영상을 선정하는 것도 좋지만, 유명강사의 강연방법을 배우는데 초점을 둔다면, 주제에 얽매이지 말고 선택하는 것도 괜찮습니다.
2. 강연과 예능이 접목된 프로그램도 많으니 관련 동영상을 시청하는 것도 괜찮은 전략입니다.
3. 15분 내외의 미니강연영상을 서비스하는 곳도 다수 있습니다. TED(ted.com)와 세바시(sebasi.co.kr) 등이 대표적입니다.

▲ 나만의 교과서

4가지 기본항목을 채우고, 퀘스트 해결과정에서 공부한 내용이나 수집한 정보를 토대로 자신만의 방식으로 알차게 표현해 보세요. 그림이나 생각그물의 형태로 표현하는 것도 좋습니다.

ideas
문제해결을 위한 나의 아이디어

facts
문제와 관련하여 내가 알고 있는 것들

learning issues
문제해결을 위해 공부해야 할 주제

need to know
반드시 알아야 할 것

스스로 평가
자기주도학습의 완성!

나의 신 호 등

01	나는 보고 듣고 싶은 미니강연 2개를 선정하고 시청하였다.	① ② ③ ④ ⑤
02	나는 미니강연의 핵심내용을 파악하고 이와 관련하여 대화를 나눴다.	① ② ③ ④ ⑤
03	나는 미니강연에서 인상적이었던 말을 담아 기록으로 남겼다.	① ② ③ ④ ⑤
04	나는 강연자에게서 배우고 싶은 점을 찾아 정리하였다.	① ② ③ ④ ⑤
05	나는 퀘스트1에서 수행한 내용을 바탕으로 나만의 교과서를 정리하였다.	① ② ③ ④ ⑤

자신의 학습과정을 되돌아보고 진지하게 평가해주세요.

Level up

오늘의 점수   나의 총점수

여기 질문 있어요!

＊＊＊＊＊＊＊

궁금해, 궁금해. 내가 뭘 궁금해 하고 있는지 궁금해.

자신이 궁금해 하는 모든 것을 밖으로 꺼내보도록 합시다. 그동안 호기심을 너무 잊고 지내지 않았나요? 잊지 마세요! 차이나는 클래스는 여러분의 호기심에서 출발합니다.

여기에 공부하고 싶은 분야(교과)를 적어주세요

맞아. 나에게 호기심이 있었어. 알고 보면 이 세상에 궁금한 것들이 정말 많아. 그래 하나하나 알아보자. 이번에 공부하고 싶은 분야(교과)는 바로 이거야.

모든 호기심은 질문으로 표현될 수 있어요. 세상에 대한 진지한 물음을 시작해 볼까요?

질문 하라구~

❶ 낙서하듯 생각나는 질문들로 가득 채워 주세요. ★

❷ 자신이 선택한 분야에 대한 질문 중 6개를 골라서 질문카드를 만들어 보세요.

차이나는 질문카드 ①　　　　차이나는 질문카드 ②　　　　차이나는 질문카드 ③

차이나는 질문카드 ④　　　　차이나는 질문카드 ⑤　　　　차이나는 질문카드 ⑥

❸ 가족, 친구와 함께 질문놀이에 빠져 봅시다. 최고의 질문 3개도 선정하고 이유도 밝히세요.

#	최고의 질문 TOP3	선정 이유	놀이 방법
1			질문놀이는 크게 공격(질문하기)과 방어(생각 말하기)로 나뉩니다. 상대가 공격을 못하거나 방어에 성공하지 못하면 이깁니다. ①놀이 참가자의 질문카드를 골고루 섞고 뒤집어 놓는다. ②놀이순서를 정하고 질문카드를 집어 든다.
2			③질문카드를 이용해 첫 공격대상을 정한다. 공격을 받은 참가자는 최선을 다해 답변하고, 그 과정에서 궁금한 점을 상대에게 질문한다. ④질문카드를 시작으로 공격과 방어를 주고받는다. 시간제한(1분)을 두어 긴장감 있게 진행한다.
3			⑤공격과 방어에 성공한 참가자가 질문카드를 획득하게 된다. ⑥질문카드를 많이 모은 참가자가 최종 승자가 된다.

관련교과	국어	사회	도덕	수학	과학	실과			체육	예술		영어	창의적 체험활동	자유학기활동		
						기술	가정	정보		음악	미술			진로 탐색	주제 선택	예술 체육
													●	●	

1. 모둠별 활동으로 진행할 경우, 공통 분야(교과)를 사전에 정해서 질문놀이를 진행하는 것이 좋습니다. 분야별로 모둠을 편성하여 진행하는 것이 효과적입니다.
2. 질문놀이는 질문과 설명 자체의 재미를 추구합니다. 질문활동에 즐겁게 참여하는 것이 제일 중요하다는 것을 명심해 주세요.

▲ 나만의 교과서

4가지 기본항목을 채우고, 퀘스트 해결과정에서 공부한 내용이나 수집한 정보를 토대로 자신만의 방식으로 알차게 표현해 보세요. 그림이나 생각그물의 형태로 표현하는 것도 좋습니다.

ideas
문제해결을 위한 나의 아이디어

facts
문제와 관련하여 내가 알고 있는 것들

learning issues
문제해결을 위해 공부해야 할 주제

need to know
반드시 알아야 할 것

스스로 평가
자기주도학습의 완성!

나의 신 호 등

01	나는 흥미 분야(교과)를 스스로의 선택에 의해 결정하였다.	① ② ③ ④ ⑤
02	나는 해당 분야에서 궁금한 점을 질문으로 표현하고 질문카드를 완성하였다.	① ② ③ ④ ⑤
03	나는 질문놀이에 적극적으로 참여하였다.	① ② ③ ④ ⑤
04	나는 퀘스트2에서 수행한 내용을 바탕으로 나만의 교과서를 정리하였다.	① ② ③ ④ ⑤

자신의 학습과정을 되돌아보고 진지하게 평가해주세요.

Level up

오늘의 점수   나의 총점수

나의 미니강연은 바로 이것!

★★★★★★

질문놀이가 효과가 있었군. 드디어 내가 하고 싶은 강연주제가 생각났어. 짜잔~ 지금 공개합니다.

여기에 강연주제를 적어주세요.

나는 이 강연을 준비하기 위해 책과 인터넷 정보를 찾아보았어. 나에게 큰 도움을 준 자료목록은 다음과 같아.

자료 유형	제목	출처

주제를 정하고 관련 자료도 확보했는데, 이것만으로 될까? 이대로라면 강연에서 실수만 하고 허무하게 끝날 것 같아. 잘 하고 싶은데 어떻게 하면 좋을까?

영화, 연극, 방송, 예능뿐만 아니라 강연에도 시나리오가 필요합니다. 강연시나리오를 작성하면 불안한 마음에서 해방될 수 있을 거예요.

토닥

연습 연습

나의 미니강연 시나리오가 드디어 완성됐다. 연습을 통해 강연을 완벽하게 준비해야겠어.

관련교과	국어	사회	도덕	수학	과학	실과			체육	예술		영어	창의적 체험활동	자유학기활동		
						기술	가정	정보		음악	미술			진로 탐색	주제 선택	예술 체육
													●		●	

1. 주제선정–자료수집–강연시나리오작성 순으로 미니강연을 준비하도록 합니다. 문제상황에 제시된 공란에 직접 내용을 정리해 주세요.

2. 주제와 핵심내용이 잘 드러나도록 시나리오를 작성해 주세요. 특정 정보를 그대로 베끼거나 흐름과 상관없이 나열하는 방식으로 쓰지 않도록 주의해야 합니다.

▲ 나만의 교과서

4가지 기본항목을 채우고, 퀘스트 해결과정에서 공부한 내용이나 수집한 정보를 토대로 자신만의 방식으로 알차게 표현해
보세요. 그림이나 생각그물의 형태로 표현하는 것도 좋습니다.

ideas
문제해결을 위한 나의 아이디어

facts
문제와 관련하여 내가 알고 있는 것들

learning issues
문제해결을 위해 공부해야 할 주제

need to know
반드시 알아야 할 것

스스로 평가
자기주도학습의 완성!

나의 신 호 등

01	나는 흥미와 호기심에 부합하는 강연주제를 선정하였다.	① ② ③ ④ ⑤
02	나는 주제와 관련한 책을 읽고 자료를 수집하였다.	① ② ③ ④ ⑤
03	나는 시나리오를 작성하고, 이를 활용해 강연을 연습하였다.	① ② ③ ④ ⑤
04	나는 퀘스트3에서 수행한 내용을 바탕으로 나만의 교과서를 정리하였다.	① ② ③ ④ ⑤

자신의 학습과정을 되돌아보고 진지하게 평가해주세요.

Level
up

오늘의 점수   나의 총점수

차이나는 클래스를 열다

****

가슴 떨리는 시간이 찾아왔군. 그동안 어렵게 준비했던 강연이 성공적으로 마무리됐으면 좋겠다.

기대된다

드디어 차이나는 클래스의 백미인 특별한 강연쇼가 펼쳐집니다. 차이나는 클래스는 개성 넘치는 미니강연과 질문들로 완성되는데요. 그만큼 여러분들의 적극적인 참여가 꼭 필요하겠죠? 아무쪼록 멋진 활약을 펼치길 기대하겠습니다.

이제부터 나의 시간이군.

아자!

차이나는 클래스가 무엇인지 제대로 보여주겠어.

❶ 교실에서 준비한 미니강연을 합니다. 더불어 자유로운 질문이 오가도록 진행해 주세요. 청중들의 인상적인 질문들을 이곳에 자유롭게 기록해 주세요.

*****

❷ [선택] 강연을 동영상으로 촬영하고, 인터넷을 통해 공유합니다. 댓글로 질문을 받고 답변하는 형식으로 진행해 보도록 합니다. ★★★

❸ 차이나는 클래스를 통해 배우고 느낀 점 3가지를 기록으로 남겨주세요. ★★

#	배운 점	느낀 점
1		
2		
3		

관련교과	국어	사회	도덕	수학	과학	실과			체육	예술		영어	창의적 체험활동	자유학기활동		
						기술	가정	정보		음악	미술			진로 탐색	주제 선택	예술 체육
													●		●	

1. 미니강연이 책읽기가 되지 않도록 충분한 리허설이 필요합니다. 실전 같은 연습을 반복해서 성공적인 차이나는 클래스를 열어주세요.
2. 질문이 가장 중요합니다. 강연의 아쉬움이 질문으로 채워질 수 있도록 활발한 질의답변이 오갈 수 있도록 해 주세요. 특히 인상적인 질문들은 반드시 메모하도록 합니다. 질문과 답변은 상대방을 존중하는 의미에서 존댓말을 사용합니다.
3. 각자 차이나는 클래스에서 배우고 느낀 점을 기록으로 남겨서 공유하도록 합니다. 성찰저널(또는 성찰일기)과 연계해서 활동하는 것도 좋습니다.

▲ 나만의 교과서

4가지 기본항목을 채우고, 퀘스트 해결과정에서 공부한 내용이나 수집한 정보를 토대로 자신만의 방식으로 알차게 표현해보세요. 그림이나 생각그물의 형태로 표현하는 것도 좋습니다.

ideas 문제해결을 위한 나의 아이디어	**facts** 문제와 관련하여 내가 알고 있는 것들

learning issues 문제해결을 위해 공부해야 할 주제	**need to know** 반드시 알아야 할 것

스스로 평가
자기주도학습의 완성!

나의 (신)(호)(등)

01	나는 청중들 앞에서 준비한 강연을 하였다.	①②③④⑤
02	나는 강연에서 오고간 인상적인 질문들을 기록으로 남겼다.	①②③④⑤
03	나는 차이나는 클래스를 통해 배우고 느낀 점 3가지를 기록했다.	①②③④⑤
04	나는 퀘스트4에서 수행한 내용을 바탕으로 나만의 교과서를 정리하였다.	①②③④⑤

자신의 학습과정을 되돌아보고 진지하게 평가해주세요.

Level up

오늘의 점수   나의 총점수

All-Clear
sticker

08
CHAPTER

차이나는 클래스,
세상의 모든
질문을 허하라!

★Teacher Tips

Teacher Tips

'차이나는 클래스'는 '모든 교과와 연계하여 진행할 수 있는 수업입니다. 질문을 만들고 미니강의를 준비하면서 해당 주제(교과)의 내용을 폭넓게 공부할 수 있다는 이점이 있습니다. 최근 관심이 높아지고 있는 거꾸로 수업이라든지 하브루타(질문) 방식의 수업에 접목하는 것도 얼마든지 가능합니다. 다만, 제한적인 시간을 감안하여 대부분의 학생들이 수행하기에 적절한 범위를 사전에 제시하고 진행하는 것이 중요합니다. 아무튼 이 수업의 과정과 결과는 전적으로 이 프로그램에 참여하는 학습자의 몫입니다. 자유로운 질문이 오갈 수 있도록 민주적이고 허용적인 분위기를 끝까지 유지해 주세요.

미국의 행동과학연구소 NTL(National Training Laboratory)은 인간의 행동과 태도의 변화를 위해 가장 효과적인 교육방법을 찾아내기 위한 연구를 진행해 왔습니다. 이들 연구 가운데는 기억률을 기준으로 학습효율성이 높은 학습방법을 분석하는 실험도 이루어졌는데요. 실험은 각기 다른 교수방법에 따라 학습을 진행한 실험자들이 24시간 후에 배운 내용을 얼마나 기억해 내는지 측정하는 방식이었습니다. 이 실험결과는 뜻밖이었습니다. 지금껏 전통적인 수업에서 즐겨 사용해왔던 강의식 수업이 학습효율성 측면에서 최하위로 나타난 것입니다. 교실에서 이루어지고 있는 교사의 열정적인 강의가 해당 교과지식을 신속하고 정확하게 전달할지는 몰라도 학생들의 기억 속에 오래남지 않는다는 점은 분명해 보입니다. 지금까지 교사로서 지식전달효율성과 학습효율성을 동일시 여겨왔던 것은 아닌지 돌아볼 필요가 있겠습니다.

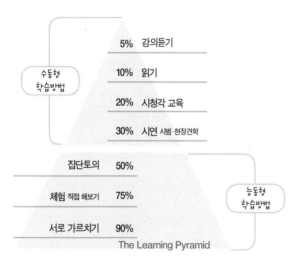

The Learning Pyramid

이 수업은 학습피라미드에서 학습효율성이 매우 높은 것으로 나타난 '서로 가르치기' 활동을 중심으로 구성되어 있습니다. 질문놀이와 미니강연이 중심이 되는 학습과정은 '질문'과 '설명'을 핵심 키워드로 삼고 있습니다. 수업의 특성을 잘 이해하고 학습자의 흥미와 호기심, 자율성을 최대한 허용하면서 진행해 주시길 바랍니다. 더불어 이 프로그램은 일종의 활동프레임을 제공해 주고 있기 때문에 학년의 경계가 없으며, 다루지 못할 내용이나 교과도 없습니다. 내용자체의 난이도는 대상 학년에 따라 얼마든지 조정이 가능합니다. 주제와 관련 있는 특정 교과수업시간과 연계하거나 자유학년(학기)활동, 창의적 체험활동 프로그램으로 활용하도록 하세요. 이 수업의 밑바탕에 두고 있는 교과별 내용요소는 다음과 같습니다.

교과	영역	내용요소		
		초등학교 [3-4학년]	초등학교 [5-6학년]	중학교 [1-3학년]
국어	말하기 듣기	◆대화[즐거움] ◆표정, 몸짓, 말투	◆발표[매체활용] ◆체계적 내용 구성	◆대화[공감과 반응] ◆발표[내용 구성] ◆청중 고려
	쓰기	◆의견을 표현하는 글 ◆마음을 표현하는 글 ◆쓰기에 대한 자신감	◆설명하는 글[목적과 대상, 형식과 자료] ◆주장하는 글[적절한 근거와 표현] ◆목적·주제를 고려한 내용과 매체 선정	◆설명하는 글[대상의 특성] ◆주장하는 글[타당한 근거와 추론] ◆대상의 특성을 고려한 설명
실과 정보	자료와 정보		◆소프트웨어의 이해	◆자료의 유형과 디지털 표현 ◆자료의 수집 ◆정보의 구조화

● **적용대상**(권장): 초등학교 4학년-중학교 3학년
● **자유학년활동**: 주제선택(권장)
● **학습예상소요기간**(차시): 5-8일(7-9차시)
● Time Flow   8일 기준

시작하기_문제제시	전개하기_과제수행			마무리_발표 및 평가
문제출발점 설명 PBL MAP으로 학습 흐름 소개	**QUEST 01** 한 수 배워볼까?	**QUEST 02** 여기 질문 있어요!	**QUEST 03** 나의 미니강연은 바로 이것!	**QUEST 04** 차이나는 클래스를 열다	성찰일기 작성하기
교실 25분	교실ㅣ온라인 55분ㅣ1-2hr	교실ㅣ온라인 80분ㅣ3-4hr	교실ㅣ온라인 80분ㅣ3-4hr	교실ㅣ온라인 80분ㅣ1hr	
1Day	2-3Day	4-5Day	6-7Day	8Day	

Teacher Tips

● 수업목표(예)

QUEST 01	◆주어진 주제와 범위 안에서 자신의 흥미와 호기심에 부합하는 미니강연을 선정할 수 있다. ◆시청한 미니강연의 핵심내용을 파악하고 이를 간략하게 정리할 수 있다. ◆강연자에게서 배우고 싶은 점과 인상적인 말들을 모아서 기록으로 남길 수 있다.
QUEST 02	◆선택한 분야의 궁금한 점을 모아서 질문으로 표현할 수 있다. ◆난이도를 알맞게 조절하여 질문카드를 제작할 수 있다. ◆질문놀이규칙을 숙지하고 적극적으로 참여할 수 있다.
QUEST 03	◆자신의 흥미와 청중의 관심을 고려하여 강연주제를 선정할 수 있다. ◆주제와 관련된 책과 각종 자료를 읽고 수집할 수 있다. ◆강연시나리오를 작성하고 이를 활용하여 연습할 수 있다.
QUEST 04	◆청중들 앞에서 준비한 강연을 성공적으로 수행할 수 있다. ◆강연에서 오고간 인상적인 질문들을 기록으로 남길 수 있다. ◆차이나는 클래스를 통해 배우고 느낀 점을 구체적으로 정리할 수 있다.
공통	◆문제해결의 절차와 방법에 대한 이해를 바탕으로 학습과정에 참여할 수 있다. ◆공부한 내용을 정리하고 자신의 언어로 재구성하는 과정을 통해 창의적인 문제를 만들어낼 수 있다. 이 과정을 통해 지식을 생산하기 위해 소비하는 프로슈머로서의 능력을 향상시킬 수 있다. ◆토의의 기본적인 과정과 절차에 따라 문제해결방법을 도출하고, 온라인 커뮤니티 등의 양방향 매체를 활용한 지속적인 학습과정을 경험함으로써 의사소통능력을 신장시킬 수 있다.

😀 **시작하기**

> **중심활동 : 문제출발점 파악하기, 학습흐름 이해하기**
>
> ◆ JTBC 방송프로그램인 '차이나는 클래스' 방송영상을 활용해 동기유발하기(선택)
> ◆ 차이나는 클래스를 시도하려는 이유와 배경을 설명하며 문제출발점 제시하기: '나의 질문수난기'라는 이름으로 질문과 관련된 흑역사들을 공유하며 문제상황에 감정이입하기
> ◆ (선택)게임화 전략에 따른 피드백 방법에 맞게 게임규칙(과제수행규칙) 안내하기
> ◆ (선택)자기평가방법 공유, 온라인 학습커뮤니티 활용 기준 제시하기
> ◆ 활동내용 예상해 보기, PBL MAP을 활용하여 전체적인 학습흐름과 각 퀘스트의 활동 내용 일부 소개하기

인트로에서도 밝혔듯이 문제의 모티브가 JTBC 방송프로그램인 「차이나는 클래스」인 만큼, 해당 방송동영상을 수업시작 전에 활용하는 것을 고려해 볼 수 있습니다. 강연과 질문의 하모니가 어떻게 이루어지는지 방송프로그램을 통해 엿볼 수 있을 뿐만 아니라 고유의 친근감으로 인해 학생들의 호의적인 참여를 이끌어낼 수 있습니다. 특정 교과와 주제로 활동범위를 제한하고자 한다면 이와 관련된 주제의 방송영상들을 동기유발 자료로 활용하는 것이 적절합니다. 특히 '질문'의 중요성을 강조하며, 듣는 공부가 아닌 말하는 공부로의 변화를 몸소 실천하고 모색하는 시간이 될 것이라고 예고해 주세요.

어느 정도 궁금증과 기대감이 커졌다면 문제출발점을 제시하도록 합니다. 만화로 구

성되어 있는 만큼 문제상황을 파악하는 데 그리 어려움이 없을 것입니다. 주어진 문제상황이 학생들이 경험했을 법한 이야기이기도 합니다. 이른바 '나의 질문수난기(가칭)'라는 이름으로 질문과 관련해서 겪은 흑역사들을 발표하는 시간을 가져보는 건 어떨까요? 마치 속풀이 하듯 감정까지 맘껏 표출하게 된다면 주어진 문제상황에 제대로 감정이입하게 될 것입니다. '하브루타', '프로젝트학습', '메타인지' 등 학생들에겐 낯설거나 어렵게 느껴지는 용어들에 대해서는 추가적인 설명을 해주어도 상관없지만, 반드시 알아야 하는 건 아니므로 수업시간을 많이 할애하진 말아주세요. 아무튼 '차이나는 클래스'를 시도하고자 하는 이유와 배경에 대해 학생들이 공감할 수 있도록 하는 것이 중요합니다. 질문을 중심으로 하는 새로운 수업방식에 모두가 함께 도전하는 일임을 강조해 주시기 바랍니다. 참여한 학생들이 제시된 문제상황을 '나의 문제'로 인식하게 되었다면, 기꺼이 멋진 강연자이면서 질문자가 되기 위해 최선을 다할 것입니다. 이렇듯 학생들을 차이나는 클래스에 동참하게 만드는데 성공하였다면, 이어서 학습활동이 어떤 과정으로 진행될지 간략하게 소개하는 시간을 갖습니다. PBL MAP을 활용해 전체적인 학습흐름과 각 퀘스트별 활동내용을 간략하게 설명하고, 차이나는 클래스가 기존의 수업방식과 어떤 점이 다른지 다시금 강조해 주세요.

전개하기

'차이나는 클래스, 세상의 모든 질문을 허하라!'라는 제목에 부합하는 총 4개의 기본퀘스트가 제공됩니다. 학습자 개개인의 흥미와 호기심에 따라 듣고 싶은 주제의 강연을 듣고, 자신이 원하는 분야(혹은 지정된 교과와 내용)의 질문카드를 만들어 놀이를 하는 등 차이나는 클래스를 열기 위한 사전활동이 퀘스트1과 2를 통해 펼쳐집니다. 이들 활동을 바탕으로 미니강연을 준비하고, 최종적으로 자유로운 질문이 가득한 '차이나는 클래스'를 열게 되는 것이죠. 이 수업의 과정이 '강연'을 완성해나가는 과정으로 비춰질 수도 있지만 사실 그것보다 더 중요한 것은 적극적인 질문을 통한 학습참여에 있습니다. 강연의 질을 지나치게 강조한 나머지 제일 중요한 '질문'이 사라지는 일은 없도록 합시다. 선생님에겐 허접한 강연(발표)처럼 보이더라도 학생들 입장에선 역사적이고 대단한 경험일 수 있음을 명심해 주세요.

Teacher Tips

● 퀘스트1 : 한 수 배워볼까?

> **중심활동 : 벤치마킹할 강연영상 시청하기, 강연내용과 배울 점 정리하기**
>
> ◆ 문제상황 속 내용을 살펴보고 중심활동 파악하기
> ◆ 벤치마킹할 강연을 선택하고 시청하기(최소 1편 이상은 학생 자율에 맡기기)
> ◆ 시청한 강연영상에서 인상 깊었던 부분을 중심으로 정리하기
> ◆ 개별적으로 시청한 강연에 대해 팀원들과 공유하기

Quest 퀘스트 **01** 한 수 배워볼까?

★★★★★★

미니강연? 어떻게 준비해야 하지? 막막해.

차이나는 클래스를 위해서는 미니강연을 하나씩 준비해야 해요.

으흠, 얼굴에 걱정이 가득하네요. 인터넷에서 관련 주제의 강연영상을 찾아보고 참고해 보면 도움이 될 거예요.

문제출발점에서 강조한 내용을 상기시키며, 이어지는 상황을 제시합니다. 최종적으로 학생들이 직접 미니강연을 준비하고 실천해야 하는 만큼, 퀘스트의 활동목적이 벤치마킹에 있을 수밖에 없음을 강조하도록 합니다. 특히 TED(ted.com)와 세바시(sebasi.co.kr) 등을 소개해주며 다양한 주제의 미니강연을 손쉽게 접할 수 있음을 안내해 주세요.

❷ 인상 깊었던 부분을 중심으로 강연 내용을 정리하고 강연자에게서 배울 점(발표방식, 자료제시, 시선처리, 태도 등)을 정리해 봅시다. ★★★★

강연제목	
핵심내용	
인상적인 한마디	
배울 점	

관련교과	국어	사회				예술 체육

1. 각자 흥미를 갖고 있는 주제의 강연영상을 ...데 초점을 둔다면, 주제...
   에 얽매이지 말고 선택하는 것도 괜찮습니다.
2. 강연과 예능이 접목된 프로그램도 많으니 관련 동영상을 시청하는 것도 괜찮은 전략입니다.
3. 15분 내외의 미니강연영상을 서비스하는 곳도 다수 있습니다. TED(ted.com)와 세바시(sebasi.co.kr) 등이 대표적입니다.

학생들이 선택한 강연영상 2편을 시청하고 인상 깊었던 부분을 중심으로 정리하는 과제입니다. 개별적으로 방과 후에 과제를 수행해도 되지만, 수업시간이 허락된다면 스마트폰 등을 활용해 2-3명이 함께 시청하는 것도 괜찮습니다. 강연내용에 대해 서로 이야기를 주고받으며 제시된 항목에 준하여 기록할 수 있도록 지도해 주세요. 더불어 팀 안에서 각자 접한 강연에 대해 소개하고 공유하는 시간을 갖도록 합니다.

...강연 2개를 선정하고, 주제와 강사이름을 기록해주세요. ★★

학생들 각자가 원하는 주제에 따라 강연영상을 선정하는 것도 좋지만, 유명강사의 강연방법을 배우는데 초점을 둔다면, 특정 주제에 얽매이지 말고 선택하는 것도 나쁘지 않습니다. 필요하다면 2편 중 1편은 선생님에 의해 지정된 강연영상을 필수적으로 시청하도록 하고 나머진 자율적 선택으로 두어도 됩니다. 아무튼 TED와 세바시에서 제공하는 15분 내외의 미니강연뿐만 아니라 강연과 예능이 접목된 방송프로그램도 많으니 1편 이상은 학생들이 끌리는 동영상을 시청하도록 해 주세요.

● 퀘스트2 : 여기 질문 있어요!

중심활동 : 질문카드 만들기, 질문놀이하기

◆ 문제상황 속 내용을 살펴보고 중심활동 파악하기
◆ 선택한 분야와 관련해서 생각는 대로 마인드맵을 표현하고, 이를 토대로 다양한 질문 도출하기
◆ 6개의 질문을 선정하고, 비밀리에 질문카드 완성하기
◆ 질문카드를 활용해 놀이를 진행하고 이를 통해 최고의 질문과 선정이유 밝히기

Quest 퀘스트 **02** 여기 질문 있어요!

★★★★★★★★

퀘스트2-1 과제

수행을 통해 도출한 질문
들 가운데 서로 중복되지 않는 6
개를 골라서 질문카드를 만듭니다. 여기
서 질문카드는 다른 사람들에게 노출되
지 않도록 비밀리에 작성하는 것이 중요
합니다. 학생들이 일정한 규격으로 '차
이나는 질문카드'를 제작할 수 있도
록 필요한 재료를 사전에
제공해 주세요.

궁금해, 궁금해. 내가 뭘 궁금해
하고 있는지 궁금해.

자신이 궁금해 하는 모든 것을 밖으로 꺼내보도록

학생들이 문제상황에서 제시
하고 있는 핵심활동이 무엇인지 파악하도
록 도와주세요. 앞서 벤치마킹한 강연내용
과 연관지어 퀘스트2 활동을 진행하는 것이
좋지만, 그것과 상관없이 과제를 수행하도
록 해도 괜찮습니다. 어떤 방식이든 참여
하는 학생의 선택이 존중될 수 있도록 해
주세요. 학생들의 흥미가 반영된 분야(주
제, 교과 등)가 우선돼야 호기심이 반영된
질문이 완성될 수 있습니다.

❷ 질문 중 6개를 골라서 질문카드를 만들어 보세요.

차이나는 ①	차이나는 질문카드 ②	차이나는 질문카드 ③
•		
차이나는 질문카드 ④	차이나는 질문카드 ⑤	차이나는 질문카드 ⑥

❸ 가족, 친구와 함께 질문놀이에 빠져 봅시다. 최고의 질문 3개도 선정하고 이유도 밝히세요.

#	최고의 질문 TOP3	선정 이유	놀이 방법
1			질문놀이는 크게 공격(질문하기)과 방어(생각 말하기)로 나뉩니다. 상대가 공격을 못하거나 방어에 성공하지 못하면 이깁니다. ①놀이 참가자의 질문카드를 골고루 섞고 뒤집어 놓는다. ②놀이순서를 정하고 질문카드를 잡아 든다. ③질문카드를 이용해 첫 공격대상을 정한다. 공격을 받은 참가자는 최선을 다해 답변하고, 그 과정에서 궁금한 점을 상대에게 질문한다. ④질문카드를 시작으로 공격과 방어를 주고받는다. 시간제한(1분)을 두어 긴장감 있게 진행한다. ⑤공격과 방어에 성공한 참가자가 질문카드
2			
3			

질문하라구~

...세요

★

•

우선 교과, 분야, 주제 등
을 기준으로 팀을 나누거나 팀별
로 이를 결정하도록 해서 활동을 진행
합니다. 자신이 선택한 영역과 관련해서
생각나는 대로 마인드맵을 해보고 이를 활
용해 다양한 질문들을 꺼내 보도록 하세
요. 생각나는 모든 질문들은 낙서하
듯 바로바로 해당 활동공간에
적어주면 됩니다.

3-4명 단위로 질문놀이를 진행하고자 한다면 활동지에 제시된 방법을 참고하면 됩니다.
제시된 방법은 하나의 예일 뿐이므로 약간의 아이디어와 게임규칙을 더해서 현장상황에 맞
게 적용하시길 바랍니다. 여하튼 질문놀이를 통해 최고의 질문 TOP3를 선정하도록 하고 그
이유를 적어보도록 해 주세요. 학생들이 가진 흥미와 호기심을 심화시키고, 질문에 대한 감각
을 키우기 위한 활동임을 고려해서 진행하면 됩니다. 설레는 수업, 프로젝트학습 1탄 10장의
고릴라 퀴즈대회 방식으로도 진행할 수 있습니다. 다음 놀이방법을 참고해 보세요.

Teacher Tips

STAGE1
개인대결

STAGE2
2인1조
팀대결

STAGE3
4인1조
팀대결

호기심 나무
완성하기

[STAGE1] 완성한 질문카드로 개인대결을 벌이는 단계입니다. 대진표는 분야별로 나누거나 사다리타기 등의 방법으로 자율적으로 구성해도 됩니다. 1:1 대결할 상대가 결정되면, 서로 마주보고 정해진 자리에 앉도록 합니다. 참가자 모두 착석이 끝나면 질문놀이를 시작합니다. 질문놀이는 다음의 순서로 진행할 수 있습니다.

❶ 각자의 질문카드(6장)를 뒤집어서 펼쳐놓는다.
❷ 가위바위보로 놀이순서를 정하고 방어자는 상대가 펼쳐놓은 질문카드 중 하나를 선택한다.
❸ 공격자는 방어자가 선택한 질문카드를 이용해 첫 공격을 감행한다. 공격을 받은 방어자는 최선을 다해 답변한 후, 역으로 다시 궁금한 점을 상대에게 질문한다.
❹ 공격과 방어는 동일한 질문이나 답변, 무응답을 하는 쪽이 지게 되는데, 시간제한(30초)을 두어 긴장감 있게 진행하는 것이 좋다.
❺ 공격이나 방어에 성공한 놀이참가자가 질문카드를 획득하게 된다.
❻ 질문카드를 많이 획득한 참가자가 최종 승자가 된다.

개인대결결과를 토대로 다음 단계의 팀 경기를 진행하고자 한다면, 최종승자를 리더로 삼아서 한 팀(2인조)이 되도록 합니다. 이렇게 구성된 팀별로 전략회의를 진행하고 다음 대결을 준비합니다. 여기서 전략회의는 다음 단계 질문대결을 준비하는 과정이며, 대결에 사용할 질문카드의 우선순위를 결정하는 시간입니다.

[STAGE2] 1단계에서 대결했던 2인이 한 팀이 되어 맞붙는 대결은 공격자가 임의로 질문카드를 정해서 제시할 수 있습니다. 대결할 팀이 결정되면, 서로 마주보고 앉도록 합니다. 질문카드를 내는 것은 정해진 한 사람이 할 수 있지만, 상대방의 공격(질문)에 방어를 하는 것은 교대하며 진행해야 합니다. 이때, 같은 팀이더라도 방어를 대신하는 것은 반칙입니다. 팀별로 착석이 끝나면 놀이 제한시간(10분)을 알리고 질문대결을 시작합니다.

❶ 가위바위보를 통해 공격 순서를 정한다.
❷ 상대가 보이지 않도록 질문카드를 가지고 있다고 놀이가 시작되면 방어자에게 임의로 질문카드 하나를 보여 준다.
❸ 공격자의 질문카드에 적힌 내용을 보고 방어를 한다. 역으로 다시 상대에게 질문하며 공방을 벌인다.
❹ 공격과 방어는 동일한 질문이나 답변, 무응답을 하는 쪽이 지게 된다.
❺ 공격이나 방어에 성공한 팀이 질문카드를 획득하게 된다.
❻ 제한시간 안에 질문카드를 많이 획득한 팀이 최종 승자가 된다.

질문대결결과를 토대로 최종 이긴 팀를 가리고, 이긴 팀의 리더를 새롭게 구성된 팀의 리더로 삼습니다. 질문대결을 벌인 두 팀(2인조)은 통합되어 하나의 팀(4인조)을 형성하게 됩니다. 다음 단계 질문대결을 준비하기 위해 2차 전략회의로 바로 이어집니다. 릴레이방식으로 진행되는 방식을 이해하고 팀이 보유하고 있는 24개의 질문카드 난이도를 고려하여 순서를 정합니다.

[STAGE3] 앞서 수행한 질문대결을 통해 4인조로 구성된 팀끼리 질문놀이를 벌이는 단계입니다. 세 번째 질문대결은 팀원이 늘어난 만큼 이전과 다른 방식으로 진행됩니다. 참가자들에게 바뀐 방식을 이해하도록 잘 설명해 주세요.

❶ 대결할 팀을 결정하고 서로 마주보고 일렬로 선다.
❷ 참가팀이 정해진 위치에서면 제한시간(10분)을 알리고 질문대결을 시작한다.
❸ 질문대결은 서로 마주 본 맨 앞 사람이 공격과 방어를 주고받는 방식으로 진행된다. 방어에 성공하면 상대의 질문카드를 획득한다. 공격에 성공하면 자신의 질문카드를 뺏기지 않는다.
❹ 질문대결결과는 방어성공 횟수로 가릴 수 있다. 방어에 성공을 많이 한 팀이 승리하게 되는 방식이다.
❺ 승리한 팀의 리더는 질문 대왕으로 등극하며 축하를 받는다.

만일 질문놀이의 결과를 승패로 가리고 싶지 않다면 방법이 있습니다. 질문카드 획득의 목적을 호기심 나무를 멋지게 완성하는데 있다고 전제한다면 충분히 다를 수 있습니다. 팀별로 획득한 질문카드와 방어과정에서 얻게 된 지식들을 모아서 호기심 나무를 표현한다면 그것 자체만으로도 만족스런 활동이 될 것입니다.

▲ Teacher Tips

● 퀘스트3 : 나의 미니강연은 바로 이것!

> **중심활동** : 자료수집하기, 미니강연 시나리오 작성하기
>
> ◆ 문제상황 파악하고 미니강연주제 정하기
> ◆ 강연주제 부합하는 자료를 수집하고 직접적으로 활용할 자료를 추려서 목록 작성하기
> ◆ 강연주제에 맞게 시나리오 작성하기

Quest 퀘스트 **03** 나의 미니강연은 바로 이것!   ★★★★★★

퀘스트 2
활동에서 학생 각
자가 도출한 질문들을
참고하여 미니강연주제
를 선정하는 것이 좋
습니다.

질문놀이가 효과가 있었군. 드디어 내가 하고 싶은 강연주제가 생각났어. 짜잔~ 지금 공개합니다.

여기에 강연주제를 적어주세요.

나는 이 강연을 준비하기 위해 책과 인터넷 정보를 찾아보았어. 나에게 큰 도움을 준 자료목록은 다음과 같아.

자료유형	제목	출처

앞서 최고의 질문으로 선
정된 내용을 되집어보며, 이들과
연계된 주제가 무엇인지 이야기
를 나눕니다. 각자의 질문놀이경
험에서 흥미와 호기심을 갖게 된
분야를 밝히고, 이와 관련된 주
제로 미니강연을 준비하도록 안내
합니다. 문제상황과 함께 제시
된 활동공간을 채워나가도록 지
도해 주세요.

강연주제에 부합하
는 자료를 책과 인터넷을 통
해 찾아보고 목록(4개 이상)을
작성하도록 합니다. 여기 목록에
는 강연에 직접적으로 활용할
자료만 해당합니다.

토닥

앞서 확보한 자료를 활용하여 강연시나리오를 작성하도록 안내해 주세요. 당연히 시나리오
에는 강연할 핵심내용이 고스란히 담겨 있어야 합니다. 강연의 특성에 맞게 작성하려면 글
은 구어체로 하는 것이 적합합니다. 청중들의 호응을 얻을 수 있도록 수준과 연령을 감안하여
시나리오 작성이 이루어지도록 지도해 주세요. 미니강연은 학생들의 집중도를 감안하여 3분에
서 5분 분량으로 준비하는 것이 좋습니다.

마무리

미니강연 시나리오까지 준비가 완료됐다면 강연과 질문이 어우러지는 차이나는 클래스를 열도록 합니다. 강연의 설득력을 더하기 위해 프레젠테이션 자료를 준비하도록 안내해 주세요. 프레젠테이션 관련 지도는 'Maker Note❸ 돋보이는 프레젠테이션 자료 만들기'편을 참고해 주시기 바랍니다.

● 퀘스트4 : 차이나는 클래스를 열다

> **중심활동** : 강연하기, 질문하고 답변하기
>
> ◆ 문제상황을 파악하고 '차이나는 클래스' 시작하기
> ◆ 순서에 따라 미니강연을 진행하고 질의응답 시간을 갖기
> ◆ (선택) 강연동영상을 온라인 공간에 올리고, 댓글을 통해 질문과 답변 진행하기
> ◆ 차이나는 클래스를 통해 배우고 느낀 점 3가지를 기록으로 남기기, 성찰저널(reflective journal)과 연계하여 진행하고, 긍정적인 피드백 제공하기

Quest 퀘스트 **04**

차이나는 클래스를 열다

★★★★★★★★★

드디어 차이나는 클래스의 백미인 특별한 강연쇼가 펼쳐집니다. 차이나는 클래스는 개성 넘치는 ...!?!?!!으로 완성되는데요. 그만큼 ...!?!?! 가 꼭 필요하겠죠? ...!?!?! 기대하겠습니다.

가슴 떨리는 시간이 찾아왔군. 그동안 어렵게 준비했던 강연이 성공적으로 마무리됐으면 좋겠다.

문제상황에 그려진 선생님의 모습처럼 직접 사회자가 되어 '차이나는 클래스'를 진행해 준다면 보다 실감나는 강연쇼가 펼쳐질 수 있습니다. 기본적으로 강연은 동영상으로 촬영되며 학급커뮤니티에 올려 공유하게 된다는 사실을 알려주세요. 긴장되는 무대인만큼 유쾌한 발언을 통해 전체적인 분위기를 편안하게 만들어 주시기 바랍니다.

강연에 앞서 질문패널을 선정하고 진행하는 것이 수월합니다. 메인 질문패널은 5-6명이 적당하며, 이들을 제외하고도 일반 청중들도 질문에 자유롭게 참여할 수 있는 규칙을 정해 주세요. 사회자(선생님)의 융통성 있는 진행이 질문의 재미를 더할 수 있습니다. 청중들이 강연에서 오간 인상적인 질문들을 낙서하듯 자유롭게 기록하도록 안내해 주세요.

차이나는 클래스가 무엇인지 제대로 보여주겠어.

...부터 나의 시간이군.

② [선택] 강연을 동영상으로 촬영하고, 인터넷을 통해 공유합니다. 댓글로 질문을 받고 답변하는 형식으로 진행해 보도록 합니다. ★★★

① 교실에서 준비한 미니강연을 합니다. 더불어 인상적인 질문들을 이곳에 자유롭게 기록...

미니강연을 동영상에 담아서 인터넷(보통 학급커뮤니티)을 통해 공유하도록 합니다. 제한된 시간 안에 이루어지는 오프라인 강연의 특성상 질의응답이 충분하지 않을 수밖에 없습니다. 이를 보완하기 위해 2차 무대를 온라인 공간으로 옮기고 댓글로 질문을 받고 답변하는 방식으로 진행해 보도록 하세요. 공격(질문)과 방어(답변)라는 이름으로 시간제한을 두고 게임하듯 운영하면 학습활동의 몰입감을 더할 수 있습니다.

③ 차이나는 클래스를 통해 배우고 느낀 점...

#	배운 점
1	
2	
3	

차이나는 클래스를 총평하고, 인상적인 강연과 질문들에 대한 배운 점과 느낌 점을 기록하도록 해 주세요. 성찰저널과 성격이 유사하므로 이를 대신하여 진행하는 것이 좋습니다. 성공적인 학습경험은 선생님의 긍정적인 피드백으로 마무리될 때 더욱 빛을 발합니다.
이 점 명심해 주세요.

관련교과	국어	사회	도덕	수학	과학	실과			예술		영어	창의적 체험활동	자유학기활동		
						기술	가정	정보	음악	미술			진로 탐색	주제 선택	예술 체육

1. 미니강연이 책읽기가 되지 않도록 충분한 리허설이 필요합니다. 실전 같은 연습을 반복해서 성공적인 차이나는 클래스를 열어주세요.

2. 질문이 가장 중요합니다. 강연의 아쉬움이 질문으로 채워질 수 있도록 활발한 질의답변이 오갈 수 있도록 해 주세요. 특히 인상적인 질문들은 반드시 메모하도록 합니다. 질문과 답변은 상대방을 존중하는 의미에서 존댓말을 사용합니다.

3. 각자 차이나는 클래스에서 배우고 느낀 점을 기록으로 남겨서 공유하도록 합니다. 성찰저널(또는 성찰일기)과 연계해서 활동하는 것도 좋습니다.

[평가] PBL의 완성, 자기평가

모든 교수학습 상황에서 평가 중요합니다. 그리고 학교를 비롯한 대부분의 교육현장에서 발전시켜왔던 평가체계의 정점에는 시험이 자리하고 있습니다. 최근 들어 수행평가와 다양한 방식의 평가방법이 권장되고 있지만, 상당수의 교사들이 여전히 지필시험 중심의 평가체계에서 벗어나지 못하고 있습니다. 거기에는 오랜 세월만큼이나 단단하게 굳어진 강력한 믿음이 작용한다고 볼 수 있습니다.

"시험을 봐야 공부를 하죠."

현장에서 학부모나 심지어 교사들에게서도 자주 듣는 말 중에 하나입니다. 시험위주 평가에 대한 전문가들의 끊임없는 경고에도 불구하고 필요악으로 여기며 학생들로 하여금 사력을 다해 매달릴 것을 강요합니다. 입시제도와 지필시험 위주의 평가 방식이 갖는 구조적이며 고질적인 문제들이 해결되지 않는 상황에서 교사 개인의 힘만으로 다른 방식의 평가를 추구한다는 건 정말 어려운 일입니다. 그럼에도 불구하고 평가에 대한 관점의 전환은 PBL의 성공적인 실천을 위해 중요합니다. 우선 1등부터 꼴찌까지 학생들의 서열을 매기는 것에 상대적으로 자유로운 수업부터 기존의 평가방식에서 과감히 탈피해 보도록 합시다.

PBL의 영역별 평가방법

영역	세부항목	평가 방법
과정	◆문제해결능력 　－ 문제파악, 자료수집, 분석, 정리 ◆논리력, 판단력, 의사소통능력, 협동학습능력 ◆개별적 참여도, 기여도, 책임감 ◆팀원들의 협력적 지원태도	◆온라인/교실수업 　학습 활동 관찰평가 ◆성찰저널 ◆자기점검표, 동료평가표 ◆포트폴리오
내용	◆관련분야의 지식습득 ◆구체적인 학습결과물에 대한 창의성, 독창성, 　내용의 깊이도, 성실성 ◆발표자의 준비성, 성실성	◆팀간평가표 ◆성찰저널 ◆지필시험 ◆보고서평가
일반화	◆개별적 학습경험의 일반화 ◆학습자의 스스로의 학습과정, 결과에 대한 인식 ◆성찰적 사고	◆성찰저널

출처: 「강인애, 정준환, 정득년(2007), PBL의 실천적 이해(문음사)」

'PBL의 영역별 평가방법'을 참고하더라도 지식의 습득 여부를 단순히 평가하기 위해 적용할 수 있는 객관식 지필평가문제부터 고차적인 사고과정과 결과를 종합적으로 평가하기 위한 방법까지 다양하게 적용이 가능합니다. 포트폴리오평가, 동료평가, 관찰평가 등 과정지향적인 평가방법을 주로 활용할지, 퀴즈, 개념지도, 논술, 산출물 평가 등 결과지향적인 평가방법을 도입할지는 수업을 준비하는 교사의 몫이기도 합니다. 어떤 방식이됐든 PBL 수업을 준비하는 과정에서 평가방법의 유형을 결정하고 이에 적합한 평가도구를 개발하는 것은 꼭 필요한 일입니다. 특히 평가의 궁극적인 목적이 공동체 안에서 학습자 스스로 진단하고 평가하는 능력을 기르는데 있다고 믿는다면 자기평가를 소홀히 해서는 안 될 것입니다. 그래서 이 책의 여섯 번째 실전가이드는 PBL의 여러 평가방법 중 자기평가를 상세히 다루고자 합니다.

자기평가기준을 제시하기 위한 자기점검 체크리스트 개발하기

지금껏 학교교육에서 '객관성'을 확보한다는 이유로 타인에 의한 평가가 주를 이뤄왔습니다. 학교생활이 길어지고 평가의 횟수가 늘어날수록 타인의 시각에 자신을 맞추고 판단하는데 익숙해져 버립니다. 타인의 평가에 민감해질수록 자기내면의 소리에 귀를 닫고 진로마저도 타인의 소리에 의존하여 결정하기에 이릅니다. 꿈과 목표를 스스로 세우고 키우지 못한 상황에선 자기목적은 심각하게 결여될 수밖에 없습니다. 자기 자신이 결여된 채 이루어지는 모든 공부는 진정한 학습이라고 말할 수 없을 것입니다. 이제 타인으로부터가 아닌 '나'로부터 시작되는 평가, 내가 주체인 평가가 실현되어야 합니다. 학습자 본인이 중심이 되는 평가가 이루어지기 위해선 우선적으로 자기점검이 활발히 이루어질 수 있는 '자기평가(self-assessment)' 환경의 제공이 필수적입니다. 덧붙여 PBL 과정에서 학습자의 자기점검을 활성화되도록 하려면 이를 가능하게 해줄 자기평가항목개발이 선행되어야 합니다. 자기평가항목은 평가의 목적을 달리하면 상호평가, 동료평가 등의 기준으로도 충분히 활용 가능합니다. 다음의 예로 제시한 자기점검 체크리스트는 PBL의 일반적인 학습과정에서 요구되는 학습활동과 학습능력, 학습태도, 기대하는 학습효과 등을 세분화하여 자기평가기준을 제시하고 있습니다.

PBL 자기점검 체크리스트 예

N	평가항목	내 용	나의 점수 1	2	3	4	5
1	목표설정과 계획	주어진 시간 안에 문제해결을 위한 목표를 정하고, 이를 바탕으로 학습계획을 완성할 수 있습니다.					
2	정보탐색	인터넷을 통해 정보를 효과적으로 탐색하고 문제 해결을 위해 다양한 정보를 찾아봅니다.					
3	정보의 재구성 (1)	자신이 찾은 정보는 친구들이 알기 쉽게 고치거나, 어려운 용어에 대한 보충설명을 합니다.					
4	정보의 재구성 (2)	다양한 정보들을 문제해결에 필요한 자료의 형태로 만듭니다.					
5	정보공유	모둠 구성원과 다양한 정보와 의견을 공유하기 위해 노력합니다.					
6	계속적인 기록	공부한 내용이나 결과를 꾸준히 기록하기 위해 노력합니다.					
7	사회적 도움	친구, 선생님, 부모님, 주위 어른으로부터 도움을 얻고자 노력합니다.					
8	자기평가	자신의 학습과정을 되새겨보고 스스로 평가합니다.					
9	학습의 책임감	모둠 구성원으로서 주어진 학습에 책임감을 갖고 적극적으로 참여합니다.					
10	비판적 사고	다른 친구의 의견과 자신의 생각을 비교하여 받아들이고 이를 통해 자신의 생각을 좀 더 넓히려고 노력합니다.					
11	의사소통 능력(1)	자신의 생각을 객관적인 근거(정보)를 바탕으로 말이나 글로 잘 전달할 수 있습니다.					
12	의사소통 능력(2)	모둠 토론과정을 통해 의견을 모으고, 서로의 의견과 생각을 적극적으로 나누려는 자세를 가졌습니다.					
13	협력적 학습태도	친구들의 감정과 생각을 이해하고 존중하면서 협동적이며 조화롭게 학습하려고 노력합니다.					
14	비판적 분석	자신이 이미 알고 지식과 경험 바탕으로 문제의 내용을 비춰보고 자세히 살펴볼 수 있습니다.					
15	학습주제 도출	주어진 문제의 핵심을 이해하고 이를 바탕으로 공부할 주제를 뽑아낼 수 있습니다.					
16	학습목표 수립	문제를 해결하기 위해 핵심주제와 활동을 분류하고 학습목표를 세울 수 있습니다.					
17	효과적인 자료수집	문제해결에 필요한 학습 자료나 정보를 수집하고 그것의 적합성을 판단할 수 있습니다.					
18	사회적 성찰활동	자신의 생각을 다른 친구들에게 열심히 설명하고, 옹호하고, 정당화하는 활동을 적극적으로 합니다.					
19	개인적 성찰활동(1)	주어진 문제를 해결하기 위해 깊이 있게 생각하려고 노력합니다.					
20	개인적 성찰활동(2)	이전에 자신이 지니고 있던 경험과 지식에 견주어 보고, 지속적인 고민과 탐구를 통해 문제를 해결하려고 합니다.					

21	성찰활동과 사고의 내면화	성찰저널이나 일기 등을 활용하여 자신이 배운 내용을 되새겨보고 자신의 느낌을 솔직히 기록합니다.
22	학습의 적극성	문제해결을 위해 친구들에게 자신의 의견을 적극적으로 제시하고, 다양한 아이디어를 제공하기 위해 노력합니다.
23	학습의 주인의식	학습의 주인공으로서 자신에게 맡겨진 역할에 최선을 다합니다.
24	팀 기여도	능동적이며 주도적인 참여를 통해 문제해결에 있어서 결정적인 역할을 합니다.
25	자발적 참여유도	친구에 대한 배려와 함께 구성원들의 자발적인 참여를 이끌어내기 위해 적극적으로 노력합니다.
26	학급 홈페이지	온라인 모둠토론방을 포함하여 학급홈페이지의 다양한 기능들을 적극적으로 활용합니다.
27	개인 홈페이지	학습을 위해서 블로그와 유투브와 같은 SNS 서비스를 적절히 활용합니다.
28	자료제작(1)	워드프로세서(한글, MS 워드, 페이지 등)를 이용하여 다양한 형태의 문서자료를 만들 수 있습니다.
29	자료제작(2)	편집소프트웨어 및 관련 모바일 앱을 이용하여 매력적인 동영상(멀티미디어)자료를 만들 수 있습니다.
30	자료제작(3)	프레지(Prezi), 파워포인트(PPT), 한쇼 등의 IT 도구를 활용하여 효과적인 발표 자료를 만듭니다.

주의해야 할 점은 자기점검 체크리스트가 학습의 통제수단으로 오용되지 않도록 하는 것입니다. 동일한 문항의 '자기점검 체크리스트'를 PBL 수업마다 반복적으로 제시하게 되면 의도와 상관없이 하나의 학습통제수단으로 받아들이게 됩니다. 아울러 자기평가능력은 자신을 얼마나 정확하게 객관화해서 볼 수 있는지 여부가 중요합니다. 자기평가항목을 상호평가의 기준으로 삼아서 서로 비교하게 하면 자기평가의 정확도를 높일 수 있습니다. 이를테면 '성찰저널' 평가항목에 대해 자기평가가 4점, 상호평가(또는 교사평가)가 2점이라면, 그 결과의 차이에 대해 스스로 분석해보도록 하는 것도 도움이 됩니다. 자기점검 체크리스트의 특별한 형식이 존재하는 것은 아닙니다. PBL 고유의 학습패턴에 초점을 둔 평가항목도 충분히 개발이 가능합니다. '문제제시-과제수행-발표 및 평가'순으로 진행되는 일련의 PBL 과정별 활동을 기준으로 자기점검 체크리스트를 개발할 수도 있습니다.

❶ PBL 활동 체크리스트: 문제제시

N	평가항목	내 용	나의 점수				
			1	2	3	4	5
1	PBL 절차에 대한 이해	문제제시-과제수행-발표 및 평가의 단계로 이어지는 PBL의 절차를 이해합니다.					
2	문제인식	문제에 등장하는 주인공의 입장에서 문제 상황을 인식합니다.					
3	문제의 핵심파악	문제에서 요구하는 핵심내용을 정확히 이해합니다.					
4	문제파악을 위한 적극성	제시된 문제를 정확히 이해하기 위해 적극적인 질문과 관련 자료 탐색을 충분히 합니다.					
5	문제에 대한 깊이 있는 이해	문제에 대한 깊이 있는 이해를 위해 더 알아야 할 내용이 무엇인지 알고 있습니다.					
6	문제 해결방법	제시된 문제의 성격과 내용에 맞게 문제해결방법을 제시합니다.					
7	역할분담	효과적으로 문제를 해결하기 위해 필요한 역할이 무엇인지 알고, 모둠 구성원간에 역할을 나눕니다.					
8	학습계획 수립과정	토론활동을 통해 팀 구성원들의 의견이 골고루 반영된 학습계획을 세웁니다.					
9	계획서 작성	문제를 정확히 파악하고 이를 바탕으로 과제수행계획서를 작성합니다.					

❷ PBL 활동 체크리스트: 과제수행

N	평가항목	내 용	나의 점수				
			1	2	3	4	5
10	문제 해결태도	자신에게 주어진 역할을 정확하게 이해하고 책임감을 갖고 문제해결을 위해 노력합니다.					
11	개별문제 해결모색	문제해결을 위해 탐색한 정보나 자료를 바탕으로 자신의 생각을 잘 정리합니다.					
12	팀 문제 해결모색	친구들이 문제해결을 위해 제시한 다양한 아이디어와 정보를 파악하고, 이에 대한 자신의 의견을 제시합니다.					
13	토론결과 정리	문제해결을 위해 팀원 간에 최종 합의안을 도출하고, 토론결과를 정리합니다.					
14	학습결과 도출	문제해결과정을 통해 탐색하고 탐구한 정보를 바탕으로 문제에서 요구하는 다양한 형태의 학습결과를 만들어 낼 수 있습니다.					
15	학습자 수준의 맞는 재구성	친구들이 이해하기 쉬운 형태로 자료를 만들고 자신의 수준에 맞는 언어로 구성합니다.					
16	탐색한 정보의 반영도	문제해결모색 과정에서 수집한 정보 및 자료를 적절하게 반영하여 결과를 정리합니다.					
17	독창적인 방식의 결과정리	모둠의 개성이 잘 드러나도록 창의적인 방식으로 결과를 정리합니다.					
18	계획과 목표에 맞게 결과정리	문제해결을 위한 학습계획과 목표에 맞게 결과를 정리합니다.					

❸ PBL 활동 체크리스트: 발표 및 평가

N	평가항목	내 용	나의 점수 1 2 3 4 5
19	자신감 표현	자신감 넘치는 자세로 논리적이고 간결하게 발표하려고 노력합니다.	
20	참여 발표	모둠 구성원의 참여가 적극적으로 이루어지도록 발표를 진행합니다.	
21	발표의 명확성	문제 상황에 맞게 발표를 진행하고 해결안을 정확하게 제시합니다.	
22	자기 학습평가	자신이 경험한 학습과정을 되돌아보고, 자신이 세운 학습목표를 달성했는지 평가할 수 있습니다.	
23	팀 학습평가	문제해결과정에서 모둠 친구들의 기여도를 분석하고 이를 정확하게 평가할 수 있습니다.	
24	성찰저널	자신의 학습과정을 통해 배운 내용을 성찰하고 이를 정리할 수 있습니다.	

한편 월, 분기, 학기 단위로 일정기간동안 PBL을 경험한 이후에 영역별 자기평가를 '프로젝트학습 스스로 종합평가'의 예처럼 실시해 볼 수도 있습니다. 아무쪼록 현장상황에 맞게 적용해 보시기 바랍니다.

프로젝트학습 스스로 종합평가

PBL 수업마다 자기점검 체크리스트를 제공하고자 한다면, 수업목표와 중심활동, 학습할 내용 등에 부합하는 평가항목을 개발해야 합니다. 이때 효율적인 자기평가가 이루어지도록 하는 것이 무엇보다 중요합니다. 아무쪼록 '과유불급[過猶不及]'이 되지 않도록 주의해 주세요. 이 책의 PBL 프로그램에서 퀘스트(단계)별로 제공하는 '스스로 평가'를 참고한다면 이해가 수월할 것입니다. 다음 제시한 예는 「설레는 수업, 프로젝트학습 PBL 달인되기 1: 입문(2016)」에 수록된 '6장. 인종차별! 코이코이족 사끼 바트만의 슬픔의 퀘스트2 마틴 루터 킹에게 묻다' 스스로 평가입니다.

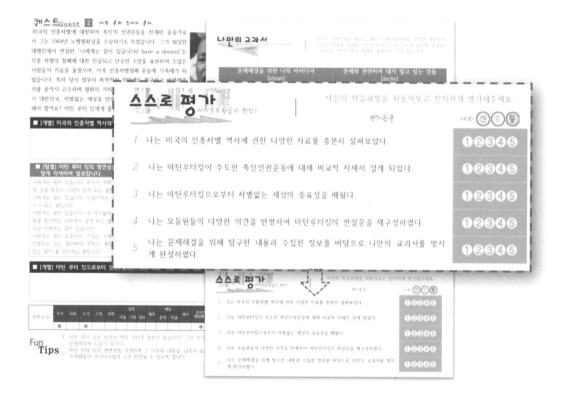

자신이 개발한 PBL 문제(이 책에 수록된 문제도 가능)의 자기점검 체크리스트를 완성해 보세요.

N	평가항목	내 용	나의 점수				
			1	2	3	4	5
1							
2							
3							
4							
5							

자기평가의 백미, 성찰저널 작성하기

PBL의 오랜 친구인 '성찰저널(reflective journal)'은 단연 자기평가의 백미라 할 수 있습니다. 학교현장에서 성찰일기라는 이름으로 불려지곤 하는데요. 학생들에게 친숙하고 익숙한 '일기'라는 용어가 복잡하고 어렵게 느껴지는 '성찰'이 주는 거리감을 완화시켜줍니다. 성찰저널이 PBL에서 가장 자주 이용되는 평가방법으로 자리매김할 수 있었던 것은 근본적으로 그 목적과 용도, 의도 등이 PBL의 관점(이론 및 철학)에 철저히 부합하기 때문입니다. 이러한 성찰저널을 통해 교사는 학생들의 학습과정과 결과를 들여다볼 수 있으며, 크게 4가지 사항을 평가할 수 있습니다.

★**첫째,** 학습자들의 자기학습과정에 대한 평가가 이루어집니다. 학습과정에 대한 자기평가와 관찰은 학습효과를 증진하는 데 매우 중요합니다. 학습자들의 자기학습에 대한 평가를 통해 교사는 학습자의 분석적, 탐구적, 비판적, 그리고 자기주도적 학습능력을 파악할 수 있습니다.

★**둘째,** 학습자들이 학습한 내용을 얼마만큼 구체적으로 깊이 있고, 정확하게 이해했는지에 대해 평가가 가능합니다. 더불어 제시한 학습자원을 얼마만큼 참고하고 활용했는지를 알 수 있습니다.

★**셋째,** 학습한 것과 실제 생활과의 연결이나 적용을 얼마만큼 하고 있는지를 알 수 있습니다. 제시된 '문제'를 해결하는 동안 새롭게 익힌 것을 이전의 경험과 얼마만큼 잘 연결시키고, 혹은 새롭게 경험한 것의 일반화를 얼마나 잘하고 있는지를 점검할 수 있습니다.

★**넷째,** 모둠학습에서 팀원들의 활동에 대한 평가가 가능합니다. 각 팀원들이 얼마나 적극적이고 효율적으로 팀 활동에 참여하고 있는지를 파악할 수 있습니다.

PBL 수업을 처음 접하는 학습자의 경우, 성찰일기를 어떻게 써야 할지 모르는 경우가 많습니다. 성찰저널에 들어가야 할 기본내용이 무엇인지 알려주고 다음과 같이 제시된 질문항목에 따라 작성할 수 있도록 안내해 줍니다.

◇본 문제해결을 통해 무엇을 배우고 느끼셨습니까? (학습내용 및 과정 포함)

◇본 문제해결 과정을 통해 배운 점을 나의 삶이나 직장(학교)에서 적용한다면…

◇이번 문제해결안에 대한 대안이나 더 나은 방향이 있다면 무엇입니까?

◇본 문제해결 시 팀에 대한 나의 기여도는 무엇입니까?

◇학습참여 태도에 대한 반성과 앞으로의 각오

또래 학생이 작성한 모범적인 예를 들어 성찰저널의 작성방법을 설명한다면, 학습자의 이해수준을 좀 더 높일 수 있을 것입니다.

내 용	성찰저널 작성의 적절한 예시자료
무엇을 알게 되었는가? (내용)	문화관광부에서 특산물 박람회 개최에 대한 공고가 내려와 우리도의 홍보팀은 전라도 특산물 중에서 보성의 녹차와 영광의 굴비를 홍보했다. 각 지역마다 자연환경이 다르고 그것을 이용하여 지역 주민들은 예로부터 전해 내려오는 특산물을 더욱 발전시켜 상품화 하고 있다는 것을 알게 되었다.
어떻게 그것을 배웠는가? (과정)	보성의 녹차와 영광굴비를 홍보하기 위해 인터넷을 통해 셋콩이 힘을 합쳐 좋은 자료를 많이 구할 수 있었다. 그리고 때 맞춰서 녹차의 좋은 점들이 TV 건강 다큐멘터리에서 나와 동영상으로 보여주고 녹차가 좋은 점과 특히 자연환경 즉 비가 많이 내리고 토양이 녹차를 재배하기에 최고라는 이유를 들어 보성녹차가 좋은 이유를 홍보했던 점이 가장 훌륭했다고 생각한다. 그리고 발표할 때 승흔이가 보성녹차를 끓여 와서 얼음과 함께 뒤에 계시는 부모님과 교감선생님께 직접 시음을 하셔서 우리 홍보팀이 일등을 한 것 같다.
학습의 개선점은 (대안적 접근)	아쉽다면 우리 조 발표팀장 백승흔과 팜플렛 홍보담당인 내가 더 크게 더듬지 않게 했으면 더 좋았을 텐데……. 라는 생각이 든다.. 그리고 컴퓨터 작성과 자료담당 지현이와 희영이가 잘 했지만 출력을 해오지 않아서 좀 불편했다. 그러나 무엇보다 우리 전라도 특산물 홍보팀이 1등을 했다는 게 넘 기쁘다. 그리구 이렇게 가끔씩 부모님들이 오셔서 발표하는 기회가 있으면 좋겠다는 생각이 들었다.
실생활과 어떤 연관성 (일반화 작업)	발표하기 6일 전 우리가족은 연휴를 맞이하여 보성에 갔다. 물론 내가 마구 졸라서 가게 되었다. 직접 가서 현장체험을 해보고 싶었다. 담양 죽제품 마을도 갔고 돌아오는 길에 알밤으로 유명한 공주를 거쳐서 왔다. 사회시간에 들었던 지역들을 직접 가보니까 마음이 예전과는 달랐다. 그냥 지나쳐버리고 관심도 두지 않았을 지역들이었을 것이다.
무엇을 알게 되었는가? (내용)	이번 특산물 홍보를 하며 새로 안 것들이 많다. 이름으로만 들었던 영광굴비, 보성녹차, 공주밤, 한산모시, 제주한라봉, 제주옥돔, 울릉도 오징어, 호박엿, 이천 쌀 이천 도자기 등……. 정말 많다. 정말 이름만 알았지 좋은점... 그런 것들이 왜 좋은지는 하나도 몰랐었다. 우리 조발표는 우리가 조사하면서 거의 다 알아냈지만 다른 조의 발표를 듣고 다른 특산물의 특징.. 좋은점... 그런 것들을 많이 알게 되었다.
학습을 위해 내가 기여한 것은? (기여도)	나는 전라북도 홈페이지와 전라남도 홈페이지에 들어가 보성 녹차와 영광굴비에 대한 자료를 수집하면서 홍보할 방법을 찾았다. 그리고 주로 팜플렛을 만드는 데 주력을 하였다. 또한 발표할 때 팜플렛을 통해 홍보하는 일을 맡았다. 승연이는 홍보팀장으로 발표할 때 파워포인트로 홍보를 했고 나는 옆에서 보조역할을 하였다. 웅현이랑 은영이는 자료를 수집하여 정리하고 홍보에 필요한 학습준비물을 담당하였다. 그리고 우리 팀은 합심하여 홍보노래 등을 만들어 열심히 연습해서 모두 외어 부를 수 있었다. 작곡가가 된 것 같았고 다른 홍보팀들도 정말 훌륭했다. 특히 이천 쌀을 홍보하는 팀이 정말 재미있게 잘 만들었다고 생각한다.

출처: 「강인애, 정준환, 정득년(2007), PBL의 실천적 이해(문음사)」

어린 학생일수록 대부분 글쓰기 자체에 대한 부담을 갖고 있습니다. 학생들의 연령과 수준을 고려해서 일기와 같은 형식으로 자연스럽게 글을 쓰도록 안내하는 것이 좋습니다. 고학년 학생의 경우엔 학급홈페이지나 자신의 블로그와 같은 온라인 커뮤니티에 성찰일기를 남기도록 해도 됩니다. 온라인 공간에서 성찰저널은 자기평가 이상의 의미를 지닐 수 있습니다. 성찰저널에 대한 긍정적인 피드백과 칭찬과 격려는 서로에 대한 신뢰와 깊은 이해를 도모해 줄 수 있습니다. 특히, 교사의 피드백은 학생들에게 PBL 수업에 대한 만족감과 자신감을 심어줄 수 있으므로 성찰저널을 꼼꼼히 읽어보고 내용에 부합하는 긍정적인 피드백을 반드시 제공해 주어야 할 것입니다. 더불어 학생들이 작성한 성찰저널을 모둠 구성원 간에 상호 공유할 수 있도록 하고, 서로에 대한 칭찬과 격려, 진심어린 충고가 이루어질 수 있도록 지도합니다.

> 점점 더, 아주 조금씩 우리 4모둠이 발전이 되고 있는 느낌입니다. 솔직히 발표하기 몇 시간 전, 저는 우리 모둠 아이들과 말싸움을 크게 하였었어요. 왜냐하면, 매일 시나리오도 나만 짜고, 그냥 복사를 하여서 정보를 올리는 그럼 아이들 때문이죠. 그러나 계속 생각을 해 보니 그 아이들도 각자 자기가 맡은 구역을 다 하였더군요. 그래서 저도 그냥 마음을 풀기로 하고, 서로 반성을 한 뒤 얼마 남지 않은 발표를 위해 창민이와 동욱이의 연기지도, 그리고 해진이의 발표 까지 제가 모두 지도를 해 주고, 그 속에서 아주 잘 따라주고 웃어주었던 해진이와 동욱이, 새암이, 창민이 세린이에게 아주 고마웠습니다.
>
> － 중략 －
>
> 처음에 이것을 받았을 때의 머리아픔.. 그리고 정보를 찾는 데의 어려움. 그리고 서로 의견이 맞지 않아서 다투었던 것. 결국 이것이 이 좋은 결과를 만들었다고, 저는 생각합니다. 사람은 노력하는 것에 따라 얻는 결과가 달라진대요.
>
> _초등학교 5학년 임○○

글쓰기 부담이 큰 어린 학생의 경우, 성찰저널을 쓰라는 것 자체가 무리한 요구일 수 있습니다. 이럴 경우, 그림을 활용하는 방법이 있습니다. 예를 들어 PBL 수업 전과 후의 모습을 그림으로 나타냄으로써 학습과정을 통해 자신이 배운 것과 변화된 모습을 문자가 아닌 그림으로 표현하게 됩니다. 또한 학습자 개인에 초점을 맞춘 성찰저널을 보완하기 위한 평가방법으로 개념지도를 활용할 수도 있습니다. 개념지도는 문제해결 과정을 통해 습득한 지식이나 기술 등을 상호관계성에 초점을 맞춰서 계열화하고 시각화하는 방법입니다. 개념지도 안에는 제시된 문제를 해결하기 위해 공부한 주제와 내용, 팀원의 역할, 의견, 산출물 등 PBL의 전 과정을 담아낼 수 있습니다. 개념지도를 모둠 단위로 협동해서 완성하도록 요구한다면 사회적 성찰과정을 통해 드러난 일종의 집단지성의 결과물이 됩니다. 물론, 개념지도는 교사의 판단에 따라 다양하게 활용될 수 있습니다. PBL이 시작되기 전에 학생들의 기존 지식이나 이해를 살펴보기 위해 적용할 수 있으며, 문제해결 과정 중에 학생들의 사고를 촉진시키기 위한 도구로 활용할 수도 있습니다.

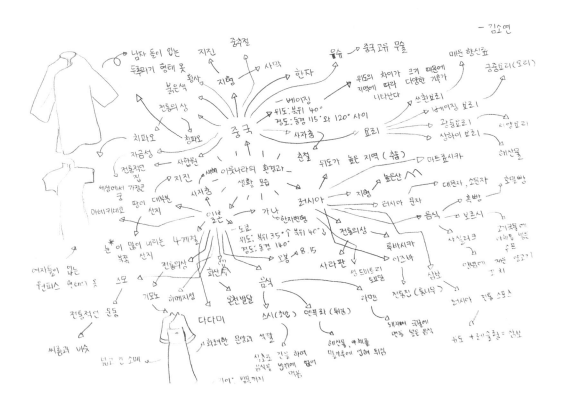

이 책의 '10장 자기주도학습의 완성, 셀프프로젝트학습'의 마지막 과정으로 제시한 'The Big Idea'와 같이 다양한 형태로 성찰저널의 정신을 담아낼 수 있습니다. 전체 학습과정을 되짚어보며 기록하는 공간인 빅아이디어는 글과 그림의 모든 표현방식을 수용하는 것이 특징입니다. 성찰저널의 전형적인 형태가 글로 표현하는 것이라면 빅아이디어 공간은 마인드맵을 비롯해 글과 그림의 경계 없이 학습자가 원하는 방식대로 표현할 수 있습니다.

The
Big Idea!

셀프 프로젝트학습을 수행하는 과정에서 배우고 느낀 점은 무엇입니까? 머릿속에 담겨진 그대로 꺼내어 마인드맵으로 표현해 봅시다. 더불어 학습과정에서 얻게 된 빅아이디어, 창의적인 생각을 정리하는 것도 잊지 마세요.

올클리어 스티커

Big Idea! Creative Thinking!

나의 지식사전

셀프프로젝트를 수행하는 과정에서 알게 된 중요한 지식을 '나의 지식사전'에 남기도록 합니다. 특히 해당 지식의 소멸시점을 예상하고 그 이유를 함께 기록해 보세요.

핵심용어	중심내용	내가 생각하는 지식유효기한과 이유

자기평가의 백미, 성찰저널을 작성해 봅시다. PBL 수업을 진행하며 배우며 느낀 점은 무엇입니까? 그림과 글로 자유롭게 표현해 봅니다.

그림

글

게임화를 통해 매력적인 자기평가환경 구현하기

PBL 수업에서 게임화의 방점은 정확한 자기평가가 가능하도록 자기이해와 점검이 지속될 수 있는 환경을 구현하는 데 있습니다. '프로그래스바(progress bar)'를 통해 자신의 학습 진행 정도를 파악하고, 동료와 비교해가며 과제수행의 질을 따져보도록 유도해볼 수 있습니다. 주기적으로 현재의 레벨 위치를 확인할 수 있는 '리더보드(Reader Board)'를 제공해주는 것도 같은 이유에서 비롯됩니다. 시각적 디자인을 달리하며 제공되는 현황판은 자기점검을 지속시켜주는 좋은 환경이 되어 줍니다.

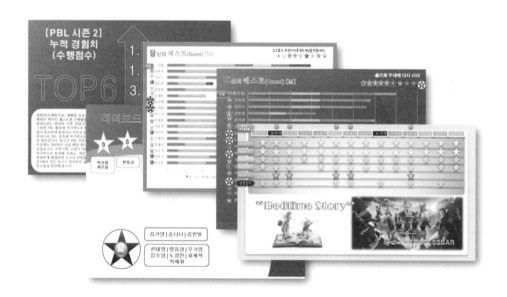

특히 PBL에 적용된 포인트 시스템은 자기평가의 동력을 제공해 줄 수 있습니다. 과제수행과정에서 자연스럽게 누적되는 경험치를 기본으로 하면서 자기평가 체크리스트와 상호평가결과 등을 연계할 수 있습니다. 파워포인트, 프레지(Prezi) 등을 활용하여 프레젠테이션 자료를 만들거나 동영상 제작, 시나리오 작성, 소품 만들기 등 역할 수행에 따른 능력치(어떤 일을 감당해 낼 수 있는 힘의 수치)를 도입하여 반영할 수도 있습니다. 능력치가 쌓이면 '○○달인', '○○의 제왕', '○○요원', '○○박사' 등의 칭호(혹은 상징물)를 얻게 되면서 자신의 역량을 인증 받게 됩니다. 때론 포인트가 '환금성'을 지니도록 할 수도 있습니다. PBL 수행을 통해 획득한 포인트로 무언가를 구입하는 등의 경제적 행위를 하도록 함으로써 가상의 경제공간을 구현해 볼 수 있는 것입니다. 더불어 '카르마(karma)', 즉 선행과 악행으로 쌓인 업보를 포인트에 반영할 수도 있습니다. 학습자의 참여태도, 협업, 배려, 기여 정도 등을 따져서 포인트에 부가하는 방식입니다. 이처럼 경험치와 능력치를 비롯해 상호평가와 자기평가 결과, 환금성, 카르마 등이 반영된 점수체계를 구현하게 되면 여기에 다양한 가치와 의미를 부여할 수 있게 됩니다.

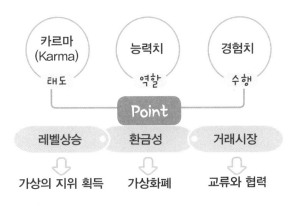

특정 PBL 수업으로 국한시키지 않고 학생들의 공부(생활) 전반으로 확대하여 폭넓게 활용할 수도 있습니다. 예를 들어 학교숙제하기, 일기쓰기, 책읽기, 교과문제집 풀기, 영어단어 익히기 등 하나하나를 퀘스트로 보고 경험치를 부여하는 방식입니다. 이를 위해서는 각 활동마다 교사와 학생 간의 합의를 통해 책정된 경험치를 기준으로 활동결과들을 매일매일 학생들 스스로 기록으로 남기도록 해야 합니다. 과연 가능할까요? 말이 쉽지 매일 활동결과를 기록으로 남기도록 요구하는 것은 학생들에겐 그야말로 미션임파서블이나 다름없습니다. 어른들에게도 결코 쉬운 일이 아니니까요.

그런데 가능합니다. 심지어 학생들이 즐겁게 참여합니다. 익숙한 상황과 규칙만 더했을 뿐인데 마법과 같은 일이 벌어집니다. 이를 가능하게 하기 위해 먼저 시중에서 쉽게 구입할 수 있는 어린이용 용돈기입장 등을 활용해 특별한 통장(필자는 시드머니통장으로 부른다)을 준비합니다.

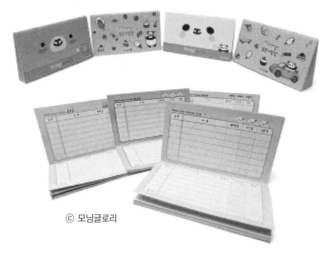

© 모닝글로리

시중에 판매되고 있는 어린이용 용돈기입장

　활동마다 부가되는 경험치를 사전에 약속된 가상화폐가치로 표기하는 것도 잊지 말아야 합니다. 이때 가상화폐는 직접 제작하거나 블루마블과 같은 보드게임에서 제공되는 것으로 활용해도 좋습니다. 공부에서 생활전반까지 각각의 활동이 가상의 경제활동으로 연결되는 만큼, 수입과 지출 대상을 명확하게 할 필요가 있습니다. 특히 가상화폐는 통장에 저축해야 인정되는데, 이렇게 되면 각각의 수입내용(활동내용)들이 매일매일 기록으로 남게 됩니다. '자기기록'은 '자기점검' 못지않게 중요한 자기평가요소입니다. 게임화가 적용된 가상의 통장 자체가 자기기록을 위한 유용한 공간으로서 가치를 지니게 됩니다.

날짜	내 용	들어온돈	나간돈	남은돈
10/2	수학문제집 2쪽 풀기	30시드		30시드
10/2	일기 쓰기	20시드		50시드
10/3	사회숙제하기	50시드		100시드
10/3	PBL 올클리어 뱃지 구입비		40시드	60시드
10/4	책 한권 읽기(제목: 윔피키드5)	50시드		110시드
10/5	영어단어 10개 익히기	30시드		140시드
10/6	교실 알뜰바자회 물건 구입		120시드	20시드
10/6	셀프프로젝트학습결과 발표	100시드		120시드

과제수행을 통해 한푼 두푼 통장에 모아둔 가상화폐는 학생들의 필요에 따라 언제든 꺼내 쓸 수 있어야 합니다. 사전에 지출가능범위(품목)를 학생들에게 공지해서 운영하거나 환전개념을 도입해서 환율에 따라 실제화폐를 사용하도록 하는 방법도 있습니다. 물론 주의해야 할 것은 학생들의 무분별한 욕구를 채우는 보상으로 작용하지 않도록 해야 한다는 점입니다. 결국 어떤 규칙을 더하고, 어떤 상징과 의미를 지닌 보상방식을 채택했는지 여부가 게임화로 빚어낸 자기평가환경의 매력도를 결정하게 됩니다.

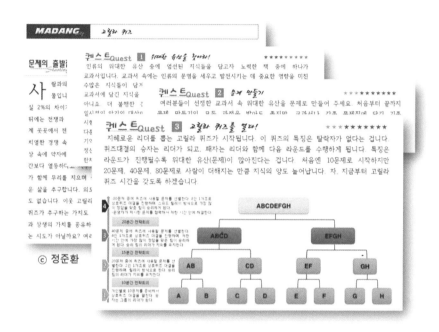

ⓒ 정준환

게임화 전략을 반영해 자기평가에 특화된 PBL 프로그램을 개발할 수도 있습니다. 「설레는 수업, 프로젝트학습 PBL 달인되기1: 입문(2016)」에 수록된 '10장 고릴라에게 배우는 고릴라 퀴즈'가 좋은 예입니다. 이 수업은 '신속한 피드백'이라는 게임화의 조건을 충족시켜주면서 동시에 교육적 의미를 훼손시키지 않는 방식에 대한 고민이 반영되어 있습니다. 대부분의 퀴즈 게임들이 대결에서 승리한 승자만이 게임을 지속할 수 있고, 패자는 게임의 무대에서 즉시 퇴출당하는 굴욕을 맛보게 되지만, 이 수업은 기본적으로 탈락자 없이 처음부터 끝까지 학습자 모두가 참여하며, 최종적으로 학습공동체를 완성하는 방식으로 운영되는 것이 특징입니다. '고릴라 퀴즈'는 대결의 결과로 지혜로운 리더를 정하고 승

부가 끝난 이후에는 승자와 패자 구분 없이 한 팀이 돼서 다음 상대와 맞서도록 하고 있습니다. 치열한 승부이후에는 서로 협력의 대상이 되며, 위대한 유산(문제)을 함께 공유하는 공동체를 이룹니다. 단계가 오를수록 공동체의 규모는 커지고 소유하게 될 위대한 유산도 자연스럽게 늘어납니다. 그리고 마침내 경쟁과 협력을 통해 다져진 공동체는 최종적인 협력과제를 해결함으로서 상생의 가치를 실현하게 됩니다. 학생들은 교과서에 담긴 수많은 지식 중에서 인류의 상생과 공존에 필요한 위대한 유산을 선정하고, 이를 바탕으로 문제를 만들어 퀴즈대결을 펼치는 특별한 경험을 합니다. 더불어 개별적으로 뽑아낸 10가지 지식이 협력과 경쟁의 과정을 거쳐 20가지, 40가지, 80가지로 모이면서 자연스레 공동체 안에 커다란 공유의 장이 펼쳐집니다. 고릴라퀴즈는 주어진 환경에 따라 방식을 달리하며 자기평가방법으로 얼마든지 활용이 가능합니다. 집단지성(collective intelligence)의 과정이 곧 자기평가, 그 자체가 될 수 있음을 보여주는 사례입니다.

　게임화의 목적은 막힘없는 소통의 공간을 갖추는 것이며 끊임없이 자신을 점검하고 되짚어 볼 수 있는 환경을 제공해 주는 데 있습니다. 피드백의 속도도 중요하지만 그것이 게임화의 목적이 될 순 없습니다. 평가에 대한 관점의 전환이 중요하고, 학습자가 주인이 되는 다양한 평가방식의 도입이 관건입니다. 그렇기 때문에 PBL 평가에 있어서 게임화는 자기평가의 완성도를 높일 수 있는 효과적인 전략으로 활용되어야 합니다. 자, PBL 수업에서 매력적인 자기평가환경을 구현하기 위해 어떤 게임화 방법을 시도해 보고 싶습니까? 욕심만 가지고 모든 것을 한꺼번에 구현해내기란 어렵겠지만 불가능한 것만은 아닙니다. 그냥 하고 싶은 것부터 차근차근 시도해 보도록 합시다.

QUEST 7-3

게임화를 통한 매력적인 자기평가환경을 구현해보고, 잘된 점과 개선할 점을 정리해 봅시다.

잘된 점	개선할 점

CHAPTER **09**

MARS,
아레스 탐사대를
구조하라!

★Teacher Tips

INTRO. 나만의 '달걀의 꿈' 프로젝트

모두의 시선이 높이 솟은 학교 옥상을 향하고 있습니다. 잔뜩 부푼 기대감은 찰나의 시간이 지난 후 환호와 탄식으로 갈립니다.

이곳은 미래의 화성착륙선을 설계하기 위해 달걀낙하실험이 벌어지고 있는 현장, 참가학생들은 달걀이 깨지지 않도록 이런저런 방법을 총동원해가며 구조물을 만들었고, 시행착오를 겪어가며 나름이지만 최선의 해법을 고안해냈습니다.

두꺼운 종이(플라스틱 빨대), 셀로판테이프, 가위 등 주어진 재료는 똑같았지만, 저마다 만들어 낸 결과물은 모양부터 제각각이었습니다.

여기서
잠깐

달걀낙하실험의 목적이 화성착륙선을 설계하기 위함이라니 선뜻 이해하기 어렵지 않나요?
달걀낙하실험이 화성착륙선을 고안하는데 결정적인 아이디어를 제공한다는 것인데, 그 이유가 궁금할지도 모르겠습니다. 자, 아래 프로젝트학습 문제를 천천히 살펴보세요. 달걀과 화성착륙선의 관계가 글의 내용 속에 잘 드러나 있답니다.

1997년 미국의 화성탐사기 '마스패스파인더(Mars Pathfinder)'는 화성에 안전하게 착륙시키기 위한 특별한 에어백을 사용했다. 대기가 거의 없는 화성에서 착륙선의 안전을 지켜내기란 결코 쉽지 않다. 아레스 탐사대의 조난도 착륙선의 파손이 결정적이었다고 하니 그 중요성을 제대로 알 수 있을 것이다. 그렇기 때문에 이번 구조 임무의 성패는 화성에 특화된 안전한 착륙선을 만들어낼 수 있는지 여부에 달려있다고 해도 과언이 아니다.

엉뚱하게 보일 수 있지만, 이를 위해 '달걀낙하대회' 행사를 열고자 한다. 높은 위치에서 달걀을 낙하시켜도 깨지지 않도록 고안한 구조가 엄청난 충격을 이겨낼 화성착륙선에 반영될 수 있다. 아레스 탐사대를 구출하기 위해 우리는 작은 아이디어 하나도 그냥 지나칠 수 없다.

달걀의 꿈, 화성의 중력으로부터 탐사선의 안전을 지켜낼 수 있는 지혜를 달걀로부터 얻을 수 있다는 발상, 우리가 일상에서 흔히 접하는 소소한 경험들이 어찌 보면 장엄하고 원대한 의미를 품고 있을지도 모릅니다.

의식적으로 전원스위치를 끄는 행동이 전기 절약이라는 차원을 넘어 지구환경을 살리는 실천이 될 수 있는 것처럼 말이죠. 작은 관심과 실천 덕분에 이산화탄소 배출이 줄어들고, 북극곰이 빙하 사이를 맘껏 헤엄치고 뛰어다닐 수 있게 되었다면 어떤 기분일까요? 충분히 여러분들은 일상 속에서 거대한 이야기의 주역이 될 수 있습니다.

사실 우리는 인생을 살아가며 나름 특별한 의미를 지닌 수없이 많은 프로젝트학습을 경험하게 됩니다. '프로젝트학습'이라 명명하지 않았을 뿐, 새롭게 마주한 문제만큼이나 살아가는 동안 자기만의 프로젝트는 끊이지 않고 계속됩니다. 시행착오를 겪으며 포기하지 않고 내놓은 해법들이 자신의 삶을 만들어 갑니다.

달걀의 꿈을 품었던 수많은 인물들 중에서 돋보이는 인물이 있습니다. 토마스 에디슨, 그는 전구를 비롯하여 축음기, 촬영기, 축전기 등 삶의 필수품이 된 1,000개 이상의 발명품을 내놓았습니다. 현대를 살아가는 사람 중에서 인류의 삶에 혁신적인 변화를 가져온 그의 업적을 모르는 이는 아마도 없을 것입니다.

결과만 놓고 본다면 에디슨은 일반 사람이 감히 범접할 수 없는 가히 천재 중에 천재라 할 수 있습니다. 과연 그럴까요?

그의 소년시절을 살펴보면 누구라도 고개를 갸우뚱하게 됩니다. 학교공부와는 담을 쌓았기에 성적은 늘 꼴찌였으며, 엉뚱한 일을 벌여 사고뭉치, 천덕꾸러기로 취급받기 일쑤였습니다. 그런 에디슨이었지만 자기만의 프로젝트는 끊임없이 지속했습니다. 그의 호기심은 곧장 특별한 프로젝트학습으로 이어지곤 했습니다.

'달걀 부화시키기 프로젝트', 에디슨의 유명한 일화 중에 하나죠. 병아리가 알(거위 알이라고도 함)에서 부화되는 장면을 목격하고, 직접 달걀을 품어 병아리를 부화시키려 했던 사건입니다.

결국 소년 에디슨의 프로젝트는 성공을 거두지 못했지만, 이를 통해 소중한 지식과 교훈을 얻게 됩니다. 여담이지만, 1879년 백열전구가 그의 손을 통해 탄생된 이후 전기에너지를 이용한 발명품들이 줄줄이 나오게 되었고, 1923년 현대적 인공부화기의 효시라고 할 수 있는 전기를 이용한 입체식 부화기도 개발되기에 이릅니다.

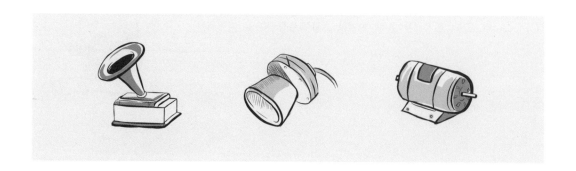

에디슨의 수많은 발명품은 1만 5천여 번의 실험을 통해 탄생한 것이라고 합니다. 바꾸어 말하면 1만 5천여 번의 프로젝트학습이 빛나는 그의 삶을 만들었다고 해도 과언이 아닐 것입니다.

실패를 두려워하지 않는 도전정신, 긍정적인 생각 덕분에
그는 멈추지 않고 자기만의 프로젝트학습을 계속 할 수 있었습니다.

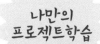

"1만 가지 틀린 방식을 알아냈습니다"

에디슨이 세운 멘로파크 연구소에서 축전기를 개발하기까지 1만 번의 실패를 하게 되었는데, 이를 두고 그는 이렇게 말했습니다. 또한 그가 67세 때 모든 것이 담긴 실험실이 화재로 인해 잿더미로 변하는 절망적인 상황에 놓이게 되지만, "화재도 쓸모가 있군. 나의 모든 실패를 불태워 버렸으니까"라며 여유를 잃지 않았다고 합니다. 그로부터 3주 후 에디슨은 인류에게 축음기를 선보였습니다.

이처럼 그는 삶을 통해 실패가 왜 성공의 어머니인지 잘 보여주었습니다. 에디슨과 같은 특별한 인물이 아니더라도 이 세상을 살아가다보면 실패라 규정지을 수 있는 수없이 많은 시행착오를 겪기 마련입니다.

실패가 진짜 실패가 되지 않도록, 그것 자체를 배움의 과정이면서 도약의 기회로 삼기 위해 나만의 특별한 프로젝트학습을 자신의 삶에 가져오는 것은 어떨까요?

나만이 품을 수 있는 달걀의 꿈을 '프로젝트학습'을 통해 완성할 수 있습니다. **아름다운 실패를 두려워하지 않는다면 말이죠.**

MARS, 아레스 탐사대를 구조하라!

아레스 탐사대가 조난을 당했다. 이들은 화성에 과학기지를 건설하는 임무를 부여 받았다. 그동안 인류는 산업화를 통해 눈부신 발전을 이뤘지만, 그 대가는 혹독했다. 자원은 고갈됐고, 자연은 황폐해졌다. 인류와 함께해 왔던 수많은 동·식물들이 사라져갔다. 암울한 미래를 경고하던 소리들이 하나하나 현실화되면서 불안감은 더욱 커져만 갔다. 인류의 멸망을 우려하는 비관적인 목소리마저 여기저기서 터져 나왔다.

이런 상황이 계속되자 시급히 인류가 이주할 수 있는 행성을 찾아야 한다는 주장이 설득력을 얻기 시작했다. 아레스 탐사대의 임무도 겉으로 드러난 화성과학기지 조성 임무에만 국한되지 않았다. 이들의 궁극적인 목적은 화성에 인간이 정착할 수 있는 방안을 다각도로 연구하는 것이었다.

"아레스 탐사대가 무사히 귀환하지 못한다면, 그간 우리가 쏟은 노력들이 수포로 돌아갈지도 모릅니다. 반드시 그들을 구출해 와야 합니다."

이번 화성탐사를 진두지휘하고 있는 총책임자 K는 아레스탐사대를 구조하기 위한 작전을 명령했다. 그러나 문제는 여전히 화성은 미지의 땅이라는 점이다. 예측이 어려운 위협이 곳곳에 도사리고 있어서 찰나의 실수가 돌이킬 수 없는 결과로 이어지기 십상이다. 게다가 구조대를 화성표면에 안전하게 착륙시켜줄 우주선도 제대로 준비되지 않은 상태다.

'어떻게 하면 좋을까? 이런 악조건을 뚫고 그들을 과연 구해낼 수 있을까?'

K의 고민은 점점 깊어져 갔다. 인류의 미래가 걸린 만큼 화성탐사에 대한 열망이 이대로 허무하게 사그라질 수는 없다. 'Mission: Impossible', 그러나 불가능은 없다! 용기 있는 도전이 가능하다면 분명히 희망은 있다.

PBL MAP

어떤 과정으로 문제를 해결할 계획인가요? 문제해결을 위해 꼭 필요한 활동들을 선정하고, 활동순서를 정해서 프로젝트학습 지도를 완성해 봅시다. 활동에 어울리는 퀘스트 제목도 멋지게 지으면 좋겠죠? 아울러 각 퀘스트별 실천계획 및 내용도 간략하게 정리해 주세요.

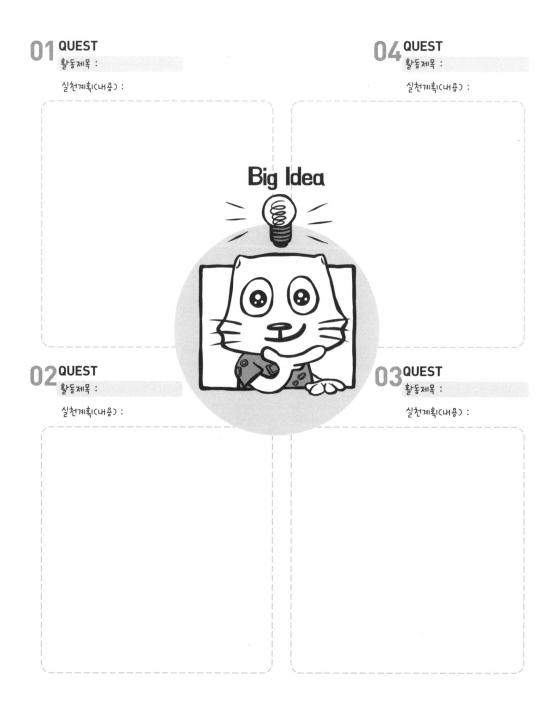

01 QUEST
활동제목 :

실천계획(내용) :

04 QUEST
활동제목 :

실천계획(내용) :

Big Idea

02 QUEST
활동제목 :

실천계획(내용) :

03 QUEST
활동제목 :

실천계획(내용) :

Quest 퀘스트 01

화성탐사, 그 도전의 역사

_과제난이도 ☆☆☆☆☆☆

문제상황

1898년 하버트 웰스(Herbert George Wells)의 「우주전쟁」에는 화성으로부터 온 외계인이 지구를 침략하는 내용이 흥미진진하게 그려진다. 오랜 세월 동안 미지의 세계인 화성을 두고 사람들은 상상의 나래를 펼쳐 왔다. 우리가 화성에 대해 조금이나마 알게 된 것은 지금으로부터 그리 오래되지 않았다. 이는 멈출 수 없었던 화성을 향한 인류의 도전 덕분이었다. 이제 위기에 빠진 아레스 탐사대를 구출하기 위해서라도 화성탐사, 그 도전의 역사를 알아야만 한다. 늘 그래왔듯, 성공과 실패에서 우리는 분명 해법을 찾을 수 있을 것이다.

😀 **공부해야 할 주제**

○

○

○

나의 퀘스트 여정

과제수행(활동) 내용을 공부한 순서에 따라 기록합니다. 특히 과제를 수행하면서 새롭게 알게 된 지식과 더 알고 싶어진 지식을 간략하게 정리하는 것이 핵심입니다. 스스로 혹은 선생님이나 부모님을 통해 각 활동별로 수행한 내용을 되짚어보며 평가도 진행해 보도록 하세요.

월/일[시간]	과제수행(활동) 내용	알게 된 것	더 알고 싶은 것	수행평가
/ [ ]	**(예)** ◆하버트 웰스의 우주전쟁 소설읽기, 화성을 소재로 한 영화감상하기 등	◆우주전쟁에서 그린 화성인의 모습 ◆소설 또는 영화에서 그린 화성 환경	◆환경에 따라 적응한 동물의 여러 모습 ◆외계생명체 존재 가능성	상 중 하
/ [ ]				상 중 하
/ [ ]				상 중 하

관련교과	국어	사회	도덕	수학	과학	실과			체육	예술		영어	창의적 체험활동	자유학기활동		
						기술	가정	정보		음악	미술			진로탐색	주제선택	예술체육
	●	●			●								●			

★ 나만의 잼공포인트

자신의 호기심을 자극하거나 충족시킨 재미있는 내용을 간단하게 메모해 주세요.

**나의
지혜나무**

배운 내용의 중심용어(단어)들로 지혜나무를 완성해 주세요. 관련성이 높은 용어들을 한 가지에 묶어주는 것이 중요합니다. 탐스런 지식열매가 가득 차도록 자유롭게 꾸며주세요.

공부한 내용 중에 오랫동안 기억 속에 담아 두고 싶은 지식은 무엇입니까? 여러분들이 엄선한 지식열매를
보물상자에 담아주세요.

memo

지혜나무와 지식보물상자에 담긴 내용들을 그림으로 나타내어보자. 머릿속에 떠오르는 생각대로 제시된
형태 위에 자신만의 방식으로 표현하면 됩니다.

Visual Thinking

스스로 평가 자기주도학습의 완성!

나의 (신) (효) (등)

01	나는 퀘스트 문제 상황을 잘 파악하고 공부할 주제를 도출했다.	① ② ③ ④ ⑤
02	나는 과제수행 내용을 기록하면서 알게 된 것과 알고 싶은 것을 잘 정리했다.	① ② ③ ④ ⑤
03	나는 공부한 내용을 바탕으로 지혜나무를 멋지게 완성했다.	① ② ③ ④ ⑤
04	나는 공부한 내용 중에 오랫동안 기억에 담아 둘 지식열매를 보물상자에 담았다.	① ② ③ ④ ⑤
05	나는 다양한 방법을 적용하여 공부한 내용을 토대로 '비주얼 씽킹' 활동을 했다.	① ② ③ ④ ⑤

자신의 학습과정을 되돌아보고 진지하게 평가해주세요.

Level up

오늘의 점수   나의 총점수

화성에 대한 거의 모든 것

_과제난이도 ☆☆☆☆☆☆

─문제상황─

　화성을 향한 인류의 끊임없는 도전 덕분에 그동안 베일에 가렸던 미지의 영역이 하나둘씩 벗겨졌다. 물론 아레스 탐사대가 미처 예측하지 못했던 상황에 직면하면서 위기에 빠지긴 했지만, 화성에 대한 정보가 없었다면 아마도 생존 자체가 어려웠을 것이다.

　그렇기에 화성에 대해 정확히 아는 것은 성공적인 구조를 위해서라도 필수적이다. 과연 아레스 탐사대는 화성의 어떤 곳으로 이동하는 것이 생존 가능성을 높여줄까? 구조대는 어떤 곳에 착륙하는 것이 안전할까? 인간의 생존을 위협하는 화성의 환경은 무엇일까? 화성에 대한 거의 모든 것, 아니 전부를 우리는 반드시 알아야만 한다.

📺 **공부해야 할 주제**

○

○

○

○

나의 퀘스트 여정

과제수행(활동) 내용을 공부한 순서에 따라 기록합니다. 특히 과제를 수행하면서 새롭게 알게 된 지식과 더 알고 싶어진 지식을 간략하게 정리하는 것이 핵심입니다. 스스로 혹은 선생님이나 부모님을 통해 각 활동별로 수행한 내용을 되짚어보며 평가도 진행해 보도록 하세요.

월/일[시간]	과제수행(활동) 내용	알게 된 것	더 알고 싶은 것	수행평가
/ [　]	**(예)** ◆화성의 지형조사하기	◆충돌에 의해 생성된 크고 작은 크레이터들 다수 ◆높게 솟은 산과 상당히 깊은 협곡들 존재	◆평평한 지형이 분포한 위치 ◆물의 존재 여부	상
				중
				하
/ [　]				상
				중
				하
/ [　]				상
				중
				하

관련교과	국어	사회	도덕	수학	과학	실과			체육	예술		영어	창의적 체험활동	자유학기활동		
						기술	가정	정보		음악	미술			진로 탐색	주제 선택	예술 체육
					●								●		●	

★ 나만의 잼공포인트

자신의 호기심을 자극하거나 충족시킨 재미있는 내용을 간단하게 메모해 주세요.

▲ 나만의 교과서

**나의
지혜나무**

배운 내용의 중심용어(단어)들로 지혜나무를 완성해 주세요. 관련성이 높은 용어들을 한 가지에 묶어주는
것이 중요합니다. 탐스런 지식열매가 가득 차도록 자유롭게 꾸며주세요.

지식 보물상자 공부한 내용 중에 오랫동안 기억 속에 담아 두고 싶은 지식은 무엇입니까? 여러분들이 엄선한 지식열매를 보물상자에 담아주세요.

memo

지혜나무와 지식보물상자에 담긴 내용들을 그림으로 나타내어보자. 머릿속에 떠오르는 생각대로 제시된 형태 위에 자신만의 방식으로 표현하면 됩니다.

Visual Thinking

스스로 평가 자기주도학습의 완성!

나의 신 호 등

01	나는 퀘스트 문제 상황을 잘 파악하고 공부할 주제를 도출했다.	① ② ③ ④ ⑤
02	나는 과제수행 내용을 기록하면서 알게 된 것과 알고 싶은 것을 잘 정리했다.	① ② ③ ④ ⑤
03	나는 공부한 내용을 바탕으로 지혜나무를 멋지게 완성했다.	① ② ③ ④ ⑤
04	나는 공부한 내용 중에 오랫동안 기억에 담아 둘 지식열매를 보물상자에 담았다.	① ② ③ ④ ⑤
05	나는 다양한 방법을 적용하여 공부한 내용을 토대로 '비주얼 씽킹' 활동을 했다.	① ② ③ ④ ⑤

자신의 학습과정을 되돌아보고 진지하게 평가해주세요.

Level up

오늘의 점수 　　나의 총점수

엄청난 충격을 이겨낼 절대 구조, 달걀에서 찾다 ─과제난이도 ☆☆☆☆☆☆

문제상황

1997년 미국의 화성탐사기 '마스패스파인더(Mars Pathfinder)'는 화성에 안전하게 착륙시키기 위한 특별한 에어백을 사용했다. 대기가 거의 없는 화성에서 착륙선의 안전을 지켜내기란 결코 쉽지 않다. 아레스 탐사대의 조난도 착륙선의 파손이 결정적이었다고 하니 그 중요성을 제대로 알 수 있을 것이다. 그렇기 때문에 이번 구조 임무의 성패는 화성에 특화된 안전한 착륙선을 만들어낼 수 있는지 여부에 달려있다고 해도 과언이 아니다.

엉뚱하게 보일 수 있지만, 이를 위해 '달걀낙하대회' 행사를 열고자 한다. 높은 위치에서 달걀을 낙하시켜도 깨지지 않도록 고안한 구조가 엄청난 충격을 이겨낼 화성착륙선에 반영될 수 있다. 아레스 탐사대를 구출하기 위해 우리는 작은 아이디어 하나도 그냥 지나칠 수 없다.

😀 공부해야 할 주제

○

○

○

○

나의 퀘스트 여정

과제수행(활동) 내용을 공부한 순서에 따라 기록합니다. 특히 과제를 수행하면서 새롭게 알게 된 지식과 더 알고 싶어진 지식을 간략하게 정리하는 것이 핵심입니다. 스스로 혹은 선생님이나 부모님을 통해 각 활동별로 수행한 내용을 되짚어보며 평가도 진행해 보도록 하세요.

월/일[시간]	과제수행(활동) 내용	알게 된 것	더 알고 싶은 것	수행 평가
/ [ ]	**(예)** ◆과거 화성착륙선들 조사하기	◆마스 패스파인더의 화성 착륙 과정	◆화성에서 활약한 탐사로봇들	상 중 하
/ [ ]				상 중 하
/ [ ]				상 중 하

관련교과	국어	사회	도덕	수학	과학	실과			체육	예술		영어	창의적 체험활동	자유학기활동		
						기술	가정	정보		음악	미술			진로 탐색	주제 선택	예술 체육
					●						●		●		●	

★ **나만의 잼공포인트**

자신의 호기심을 자극하거나 충족시킨 재미있는 내용을 간단하게 메모해 주세요.

**나의
지혜나무**

배운 내용의 중심용어(단어)들로 지혜나무를 완성해 주세요. 관련성이 높은 용어들을 한 가지에 묶어주는
것이 중요합니다. 탐스런 지식열매가 가득 차도록 자유롭게 꾸며주세요.

공부한 내용 중에 오랫동안 기억 속에 담아 두고 싶은 지식은 무엇입니까? 여러분들이 엄선한 지식열매를 보물상자에 담아주세요.

memo

개념 스캐치북

Visual Thinking

지혜나무와 지식보물상자에 담긴 내용들을 그림으로 나타내어보자. 머릿속에 떠오르는 생각대로 제시된 형태 위에 자신만의 방식으로 표현하면 됩니다.

스스로 평가 자기주도학습의 완성!

나의 신 효 등

01	나는 퀘스트 문제 상황을 잘 파악하고 공부할 주제를 도출했다.	① ② ③ ④ ⑤
02	나는 과제수행 내용을 기록하면서 알게 된 것과 알고 싶은 것을 잘 정리했다.	① ② ③ ④ ⑤
03	나는 공부한 내용을 바탕으로 지혜나무를 멋지게 완성했다.	① ② ③ ④ ⑤
04	나는 공부한 내용 중에 오랫동안 기억에 담아 둘 지식열매를 보물상자에 담았다.	① ② ③ ④ ⑤
05	나는 다양한 방법을 적용하여 공부한 내용을 토대로 '비주얼 씽킹' 활동을 했다.	① ② ③ ④ ⑤

자신의 학습과정을 되돌아보고 진지하게 평가해주세요.

Level up

오늘의 점수　　나의 총점수

화성착륙선을 디자인하라!

_과제난이도 ☆☆☆☆☆☆

------ 문제상황 ------

아레스 탐사대, 그들이 기다리고 있다. 우리에겐 지체할 시간이 더 이상 없다. 이제 구조에 최적화된 화성착륙선만 만들어내면 된다. 국가의 역량을 총동원한다면, 빠른 시일 안에 만들어 낼 수 있을 것이다. 안전하고 견고한 구조뿐만 아니라 화성 환경에 적합한 기능과 성능을 보유한 화성착륙선이어야만 한다.

미션 임파서블, 불가능은 없다. 지금부터 화성착륙선을 멋지게 설계해보자! 분명, K는 당신의 제안을 받아들일 것이다. 잊지 말자! 인류의 미래가 당신의 손에 달려 있다는 것을……

공부해야 할 주제

○

○

○

나의 퀘스트 여정

과제수행(활동) 내용을 공부한 순서에 따라 기록합니다. 특히 과제를 수행하면서 새롭게 알게 된 지식과 더 알고 싶어진 지식을 간략하게 정리하는 것이 핵심입니다. 스스로 혹은 선생님이나 부모님을 통해 각 활동별로 수행한 내용을 되짚어보며 평가도 진행해 보도록 하세요.

월/일[시간]	과제수행(활동) 내용	알게 된 것	더 알고 싶은 것	수행평가
/ [ ]	(예) ◆화성착륙선에 필요한 기능	◆착륙선에 활용된 에어백과 역추진 로켓 모습 ◆화성에서 활동한 로봇들	◆착륙선이 화성에서 다시 지구를 향해 벗어날 수 있는 방법	상 중 하
/ [ ]				상 중 하
/ [ ]				상 중 하

관련교과	국어	사회	도덕	수학	과학	실과			체육	예술		영어	창의적 체험활동	자유학기활동		
						기술	가정	정보		음악	미술			진로 탐색	주제 선택	예술 체육
					●	●					●		●		●	

★ 나만의 잼공포인트

자신의 호기심을 자극하거나 충족시킨 재미있는 내용을 간단하게 메모해 주세요.

**나의
지혜나무**

배운 내용의 중심용어(단어)들로 지혜나무를 완성해 주세요. 관련성이 높은 용어들을 한 가지에 묶어주는
것이 중요합니다. 탐스런 지식열매가 가득 차도록 자유롭게 꾸며주세요.

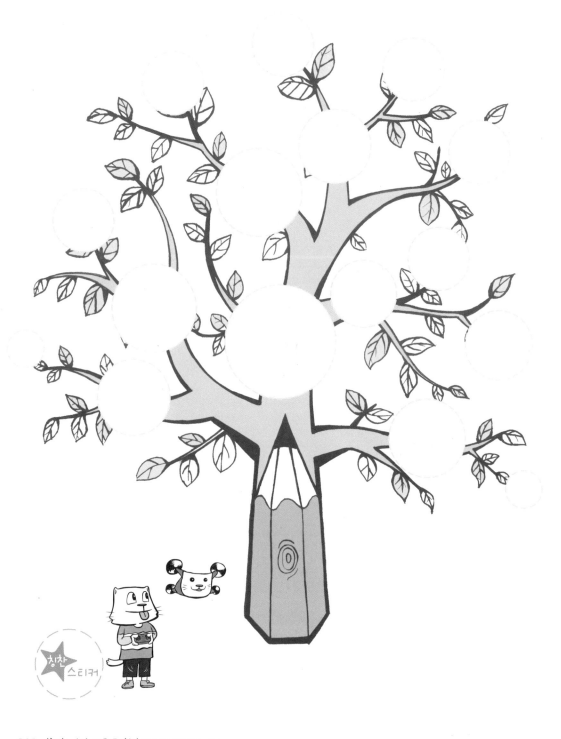

공부한 내용 중에 오랫동안 기억 속에 담아 두고 싶은 지식은 무엇입니까? 여러분들이 엄선한 지식열매를 보물상자에 담아주세요.

memo

지혜나무와 지식보물상자에 담긴 내용들을 그림으로 나타내어보자. 머릿속에 떠오르는 생각대로 제시된 형태 위에 자신만의 방식으로 표현하면 됩니다.

Visual Thinking

스스로 평가 자기주도학습의 완성!

나의 신 호 등

01	나는 퀘스트 문제 상황을 잘 파악하고 공부할 주제를 도출했다.	① ② ③ ④ ⑤
02	나는 과제수행 내용을 기록하면서 알게 된 것과 알고 싶은 것을 잘 정리했다.	① ② ③ ④ ⑤
03	나는 공부한 내용을 바탕으로 지혜나무를 멋지게 완성했다.	① ② ③ ④ ⑤
04	나는 공부한 내용 중에 오랫동안 기억에 담아 둘 지식열매를 보물상자에 담았다.	① ② ③ ④ ⑤
05	나는 다양한 방법을 적용하여 공부한 내용을 토대로 '비주얼 씽킹' 활동을 했다.	① ② ③ ④ ⑤

자신의 학습과정을 되돌아보고 진지하게 평가해주세요.

오늘의 점수   나의 총점수

The
Big Idea!

셀프 프로젝트학습을 수행하는 과정에서 배우고 느낀 점은 무엇입니까? 머릿속에 담겨진 그대로 꺼내어 마인드맵으로 표현해 봅시다. 더불어 학습과정에서 얻게 된 빅아이디어, 창의적인 생각을 정리하는 것도 잊지 마세요.

Big Idea! Creative Thinking!

나의 지식사전

셀프프로젝트를 수행하는 과정에서 알게 된 중요한 지식을 '나의 지식사전'에 남기도록 합니다. 특히 해당 지식의 소멸시점을 예상하고 그 이유를 함께 기록해 보세요.

핵심용어	중심내용	내가 생각하는 지식유효기한과 이유

★나에게 보내는 칭찬 한 마디

All-Clear
sticker

09 CHAPTER

MARS,
아레스 탐사대를
구조하라!

★Teacher Tips

'MARS, 아레스 탐사대를 구출하라!'는 「셀프프로젝트학습 2탄(상상채널)」에 수록된 문제입니다. 이 수업은 앞서 제시했던 프로젝트학습양식과는 다른 형식을 사용하고 있는데요. 셀프프로젝트 학습양식은 주제의 성격과 상관없이 다양한 활동이 가능하도록 고안된 것이 특징입니다. 셀프프로젝트학습의 구체적인 활용방법에 대해서는 '10장. 자기주도학습의 완성, 셀프프로젝트학습' 편을 통해 제시하도록 하겠습니다. 암튼 이 수업은 화성에서 조난당한 아레스 탐사대를 구조해야 하는 문제상황을 해결하도록 하고 있습니다. 특히 달걀낙하대회가 중심활동 중에 하나로 제시되는 만큼, 학생들이 상당히 흥미를 갖고 참여할 것입니다. 관련 과학교과, 창의적 체험활동이나 자유학년(학기)활동과 연계하여 적용해 주세요. 교수자의 전문적 판단 하에 수업의 목적과 대상학습자의 수준을 감안하여 추가적인 활동을 제시하고, 필요하다면 기존 퀘스트 내용을 재구성하여 제시하도록 합니다.

화성은 태양계 행성 중 지구와 환경이 가장 비슷합니다. 지구의 절반 정도의 크기로, 이산화탄소가 96%에 이르고, 평균 기온은 영하 60℃ 정도로 생명체가 살기엔 척박한 환경임에는 틀림없습니다. 그럼에도 불구하고 생명체의 필수조건인 물의 흔적, 부족하지만 존재하는 대기, 계절의 변화, 지구와 비슷한 시간(24시간 40분) 등 생명체의 존재 가능성을 높일만한 요소도 분명 있습니다. 인류에겐 여전히 '미지의 땅'인 화성에 대한 탐사가 꾸준히 있어왔고, 최근들어 본격화되고 있습니다. 화성의 지각과 핵 등 속살을 파헤치기 위해 보내진 NASA의 인사이트, 유럽우주국(ESA)의 TGO(기체 추적 궤도선)는 화성의 대기에서

메탄가스 탐사를 진행 중에 있습니다. 메탄을 통해 생명체의 존재 가능성을 확인하기 위함입니다. ESA는 이동형 탐사로봇을 실은 엑소마스 탐사선의 추가발사를 예고하고 있기도 합니다. 스페이스 X의 일런 머스크도 2030년대엔 사람을 화

성에 보낸다는 야심찬 계획을 현실로 만들기 위해 연구 중에 있습니다.

물론 위의 내용을 포함해 화성탐사관련 역사와 최근소식을 소개하며 이 수업을 시작해 보는 것도 좋지만, 과학적 상상력을 토대로 화성 생존기를 다룬 영화와 소설을 활용하는 것도 효과적일 수 있습니다. 예컨대 사전활동(pre-PBL)으로 영화와 소설의 내용에서 과학적 사실과 오류 찾기 등을 시도해 본다면 학습의 질이 달라지겠죠?

이 수업은 과제의 내용과 직접적으로 관련된 과학 교과와 연계하여 진행할 수 있습니다. 자유학년(학기)활동, 창의적 체험활동 프로그램으로 활용한다면, 주제를 중심으로 폭넓은 학습이 가능해 집니다. 아래 교과영역과 내용요소를 참고하여 현장 상황에 맞게 탄력적으로 적용해 보시기 바랍니다.

영 역			내용요소	
			초등학교[5~6학년]	중학교[1~3학년]
국어	듣기말하기		◆토의[의견조정] ◆발표[매체활용] ◆체계적 내용 구성	◆토의[문제 해결] ◆발표[내용 구성] ◆매체 자료의 효과
실과 정보	자료와 정보		◆소프트웨어의 이해	◆자료의 유형과 디지털 표현
	기술활용		◆발명과 문제해결	◆기술적 문제해결 ◆발명 아이디어의 실현
과학	지구과학	우주	◆태양계 행성 ◆행성의 크기와 거리	◆지구의 자전과 공전 ◆지구형 행성과 목성형 행성
	물리	힘과 운동	◆속력과 안전	◆등속 운동 ◆자유 낙하 운동 ◆중력

이 수업은 제시된 과제의 난이도를 고려할 때, 초등학교 5학년 이상이면 무난하게 도전할 수 있습니다. 특정 교과와 단원의 내용을 좀 더 심화시키고자 한다면, 이와 관련된 추가 과제를 제시하거나 강의를 통해 자세히 설명하는 것이 효과적입니다. 다만, 학생들이 특정 지식습득에만 지나치게 치우치게 되면, 본래 수업의 목적이나 의도에서 벗어날 수 있습니다. 통합적이고 창의적인 사고능력이 발휘될 수 있도록 하는 것이 중요합니다.

▲ Teacher Tips

- ● **적용대상(권장):** 초등학교 5학년–중학교 3학년
- ● **자유학년활동:** 주제선택(권장)
- ● **학습예상소요기간(차시):** 8–12일(10–12차시)
- ● **Time Flow**   8일 기준

시작하기 _문제제시	전개하기 _과제수행				마무리 _발표 및 평가
문제출발점 설명 PBL MAP으로 학습 흐름 소개	**QUEST 01** 화성탐사, 그 도전의 역사	**QUEST 02** 화성에 대한 거의 모든 것	**QUEST 03** 엄청난 충격을 이겨낼 절대 구조, 달걀에서 찾다	**QUEST 04** 화성착륙선을 디자인하라!	과제수행과 발표하기 Big Idea, 나의 지식사전 완성하기
교실 25분	교실│온라인 55분│1hr	교실│온라인 40분│2-3hr	교실│온라인 80분│2-3hr	교실│온라인 80분│3-4hr	교실│온라인 80분│1hr
1Day	2-3Day	4Day	5-6Day	7-8Day	

- ● **수업목표(예)**

QUEST 01	◆화성을 소재로 한 소설이나 영화를 조사하고 내용을 파악할 수 있다. ◆화성탐사의 역사에 대해 구체적으로 살펴볼 수 있다. ◆화성탐사의 성공과 실패 사례를 통해 아레스 탐사대를 구출하기 위한 해법을 모색할 수 있다.
QUEST 02	◆화성에 대한 다양한 지식과 정보를 찾아서 살펴볼 수 있다. ◆인간의 생존을 위협하는 환경을 과학적으로 제시할 수 있다. ◆아레스 탐사대의 생존 가능성을 높일 수 있는 이동지역을 제안할 수 있다.
QUEST 03	◆희박한 대기를 가진 화성에서 착륙하기 위해 필요한 탐사선 구조를 제안할 수 있다. ◆달걀낙하를 통해 큰 충격을 이겨낼 구조를 고안하고 검증할 수 있다. ◆달걀낙하실험결과에 따라 탐사선 구조를 보완하며 완성도를 높일 수 있다.
QUEST 04	◆달걀낙하실험 최종결과를 화성착륙선 구조에 반영할 수 있다. ◆화성환경에 적합한 기능과 성능을 보유한 화성착륙선을 설계할 수 있다. ◆앞서 수행한 과제결과를 토대로 화성착륙선을 디자인하여, 그림 또는 모형으로 나타낼 수 있다.
공통	◆다양한 매체에서 조사한 내용을 정리하고 자신의 언어로 재구성하는 과정을 통해 창의적인 산출물을 만들어낼 수 있다. 이 과정을 통해 지식을 생산하기 위해 소비하는 프로슈머로서의 능력을 향상시킬 수 있다. ◆토의의 기본적인 과정과 절차에 따라 문제해결방법을 도출하고, 온라인 커뮤니티 등의 양방향 매체를 활용한 지속적인 학습과정을 경험함으로써 의사소통능력을 신장시킬 수 있다.

※ 프로슈머 [Prosumer]: 앨빈 토플러 등 미래 학자들이 예견한 생산자(producer)와 소비자(consumer)를 합성한 말

> **중심활동 : 문제출발점 파악하기, PBL MAP 작성하기**
>
> ◆ 문제의 배경이 되는 기후변화의 심각성과 황폐화되어가고 있는 지구환경에 대한 경각심 불러일으키기
> ◆ 인류의 이주가 가능한 태양계 행성을 꼽아보고 그 이유에 대해 자유롭게 토론하기
> ◆ 가까운 미래에 현실화될 가능성이 높은 화성이주에 대한 정보를 제공하며, 가상의 상황이 담긴 문제출발점이 '나의 문제'로 인식되도록 부연 설명하기
> ◆ 화성탐사의 절박함을 느낄 수 있도록 문제상황을 설명하고 조난당한 아레스 탐사대를 반드시 구조해야 하는 주인공의 입장에 감정이입하기
> ◆ (선택)셀프프로젝트학습 활동지를 어떻게 활용해야 하는지 설명해 주기(학습자가 알고 있다면 생략)
> ◆ (선택)자기평가방법 공유, 온라인 학습커뮤니티 활용 기준 제시하기
> ◆ PBL MAP을 활용하여 전체적인 학습흐름을 설명하고, 각 퀘스트의 활동주제를 적어보고 실천계획을 어떻게 기록하는지 안내하기

　문제출발점의 배경이 되는 기후변화의 심각성과 황폐화되어가고 있는 지구환경에 대한 경각심을 일으키도록 짧지만 인상적인 자료(사진, 영상)를 제시하며 수업을 시작해보는 것은 어떨까요? 지식채널e '얼음 위를 걷고 싶어요' 편처럼 환경문제의 심각성을 경고하는 다큐멘터리를 부분적으로 활용해 보는 것도 좋은 방법일 수 있습니다. 인류가 환경문제를 해소하지 못하고 극단적인 상황으로 치닫게 됐을 때의 모습을 맘껏 상상하게 하고, 다른 행성으로의 인류이주가 꼭 필요한 현실이 다가올 수도 있다는 점을 부각합니다. 참여하는 학생들이 문제출발점에 담긴 가상의 상황에 완전 몰입하도록 만들려면 약간의 과장이 필요할 수 있습니다. 화성탐사가 절박한 상황 속에 이루어진 것이며 조난당한 아레스 탐사대가 인류이주의 열쇠를 쥐고 있기 때문에 반드시 구조해내야 함을 공감하도록 만드는 것이 중요합니다. 학생들이 화성탐사에 대한 호기심을 가지면서 문제상황에 빠져들었다면 수업의 첫 단추는 제법 잘 꿴 것입니다. 성공적인 프로젝트학습은 '시작하기' 단계에서 문제상황이 학생들에게 얼마만큼 현실 가능한 시나리오로 다가가는지 여부로 결정되곤 합니다.

　어쨌든 학생들이 아레스 탐사대를 화성에서 구조해내야 하는 임무를 부여받은 K가 되도록 만드는데 성공했다면 자연스럽게 다음 과정으로 넘어가면 됩니다. 셀프프로젝트학습 활동지에 대한 경험이 없는 학생들에겐 각 공간에 어떤 내용을 기록하고 어떻게 활용하면 좋을지 설명해 주도록 합니다. 물론 이미 익숙한 학생들을 대상으로 하는 경우, 이

Teacher Tips

런 과정은 생략해도 되겠지요? 자기평가방법이나 온라인 학습커뮤니티 활용에 관한 설명 역시 필요에 따라 선택적으로 실시하면 됩니다.

앞서 학습의 흐름만 시각적으로 나타낸 PBL MAP과 달리 셀프프로젝트학습 양식에서 제공하는 것은 각 퀘스트별 실천계획을 작성하도록 하고 있습니다. 먼저 각 퀘스트별 활동제목을 학생들에게 공개하고 이를 기록하도록 안내합니다. 앞으로의 학습흐름을 파악하고 주요활동을 예상할 수 있도록 부연 설명도 해 줍니다. 여기까진 이 책에서 제공하는 PBL 수업과 크게 다르지 않습니다.

여기서 기존의 방식과 구분되는 것은 각 퀘스트별 실천(학습)계획을 기록하는 공간이 있다는 점을 들 수 있습니다. 이 공간은 활동이 시작되기 전에 한꺼번에 쓰는 것이 아니라 각 퀘스트별로 과제수행에 앞서 작성하는 것이 특징입니다.

수업운영에 있어서 도입하고자 하는 규칙이나 평가방법, 학생들에게 낯설게 여길만한 새로운 학습환경이 있다면, 그것이 장애가 되지 않도록 충분히 설명해 주어야 합니다.

전개하기

'MARS, 아레스 탐사대를 구출하라!'는 총 4개의 기본 퀘스트로 구성되어 있습니다. 활동의 난이도가 그리 높지 않아서 초등학교 고학년 이상이라면 수업적용이 무난하게 이루어질 수 있을 겁니다. 특히 화성탐사선에 사용될 견고한 구조를 찾기 위해 실시되는 달걀낙하실험대회는 학생들로부터 남다른 반응을 이끌어낼 수 있는 검증된 활동이기도 합니다. 아무쪼록 이 수업을 실천하며 학생들의 긍정적인 반응을 직접 체감해보시기 바랍니다. 동시에 셀프프로젝트학습 워크북의 사용방법을 익혀서 다른 수업에서도 요긴하게 활용해 보시길 권합니다. 참고로 각종 수업에서 셀프프로젝트학습 워크북을 어떻게 활용하면 좋을지 '10장 자기주도학습의 완성, 셀프프로젝트학습'편에서 자세히 다루고 있습니다.

중심활동 : 화성탐사의 성공과 실패사례 조사하기 (선택)화성을 소재로 한 소설이나 영화 감상하기

◆ '우주전쟁' 영화를 소개하며, 화성에 대해 과거 어떤 상상의 나래를 펼쳤는지 흥미진진하게 소개하기
◆ 화성탐사의 역사를 알아야만 하는 문제상황을 파악하고 공부해야 할 주제 도출하기
◆ PBL MAP의 퀘스트1 실천계획공간에 공부해야 할 주제를 토대로 과제수행계획 작성하기
◆ (온라인) '나의 퀘스트 여정'에 공부해야 할 주제별로 활동한 핵심내용을 기록하고, 이를 통해 알게 된 것과 더 알고 싶은 것을 구분하여 정리하기
◆ 개념스케치북과 지식보물상자 등으로 구성된 나만의 교과서 작성과 스스로평가 실시하기

Quest 퀘스트 01 화성탐사, 그 도전의 역사

_과제난이도 ☆☆☆☆☆

문제상황

1898년 하버트 웰스(Herbert George Wells)의 「우주전쟁」 는 화성으로부터 온 외계인이 지구를 침략하는 내용이 흥 하게 그려진다. 오랜 세월 동안 미지의 세계인 화성을 상의 나래를 펼쳐 왔다. 우리가 화성에 대 알게 된 것은 지금으로부터 그리 오래되지 않 수 없었던 화성을 향한 인류의 도전 덕분이었 빠진 아레스 탐사대를 구출하기 위해서라도 의 역사를 알아야만 한다. 늘 그래왔듯, 성 리는 분명 해법을 찾을 수 있을 것이다.

스티븐 스필버그 감독의 2005년 작품 '우주전쟁' 예고편을 보여주며 화성탐사가 이루어지기 전에 사람들이 어떤 상상을 했는지 자유롭게 이야기를 나누도록 합니다. 화성에 대한 흥미를 갖도록 하는 것이 목적이므로 필요 이상으로 수업시간을 사용하지 않도록 주의해 주세요. 퀘스트의 중심활동이 화성탐사의 역사를 조사하는 것이므로 이 부분을 학생들이 정확하게 파악하도록 해야 합니다.

😀 공부해야 할 주제

○ 화성탐사를 소재로 한 영화
○ 화성탐사의 성공과 실패
○ 최근의 화성탐사 소식들

문제상황을 토대로 공부해야 할 주제를 도출할 수 있도록 안내합니다. 공부해야 할 주제는 팀마다 조금씩 다를 수 있습니다. '화성탐사를 소재로 한 영화나 소설', '최초 화성탐사 이야기', '화성탐사의 성공과 실패사례', '최근 화성탐사관련 정보', '가까운 미래에 진행될 탐사계획' 등 팀마다 관심을 가진 분야에 따라 공부주제를 선정해서 기록하도록 합니다.

과제수행(활동) 내용을 공부한 순서에 따라 기록합니다. 싶어진 지식을 간략하게 정리하는 것이 핵심입니다. 내용을 되짚어보며 평가도 진행해 보도록 하세요.

월/일[시간]	과제수행(활동) 내용	알
/ [ ]	**(예)** ◆ 하버트 웰스의 우주전쟁 소설읽기, 화성을 소재로 한 영화감상하기 등	◆ 우주전쟁에서 그 ◆ 소설 또는 영화에
/ [ ]		중 하 상

공부해야 할 주제를 선정했다면, 이어서 PBL MAP 실천(학습) 계획을 세우도록 해야 합니다. 굳이 구체적일 필요는 없습니다. 학습주제를 기준으로 역할분담을 하고 대략적인 시간계획을 세워서 활동할 내용을 간략하게 작성하면 됩니다. 일반적으로 학습계획세우기 활동에 학습자가 부담을 느끼는 경우가 많습니다. 익숙하지 않은 상태에서 무리하게 진행되지 않도록 주의해 주세요. 이어서 실천계획을 세웠다면, 약속된 일정에 맞게 과제수행을 하고 그 결과를 '나의 퀘스트 여정'에 간단히 작성하면 됩니다. 나의 퀘스트 여정은 과제수행날짜(시간)를 기준으로 주요활동내용, 알게 된 것, 더 알고 싶은 것을 기록할 뿐만 아니라 수행평가결과를 표기하도록 되어 있습니다. 수행평가는 가급적 자기점검 차원에서 스스로 진행될 수 있도록 안내해 주세요.

Teacher Tips

▲ **나만의 교과서**

나의 지혜나무

과제수행내용을 '나의 퀘스트 여정'에 기록하는 것과 동시에 또는 마무리짓고 나서 '나만의 교과서'를 적극적으로 활용할 수 있도록 안내합니다. '나의 지혜나무'와 '지식보물상자'를 채워나가다 보면 핵심용어 중심으로 공부한 내용을 재미있게 상기해가며 정리해 나갈 수 있도록 만듭니다.

'배운 '네요. 관련성이 높은 용어들을 한 가지에 묶어주는 꾸며주세요.

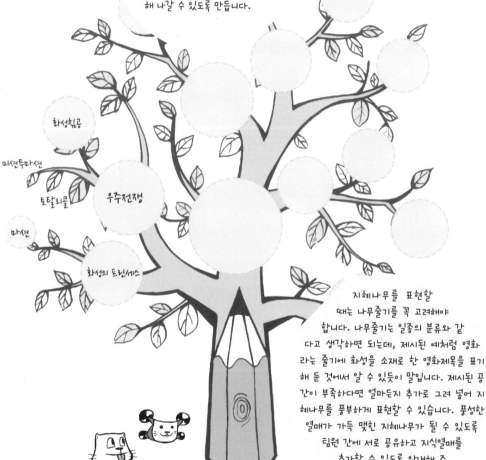

화성침공

미션투마션

토탈리콜

우주전쟁

마션

화성의 프린세스

지혜나무를 표현할 때는 나무줄기를 꼭 고려해야 합니다. 나무줄기는 일종의 분류와 같다고 생각하면 되는데, 제시된 예처럼 영화라는 줄기에 화성을 소재로 한 영화제목을 표기해 둔 것에서 알 수 있듯이 말입니다. 제시된 공간이 부족하다면 얼마든지 추가로 그려 넣어 지혜나무를 풍부하게 표현할 수 있습니다. 풍성한 열매가 가득 맺힌 지혜나무가 될 수 있도록 팀원 간에 서로 공유하고 지식열매를 추가할 수 있도록 안내해 주시기 바랍니다.

칭찬 스티커

공부한 내용 중에 오랫동안 기억 속에 담아 두고 싶은 지식은 무엇입니까? 여러분들이 엄선한 지식열매를 보물상자에 담아주세요.

지식보물상자는 말 그대로 오랫동안 기억에 남겨두고 싶은 지식들을 담는 공간입니다. 지혜나무의 열매와 중복돼도 상관없는데요. 앞서 지혜나무가 핵심용어(키워드)나 상징적 이미지 등으로 표현하는 공간이었다면, 지식보물상자는 선정한 지식의 핵심내용을 기록하는 공간이라고 여기면 됩니다.

memo

Teacher Tips

개념
스케치북
Visual Thinking

지혜나무와 지식'
형태 위에 ...

나만의 교과서 성격은 비주얼 노트북(visual notebook)을 지향
하고 있습니다. '개념스케치북' 공간에는 자신이 공부한 내용을 낙서하듯
그림으로 나타내는 것이 핵심입니다. 이 책에 수록된 'Maker Note!. 비주
얼하게 씽킹하기'편을 읽어보면 도움이 될 겁니다.

개념스케치북에는 여러 형태의 선그림이 제공되기도 합니다. 지혜나무와
지식보물상자에 담긴 내용을 제시된 형태 위에 머릿속에 떠오르는 대로
자유롭게 표현해 보는 것도 학생들에겐 즐거운 학습경험이 될 수 있을 것
입니다.

이제 남은 건 '스스로
평가', 학습과정을 곱씹어보며
나의 신호등을 결정하는 공간입니다. 평
가기준을 선생님이 제시할 수도 있지만 그것보다
는 본래 취지에 맞게 자기평가방법으로 활용할 것을 권
장합니다. 자신에게 지나치게 엄격하기 보다는 자신을
많이 칭찬하는 방향으로 진행될 수 있도록 안내해 주세
요. 설사 냉철하게 평가하더라도 자존감에 상처는 남
기지 않도록 주의해 주셔야 합니다. 이어서 스스로 평가
점수 합계는 '오늘의 점수'에 기록하고, 앞서 집계
했던 퀘스트별 스스로 평가점수까지 더해
서(누계해서) '나의 총점수'를 표
기하도록 안내합니다.

스스로 평가 자기주도학습의 완성!

01	나는 퀘스트 문제 상황을 잘 파악하고 공부할 주제를
02	나는 과제수행 내용을 기록하면서 알게 된 것과 알고 ?
03	나는 공부한 내용을 바탕으로 지혜나무를 멋지게 완성?
04	나는 공부한 내용 중에 오랫동안 기억에 담아 둘 지식열매를 노.
05	나는 다양한 방법을 적용하여 공부한 내용을 토대로 '비주얼 씽킹' 활동.

자신의 학습과정을 되돌아보고 진지하게 평가해주세요.

Level
up

오늘의 점수   나의 총점수

● 퀘스트2 : 화성에 대한 거의 모든 것

중심활동 : 화성에 대해 공부하기, 화성에서 인간의 생존에 유리한 곳 찾기

◆ 아레스 탐사대를 성공적으로 구조하기 위해 화성에 대한 각종 정보와 자료의 수집과 공부의 필요성 인식하기

◆ 문제상황에 대한 이해를 토대로 공부해야 할 주제를 도출하고 PBL MAP의 실천계획 수립하기

◆ (온라인) '나의 퀘스트 여정'에 공부해야 할 주제별로 활동한 핵심내용을 기록하고, 이를 통해 알게 된 것과 더 알고 싶은 것을 구분하여 정리하기

◆ 개념스케치북과 지식보물상자 등으로 구성된 나만의 교과서 작성과 스스로평가 실시하기

Quest 퀘스트 **02** 화성탐사, 그 도전의 역사

_과제난이도 ☆☆☆☆☆

화성탐사의 역사와 그것과 관련된 정보를 파악해 보았다면, 바로 이어서 성공적인 구조를 위해 화성의 모든 것을 알아보는 활동으로 넘어가야 합니다. 특히 퀘스트2 활동의 목적이 아레스 탐사대의 생존확률을 높이기 위한 해법을 찾는데 있기 때문에 이런 점을 고려하여 화성에 대한 각종 정보와 자료를 토대로 공부하는 것이 필요함을 강조합니다.

문제상황

을 향한 인류의 끊임없는 도전 덕분에 그동안 베일에 미지의 영역이 하나둘씩 벗겨졌다. 물론 아레스 탐사처 예측하지 못했던 상황에 직면하면서 위기에 빠지긴 화성에 대한 정보가 없었다면 아마도 생존 자체가 어것이다.

기에 화성에 대해 정확히 아는 것은 성공적인 구조를 내도 필수적이다. 과연 아레스 탐사대는 화성의 어떤 이동하는 것이 생존 가능성을 높여줄까? 구조대는 어착륙하는 것이 안전할까? 인간의 생존을 위협하는 화경은 무엇일까? 화성에 대한 거의 모든 것, 아니 전부는 반드시 알아야만 한다.

🎃 공부해야 할 주제

○ 화성의 지형 특징

○ 화성의 대기 환경

○ NASA의 새로운 발견들

○ 화성에서 생존에 유리한 지역

과 '행(활동) 내용을 공부한 순서에 따라 기록합니다. 특히 과제를 수행하면서 새롭게 알게 '지식을 간략하게 정리하는 것이 핵심입니다. 스스로 혹은 선생님이나 부모님'며 평가도 진행해 보도록 하세요.

우주탐사를 시작했을 때, 아무것도 모른 채 그냥 도전한다면 어떤 일이 벌어질지 간단히 이야기를 나누며 문제상황을 제시하도록 합니다. 각 퀘스트 수행의 목적이 아레스 탐사대를 구조하기 위함임을 상기시키며 화성에 대해 아는 것이 전혀 없는 상태에서 구조대가 갔을 때 어떤 일이 벌어질지 이야기를 나누도록 합니다. 화성에 대해 제대로 아는 것이 얼마나 중요한지 강조하고 또 강조합시다.

(활동) 내용	알게 된 것
	•충돌에 의해 생성된 크고 작은 크레이터들 다수 •높게 솟은 산과 상당히 깊은 협곡들 존재

문제상황을 파악했다면 공부해야 할 주제를 도출해 보고, 이를 토대로 퀘스트에서 수행했던 대로 PBL MAP의 실천계획을 작성하도록 안내합니다. 학생들이 막막해 한다면 공부해야 할 주제와 실천계획을 상호 공유해 보는 것도 좋습니다.

도출한 학습주제와 실천계획에 따라 나의 퀘스트 여정을 수행하고, 그 결과를 퀘스트에서 설명한 동일한 방식으로 기록하도록 합니다. 특히 화성에서 인간의 생존을 위협하는 것들에는 무엇인지 하나씩 따져보도록 하고, 화성에서의 생존방법을 과학적 근거에 입각하여 제시할 수 있도록 지도해 주세요. 더불어 '나만의 교과서'를 과제수행과정과 직후에 작성할 수 있도록 안내하는 것도 잊지 마시기 바랍니다.

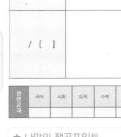

/ [ ]

관련교과	국어	사회	도덕	수학

★ 나만의 잼공포인트
자신의 호기심을 자극하거나 충족시킨 재미있는 내용을 간단하게 메모.

'나만의 잼공포인트'는 학습과정에서 가장 재미있게 느껴졌던 부분을 간단히 남기는 공간이야.

재미

자유학기활동	
주제선택	예술체육

	화
	상
	중
	하

Teacher Tips

● 퀘스트3 : 엄청난 충격을 이겨낼 절대 구조, 달걀에서 찾다

중심활동 : 화성착륙선 구조 파악하기, 충격을 이겨낼 견고한 구조 만들기, 달걀낙하대회 참가하기

◆ 문제상황을 파악하며 마스패스파인더를 비롯해 화성착륙선 구조와 특수 장치에 대한 이해와 충격을 이겨낼 견고한 구조의 필요성 인식하기

◆ 달걀낙하대회에 참여해야 하는 문제상황에 대한 이해를 토대로 공부해야 할 주제를 도출하고 PBL MAP의 실천계획 수립하기

◆ (온라인) '나의 퀘스트 여정'에 공부해야 할 주제별로 활동한 핵심내용을 기록하고, 이를 통해 알게 된 것과 더 알고 싶은 것을 구분하여 정리하기

◆ 충격을 이겨낼 구조물 만들고, 달걀낙하대회에 참여하기

◆ 개념스케치북과 지식보물상자 등으로 구성된 나만의 교과서 작성과 스스로평가 실시하기

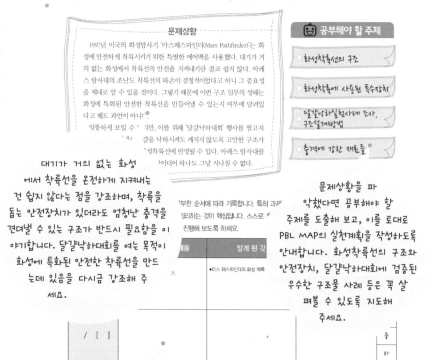

Quest 퀘스트 03 엄청난 충격을 이겨낼 절대 구조, 달걀에서 찾다 ─과제난이도 ☆☆☆☆☆☆

퀘스트 제목대로 엄청난 충격을 이겨낼 화성착륙선을 만드는 것은 아레스 탐사대를 구조하는데 필수적인 문제임을 주지시키며 시작합니다. 以卵投石(이란투석), 계란으로 바위를 친다라는 사자성어를 소개하며 계란으로 바위를 치더라도 멀정한 상태를 유지할 수 있는 구조를 찾는 것이 이번 퀘스트의 핵심활동임을 안내해 주세요.

대기가 거의 없는 화성에서 착륙선을 온전하게 지켜내는 건 쉽지 않다는 점을 강조하며, 착륙을 돕는 안전장치가 있더라도 엄청난 충격을 견뎌낼 수 있는 구조가 반드시 필요함을 이야기합니다. 달걀낙하대회를 여는 목적이 화성에 특화된 안전한 착륙선을 만드는데 있음을 다시금 강조해 주세요.

문제상황을 파악했다면 공부해야 할 주제를 도출해 보고, 이를 토대로 PBL MAP의 실천계획을 작성하도록 안내합니다. 화성착륙선의 구조와 안전장치, 달걀낙하대회에 검증된 우수한 구조물 사례 등은 꼭 살펴볼 수 있도록 지도해 주세요.

'관련교과(하단에 위치)'에는 공부한 내용과 연계된 교과 정보를 체크해 주는 곳이야.

체크!

나의 퀘스트 여정을 수행하고, 그 내용을 간략하게 정리하여 기록하는 것은 기본입니다. 학생들이 잘 수행할 수 있도록 격려해 주세요. 달걀낙하대회를 열어야 하는 만큼, 낙하높이, 횟수, 재료, 통과기준 등을 미리 정해서 안내하는 것도 잊지 마시기 바랍니다. 달걀낙하대회와 관련된 정보들은 인터넷에서 쉽게 찾아볼 수 있으므로 어떤 방식으로 진행할지 사전에 결정하도록 합니다. 날달걀을 사용하는 것도 좋지만 삶은 달걀에 우주인을 그리고 낙하실험 후에 맛있게 먹는 것도 고려해볼만 합니다. 나만의 교과서에 공부한 내용들을 시각적으로 표현하도록 안내하는 것도 잊지 마세요.

 **마무리**

    수업의 마무리는 앞서 수행했던 퀘스트 1-3의 활동 내용을 토대로 화성착륙선을 디자인하고, 그 결과를 설득력 있게 발표하는 시간으로 채워집니다. 이 수업은 아레스 탐사대를 구조하기 위한 준비과정에 해당하기 때문에 다소 아쉬움이 느껴진다면 속편격인 프로젝트학습을 개발하여 진행해 보는 것도 고려해볼 만합니다.

● **퀘스트4 : 화성착륙선 디자인하기, 결과발표하기**

> **중심활동 : 화성착륙선 구조 파악하기, 충격을 이겨낼 견고한 구조 만들기, 달걀낙하대회 참가하기**
>
> ◆ 화성착륙선에 요구되는 성능과 기능이 무엇일지 따져보며 문제상황 파악하기, 이를 토대로 공부해야 할 주제를 도출하고 PBL MAP의 실천계획 수립하기
> ◆ 달걀낙하실험을 통해 검증한 견고한 구조를 반영하여 화성착륙선 디자인하기
> ◆ (온라인) '나의 퀘스트 여정'에 공부해야 할 주제별로 활동한 핵심내용을 기록하고, 이를 통해 알게 된 것과 더 알고 싶은 것을 구분하여 정리하기
> ◆ 개념스케치북과 지식보물상자 등으로 구성된 나만의 교과서 작성과 스스로평가 실시하기
> ◆ 화성착륙선 모형(설계도면)을 만들고, 설명자료를 제작하여 최종결과를 발표하기
> ◆ Big Idea 활동과 나의지식사전을 작성하며 학습과정을 통찰해 보고 되짚어보기

프 로 젝 트 학 습

Quest 퀘스트 **04**
화성착륙선을 디자인하라!

_과제난이도 ☆☆☆☆☆

나의 퀘스트 여정

퀘스트4는 달걀낙하대회에 검증된 안전한 구조를 토대로 화성착륙선을 디자인하는 활동이 핵심입니다. 학생들이 디자인할 착륙선은 화성에 관한 풍부한 지식을 바탕으로 인간의 생존을 지켜낼 각종 기능이 탑재되어있어야 합니다. 참여하는 학생들이 맘껏 상상하며 과학적 근거를 토대로 설득력 있는 화성착륙선을 디자인하도록 안내해 주세요.

문제상황

~대, 그들이 기다리고 있다. 우리에겐 지체할 시 ~었다. 이제 구조에 최적화된 화성착륙선만 만들 ~가의 역량을 총동원한다면, 빠른 시일 안에 만 ~을 것이다. 안전하고 견고한 구조뿐만 아니라 ~합한 기능과 성능을 보유한 화성착륙선이어야

~불, 불가능은 없다. 지금부터 화성착륙선을 멋 ~자! 분명, K는 당신의 제안을 받아들일 것이다. ~의 미래가 당신의 손에 달려 있다는 것을……

📺 공부해야 할 주제

- 화성착륙선에 필요한 기능들
- 화성착륙선 디자인 탐색
- 3D 소프트웨어 활용방법

> 과제난이도는 선생님이 제시해주거나 학생들의 주관적인 판단기준에 따라 표기하면 되는 거야.

과제수행(활동) 내용을 공부한 순서~ 싶어진 지식을 간략하게 정리~ 내용을 되짚어보며 평가도 진~

참여하는 학생들이 화성환경에 적합한 기능과 성능을 지닌 착륙선을 고민하고 설계하도록 하는 것이 중요합니다. 다른 퀘스트와 마찬가지로 문제상황에 대한 이해를 바탕으로 공부해야 할 주제를 작성하도록 안내해 주세요. 코딩교육과 연계해서 진행하고자 한다면 3D 제작을 지원하는 소프트웨어(이를 테면 구글스케치업)로 구현하는 것도 고려해 보세요.

~더 새롭게 알게 ~을 통해 ~활동별도 수행안

~세서 다시 지~를 통해 벗 _ 방법

월/일[시간]	과제수행(활동) 내용		수행평가
/ [ ]	**(예)** ◆화성착륙선에 필요한 기능		상
			중
			하
/ [ ]			상
	다른 퀘스트활동과 마찬가지로 실천계획에 따라 과제수행을 진행하고 나의 퀘스트 여정에 간략하게 기록하도록 합니다. 활동을 통해 배운 내용들은 나만의 교과서에 정리해 주세요.		중
			하
/ [ ]			상
			중
			하

관련교과	국어	사회	도덕	수학	과학	실과			체육	예술		영어	창의적 체험활동	자유학기활동		
						기술	가정	정보		음악	미술			진로탐색	주제선택	예술체육
					●	●					●		●		●	

★ 나만의 잼공포인트
자신의 호기심을 자극하거나 충족시킨 재미있는 내용을 간단하게 메모해 주세요.

마지막으로 달걀낙하실험을 통해 검증한 견고한 구조를 반영하여, 화성착륙선 모형(설계도면)을 만들고, 이를 설명자료와 함께 발표하는 시간을 갖습니다. 각 팀의 발표가 진행되는 동안에는 질의응답을 통한 상호검증도 필요하지만 다양한 아이디어가 공유되는 것 자체에 좀 더 의미를 두고 운영해 주세요. 학생들로 하여금 전체 과정이 성공 경험으로 남을 수 있도록 긍정적인 피드백을 제공해 주는 것도 잊지 말기 바랍니다. 선생님은 관찰자로서 이들 작품을 디지털 기록으로 남기고, 발표영상을 촬영하여 온라인 커뮤니티에 올릴 수도 있습니다.

The Big Idea!

=낀 점은 무엇입니까? 머릿속에 담겨진 그대로 꺼내어 마인드맵으로 표현해 봅시다. 인 생각을 정리하는 것도 잊지 마세요.

프로젝트학습의 발표과정까지 모두 마치게 되면 전체 학습과정을 되짚어보며 기록하는 공간인 'Big Idea'를 만나게 됩니다. PBL 수업의 마무리는 자기평가방법인 하나인 성찰저널이 맡고 있는데, 셀프프로젝트학습에선 빅아이디어 공간이 대신하고 있답니다. 성찰저널이 글로 표현하는 것이라면 빅아이디어는 마인드맵을 비롯해 다양한 방식으로 표현할 수 있는 것이 특징이지요. 아무쪼록 형식에 구애받지 말고, 학습자가 원하는 표현방식을 최대한 존중해가며 빅아이디어 활동을 진행해 주시길 바라겠습니다.

Big Idea! Creative Thinking!

나의 지식사전

셀프프로젝트를 수행하는 과정에서 알게 된 중요한 지식을 '나의 지식사전'에 남기도록 합니다. 특히 해당 지식의 소멸시점을 예상하고 그 이유를 함께 기록해 보세요.

핵심용어	중심내용	내가 생각하는 지식유효기한과 이유

나의 지식사전은 '나만의 교과서'에 담은 지식들 중에서 제일 중요하다고 판단되는 5가지를 선정하여 기록하도록 되어 있습니다. 더불어 미래에 이 지식이 어떻게 활용될지 생각하며 지식유통기한을 표기하도록 하고 있으니 각 공간의 활용방법을 학생들에게 친절하게 설명해 주세요.

모든 과정을 끝까지 완주했다면, 그것 자체만으로 대단한 거야. 그러니 나에게 칭찬 한마디 투척해 보라고.

★나에게 보내는 칭찬 한 마디

특급!! 칭찬해!

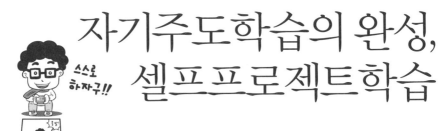

CHAPTER **10**

자기주도학습의 완성,
셀프프로젝트학습

셀프프로젝트학습 워크북

★Teacher Tips
: 셀프프로젝트학습 활용방법

INTRO. 프로젝트학습을 셀프로 즐겨볼까

　　교육현장에서 프로젝트학습의 취지에 공감한다 하더라도 섣불리 실천으로 옮기기엔 여러모로 현실적인 어려움이 따를 수밖에 없습니다. 교과와 내용에 상관없이 수업에서 폭넓게 활용 가능한 프로젝트학습형식이 필요하다고 보았습니다. 흥미와 호기심에 따른 자율활동에서부터 제한된 범위 안에서 이루어지는 교과수업에 이르기까지 학습자 스스로 프로젝트학습의 절차에 따라 과제를 해결할 수 있도록 하였습니다. 그래서 고심 끝에 탄생한 학생용 워크북이 「셀프프로젝트학습」입니다. '자기주도학습(Self-Directed Learning)'의 '셀프(Self)'를 가져와 프로젝트학습에 더한 이름, 셀프프로젝학습은 새로운 공부방식에 적응하기 수월하도록 효과적인 공부프레임을 제공해줍니다. 프로젝트학습에 적극적으로 도전하고픈 학습자일수록 좋은 길라잡이가 되어줄 수 있을 것으로 기대됩니다. 「셀프프로젝트학습」 워크북의 구성내용을 살짝 소개하자면 다음과 같습니다.

첫 번째 섹션 PBL 원정대는 특별한 주제를 중심으로 프로젝트학습을 체험하고 이를 통해 셀프프로젝트학습 형식을 이해할 수 있도록 하는 데 목적을 두고 있어요.

액션 팁스(Action Tips)는 기본적으로 PBL 원정대의 활동이 원활히 이루어지도록 제공되는 것이지만 두 번째 섹션의 셀프프로젝트학습의 활동을 진행하는 데도 도움을 줍니다. 특히 '나만의 교과서(고릴라 공책)' 활동지를 파악하는 데도 필요하니 꼭 참고해야겠죠?

두 번째 섹션이 이 책의 핵심이라 해도 과언이 아닙니다. 프로젝트학습의 모든 과정을 아이들 스스로 해결해야 하는 맞춤형 공간이죠. 자신의 흥미와 호기심에 따라 주제를 선정하고, 주제에 어울리는 문제상황을 직접 그려보면서 자기만의 셀프프로젝트학습을 완성하는 곳인 만큼 특별하답니다.

스스로 하자구!!

마지막 섹션인 고릴라 공책에서는 교과서와 책을 재료로 비주얼 노트북을 완성하는 프로젝트학습활동을 제공합니다. 교과서 공부라고 프로젝트학습의 중심활동이 되지 말라는 법은 없겠죠. 교과서와 책 속에 담긴 위대한 유산을 찾아 떠나다보면 어느덧 공부의 달인이 되어있을지도 모르는 일이니까요.

이 책의 전체 섹션에는 비주얼씽킹(visual thinking)에 기반하여 고안된 특별한 공책, '나만의 교과서'를 제공하고 있습니다. 책의 레벨이 높아질수록 나만의 교과서의 기본활동이 늘어나도록 디자인되어 있어요.

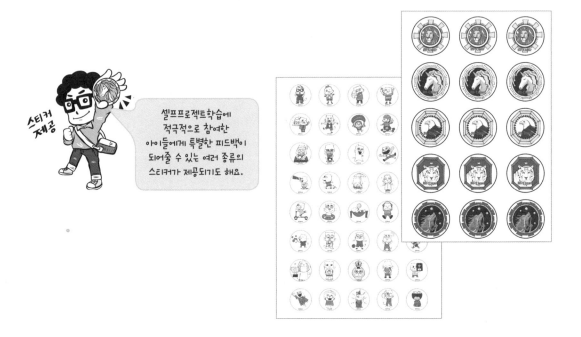

셀프프로젝트학습에 적극적으로 참여한 아이들에게 특별한 피드백이 되어줄 수 있는 여러 종류의 스티커가 제공되기도 해요.

스티커 제공

문제의
출발점

셀프 프로젝트학습 주제에 어울리는 문제 상황은 어떤 것일까요? 자신이 시급히 해결해야 할 실제 상황에서부터 여러 장르의 가상이야기에 이르기까지 담아내지 못할 내용은 없습니다. 프로젝트학습의 시작을 알리는 나만의 문제 출발점을 작성해 봅시다.

PBL MAP

어떤 과정으로 문제를 해결할 계획인가요? 문제해결을 위해 꼭 필요한 활동들을 선정하고, 활동순서를 정해서 프로젝트학습 지도를 완성해 봅시다. 활동에 어울리는 퀘스트 제목도 멋지게 지으면 좋겠죠? 아울러 각 퀘스트별 실천계획 및 내용도 간략하게 정리해 주세요.

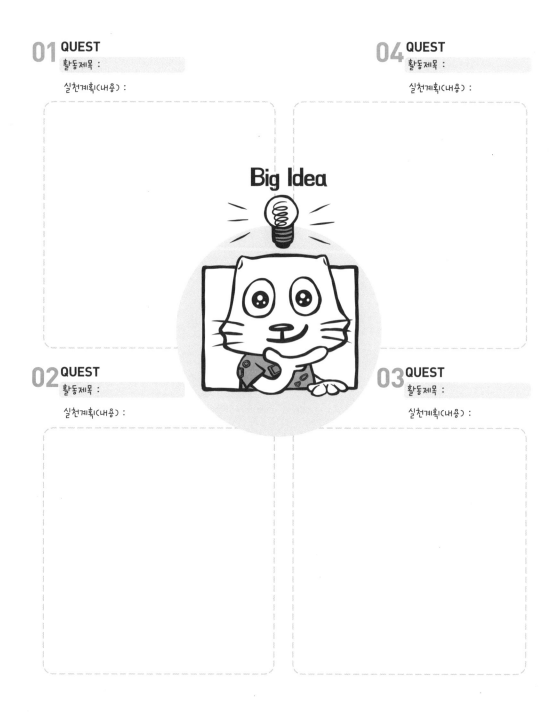

01 QUEST
활동제목 :
실천계획(내용) :

04 QUEST
활동제목 :
실천계획(내용) :

02 QUEST
활동제목 :
실천계획(내용) :

03 QUEST
활동제목 :
실천계획(내용) :

활동제목 :

_과제난이도 ☆☆☆☆☆

퀘스트에서 수행해야 할 과제(활동)를 앞서 작성한 문제 상황에 맞게 씁니다. 문제출발점과 자연스럽게 연결되도록 작성하는 것이 중요합니다. 자신이 수행할 과제의 난이도와 관련교과 정보도 스스로 판단하여 표기해 보세요.

문제상황

😀 **공부해야 할 주제**

○

○

○

나의 퀘스트 여정

과제수행(활동) 내용을 공부한 순서에 따라 기록합니다. 특히 과제를 수행하면서 새롭게 알게 된 지식과 더 알고 싶어진 지식을 간략하게 정리하는 것이 핵심입니다. 스스로 혹은 선생님이나 부모님을 통해 각 활동별로 수행한 내용을 되짚어보며 평가도 진행해 보도록 하세요.

월/일[시간]	과제수행(활동) 내용	알게 된 것	더 알고 싶은 것	수행평가
/ [ ]				상
				중
				하
/ [ ]				상
				중
				하
/ [ ]				상
				중
				하

관련교과	국어	사회	도덕	수학	과학	실과			체육	예술		영어	창의적 체험활동	자유학기활동		
						기술	가정	정보		음악	미술			진로 탐색	주제 선택	예술 체육

★ **나만의 잼공포인트**

자신의 호기심을 자극하거나 충족시킨 재미있는 내용을 간단하게 메모해 주세요.

나의 지혜나무

배운 내용의 중심용어(단어)들로 지혜나무를 완성해 주세요. 관련성이 높은 용어들을 한 가지에 묶어주는 것이 중요합니다. 탐스런 지식열매가 가득 차도록 자유롭게 꾸며주세요.

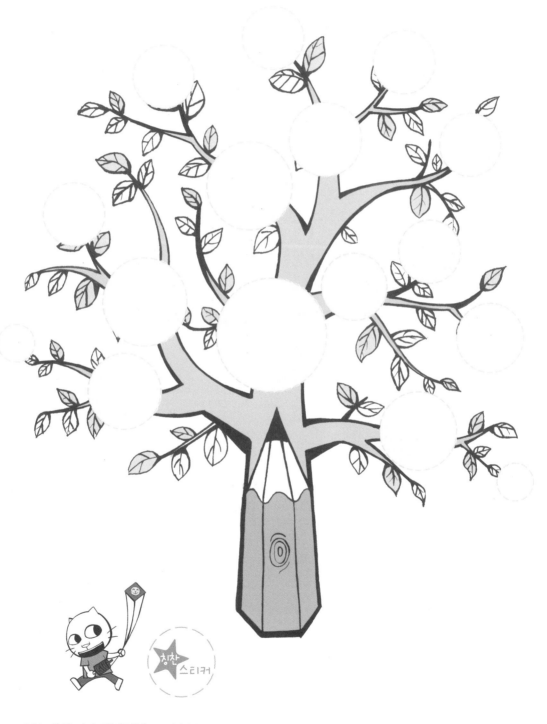

공부한 내용 중에 오랫동안 기억 속에 담아 두고 싶은 지식은 무엇입니까? 여러분들이 엄선한 지식열매를 보물상자에 담아주세요.

memo

나만의 교과서

개념
스케치북

Visual Thinking

지혜나무와 지식보물상자에 담긴 내용들을 그림으로 나타내어보자. 머릿속에 떠오르는 생각대로 제시된 형태 위에 자신만의 방식으로 표현하면 됩니다.

스스로 평가 자기주도학습의 완성!

나의 (신)(호)(등)

01	나는 퀘스트 문제 상황을 잘 파악하고 공부할 주제를 도출했다.	① ② ③ ④ ⑤
02	나는 과제수행 내용을 기록하면서 알게 된 것과 알고 싶은 것을 잘 정리했다.	① ② ③ ④ ⑤
03	나는 공부한 내용을 바탕으로 지혜나무를 멋지게 완성했다.	① ② ③ ④ ⑤
04	나는 공부한 내용 중에 오랫동안 기억에 담아 둘 지식열매를 보물상자에 담았다.	① ② ③ ④ ⑤
05	나는 다양한 방법을 적용하여 공부한 내용을 토대로 '비주얼 씽킹' 활동을 했다.	① ② ③ ④ ⑤

자신의 학습과정을 되돌아보고 진지하게 평가해주세요.

Level
up

오늘의 점수   나의 총점수

활동제목 :

_과제난이도 ☆☆☆☆☆

퀘스트에서 수행해야 할 과제(활동)를 앞서 작성한 문제 상황에 맞게 씁니다. 문제출발점과 자연스럽게 연결되도록 작성하는 것이 중요합니다. 자신이 수행할 과제의 난이도와 관련교과 정보도 스스로 판단하여 표기해 보세요.

문제상황

😀 **공부해야 할 주제**

○

○

○

 나의 퀘스트 여정 과제수행(활동) 내용을 공부한 순서에 따라 기록합니다. 특히 과제를 수행하면서 새롭게 알게 된 지식과 더 알고 싶어진 지식을 간략하게 정리하는 것이 핵심입니다. 스스로 혹은 선생님이나 부모님을 통해 각 활동별로 수행한 내용을 되짚어보며 평가도 진행해 보도록 하세요.

월/일[시간]	과제수행(활동) 내용	알게 된 것	더 알고 싶은 것	수행 평가
/ [ ]				상
				중
				하
/ [ ]				상
				중
				하
/ [ ]				상
				중
				하

관련교과	국어	사회	도덕	수학	과학	실과			체육	예술		영어	창의적 체험활동	자유학기활동		
						기술	가정	정보		음악	미술			진로 탐색	주제 선택	예술 체육

★ **나만의 잼공포인트**
자신의 호기심을 자극하거나 충족시킨 재미있는 내용을 간단하게 메모해 주세요.

**나의
지혜나무**

배운 내용의 중심용어(단어)들로 지혜나무를 완성해 주세요. 관련성이 높은 용어들을 한 가지에 묶어주는
것이 중요합니다. 탐스런 지식열매가 가득 차도록 자유롭게 꾸며주세요.

공부한 내용 중에 오랫동안 기억 속에 담아 두고 싶은 지식은 무엇입니까? 여러분들이 엄선한 지식열매를 보물상자에 담아주세요.

memo

나만의 교과서

개념 스캐치북

지혜나무와 지식보물상자에 담긴 내용들을 그림으로 나타내어보자. 머릿속에 떠오르는 생각대로 제시된 형태 위에 자신만의 방식으로 표현하면 됩니다.

Visual Thinking

스스로 평가 자기주도학습의 완성!

나의 (신)(호)(등)

01	나는 퀘스트 문제 상황을 잘 파악하고 공부할 주제를 도출했다.	① ② ③ ④ ⑤
02	나는 과제수행 내용을 기록하면서 알게 된 것과 알고 싶은 것을 잘 정리했다.	① ② ③ ④ ⑤
03	나는 공부한 내용을 바탕으로 지혜나무를 멋지게 완성했다.	① ② ③ ④ ⑤
04	나는 공부한 내용 중에 오랫동안 기억에 담아 둘 지식열매를 보물상자에 담았다.	① ② ③ ④ ⑤
05	나는 다양한 방법을 적용하여 공부한 내용을 토대로 '비주얼 씽킹' 활동을 했다.	① ② ③ ④ ⑤

자신의 학습과정을 되돌아보고 진지하게 평가해주세요.

오늘의 점수 나의 총점수

활동제목 :

_과제난이도 ☆☆☆☆☆

퀘스트에서 수행해야 할 과제(활동)를 앞서 작성한 문제 상황에 맞게 씁니다. 문제출발점과 자연스럽게 연결되도록 작성하는 것이 중요합니다. 자신이 수행할 과제의 난이도와 관련교과 정보도 스스로 판단하여 표기해 보세요.

─ 문제상황 ─

😀 **공부해야 할 주제**

○

○

○

나의 퀘스트 여정 과제수행(활동) 내용을 공부한 순서에 따라 기록합니다. 특히 과제를 수행하면서 새롭게 알게 된 지식과 더 알고 싶어진 지식을 간략하게 정리하는 것이 핵심입니다. 스스로 혹은 선생님이나 부모님을 통해 각 활동별로 수행한 내용을 되짚어보며 평가도 진행해 보도록 하세요.

월/일[시간]	과제수행(활동) 내용	알게 된 것	더 알고 싶은 것	수행평가
/ [ ]				상
				중
				하
/ [ ]				상
				중
				하
/ [ ]				상
				중
				하

관련교과	국어	사회	도덕	수학	과학	실과			체육	예술		영어	창의적 체험활동	자유학기활동		
						기술	가정	정보		음악	미술			진로 탐색	주제 선택	예술 체육

★ **나만의 잼공포인트**
자신의 호기심을 자극하거나 충족시킨 재미있는 내용을 간단하게 메모해 주세요.

**나의
지혜나무**

배운 내용의 중심용어(단어)들로 지혜나무를 완성해 주세요. 관련성이 높은 용어들을 한 가지에 묶어주는
것이 중요합니다. 탐스런 지식열매가 가득 차도록 자유롭게 꾸며주세요.

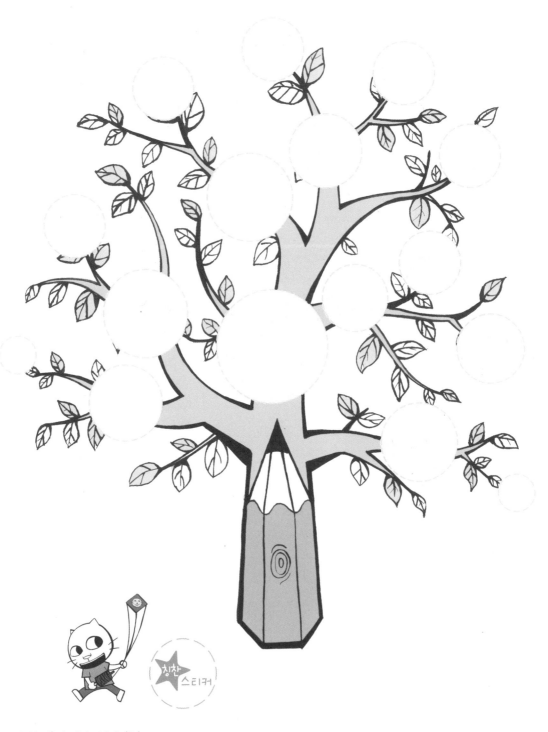

memo

나만의 교과서

개념 스케치북

Visual Thinking

지혜나무와 지식보물상자에 담긴 내용들을 그림으로 나타내어보자. 머릿속에 떠오르는 생각대로 제시된 형태 위에 자신만의 방식으로 표현하면 됩니다.

스스로 평가 자기주도학습의 완성!

나의 (신)(호)(등)

01	나는 퀘스트 문제 상황을 잘 파악하고 공부할 주제를 도출했다.	① ② ③ ④ ⑤
02	나는 과제수행 내용을 기록하면서 알게 된 것과 알고 싶은 것을 잘 정리했다.	① ② ③ ④ ⑤
03	나는 공부한 내용을 바탕으로 지혜나무를 멋지게 완성했다.	① ② ③ ④ ⑤
04	나는 공부한 내용 중에 오랫동안 기억에 담아 둘 지식열매를 보물상자에 담았다.	① ② ③ ④ ⑤
05	나는 다양한 방법을 적용하여 공부한 내용을 토대로 '비주얼 씽킹' 활동을 했다.	① ② ③ ④ ⑤

자신의 학습과정을 되돌아보고 진지하게 평가해주세요.

Level up

오늘의 점수   나의 총점수

활동제목 :

_과제난이도 ☆☆☆☆☆

퀘스트에서 수행해야 할 과제활동)를 앞서 작성한 문제 상황에 맞게 씁니다. 문제출발점과 자연스럽게 연결되도록 작성하는 것이 중요합니다. 자신이 수행할 과제의 난이도와 관련교과 정보도 스스로 판단하여 표기해 보세요.

문제상황

공부해야 할 주제

○

○

○

나의 퀘스트 여정 과제수행(활동) 내용을 공부한 순서에 따라 기록합니다. 특히 과제를 수행하면서 새롭게 알게 된 지식과 더 알고 싶어진 지식을 간략하게 정리하는 것이 핵심입니다. 스스로 혹은 선생님이나 부모님을 통해 각 활동별로 수행한 내용을 되짚어보며 평가도 진행해 보도록 하세요.

월/일[시간]	과제수행(활동) 내용	알게 된 것	더 알고 싶은 것	수행 평가
/ [ ]				상
				중
				하
/ [ ]				상
				중
				하
/ [ ]				상
				중
				하

관련교과	국어	사회	도덕	수학	과학	실과			체육	예술		영어	창의적 체험활동	자유학기활동		
						기술	가정	정보		음악	미술			진로 탐색	주제 선택	예술 체육

★ **나만의 잼공포인트**
자신의 호기심을 자극하거나 충족시킨 재미있는 내용을 간단하게 메모해 주세요.

**나의
지혜나무**

배운 내용의 중심용어(단어)들로 지혜나무를 완성해 주세요. 관련성이 높은 용어들을 한 가지에 묶어주는
것이 중요합니다. 탐스런 지식열매가 가득 차도록 자유롭게 꾸며주세요.

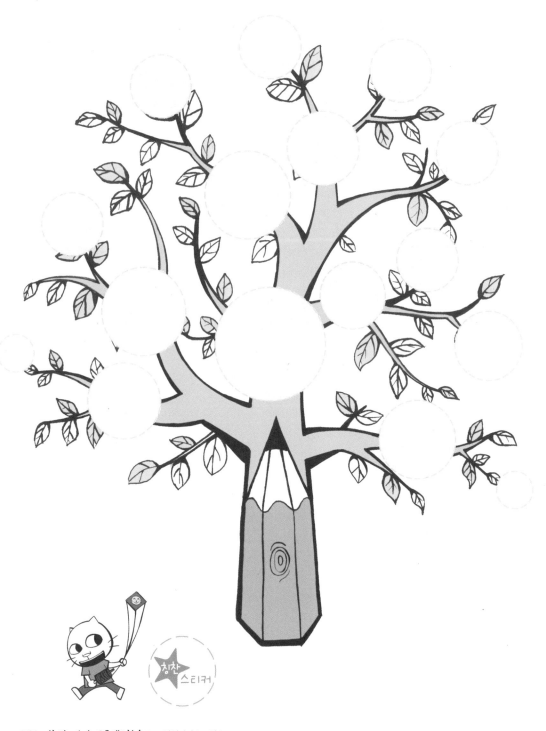

공부한 내용 중에 오랫동안 기억 속에 담아 두고 싶은 지식은 무엇입니까? 여러분들이 엄선한 지식열매를 보물상자에 담아주세요.

memo

나만의 교과서

개념
스케치북
Visual Thinking

지혜나무와 지식보물상자에 담긴 내용들을 그림으로 나타내어보자. 머릿속에 떠오르는 생각대로 제시된
형태 위에 자신만의 방식으로 표현하면 됩니다.

스스로 평가 자기주도학습의 완성!

나의 신 효 등

01	나는 퀘스트 문제 상황을 잘 파악하고 공부할 주제를 도출했다.	① ② ③ ④ ⑤
02	나는 과제수행 내용을 기록하면서 알게 된 것과 알고 싶은 것을 잘 정리했다.	① ② ③ ④ ⑤
03	나는 공부한 내용을 바탕으로 지혜나무를 멋지게 완성했다.	① ② ③ ④ ⑤
04	나는 공부한 내용 중에 오랫동안 기억에 담아 둘 지식열매를 보물상자에 담았다.	① ② ③ ④ ⑤
05	나는 다양한 방법을 적용하여 공부한 내용을 토대로 '비주얼 씽킹' 활동을 했다.	① ② ③ ④ ⑤

자신의 학습과정을 되돌아보고 진지하게 평가해주세요.

Level
up

오늘의 점수

나의 총점수

The
Big Idea!

셀프 프로젝트학습을 수행하는 과정에서 배우고 느낀 점은 무엇입니까? 머릿속에 담겨진 그대로 꺼내어 마인드맵으로 표현해 봅시다.
더불어 학습과정에서 얻게 된 빅아이디어, 창의적인 생각을 정리하는 것도 잊지 마세요.

Big Idea! Creative Thinking!

나의 지식사전

셀프프로젝트를 수행하는 과정에서 알게 된 중요한 지식을 '나의 지식사전'에 남기도록 합니다.
특히 해당 지식의 소멸시점을 예상하고 그 이유를 함께 기록해 보세요.

핵심용어	중심내용	내가 생각하는 지식유효기한과 이유

★나에게 보내는 칭찬 한 마디

All-Clear
sticker

10
CHAPTER

자기주도학습의 완성,
셀프프로젝트학습

스스로
하자구!!

★Teacher Tips

Teacher Tips

「셀프프로젝트학습」은 학생용 워크북으로 나만의 교과서 난이도에 따라 총3권으로 구성되어 있는 것이 특징입니다. 교육현장의 여건과 적용하고자하는 수업방식에 따라 개별 혹은 짝이나 팀(3~4명) 단위로 워크북을 활용할 것을 권장합니다. 시리즈 순서와 상관없이 자신이 원하는 레벨의 책을 활용하는 것도 얼마든지 가능합니다. 셀프프로젝트학습 워크북의 활용방법은 '주제중심 프로젝트학습', '교과서 중심 수업', '자율주제학습'으로 나누어 소개됩니다.

'자기주도학습의 완성, 셀프프로젝트학습'은 상당수의 내용들을 학습자 스스로 채워 나가도록 구성되어 있습니다. 교육현장에서 이 양식에 어떤 내용들을 담아낼지 결정하는 것은 전적으로 수업을 운영하는 교수자의 몫입니다.

❶ 주제중심 프로젝트학습에 활용하는 방법

「설레는 수업, 프로젝트학습」에서 수록된 PBL 프로그램은 기본적으로 정교화된 문제 상황을 제공해 주고 있습니다. 학교현장의 선생님들이 동일한 방식으로 문제상황을 그려나간다면 좋겠지만, 여러 가지 현실적인 제약 때문에 실천에 옮기지 못할 때가 많죠. 글을 쓴다는 것 자체가 부담으로 작용해서 엄두조차 내지 못하는 경우도 있습니다. 충분히 그럴 수 있습니다. 그래서인지 소개되고 있는 PBL 현장사례 중 상당부분이 주제중심으로 진행되곤 합니다. 구체적인 문제상황이 빠진 터라 PBL 수업에서 요구하는 활동이 제대로 이루어지기 어렵지만 수업준비과정이 용이해서인지 줄곧 채택됩니다. 물론 문제 상황을 대신할 수 있는 자료(신문기사, 사진, 영상 등)를 단계마다 제공하거나 즉흥적인 상황설정과 부연설명이 이루어지면 단순 조사활동에 머물지 않고 상당히 만족스런 학습 결과를 얻을 수도 있습니다. 글로 작성된 시나리오를 통해 굳이 전달하지 않더라도 문제 상황을 설득력있게 제시할 수도 있습니다. 허나 선생님의 순발력과 즉흥성에 기대어 프로젝트수업을 운영하는 것은 체계적인 접근방식일 수 없으며, 원하는 학습효과를 담보 해내기 어렵습니다. 아무리 선생님의 개인적인 능력이 탁월하더라도 한계는 분명 있기 마련이죠. 이런 측면에서 본 장에서 제시하고 있는 셀프프로젝트학습의 형식은 문제시나리오의 작성권한을 참여하는 학습자에게 과감하게 이양한다는 점에서 교수자에 의해 프로젝트학습과제의 완성도를 높이던 기존의 방식과는 결을 달리합니다.

우선 프로젝트학습주제를 교수자가 제시해주고, 제시된 주제에 어울리는 문제상황을 학습자가 직접 작성하는 방법을 들 수 있습니다. 예를 들어 우리 동네 창업에 성공하기라는 주제의 프로젝트학습을 제시하고자 한다면 그와 관련된 가상의 상황을 직·간접적인 경험과 상상력을 동원해 참여하는 학생들이 손수 채워나가도록 하는 것입니다. '우리 동네 창업'이라는 큰 주제만 선생님이 제시하고, 나머지(각 단계별 활동주제와 문제시나리오 작성 등)를 학생들이 자율적으로 진행하도록 하거나 대주제와 단계별 활동주제까지 선생님이 제시하고 주제와 관련된 문제상황을 학생들이 작성하도록 하는 것입니다.

선생님이 각 단계(퀘스트)마다 활동주제를 알려 줄게요. 여기에 어울리는 문제 상황을 작성해 보세요. 문제의 출발점과 매끄럽게 연결될 수 있도록 해야 해요.

그래, 아주 좋은 아이디어인 것 같아.

굿~♥

범위가 넓으니까 창업할 업종을 선정해야 할 것 같아. 우리 동네에 경쟁력 있는 빵집을 창업한다는 전제 하에서 빵집으로 성공한 사례를 찾는 것이 좋겠어. 여기에 어울리는 상황(이야기)을 써봐야겠다.

　더 나아가 대주제와 활동주제, 핵심적인 문제상황까지 선생님이 구술해주고 이를 중심으로 학생들이 각색하도록 하는 방법이 있습니다. 학생들 입장에서 문제시나리오를 수월하게 작성할 뿐만 아니라 선생님 입장에서도 학습해야 할 주요내용을 놓치지 않을 수 있습니다.

　결국 학습자에게 얼마만큼의 자율성을 부여하는지가 관건입니다. 대주제와 활동주제(퀘스트), 문제상황까지 교수자가 모두 제시해주는 방법에서 큰 주제만 제시하고 나머진 학습자가 채워나가도록 하는 방법까지 실천현장과 수업내용을 고려하여 결정하도록 해주세요. 이왕이면 초기 교수자의 적극적인 개입을 진행하다가 점차 학습자의 자율성을 확대해 나가는 방향으로 진행하는 것이 좋습니다.

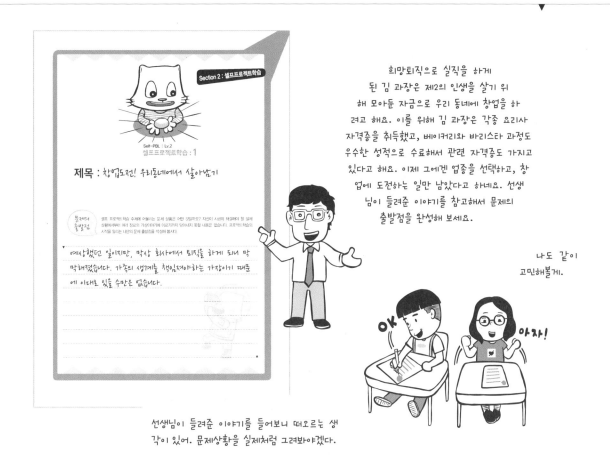

Section 2 : 셀프프로젝트학습

Self-PBL : Lv.2
셀프프로젝트학습 : 1

제목 : 창업도전! 우리동네에서 살아남기

문제에서
출발점

셀프 프로젝트학습 주제에 어울리는 문제 상황은 어떤 것일까요? 자신이 해결해야 할 실제 상황에서부터 여러 참고로 가상의이야기 이끌기까지 담아0K지 포함 내용은 없습니다. 프로젝트학습의 시작을 알리는 나만의 문제 출발점을 작성해 봅시다.

예상했던 일이지만, 막상 회사에서 퇴직을 하게 되니 막막해졌습니다. 가족의 생계를 책임져야하는 가장이기 때문에 이대로 있을 수만은 없습니다.

희망퇴직으로 실직을 하게
된 김 과장은 제2의 인생을 살기 위
해 모아둔 자금으로 우리 동네에 창업을 하
려고 해요. 이를 위해 김 과장은 각종 요리사
자격증을 취득했고, 베이커리와 바리스타 과정도
우수한 성적으로 수료해서 관련 자격증도 가지고
있다고 해요. 이제 그에겐 업종을 선택하고, 창
업에 도전하는 일만 남았다고 하네요. 선생
님이 들려준 이야기를 참고해서 문제의
출발점을 완성해 보세요.

나도 같이
고민해볼게.

OK

아자!

선생님이 들려준 이야기를 들어보니 떠오르는 생
각이 있어. 문제상황을 실제처럼 그려봐야겠다.

셀프프로젝트학습 양식은 아이디어 수준의 PBL 문제라도 곧바로 적용이 가능하도록 해줍니다. 학습자에 의해 완성된 문제시나리오가 다른 프로젝트학습에 새로운 영감을 주기도 하고, 때론 동일한 주제의 PBL 수업에서 즉시 활용해도 손색이 없을 정도로 수준 높은 프로그램이 나오기도 합니다. 어찌 보면 선생님과 학생들이 빚어낸 집단지성의 산물이라고 볼 수도 있겠죠. 여하튼 주제중심 프로젝트학습에 활용하는 대표적인 방법들을 참고해서 실천현장에 맞게 효과적으로 활용되길 바랍니다.

❷ 교과서 중심 수업에 활용하는 방법

통합교과적인 성격의 프로젝트학습에서 교과서를 고스란히 담아내기란 상당히 어렵습니다. 구성주의적인 학습환경을 실천하고자 하는 교수자의 관점에서 비춰봤을 때 더욱 그렇습니다. 현실적인 이유에서 교과지식의 습득을 목적으로 프로젝트학습을 설계하여

▲ Teacher Tips

적용하기도 하지만, 결과적으로 핵심적인 성격(실제적이고 비구조적인 과제 등)을 충족하지 못한 채 무늬만 프로젝트학습으로 남는 경우가 대부분이죠. 여하튼 교과서를 중시할 수밖에 없는 현장 분위기 속에서 교과의 단원과 내용범위에서 벗어난 시도는 참 어려운 일입니다. 기존 수업에 대한 비판적인 시각을 갖고 있다하더라도 교과서를 외면한 채, 수업을 진행하는 건 불가능에 가까운 일이죠. 물론 교과내용을 창의적으로 해석하고 재구성하여 프로젝트학습으로 구현해 나간다면 이상적이겠지만, 이를 실천해 나가는데 필요한 역량과 시간은 선생님들의 입장에서 턱없이 부족한 것도 사실입니다. 이런 문제들은 늘 선생님을 고민스럽게 만듭니다. 과연 어떻게 해결해 나가면 좋을까요? 절충할 지점은 어디에 있을까요?

이러한 고민의 해법으로 필자는 프로젝트학습이 갖고 있는 고유의 학습패턴을 경험할 수 있는 방식으로 셀프프로젝트학습 양식의 활용을 제안하고자 합니다. PBL이 취해야 하는 관점과 과제의 성격 등은 잠시 미루어 두고 말이죠. 이렇게 되면 교과서 중심의 수업을 운영하더라도 프로젝트학습의 고유패턴에 맞춰 학습과정을 안내할 수 있다고 봅니다.

흔히 거꾸로 수업으로 잘 알려진 플립러닝(Flipped Learning)의 형식적인 틀로도 충분히 활용 가능하고요. 플립러닝에서 강조하는 전형적인 형태의 수업(필자는 거꾸로 수업의 궁극적인 모습 중에 하나가 프로젝트학습에 있다고 보지만, 이를 논외로 합니다), 즉 온라인을 통한 선행학습 뒤에 학습자 간의 토론, 교수자의 강의를 진행하는 역진행 수업 방식에도 셀프프로젝트학습 양식을 활용할 수 있습니다.

최근 교과서 안에는 PBL 수업으로 발전시킬 만한 활동들이 많이 수록되어 있습니다. 이들 콘텐츠를 프로젝트학습의 흐름에 맞게 적용만 한다면 훨씬 질 좋은 결과를 얻을 수 있을 겁니다. 이를테면 초등학교 5학년 1학기 과학 2단원 '태양계와 별자리' 수업의 경우, '태양계 탐험하기 대작전'이라는 제목으로 명명하고 퀘스트❶ 태양계 구성원(52-55쪽) - 퀘스트❷ 태양계 행성의 크기와 거리(56-59쪽) - 퀘스트❸ 태양계 탐사계획세우기(60-63쪽) 등 교과서 순서 그대로 진행한다고 합시다. 분명 교과서 중심의 수업이지만 한편의 잘 짜여진 PBL 수업이라 해도 과언이 아닐 것입니다. 학습자 입장에선 전체 공부과정을 태양계 탐사계획을 세우는 여정으로 받아들일 수 있는 만큼, 나름 설득력있는 문제상황을 제공해 준다고 볼 수 있습니다.

태양계 탐험하기 대작전이 시작됐습니다. 누구보다 여러분들은 태양계를 잘 아는 탐험가가 되어야 하겠죠? 태양계 탐험임무를 꼭 완수해 주세요.

교과서에 어떤 내용들이 담겨있는지 차례대로 살펴보면 좋을 것 같아.

태양계를 탐험해야 하는 현재의 상황을 글로 옮겨야겠어.

Teacher Tips

한걸음 더 나아가 통합교과적인 프로젝트학습의 본래 성격을 최대한 충족시킬 수 있도록 교과서 중심의 수업을 진행해 볼 수 있습니다. 큰 주제 안에 연계할 교과내용을 분석하고, 이를 토대로 교과서를 활용하는 것이 핵심포인트, 공부할 내용은 교과서 활용의 용이성을 고려해서 동일학년(학기)에서 다루는 것으로 결정하는 것이 좋습니다. 예를 들어 '나는야 나무의사'라는 제목으로 초등학교 5학년 1학기 과학 3단원 '식물의 구조와 기능'을 중심으로 수업을 진행한다고 한다면, 퀘스트❶ 식물의 구조 관찰하기(82-83쪽) - 퀘스트❷ 뿌리와 줄기가 하는 일(84-89쪽) - 퀘스트❸ 잎과 꽃이 하는 일(90-97쪽) 등의 순서로 과학교과공부를 하고, 이 활동과 연계하여 비슷한 시기에 다루고 있는 환경관련 사회교과내용(54-69쪽)을 공부하도록 하는 방식입니다. 그렇게 되면 나무의사로서 식물의 구조와 기능에 대해 배우면서 외부로부터 식물이 어떤 영향 혹은 위협을 받을 수 있을지 추론해 볼 수 있게 됩니다. 더불어 최종 발표하는 형식에 따라서는 국어교과서의 활용도 충분히 가능합니다. 만약 초등학교 5학년 학생들이 광고로 표현하고자 한다면 6단원 '말의 영향' 국어활동 5-1가 110-113쪽을 활용하면 되는 것처럼 말이죠. 광고에 시각디자인을 강조한 산출물을 만들고 싶다면 이와 관련된 미술교과단원과도 연계할 수 있습니다.

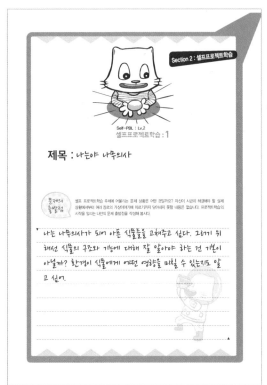

그냥 여러 고민할 것 없이 '교과서 파헤치기'라는 주제로 수업을 진행할 수도 있습니다. 학기 초 교과서 내용 전체 중에 학생들이 배우고 싶은 단원을 자율적으로 선택해서 집중적으로 공부하는 방식입니다. 이와 같은 방식은 복습 차원에서 학기 말에 적용해도 괜찮습니다. 최종적으로 공부한 내용을 상호교차 검토하고 발표하는 시간을 갖게 된다면 수업에 참여하는 학생들 모두 앞으로 배워야 하거나 혹은 앞서 배웠던 내용들을 직·간접적으로 공유할 수 있으니 그것 자체만으로도 의미있는 활동이 될 수 있지 않을까요?

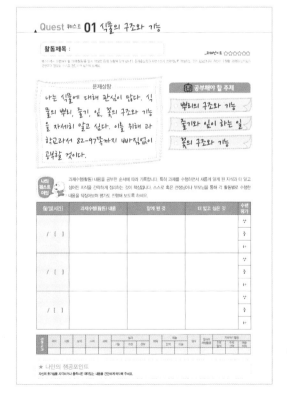

교과서를 본격적으로 파헤쳐 볼까요? 어떤 내용이든 상관없어요..

나는 2단원 태양계와 별자리가 끌리는데….

나는 과학교과서 3단원 식물의 구조와 기능에 대해 알고 싶어.

▲ Teacher Tips

❸ 학습자의 흥미에서 출발하는 자율주제학습에 활용하는 방법

셀프프로젝트학습의 기본취지는 주제선정, 문제의 출발점, 퀘스트별 문제상황 등 시작부터 마지막 과정까지 학생들이 전적인 권한을 부여하도록 하는데 있습니다. 셀프프로젝트학습의 진수는 학생들이 자신의 흥미와 호기심에 따라 주제를 선정하고, 주제에 어울리는 상황을 적절한 방식으로 표현해가며 스스로에게 부여한 문제를 해결해 나가는 데서 맛볼 수 있는 셈이죠. 이를 위해선 다른 사람(특히 선생님)에 의한 평가보다 자기 스스로 만족할 만한 과정으로 채우는 것이 무엇보다 중요합니다. 이런 취지의 수업을 진행하는데 활동지 양식에 빈 칸이 없도록 가득 채우라고 한다거나 줄마다 빈틈이 없도록 빼곡하게 글을 써야 한다고 강조하게 되면 흥미를 반감시킬 수 있습니다. 활동이 진행되는 동안 무리하게 개입하지 않도록 각별히 주의해야 합니다. 몇 자의 글, 그림 한 컷이라도 거기에 학생들의 흥미가 담겨있을 수 있으니 눈높이 자체를 없애고 허용적인 자세를 견지해 나가도록 해 주세요.

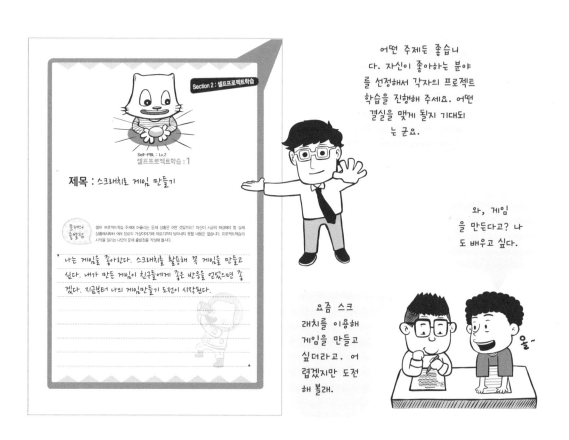

셀프프로젝트학습에서 다루지 못할 주제는 사실상 없습니다. 사회적 통념이나 도덕적 윤리적 가치에 특별히 어긋나지 않는다면 말이죠. 학생들의 흥미와 호기심에 따라 마음이 가는대로 주제를 정하고 실천에 옮기면 되는 수업입니다. 만약 혼자만의 힘으로 셀프프로젝트 수업과정을 수행하기 어려워하거나 무기력한 학생이 있다면, 비슷한 흥미를 지녔거나 친밀감이 형성된 친구와 함께 할 수 있도록 배려해주는 것이 필요합니다. 무엇보다 선생님의 시각에서 학생들이 소극적인 모습을 보이거나 빈약한 결과를 도출하더라도 실망하지 말고 끝까지 완주할 수 있도록 용기를 북돋아 주는 것이 중요합니다.

셀프프로젝트학습 활동의 내용이 생산과 창작활동에 방점을 찍게 된다면 4차 산업혁명과 함께 주목받고 있는 '메이커 교육(maker education)'과도 자연스레 연결됩니다. 원하는 사물을 즉석해서 만들어낼 수 있는 3D 프린터, 레이저 절단기, 고성능 디지털기기 등을 갖춘 '메이커 스페이스(maker space)'가 마련되어 있다면 더더욱 그렇습니다. 메이커 활동이 교과에 구애받지 않는 자율적인 창작 활동인 만큼 근본적으로 셀프프로젝트학습이 지향하는 방향과 동일합니다. 학생들이 메이커활동을 진행하면서 제시된 셀프프로젝트학습의 흐름에 따라 활동과정과 결과를 기록할 수 있도록 안내해 주세요.

▲Teacher Tips

　지금까지 셀프프로젝트학습의 활용방법을 크게 3가지로 나누어 설명하였습니다. 어떤 수업에 셀프프로젝트학습 워크북을 사용할지는 현장상황을 누구보다 잘 아는 선생님의 몫입니다. 필자로서는 학생들이 프로젝트학습의 패턴을 익히고 문제해결을 위한 체계적인 접근방식을 익혀나갈 수 있는 기회가 되길 바랄 뿐입니다. 학생용 워크북으로 출판된「셀프프로젝트학습」시리즈를 개별 혹은 팀별로 활용해 보는 것도 권장하고 싶습니다. 다른 책들과 달리 상당수의 내용들을 학생들 스스로 채워나가도록 구성되어 있기 때문에, 어떤 면에서는 작가로서 책의 원고를 집필하는 프로젝트학습의 활동으로 여겨질 수도 있습니다. 각자 경험한 교과수업과 각종 활동들을 담아낸 이 세상 하나밖에 없는 나만의 책을 만드는 작업이 될 수 있는 것이죠. 거대한 여정의 주인공이 되어 나만의 멋진 책을 완성하는 활동인 만큼 학생들의 만족도가 남다릅니다. 아무쪼록 학교현장에서의 적극적인 활용을 통해 만족스런 결실을 맺어나가길 바랍니다.

돋보이는 프레젠테이션 자료 만들기

항상 떨리고 피하고 싶은 것 중에 하나가
발표일 거야. 물론 예외인 친구들도
있지만…

우리는 흔히 발표와 프레젠테이션을 같은 것으로
생각하곤 하는데,
좀 달라! 어떻게 설명하면 좋을까.

직사각형과 정사각형에 대해 배운 적이 있지?
정사각형이 직사각형이지만 직사각형 전부가
정사각형은 아니라는 걸 알 거야.

프레젠테이션이 발표의 범주에 속하지만
그렇다고 발표 모두가 프레젠테이션에
해당하는 건 아니지.

프레젠테이션에는 반드시 시청각자료가 필요해.
청중의 관심과 설득력을 높이기 위해서
각종 정보를 시각적으로 표현해서
전달하는 데 중점을 두고 있지.

이들 자료가 청중의 시선을 사로잡지
못한다면 프레젠테이션의 효과를
제대로 살릴 수 없어.

★자신있는 눈빛
－확신에 찬 눈빛으로 대중을 향한 시선처리

★손동작으로 집중 유도하기

★주로 청바지와 면티
－자유로움을 상징

물론 프레젠테이션에서
시청각 자료가 전부는 아니야.

발표자가 제일 중요해.
사소한 것 같아도 말투, 표정,
몸짓, 자세, 시선, 입고 있는 옷 등
발표자의 모든 것이 영향을 미치거든.

그래서 프레젠테이션은 어찌 보면 1인극과 같아.
다만 관객의 마음을 사로잡는 배우일수록
무대를 위한 열정적인 준비과정이 뒤따르는 것처럼
발표자 역시 그래야겠지?

멋진 발표를 위해
열심히 준비하자!

그렇다면 프레젠테이션을 어떻게 준비하면
좋을까? 프레젠테이션이 시청각 자료를
활용한 발표임을 떠올려 본다면
그 답은 멀리 있지 않아.

얼마든지 프레젠테이션 자료제작과정을
발표무대를 위한 열정적인 준비과정으로 만들 수
있지. 내가 제시하는 절차를 밟아나간다면 충분히
가능할거야. 차근차근 도전해 보자고.

차근 차근~

날 따라와!

돋보이는 프레젠테이션 자료 만들기

준비과정]에서 발표할 내용 전달에만 치중한 나머지 청중에 대한 분석을 소홀히 하는 경우가 많아.

프레젠테이션에서 너무 많은 내용을 장황하게 늘어놓는 것은 좋지 않아. 핵심적인 내용이 분명하게 전달되도록 준비하고, 주제에 벗어난 내용은 없는지 꼼꼼히 살펴봐야 해.

프레젠테이션의 목적은 자신의 지식을 뽐내기 위함이 아니고 청중을 대상으로 설득하는 데 있어. 내용을 이해하기 쉽도록 구성하고, 주요용어도 알기 쉽게 고쳐서 제시할 필요가 있겠지. 무엇보다 청중의 공감을 얻도록 준비하는 것은 기본 중의 기본이야.

어찌 보면 프레젠테이션은 청중의 마음을 얻는 과정이라고 생각할 수 있어. 발표가 오로지 지식전달에만 머문다면, 청중의 마음을 움직이긴 어려울 거야. 청중의 눈높이에 맞는, 그들의 고민이프레젠테이션 과정에 자연스럽게 녹아들도록 준비해봐.

프레젠테이션에서 청중의 집중을 끌어내는 데 이야기 만한 것이 없어. 주제와 핵심내용과 관련된 이야기가 있다면 적극 활용해 보는 것이 좋아. 청중이 평소 관심을 갖고 있을 법한 이야기를 끌어와서 발표에 집중할 수 있도록 만들어보자.

두번째, 발표흐름잡기

책의 목차를 보면 어느 정도 글의 흐름을 알 수 있지. 프레젠테이션도 마찬가지야. 내용을 채우기에 앞서 어떤 흐름으로 발표를 해야 할지 반드시 정해야 해.

起承轉結 기승전결

소설이나 희곡이 아니지만, 발표에도 기승전결이 필요해. 단순히 전달하고자 하는 정보를 나열해서 설명하는 경우, 이런 흐름을 만들어내긴 어렵지.

일상의 경험이나 청중들이 흥미를 느낄 만한 이슈를 골라 설명하는 것도 하나의 방법이 되겠지. 아무쪼록 청중들이 발표 이유에 대해 충분히 납득할 수 있도록 만들어 봐.

발표의 시작은 해당 주제의 선택 이유를 밝히는 것에서부터 출발해. 자연스레 발표의 배경과 목적이 드러나겠지. 다만 직접적으로 딱딱하게 전하는 것보다 재미있는 에피소드를 곁들여서 발표하는 것이 좋아.

돋보이는 프레젠테이션 자료 만들기

청중들이 발표의 흐름을 예상할 수 있도록 큰 그림을 보여줄 필요가 있어. 흔히 발표 앞머리에 목차를 글로 나열하곤 하는데, 청중들에겐 그다지 인상적이지 않아.

주제와 관련된 이미지를 살짝 활용만 해도 느낌이 달라질 테니 시각적으로 표현하는데 중점을 두자!

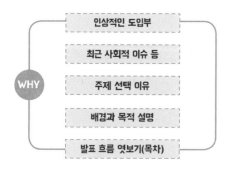

프레젠테이션의 도입부에서 청중들이 'WHY'라는 질문에 대한 답을 얻도록 구성해야 한다는 점을 잊지 말자고.

무엇으로 발표내용을 채울지, 어떤 주장과 어떤 근거를 제시할지 머릿속에 큰 그림을 그려봐. 발표자의 생각이 빠진 정보만 나열된 프레젠테이션이 되지 않도록 주의하자고.

다시 강조하지만 프레젠테이션의 목적은 설득에 있어. 발표자가 무엇을 설명하고자 하는지 청중이 모른다면 성공적인 프레젠테이션이 될 수 없겠지.

청중의 관심은 정보 그 자체보다 해당 정보에 대한 발표자의 관점이 더 궁금할 수 있어. 발표자의 생각(주장)에 공감하고 해당 정보(근거)에 관심을 갖도록 프레젠테이션을 구성해야겠지?

정말, 발표자의 의견에 공감이 가네.

신문을 보면 여러 기사들 중에서 유난히 큰 글씨로 강조된 기사제목을 볼 수 있을 거야. 이를 가리켜 헤드라인(headline)이라고 하는데, 프레젠테이션에서도 이런 헤드라인 선정이 중요해.

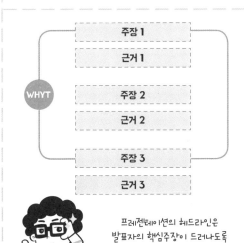

프레젠테이션의 헤드라인은 발표자의 핵심주장이 드러나도록 하는 것이 좋아.

결국 프레젠테이션의 전개부는 'WHAT'이라는 질문에 대한 답을 청중들이 충분히 얻도록 구성했는지 여부가 중요해. 프레젠테이션의 핵심내용이 무엇인지 제대로 드러나지 않았다면, 한마디로 망한 거야.

돋보이는 프레젠테이션 자료 만들기

프레젠테이션의 마무리를 어떻게 하면 좋을까.
단순히 앞의 내용을 요약하는 수준에서 끝맺음
한다면 인상적인 프레젠테이션으로
기억되지 않을 거야.

정말, 끝이란 말인가?

뭔가 허전하다 허전해.

잉, 마무리가 왜 이래.

피익

'천재는 1% 영감과 99%의 노력으로 이루어진다.' 에디슨의
유명한 명언이죠. 그런데 에디슨은 여기까지만 말하지
않았어요. '그러나 1% 영감이 99%의 노력보다 중요하다.'
실은 99%의 노력보다 1%의 영감을 더 강조했던 것이었죠.
우리에겐 노력을 강조하는 교육보다 영감, 즉 창의성을
중시하는 교육으로의 변화가 필요해요.

노력만이 전부가 아니었어. 완전 공감된다.

와, 반전이다. 에디슨은 노력이 아닌
영감을 강조했던 것이었어.

이번 발표내용이 에디슨의 한마디로 정리되는 구나!

프레젠테이션의 가치와 의미는 사진 한 컷,
유명인물의 명언, 영화 속 명대사, 시의 한 구절
등을 통해 강렬하게 전할 수도 있어.

요약 및 결론
핵심내용정리, 최종의견 구체적인 방향제시 등
감동적인 마무리
사진, 동영상, 명언, 영화대사 노래가사, 문학작품(시, 소설) 등을 활용해서 표현하기

HOW

프레젠테이션의 마지막 단계는 'HOW'라는
질문에 대한 답을 들려주는 시간이기도 해.
무엇을(핵심내용) 어떻게(방법) 우리의 삶에서
실천하면 좋을지 진지한 물음을 던져야겠지?

아, 감동적이야.
너무 공감된다.

"감동" "감동"

세 번째,
프레젠테이션 자료
제작하기 !!

완전 부럽다.
어떻게 만드는 걸까?

프레젠테이션 자료가
정말 끝내준다.

몰입감이 대단한걸.

'청중분석'과 '발표흐름잡기'를 했다면 이어서
프레젠테이션 자료제작에 도전해 봐. 이왕이면
돋보이는 프레젠테이션 자료를
제작하는 것이 좋겠지?

포스트잇에 프레젠테이션 자료화면구성을
스케치하는 것인데 그리 어렵지 않아.

압!

펑

악성댓글의 문제점

• 유명인의 악성댓글
  피해사례로 본 문제점

• 우리말 파괴의 심각성

악성댓글 피해 유명인 사진
(출처 : 신문자료)

돋보이는 프레젠테이션 자료를 만들고 싶지?
그렇다면 먼저 포스트잇과 볼펜을 준비해야 해.

그냥 요렇게 그리면 되니까
부담 갖지 말고 해보자고.

돋보이는 프레젠테이션 자료 만들기

프레젠테이션 자료제작과정에서 포스트잇
스토리보드를 꼭 활용해 봐.

악성 댓글의 문제점

악성댓글은 보는 사람의 기분을 매우 불쾌하게 만듭니다.
하물며 그 악성댓글의 대상이 되는 사람의 기분은 얼마나 나쁠까요?
대표적인 예가 바로 유명 연예인에 대한 악성댓글일 것입니다.
실제로 악성댓글로 인해 우울증을 앓거나 자살 충동에 이르는 연예인들도 많다
고 하죠. ㅠ
그리고 요즘엔 일반인들에게도 악성댓글 공격이 이어지면서 (블로그,페이스북,
  트위터 등을 통해)
그 피해가 조금씩 확산되고 있는 실정입니다.
이렇게 되면 인터넷을 사용하는 네티즌 공간이 심각하게 훼손된다는 문제 들도
  있을수 있겠습니다.
악성댓글을 살펴보면, 대부분 욕이나 거친 표현들 뿐입니다.
이렇게 되면 예쁘고 고운 우리말이 많이 훼손되고,
이런 잘못된 댓글 속의 표현들을 불특정 다수의 네티즌들이 보고 배우면서
일상생활에서도 자연스레 써버리게 되는 결과를 초래할 수 있습니다.
그러므로 우리말 발전에 걸림돌이 되는 것입니다.

발표문을 복사해서 그대로 붙인
프레젠테이션 자료는 정말 최악이야.
포스트잇 스토리보드를 그렸다면
아마 결과가 달라질 거야.

NO! NO!

스토리보드에 생각을 담았다면 프레젠테이션
자료에는 표현을 담는 거야. 포스트잇에 스케치한
내용을 프레젠테이션 자료에 어떤 방법으로
표현할지 고민하는 일만 남게 되지.

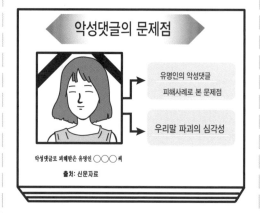

악성댓글의 문제점

유명인의 악성댓글
피해사례로 본 문제점

우리말 파괴의 심각성

악성댓글로 피해받은 유명인 ○○○씨

출처: 신문자료

아, 스토리보드가 있으니까 프레젠테이션
자료제작이 한결 수월해지는구나.

자, 이제 프레젠테이션 자료를 만들어 보자. 어떤
프로그램을 활용해서 만들면 좋을까? 인기 있는
녀석으로 간단히 소개해 볼게.

고민되는 걸, 어떤 소프트웨어를 활용해서
프레젠테이션 자료를 제작해 볼까?

음.. 슝슝

아무래도 프레젠테이션 프로그램 중에서 마이크로소프트 파워포인트(Microsoft PowerPoint)를 빼놓을 순 없지. 프로그램이 출시된 지도 어느덧 20년이 훌쩍 지났지만 여전히 세계에서 가장 널리 사용되고 있어.

파워포인트는 MS 오피스 소프트웨어에 포함되어 있는데, 이들 프로그램을 직접 구입해서 설치하거나 월 사용료를 지불하며 이용할 수 있어. 특히 오피스 365(office365.com) 서비스를 활용하면 PC뿐만 아니라 스마트폰, 테블릿 등으로 어디서나 작업이 가능해. 참고로 홈페이지 상단 제품 메뉴에서 교육용 [학생 및 교사용]으로 들어가면 여러 가지 혜택을 만날 수 있어.

파워포인트 활용방법을 자세히 배우고 싶다면 걱정할 것 없어. 포털 검색창에 '파워포인트 무료강좌'라고 입력하면 관련 동영상을 손쉽게 접할 수 있거든.

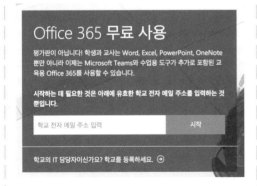

심지어 학교 이메일 주소만 입력하면 교육용 오피스 365를 무료로 사용할 수 있으니까 적극 활용하도록 해봐.

파워포인트 동영상 강좌가 정말 많네. 관련 책도 찾아봐야겠다.

돋보이는 프레젠테이션 자료 만들기

파워포인트로
제작한 프레젠테이션
자료는 한글오피스의
한쇼프로그램에서도
얼마든지 수정이 가능해.

한쇼는 한글과 컴퓨터(hancom.com)에서 만든 토종프로그램인데
파워포인트 기능과 매우 흡사해서 사용하는 것이 그리 어렵지 않아.
파워포인트만 다룰 줄 알면 한쇼도 쉽게 사용할 수 있지.
컴퓨터에 '한컴오피스 한글'이 설치되어 있다면,
아마도 한쇼도 같이 설치돼 있을 거야.

한편 폴라리스 오피스(polarisoffice.com)로도
손쉽게 프레젠테이션 자료를 제작할 수 있어.
무료 클라우드 오피스이기 때문에 모바일 환경에
최적화되어 있지. 모든 문서의 파일을 읽고 편집할 수
있으니까 가볍게 사용하기엔 안성맞춤이야.

한쇼에서 생산한 프레젠테이션 자료를 저장할 때
다른 프로그램과의 호환성을 고려해 파일형식을
결정하는 것이 좋아. 만일 파워포인트와 호환이
되도록 하려면 '파워포인트 문서(*pptx)'로
저장해야겠지? '한쇼문서(*show)'로 저장하면
한쇼프로그램에서만 사용할 수 있으니 말이야.

구글에서도 다양한 문서작업을 지원해 주는 클라우드 서비스(docs.google.com)를 제공하고 있어. 소프트웨어를 특별히 설치하지 않더라도 해당 홈페이지에 들어가면 무료로 프레젠테이션 자료를 제작할 수 있지.

파워포인트, 한쇼, 폴라리스, 구글독스에 이르기까지 프레젠테이션 자료제작방식이 비슷비슷해. 하나의 프로그램만 다룰 줄 알아도 나머지 프로그램 모두를 활용할 수 있는 것이지. 파일형식을 'pptx'로 통일하면, 상호호환이 잘 된다는 점도 잊지 마.

개성 넘치는 프레젠테이션 자료제작을 원한다면 프레지(prezi.com)에 주목해 봐.

프레지는 클라우드 기반 프레젠테이션 도구야. 컴퓨터에 별도로 설치하지 않더라도 웹상에서 프레젠테이션 자료를 제작할 수 있지. ZUI, 즉 줌 효과로 화면을 전환하는 인터페이스로 유명한데, 이로 인해 상당히 역동적인 모습이 연출되곤 해.

돋보이는 프레젠테이션 자료 만들기

프레지 활용방법에 대해 자세히 배우고 싶다면 포털 검색창에 '프레지 강좌'라고 입력해봐. 관련 동영상을 손쉽게 만날 수 있을 거야. 아울러 서점에는 파워포인트와 프레지 관련 도서가 여럿 출판되어 있어. 동영상 강좌와 함께 제공되는 경우도 있으니까 꼼꼼히 살펴보고 활용했으면 해.

프레지는 초등학생들에게도 어려운 프로그램이 아니야. 직관적인 화면구성으로 조그만 가지고 놀다보면 금세 익힐 수 있을 거야. 주저하지 말고 도전해 보자!

끝으로 키노트(keynote)를 소개할게. 애플(apple.com) 전용 프로그램으로 스티브잡스의 인상적인 프레젠테이션에 늘 등장했던 녀석이야. 애플 특유의 폐쇄성 때문에 맥(Mac)이라는 컴퓨터에서만 활용 가능하고, 아이폰, 아이패드 등으로 불리는 모바일기기에서만 이용할 수 있어. 분명 매력적인 프레젠테이션 자료제작도구이지만 윈도우즈(Windows), 안드로이드(Android) 등의 비중이 높은 우리 IT 환경에서는 여러모로 제한적일 수밖에 없어. 그럼에도 키노트의 매력에 빠진 사람들은 프레젠테이션에서 적극적으로 활용해 보고자 애쓰고 있지. 기본적으로 제공되는 세련된 템플릿도 인상적이니까 기회가 된다면 꼭 도전했으면 해.

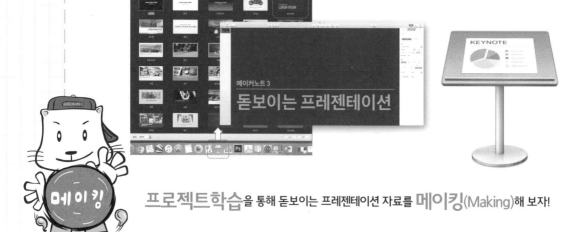

프로젝트학습을 통해 돋보이는 프레젠테이션 자료를 **메이킹**(Making)해 보자!

Q1 프로젝트학습에서의 교사 역할은 무엇입니까? 막상 실천하자니 막막합니다. 좀 더 구체적으로 설명해 주세요.

답변 프로젝트학습에서 교사는 학생들의 자기주도적인 학습참여가 가능하도록 돕는 역할을 맡습니다. 먼저 수업의 도입단계에서는 신문기사 또는 비디오 자료, 혹은 문제상황을 재연한 연극이나 동영상 자료 등을 활용해 학습자가 문제에 대한 흥미와 관심을 가질 수 있는 환경을 제공합니다. 수업이 진행되는 과정 내내 자율적이며 민주적인 학습분위기를 조성해야 하는데 이는 교사의 개입을 최소화하면서 모둠원 간의 토의, 토론활동을 활발히 펼치도록 유도하면 해결됩니다. 수업에 필요하다면 모둠별 학습계획(과제수행계획)이 잘 수립될 수 있도록 적극적인 안내가 이루어져야 합니다. 계획을 수립할 때, '가설/해결안(ideas)', '이미 알고 있는 사실들(facts)', '더 알아야 할 사항들(learning issues)'을 작성하도록 해야 하는데, 관련 개념에 대한 이해가 부족하거나 계획수립 활동에 부담을 느낄 경우엔 모범답안처럼 교사가 주도하여 제시할 수도 있습니다. 각자 실천상황에 맞게 융통성을 가지고 접근해 보세요. 학생들의 학습활동이 본격화되면 온라인 튜터로서 역할을 수행할 수도 있습니다. 학생들이 올린 정보나 의견을 면밀히 점검하고 피드백을 해줄 뿐만 아니라, 문제해결에 도움이 될 검증된 학습자원(정보 및 자료)을 제공하면서 학습을 촉진하는 역할을 수행합니다.

Q2 학생들이 프로젝트학습에 적응하지 못하고 있습니다. 어떻게 해야 할까요?

답변 프로젝트학습이 기존에 우리가 흔히 접하던 '조용하고 정돈된' 분위기의 학습 환경과는 판이하게 다를 수밖에 없습니다. 지금껏 교사의 지시에 따라 수동적으로 학습에 임하던 학생들에겐 프로젝트학습 환경이 낯설고 적응이 어렵죠. 엄청난 자율성이 주어짐에 따라 오히려 우왕좌왕 하는 경우도 많습니다. 이는 모두 프로젝트학습에서 제공하는 학습환경에 익숙하지 않기 때문에 벌어지는 일입니다. 새로운 프로젝트학습 환경에 학생들이 잘 적응할 수 있도록 자율적이며 허용적인 분위기를 조성하고 기다려야 합니다. 프로젝트학습에서 교사의 '기다림'은 정말 중요한 미덕입니다. 그리고 절대 프로젝트학습에 익숙하지 못한 학생들의 모습에 실망하지 마세요. 알고 보면 학생들이 겪는 여러 가지 혼란은 학습자 나름의 인지적 혼란, 갈등, 그것을 해결하고자 하는 부단한 노력에서 비롯되는 경우가 많거든요. 교사는 학생들이 이러한 과정을 거쳐 문제를 해결할 수 있을 것이라는 '확신'을 가지고 기다릴 필요가 있는 것입니다. 선생님의 확신은 학생들의 자기확신으로 이어져 자기효능감이 높은 학습자로 거듭나는 데 큰 영향을 미칩니다.

Q3 학생들의 문제해결과정이 제대로 진행되도록 어떻게 질문하는 것이 좋을까요?

답변 교사는 학생들이 독립적으로 사고하고 학습해 갈 수 있도록 직접적인 질문보다는 '좀 더 명확하게 설명...?' '왜 그렇게 생각하는지?' '무슨 뜻인지?' 등의 간접적인 질문을 이용해서 학습을 진행하는 것이 필요합니다. 정답을 요구하는 닫힌 질문이 아닌 확산적 대화로 이어질 수 있는 열린 질문을 하도록 해주세요. 교사가 모든 팀 활동에 참여할 수 없기 때문에 모둠 구성원 각자가 토론한 것을 정리하도록 하고, 토론과정을 성찰해 볼 수 있는 기회를 제공해야 합니다. 이때 교사는 팀 내에서 구성원들이 나눈 의견을 여러 각도에서 살펴보고 피드백을 주며, 필요에 따라 문제해결에 필요한 중요한 개념을 설명해 주는 등의 역할을 수행해주어야 합니다.

Q4 프로젝트학습의 문제를 교사의 관심사에 따라 개발하면 되는 것인지요. 학습자의 관심사에 따라 문제를 선정하고 만들어야 하는 것은 아닐까요?

답변 교육과정의 운영 주체가 선생님이기 때문에 학습을 설계하고, 수업환경을 구성하는 것은 교사의 재량이며 전문적 영역에 해당합니다. 당연히 PBL 문제를 개발하는 부분에 있어서 복합적인 상황을 고려해야 합니다. 교사가 관심을 가지고 있는 영역(교과)을 중심으로 문제를 구성하는 것이 수월하다고 판단한다면 그렇게 할 수 있는 것이죠. 학생들의 흥미를 고려한 접근이라면 교사의 관심사와 학생의 관심사가 다르지 않습니다. 다수의 학생들이 관심을 사전에 알아보고 이를 주제로 문제를 만든다면 학습과정의 참여를 높일 수 있는 방안이 될 수도 있을 것입니다. 학생들의 흥미와 호기심을 이끌어낼 수 있는 매력적인 문제를 만들어 보세요.

Q5 프로젝트학습과 교육과정 재구성이 동일한 것입니까? 차이가 있다면 무엇입니까?

답변 프로젝트학습은 교수학습모형 중에 하나입니다. 특히 통합교과적인 성격을 갖고 있기 때문에 교육과정을 재구성하기 위한 방안으로 제시되는 경우가 많습니다. 그렇다고 교육과정의 재구성이 프로젝트학습을 의미하는 것은 아닙니다. 동일한 카테고리 안에 묶거나 비교할 수 있는 관계는 아닙니다. 교육과정의 재구성은 프로젝트학습모형 없이도 가능하기 때문입니다.

Q6 프로젝트학습으로 모든 교과내용을 재구성하여 적용할 수 있을까요? 그리고 교과강의는 배제하고 진행해야만 하는 것인가요?

답변 물론 프로젝트학습으로 모든 교과내용을 재구성하여 적용할 수 있습니다. 하지만 여기엔 여러 단서가 붙을 수밖에 없죠. 현재의 교육제도 하에는 교과강의수업을 병행하며 진행하는 것이 현실적입니다. 지금으로선 모든 교과내용을 재구성해 놓는다고 하더라도 적용하는 것은 불가능에 가깝지요. 앞으로 여러 여건이 개선된다면 특정기간 동안 집중력 있게 적용할 수도 있다고 봅니다. 제도적으로 뒷받침이 된다면 말이죠. 프로그램의 성격과 내용, 관련 교과, 현장의 여건 등 감안하여 진행하는 것이 바람직합니다. 온라인 활동을 병행한다면 차시 부담을 감소시킬 수도 있습니다. 교과진도가 걱정된다면 이를 해소하고 할 수 있는 범위 안에서 실천해 보시길 권합니다. 초반부터 무리하게 진행하면 탈이 나기 마련이니까요.

Q7 학생들이 과제를 해결하는 과정에서 재미를 느낄 수 있었으면 좋겠습니다. 프로젝트학습에서 가장 유의해야 할 점을 꼽는다면 무엇일까요?

답변 학습 그 자체에서 재미를 유발시킨다는 것이 쉽지 않은 일입니다. 이 책을 통해 제공하는 다양한 방법들이 모든 교육상황에서 효과적이라고 말하기도 어렵습니다. 그야말로 현장에서 직접 몸으로 부딪히며 고민하는 선생님들의 평생과제일 겁니다. 프로젝트학습의 정신처럼 정답은 없습니다. 좋은 모범사례들을 참고하며 교직에 계속 있는 동안에 끊임없이 고민하며 재미가 기반이 되는 즐거운 학습환경을 구현해 내는 수밖에 없습니다. 선생님의 다양한 도전에 마음으로나마 열심히 응원을 보냅니다. 프로젝트학습에서 가장 유의해야 할 점을 꼽자면 선생님의 마음가짐이라고 생각합니다. 프로젝트학습에서 제일 중요한 것은 선생님이 가지고 있는 수업에 대한 관점이기 때문에 그렇습니다. 수업에 대한 관점(구성주의적 시각)이 프로젝트학습의 맥락과 다르지 않도록 늘 주의해야 할 것입니다. 나머지 부분들은 실천의 양을 늘리면서 시행착오를 겪으며 배워나가도 충분합니다.

Q8 학부모와 학생들은 평가에 늘 민감해 합니다. 그래서인지 프로젝트학습을 실천할 때 평가가 상당히 힘든 것 같습니다. 프로젝트학습에서 과정중심평가를 어떻게 하는 것이 좋을까요?

답변 프로젝트학습의 과정평가는 다양한 방식으로 이루어질 수 있습니다. 다만 현재 입시환경을 고려하여 신중하게 적용하시기 바랍니다. 학습과정의 질을 평가하는 것은 수업의 성격상 교사의 주관적인 기준이 반영될 가능성이 높습니다. 교사의 전문성을 제대로 존중받는 분위기라면 좋겠지만, 현실적으로 결과에 대해 수긍하지 못하는 학생, 학부모가 생길 수밖에 없습니다. 굳이 프로젝트학습의 평가를 입시와 연계하고자 한다면 정량화할 수 있는 자료만 활용하셨으면 합니다. 프로젝트학습과정에서 제시한 개별 혹은 팀별 과제(퀘스트, 돌발미션)의 수행정도, 팀별 상호평가 결과(주도적인 역할수행 팀원선발하여 가산점 부여), 온라인 커뮤니티에 남긴 글(의견 및 정보)의 수, 성찰저널, 셀프체크리스트, 포트폴리오 등 자기평가결과 제출여부, 시간순서대로 과정과 결과를 정리한 보고서에 각 시간(기간)별로 참여한 학생 표기한 자료 등을 활용하는 것도 생각해 보셨으면 합니다. 평가의 추세가 상대평가보다는 절대평가로 바뀌고 있는 만큼 이전보다 한결 가볍게 평가를 실시할 수 있을 것입니다.

Q9 학업성취도가 낮고 의욕이 없는 데다가 이해력이 떨어지는 학생들을 위한 특별한 방법이 있을까요?

답변 교과 학업성취도가 낮다고 프로젝트학습에 대한 의욕이 없는 것은 절대 아닙니다. 평소 교과수업에 집중하지 못하는 학생일지라도 프로젝트학습에 적극적으로 참여하는 예는 많습니다. 일단 이런 문제들은 학업성취도에 영향을 받기보다 학습무기력, 수동적인 학습태도, 낮은 문해력 등에서 비롯된 것일 수 있습니다. 사안에 따라선 치료적이고 심리적인 접근이 필요한 부분일 수 있습니다. 학습무기력에 빠진 학생들의 경우 권위적이거나 강제적인 학습환경을 제공하면 상황을 더욱 악화시킬 수밖에 없습니다. 프로젝트학습과정에 수동적이고 소극적인 참여를 보이더라도 그것 자체를 인정해주는 교사의 피드백이 필요합니다. 작지만 의미 있는 성공경험이 중요하니 어렵더라도 지속적이며 긍정적인 피드백을 제공해주길 바랍니다. 교과서적인 답변이라고 여기지 마시고 꼭 실천해 보셨으면 합니다. 이런 학생들은 A에서 Z까지 하나하나 친절한 설명을 하고 시험을 보며 기초학력을 다지는 것보다 오히려 무심한 듯 툭 던진 긍정적인 피드백이 훨씬 큰 효과를 발휘할지도 모릅니다. 만일 학생들이 프로젝트학습을 자주 경험하지 못한 이유로 소극적인 참여가 이루어진 것이라면 초기 적응시간이 필요할 수 있습니다. 실망하지 말고, 인내를 갖고 수업을 이끌어나가는 것이 중요합니다. 여러모로 프로젝트학습은 선생님의 긴 호흡이 요구되는 수업이므로 조급하게 생각하지 말고 마음의 여유를 갖고 접근하셨으면 합니다.

Q10 교과지식을 습득하는 데 프로젝트학습이 효과적일까요? 기존의 모든 수업을 대신해서 적용해야 할까요?

답변 프로젝트학습모형이 모든 수업을 대신할 수는 없습니다. 특히 제한된 시간 안에 교과지식의 습득과 관련 이론을 깊이 있게 다룰 경우, 그것에 적합한 교수학습모형을 선택하여 활용하는 것이 효과적입니다. 프로젝트학습을 교과지식의 습득을 위한 효과적인 교수학습모형이라고 여긴다면 수업의 기본관점(구성주의)을 이해하지 못한 것이라 볼 수 있습니다. 프로젝트학습은 기존 지식과 정보의 활용을 통해 주어진 상황에 부합하는 새로운 지식을 생산(창출)하는 데 목적을 두고 있습니다. 교과수업과의 연계성을 강화시키고 싶다면 해당 교과지식을 활용하는 데 흥미를 가질 만한 캐주얼한 문제상황을 제시해 프로젝트학습을 시작해 보았으면 합니다. 점점 난이도를 높여가며 프로젝트학습을 시도하다보면 선생님만의 노하우가 생길 겁니다. 무리하지 말고 뭔가 감이 오는 교과내용부터 도전해 보세요!

Q11 프로젝트학습에서 효과적인 모둠편성 방법은 무엇일까요? 그리고 적절한 모둠인원이 궁금합니다.

답변 프로젝트학습의 모둠편성방법에는 정답이 없습니다. 다만 모둠편성과정에서 교사가 적극적으로 개입하게 되면 잘해도 본전일 수밖에 없습니다. 모둠 편성이라는 사소한 행위라도 권한을 행사한 주체가 결과의 책임을 지기 마련입니다. 모둠원 간의 갈등상황에서 교사의 선택에 대한 반발이 일어날 수 있으며, 학습결과가 나쁘면 선생님이 원망의 대상이 될 수도 있습니다. 경험상 환상적인 궁합인 듯싶어 인위적으로 짝을 지어줘도 기대만큼의 효과를 거두긴 어려울 때가 많습니다. 특별한 묘수가 없다면 차라리 사다리타기 게임으로 모둠을 편성하거나 가위바위보, 주사위 등으로 자리쟁탈전을 벌이는 방식이 훨씬 깔끔할 수 있습니다. 어떤 방식으로 편성하든 교사의 개입을 최소화하고, 3-5주 정도의 주기, 2-3회 정도의 프로젝트학습 참여횟수를 기준으로 모둠을 교체해주세요. 또한 각 단계마다 개별적으로 수행해야 할 과제, 짝 단위로 수행할 과제, 그룹(3-4명)별로 진행해야 하는 과제로 세분화하여 접근한다면 무임승차를 예방할 수 있습니다. 혹은 개인-짝-그룹 순으로 확대해가며 활동을 전개하는 것도 좋습니다. 물론 처음부터 모둠별로만 진행하고자 한다면 3-5명 정도가 적당합니다.

Q12 프로젝트학습을 하다보면 꼭 훌륭한 성과가 나오는 건 아닌 것 같습니다. 이럴 경우 학생들도 실망하고 교사인 저도 프로젝트학습에 대한 자신감이 떨어집니다. 어떻게 하면 좋을까요?

답변 프로젝트학습에서 흑역사는 반드시 필요합니다. 시행착오를 겪다보면 점점 자신에게 맞는 PBL 수업을 할 수 있는 융통성과 역량을 확보할 수 있게 됩니다. 자신에게 너무 엄격하실 필요는 없습니다. 수업을 통해 선생님이나 학생들 모두 분명 긍정적인 변화가 있을 것이고 성과도 있을 테니까요. 미처 보지 못한 부분의 긍정적인 변화가 있을 테니 수업과정을 되짚어보며 성찰해 보시면 도움이 될 것입니다. 학생들의 학습과정을 통제하는데 익숙한 경우, 프로젝트학습의 자유로운 분위기 자체가 적응이 되지 않았을 수도 있습니다. 학생들의 빈약한 학습결과가 실망감을 안겨다주는 경우도 많겠죠. 충분히 그럴 수 있습니다. 그런데 겉에 보이는 것이 전부가 아닙니다. 그 속엔 '빈약하지만 질 좋은 이해'가 있을 수 있습니다. 그것이 학생들이 보여줄 수 있는 출발점이며 진짜 수준, 민낯일 수 있습니다. 다루는 교과지식들에 가려서 아이들의 수준이 보이질 않았을 뿐입니다. 프로젝트학습과정을 포기하지 않고 끝까지 수행했다면, 그것만으로도 대견스럽고 칭찬받을 만한 것입니다. 선생님의 잘못도 아이들의 책임도 아니니까 여유를 갖고 다시 도전해 보시길 바랍니다. 아무튼 프로젝트학습 과정이 학생들에게 성공적인 학습경험으로 수용될 수 있도록 빈약한 결과라도 칭찬해 주고 긍정적인 피드백도 많이 제공해 주세요.

Q13 프로젝트학습에서 어떤 평가방법을 활용하는 것이 좋을까요?

답변 다양한 평가방법 중에서 과제의 성격과 학습과정, 내용 등을 고려하여 평가방법을 결정하고 적용해야 합니다. 기본적으로 PBL 수업에선 모든 평가방법을 적용해 볼 수 있습니다. 다만, 시험점수를 통해 서열과 순위를 매기기 위한 목적으로 실시되는 지필평가는 프로젝트학습의 기본 정신에 부합하지 않으므로 지양하는 것이 바람직합니다. 선택한 평가방법이 학생들에게 실패를 학습시키고, 자존감을 낮추는 방식이 아닌지 우선적으로 따져보기 바랍니다. 아무튼 포트폴리오(portfolio), 에세이(Essay), 퀴즈(Quiz), 지필평가, 성찰저널(Reflective Journal), 체크리스트 등 상황에 부합하는 타당한 평가방법을 선택하여 적용해 보도록 하세요.

Q14 프로젝트학습에서 온라인 학습커뮤니티가 꼭 필요할까요?

답변 프로젝트학습에서 온라인 학습커뮤니티를 반드시 활용하라는 법은 없습니다. 오프라인을 기반으로 얼마든지 프로젝트학습을 실천할 수 있습니다. 다만 긴 호흡으로 진행되는 프로젝트학습의 경우, 교실이라는 공간을 벗어난 이후에도 학습이 계속돼야 하기에 이를 지원해줄 온라인 공간이 필요합니다. 전체 학습과정과 최종 산출물이 기록으로 남는 온라인 학습커뮤니티는 여러모로 유용합니다. 학생들의 발표장면 등을 촬영해서 올리면, 그것 자체가 자기피드백 자료가 되기도 하니까요. 학습과정과 결과를 멀티미디어 자료로 기록하고, 이를 교사, 학생, 학부모 모두 공유함으로써 상시적인 교육 참여를 이끌어낼 수도 있습니다. 얼마든지 온라인 학습커뮤니티는 모둠토론 공간이면서 학습결과를 공유하고 평가하는 공간으로 손색이 없습니다. 동시에 온라인 포트폴리오 공간으로서의 가치도 지니고 있습니다. 학생들이 생산한 다양한 학습결과물들은 때론 상급학교의 입시에서 자소서 작성 등 목적에 따라 유용하게 활용되는 예도 있습니다. 여기서 온라인 학습커뮤니티에 남겨진 소중한 결실들이 가급적 오래 보존되도록 하는 것이 중요합니다. 별도의 서버를 두고 학급홈페이지를 운영하거나 네이버, 다음 등에서 지원하는 검증된 커뮤니티를 활용하는 것을 권합니다. 아무리 교육기관에서 권장하는 학급커뮤니티라 할지라도 일정기간이 지난 후 없어질 위험이 높다면 절대 이용하면 안 됩니다. 새학년이 되면 학생들의 소중한 작품들이 한순간에 사라져버릴 테니까요. 아울러 게시판에 첨부할 수 있는 지원용량도 꼼꼼히 체크하는 것도 잊지 마세요. 각종 멀티미디어 결과물들을 받아줄 수 있는 넉넉한 학습커뮤니티가 아니라면 무용지물이 될 수밖에 없습니다. 한번 선택이 적어도 일 년을 좌우합니다.

Q15 프로젝트학습의 전체 과정이나 활동모습은 좋았는데 발표에서 완전히 망했습니다. 아이들에게 속은 기분까지 드네요. 좀 강하게 얘기했는데 잘했는지 모르겠습니다. 다음 발표는 긴장하고 잘 준비하겠지요?

답변 발표는 공유의 무대면서 축제의 장이 되어야 합니다. 엄격한 잣대로 권위자(교사)에게 평가받는 자리가 돼서는 절대 안 됩니다. 문제해결과정을 통해 도출한 결과물을 발표하는 것이 검증에 무게를 두면 둘수록 경직된 수업으로 마무리될 수밖에 없습니다. 오히려 저마다의 다양한 접근 방식을 뽐내고, 직·간접적으로 경험하고 즐기는 시간으로 삼는데 초점을 맞추는 것이 효과적입니다. 프로젝트학습의 묘미 중에 하나로 '페이딩(Fading)'을 꼽을 수 있습니다. 프로젝트학습 초기에 교사가 학습과정에 적극적으로 참여하더라도 후반부로 갈수록 자신의 존재감을 서서히 지워내야 한다는 것이죠. 단지 교사는 주제와 문제 상황에 부합하는 발표 분위기를 실감나게 조성하고 진행에 필요한 기술적인 지원을 제공해 주면 그만입니다. 프로젝트학습의 마지막 과정에서 관찰자, 동료 학습자 이상의 역할은 곤란합니다. 전지전능한 교사로 다시 등장하는 순간, 학생들이 쏟아 부으며 채워왔던 모든 과정이 부정당하고 결국 실패로 인식될 수 있으니 유의해주세요.

Q16 프로젝트학습은 왜 연역적 방식(Ideas[가설/해결안] -〉 Facts[알고 있는 사실들] -〉 Learning Issues[더 알아야 할 사항들])으로 접근해야 하나요?

답변 우선 연역적 방식으로의 해결은 과학적 문제해결방식(가설, 증명)이기도 합니다. 나아가 좀 더 창의적인 해결안 도출에 도움이 되는 접근방식입니다. 예를 들어, 건물의 엘리베이터가 너무 느려서 사용자들의 항의가 빗발쳤다고 합시다. 그 때 '문제가 무엇인가'로 해결방안을 도출하려 했다면, 아마도 엘리베이터를 고속으로 바꾸든지, 건물설계 자체를 바꾸는 큰일을 해야만 했을 겁니다. 그런데 실제 해결안은 그냥 '거울'을 엘리베이터 옆에 둔다는 것이었습니다. 사람들은 거울을 보느라 기다리는 것에 별 신경을 쓰지 않으면서 문제가 자연스레 해결되었던 것이죠. 이것이 바로 연역적 접근의 매력입니다.

Q17 프로젝트학습과정에서 교사의 강의가 제공되면 안 되는 건가요?

답변 아닙니다. 프로젝트학습에서 강의도 학습자원(learning resources) 중의 하나입니다. 어려운 개념을 이해시키는데 강의가 효과적인 방법일 수 있습니다. 다만 강의시간이 지나치게 길면 주객이 전도될 수 있습니다. 약 20분 미만의 미니강의가 적합합니다. 또한 언제 강의를 제공하느냐가 매우 중요할 텐데요. 학생들이 과제 해결을 해나가면서 새로 배워야할 내용(learning issue) 부분을 도출해냈을 때, 강의를 하나의 '학습자원'으로 제공하면 됩니다. 교실에서 오프라인 강의뿐만 아니라 온라인 강의콘텐츠, 방송콘텐츠를 주제에 따라 적절히 활용하는 것도 좋습니다.

Q18 프로젝트학습에서 학습목표란 무엇입니까? 교과수업에서 말하는 학습목표와 다른 것인지요.

답변 프로젝트학습에서 목표는 교사가 이루고 싶은 수업목표와 학습자가 달성하고 싶은 학습목표로 나눠 생각해 볼 수 있습니다. 수업목표는 기본적으로 교사의 의도가 반영되어 있는데요. 만일 특정교과, 주제와 연계된 프로젝트학습을 통해 관련 지식을 습득하길 원한다면, 그런 부분이 수업목표를 세우는데 결정적인 영향을 미치게 될 것입니다. 반면 학습목표는 제시된 PBL 문제에서 직관적으로 도출한 목표, 학습자가 달성하고픈 목표입니다. 예를 들어 여행설계사로서 패키지상품개발을 해야 하는 문제상황을 만났다고 한다면, 직관적으로 '특정 조건에 부합하는 여행상품개발'이라는 핵심목표를 도출할수 있을 것입니다. 바로 이어서 핵심목표달성을 위해 필요한 지식과 정보, 기술 등이 무엇일지 면밀히 살펴보는 시간으로 넘어가게 됩니다. 이 과정에서 'Facts(이미 알고 있는 것)'와 'Learning Issues(더 알아야 할 사실들)'를 도출하게 되고 어떤 지식과 정보, 기술을 활용해야 할지 결정하기에 이릅니다. '여행상품개발'은 교사와 학생 모두에게 공동의 목표겠지만, 각론(하위목표)으로 가면 수업목표와 학습목표가 반드시 일치하는 것은 아닙니다. PBL 과정에서 학습자가 어느 부분에 방점을 두느냐에 따라 저마다 다른 학습목표를세울 수 있기 때문입니다. 그렇다고 'Learning Issues'가 학습목표와 일치하는 것도 아닙니다. 문제해결을 위해 배워야 할 내용을 선정한 것이지만 목표를 달성하는데 유용하지않으면 언제든 버릴 수 있는 정보에 불과할 수 있기 때문입니다. 학습목표는 좀 더 추상적이고 포괄적이며 주관적인 내용을 포함하고 있다면, 'Learning Issues'는 주어진 문제를해결하는데 필요한 무형의 '자원(resource)'에 가깝다고 볼 수 있는 것이죠. 이런 측면에서 어느 특정교과지식이 문제해결을 위해 활용됐다고 하더라도 그것 자체가 학습목표가되는 건 아닙니다. 프로젝트학습상황에서 교과지식이라 할지라도 쓸모가 없다면 버려질수밖에 없는 대상에 불가하기 때문에 그렇습니다. 교과지식의 이해와 기억을 목표로 한전통적인 교과수업과 구별되는 지점이 여기에 있습니다. 아무쪼록 지식의 단순한 습득보다 활용, 방법, 생산을 목적으로 한 학습목표를 세울 수 있도록 지도해 주세요.

Q19 프로젝트학습과정에 적극적으로 참여한 학생의 부모로부터 항의전화를 받았습니다. 어떤 논리로 지속적인 참여를 당부할 수 있을까요?

답변 프로젝트학습을 실천할 때, 예상외로 적극적으로 참여하고 있는 학생의 부모님이 불만을 갖는 경우가 있습니다. 어떤 이유인지 구체적으로 살피고 공정하지 못한 부분이나 오해한 부분이 있다면 해당 사안에 맞게 해소하면 됩니다. 다만 적극적인 참여 자체에 문제를 제기하는 경우엔 자기주도학습의 핵심인 주인의식을 들어 설명해주길 바랍니다.

심리학자 링겔만(Ringelmann) 교수는 줄다리기를 통해 집단 속 개인들의 공헌도 변화를 측정하였습니다. 그 결과 한명씩 줄다리기를 하면 100%의 힘을 기울인 반면, 2명이면 93%, 3명이면 85%, 8명이면 49%로 1인당 공헌도가 감소하는 것으로 나타났습니다. 이런 링겔만 효과는 모둠활동을 하다보면 자주 겪는 현상이기도 합니다. 모둠과제 해결과정에서 아무런 노력을 기울이지 않고 다른 팀원들이 어렵게 완성한 결과에 편승하는 학생들, 바로 '프리라이더(무임승차자)' 덕분에 익숙하게 느껴질 것입니다. 분명한 것은 프리라이더가 모둠 전체의 사기와 성취도를 저하시키는데 많은 영향을 미친다는 것입니다. 모둠의 팀워크를 저해하는 주요원인이 됩니다. 거기다가 모둠 안에서 갈등이라도 일어나면 감정이 상한 부모들까지 가세해서 프로젝트학습활동 중지를 요청하기까지에 이릅니다. 모둠 안에서 과제에 대한 책임감을 갖고 적극적으로 참여한 학생의 부모는 마치 큰 손해라도 봤다고 생각하며 "아무개가 하지 않는데 바보처럼 넌 그걸 다하고 있니? 그러면 평생 손해만 보고 살 거야. 다른 아이들이 하지 않으면 너도 그냥 아무것도 하지마!" 라고 하면서 말이죠. 화가 나면 그럴 수도 있겠다고 생각할 수 있겠지만, 아이의 미래를 놓고 본다면 치명적인 실수일 수 있습니다. 아이가 주인의식을 갖는 것이 어리석은 것이라 꾸짖은 것이기 때문입니다. 오히려 선생님과 부모님은 학생이 보여준 주인의식을 높이 평가해주고, 상처받은 부분만 어루만져 주면 되는 일입니다. 어느 학생이 모둠 과제의 절반 이상을 다했다면 그만큼 학습역량과 능력을 키운 시간이 되었으니 손해 볼 것이 없습니다. 성서에 기록된 예화 중에는 주인과 삯군에 대한 이야기가 있습니다. 주인은 답을 내리는 반면 삯군은 문제만 제기하고, 주인은 방법을 찾지만 삯군은 변명을 찾습니다. 주인은 해결방안을 제안하지만 삯군은 불만을 말합니다. 주인은 책임을 지지만 삯군은 비판만 합니다. 주인은 항상 감사하지만 삯군은 불평을 합니다. 정리하자면 주인의식은 자기 주도적이고 자기 삶과 미래에 대해 긍정적인 마인드를 형성하는 반면, 삯군의식은 수동적이거나 무기력하고, 자기 삶과 미래에 대해 부정적인 마인드를 가지게 된다는 것입니다. 21세기 우리사회가 요구하는 리더십(leadership)과 팔로워십(Followership) 모두 주인의식이 없다면 형성될 수 없습니다. 주인의식은 그야말로 학생들의 잠재력을 끄집어내고 기대이상의 역량과 능력을 신장시킬 수 있는 핵심요소인 셈입니다. 그러므로 프로젝트학습활동에서 아이가 맡은 역할은 다르더라도 주연이건 조연이건 모든 구성원이 주인의식을 가질 수 있도록 긍정적인 피드백을 제공하는 것이 중요합니다. 그렇게 되면 학생들은 환상적인 팀워크를 자랑하며 링겔만 효과가 아닌 시너지 효과를 발휘하며 감탄을 자아내는 집단지성으로 화답할 것입니다.

Q20 교과서 목차와 무관하게 구성되는 문제설정은 매우 잘못된 것이라고 생각합니다. 그럴 바엔 학교에서 교과서를 채택하지 않는 편이 낫지 않을까요?

답변 교수학습이론에서 지식을 바라보는 관점(인식론)을 객관주의와 구성주의로 설명합니다. 어떤 인식론을 가지고 교과서를 바라보느냐에 따라 접근의 방식이 달라질 수밖에 없죠. 교과서 목차에 따라 차시를 운영하고, 여기에 수록된 교과지식을 학습자의 머릿속에 그대로 기억시키는데 수업의 목적을 둔다면 그 교사는 객관주의 인식론을 가지고 있다고 볼 수 있습니다. 알다시피 프로젝트학습은 구성주의 인식론을 토대로 다양한 이론적 접근이 이루어져 왔으며, 이와 관련된 철학을 근간으로 실천이 이루어지고 있습니다. 프로젝트학습을 오로지 교과서 지식습득의 목적을 위한 교수학습모형으로 여겼다면 번지수를 한참 잘못 찾은 것입니다. 교과서도 프로젝트학습을 수행하는데 필요한 하나의 학습자원일 뿐입니다. 프로젝트학습은 교육패러다임의 전환, 관점의 변화를 추구합니다. 과거의 교육에서 요구하던 교과서 지식의 단편적인 습득에 방점을 찍게 된다는 것 자체가 구성주의로 대표되는 프로젝트학습의 이론적 배경, 철학적 관점을 오해했기 때문입니다. 교육과정의 창의적인 해석, 교과서 내용뿐만 아니라 다양한 지식의 통합적 재구성, 무엇보다 지식의 소비자가 아닌 지식의 생산자로서의 학습환경을 구현해 보시기 바랍니다.

Q21 특이하게도 프로젝트학습을 재미이론으로 설명하고 있는데, 그 이유가 무엇입니까?

답변 프로젝트학습은 학습자중심교육의 대표적인 모형입니다. 학습자가 주인이 되는 학습환경 속에서 과연 어떤 반응과 결과가 나타나는지 확인하는 것은 중요합니다. 그리고 지금껏 프로젝트학습에 나타난 학습자의 반응을 통해 교육의 효과성을 연구한 결과물들은 상당히 많습니다. 필자는 이들 중 학습자의 '재미' 반응에 주목했습니다. 프로젝트학습을 경험한 학습자들로부터 나타난 재미반응을 심도있게 해석하고, 이에 대한 의미와 가치를 기존 이론을 통해 검증한 바 있습니다. 필자의 저서인「재미와 게임으로 빚어낸 신나는 프로젝트학습(2015)」에서 13가지 재미요소(관련성, 호기심, 창의성, 성취감 등)를 통해 프로젝트학습의 효과를 폭넓게 확인할 수 있을 것입니다. 덧붙여 해당 이론은 저명한 학자들의 검증과 오랜 질적연구를 통해 이론으로서 타당성을 인정받기도 하였습니다. 미시적 측면이 아닌 거시적 측면의 재미를 이해하는 것은 프로젝트학습이 제공해야 할 인지적 정서적 환경을 온전히 이해하고 파악하는 데 꼭 필요합니다. 이런 측면에서 놀이와 게임, 학습의 관계를 이론과 사례를 통해 살펴보는 과정도 중요합니다.

Q22 게이미피케이션 프로젝트학습(Gamification PBL)이 게임학습과 무엇이 다릅니까?

답변 프로젝트학습에 '게임화(gamification)'를 시도했다고 해서 게임학습모형이 되는 것은 아닙니다. 게임화는 하나의 전략 혹은 기법일 뿐, 그것 자체가 중심이 될 수 없기 때문에 그렇습니다. 프로젝트학습에서 게임화를 채택하지 않더라도 상관없는 이유죠. 게임학습은 '게임'이 핵심이며 그것을 통해 학습이 이루어지는 모형이므로 분명히 구분됩니다. 게임화는 기본적으로 게임의 디자인적 사고, 기법 등을 게임이 아닌 분야에 전략적으로 반영하는 것을 의미합니다. 프로젝트학습에 게임화를 시도하는 목적은 재미로 설명되는 인지와 정서의 조화로운 학습환경을 구현하는데 있습니다. 재미에 조건화된 학습환경을 구현하기 위한 실험적인 시도라고도 볼 수 있습니다.

Q23 대안학교도 아니고 정규 학교에서 프로젝트학습을 위해 교과서 내용을 생략할 수 있다는 발상에 동의할 수 없습니다. 교과서 존립을 위협하는 수업이 돼서는 절대 안 됩니다.

답변 프로젝트학습은 교과서 존립을 위협하는 교수학습모형이 절대 아닙니다. 그것은 명백히 오해에서 비롯된 것입니다. 교과서 지식을 효과적으로 전달하기 위한 교수방법은 기존에도 많이 있어 왔습니다. 교과서 지식을 효과적으로 전달하고 싶다면, 이들 수업방법을 채택하면 됩니다. 프로젝트학습은 교과서 지식을 전달하기 위한 수업모형에 적합지 않습니다. 교과서 내용을 포함한 방대한 지식을 활용하여 주어진 문제상황에 적합한 해결안(새로운 지식생산)을 도출하는데 목적을 두기 때문입니다. 객관주의 인식론에 뿌리를 두고 있는 전통적인 수업과는 관점부터 다른 수업입니다. 따라서 프로젝트학습이 교과서의 존립근거를 흔든다는 지적에 동의할 수 없습니다. 오히려 프로젝트학습은 기존의 교과서 중심 수업의 한계를 보완해 줍니다. 주어진 상황 속에서 학습자가 자유롭게 관련 지식과 정보세계를 넘나들 수 있는 학습환경을 제공해 줍니다. 이러한 점들로 인해 교육선진국들은 프로젝트학습을 학교현장에 앞다투어 도입하고 있습니다. 여기엔 우리나라도 예외가 아니죠. 이제 교과서를 활용하여 어떻게 수업할 지는 교사의 고유권한입니다. 교과서를 창의적으로 해석하고 재구성하는 것은 교사가 반드시 해야 할 전문적인 행위인 셈입니다. 그리고 현 교육과정에서도 교사가 창의적인 수업설계자(Learning Designer)가 되어야 함을 강조하고 있습니다. 필요에 따라서는 얼마든지 교과 내용을 더하거나 보탤 수도 있습니다. 여러 교과내용을 주제중심으로 통합시켜서 다양한 모습의 수업으로 재창조할 수도 있다. 교과서를 유용한 학습자원, 참고자료로 활용하라고 하는 것은 7차 교육과정 이후 줄곧 강조되고 있는 부분이기도 합니다. 교과서를 재료삼아 프로젝트학습이라는 종합예술을 맘껏 펼쳐보시길 바랍니다.

Q24 필자의 저서를 보면 프로젝트학습을 '문제기반학습(Problem Based Learning)'을 통해 설명할 때가 많습니다. 서로 다른 교수학습모형이 아닌지요. 두 모형의 관계를 어떻게 이해하면 좋을까요?

답변 과거 교육학이론에서 문제해결학습을 '듀이(Dewey)'의 문제법의 범주로, 프로젝트수업을 '킬패트릭(William Heard Kilpatrick)'의 구안법에 두고 비교하여 설명하곤 했습니다. 이런 구분은 인식론에 대한 문제제기가 없던 시절(7차교육과정 이전)에는 유효

했지만, 인식론에 대한 논쟁이 불거진 이후로는 완전히 바뀌었습니다. 객관주의와 구성주의로 인식론이 나뉘면서 지식에 대한 관점, 철학 등이 교수학습모형을 구분짓는 주요 기준이 됐기 때문입니다. 같은 맥락에서 문제해결학습(Problem solving learning)과 문제기반학습은 철학적 배경, 인식론이 완전히 다른 모형입니다. 문제를 중심으로 수업이 진행된다는 이유 때문에 문제해결학습과 문제기반학습을 구분하지 못했던 것입니다. PBL 모형의 핵심인 문제의 성격이 다르다는 것은 학습의 출발점부터 다르다는 것을 의미합니다. 문제해결학습, 발견학습모형과 PBL을 동일하게 보는 일부 선생님들을 위해 「설레는 수업, 프로젝트학습 PBL 달인되기 1: 입문(2016)」 편 에필로그에 '성공적인 프로젝트학습, 관점이 중요하다!'를 제시하고 있습니다(pp.340-344). 문제기반학습은 프로젝트학습의 범주에 속한 모형이며, 따라서 동일한 패러다임(인식론과 철학적 배경)을 공유하고 있습니다. 필자는 동일한 패러다임을 공유하는 모든 방식의 교수학습모형을 프로젝트학습 범주 안에서 수용하고 있으며, 이들 중 구성주의 대표적인 모형인 인지적 도제, 인지적 유연성, 상황학습(앵커드 교수모형) 등을 포괄하고 있는 문제기반학습을 프로젝트학습의 전형적인 모델로 소개하고 있습니다.

Q25 학생들이 수업에서 의도한 바와 다른 방향과 결과로 나가게 되면 어떻게 해야 할까요? 프로젝트학습과정에서 학습의 흐름을 놓치는 경우가 자주 발생하고 있습니다.

답변 만일 수업자의 의도와 달리 학생들이 다른 학습목표와 해결안 등을 도출하면, 과감히 그 문제를 버리든지 수정해야 합니다. 문제개발과정에서 내용을 잡아갈 수 있는 하위 과제형 질문(Guiding Questions)을 제시하면 훨씬 도움이 되기도 합니다. 이 책에서는 '퀘스트(Quest)'라는 이름으로 제시되어 있기도 합니다. PBL의 문제가 잘못 만들어진 것은 아닌지 함께 실천하는 다른 동료 교사들에게 검증을 해보거나 스스로 문제해결과정을 시뮬레이션해서 흐름이 괜찮은지 사전에 확인해 보는 것이 좋습니다. 흔히 프로젝트학습을 통해 많은 수업목표를 달성하려 할 때, 학생들에겐 주어진 문제가 너무 막연하거나 복잡하게 다가올 수 있습니다. 그만큼 제시된 문제를 잘못 이해하거나, 인지적 과부하로 인해 오히려 포기하게 될 가능성이 높아집니다. 과욕은 금물입니다. 적정 수준의 난이도와 하위 질문으로 문제를 체계화, 정교화시켜 학습할 내용과 범위를 명확하게 해 줄 필요가 있습니다.

Q26 어떤 문제가 프로젝트학습에 맞는지 잘 모르겠습니다. 기존에 알던 문제유형과 무엇이 다른가요?

답변

"5명의 학생에게 15권의 책을 나눠 주려고 합니다. 어떻게 하면 좋을까요?"

"3권씩 나눠주면 되요. '15÷5=3'이니까요."

"정답입니다."

나눗셈을 이용한 계산방법을 조금이라도 알고 있는 학생이라면 별 고민 없이 문제의 정답을 맞췄을 것입니다. 책이 과자로 바뀌고, 학생이 아닌 어린 아이가 되더라도 고민할 필요가 전혀 없습니다. '15÷5'는 언제나 '3'이니까요. 하지만 우리가 실제로 만나는 문제는 아래와 비슷합니다. 아니 더 복잡하고 어려운 특수한 상황을 배경으로 나오는 경우가 대부분입니다.

"가정형편이 각기 다른 5명의 학생이 있습니다. 이들이 선호하는 책의 종류도 제각각입니다. 15권의 책을 나눠주려 하는데 어떻게 하면 좋을까요?"

단순히 책을 골고루 나눠주는 것만으로 해법이 제한된다면 나눗셈의 계산원리를 적용해 문제를 쉽게 해결할 수 있을 겁니다. 그러나 실제 만족할만한 해법이 될지는 미지수입니다. 실제로 만족할 만한 해결안을 도출하기 위해선 그들의 가정형편에서부터 선호하는 책의 종류까지 파악하고 고려하는 것이 최우선일 수 있습니다. 누구에겐 한 권의 책을 받는 것이 나머지 책을 얻는 것보다 더 기분 좋은 일일 수도 있기 때문입니다. 이처럼 프로젝트학습의 핵심인 '문제'는 실제적인 상황을 배경으로 제시된 조건과 제한점을 충족시켜야 하고, 통합교과의 성격을 나타냅니다. '비구조성', '실제성', '통합교과' 등으로 요약되는 프로젝트학습의 문제는 우리 생애, 일상에서 직면하거나 만나게 될 실제 문제들과 크게 다르지 않습니다. 아래의 비교표를 참고해서 문제의 특성을 이해해 보도록 합시다.

구조적인 문제	비구조적인 문제
◆문제파악이 쉽고 분명하게 된다. ◆문제해결을 위해 고려해야 할 조건, 제한점이 매우 단순하다. ◆문제해결방법이 한두 개로 많지 않다. ◆주어진 상황과 상관없이 일반적인 규칙, 개념을 적용해서 풀 수 있다. ◆한 가지 정답이 존재한다. ◆해결하는 사람마다 정답이 일치한다.	◆문제파악이 쉽지 않고 문제해결과정에서 새로운 조건이나 제한점이 발견된다. ◆문제해결을 위한 접근방법이 다양하다. ◆매우 구체적이고 복잡하고 불확실한 특정한 상황을 기반으로 한다. ◆문제를 풀기 위해 여러 조건과 제한점을 고려해야 하는 복합적인 문제이다. ◆학습자마다 해결안이 다를 수 있다.

Q27 프로젝트학습과정에서 여러 이유로 갈등이 자주 발생하고 있습니다. 어떻게 해결하는 것이 좋을까요?

답변 프로젝트학습과정에서 격렬한 토론과 약간의 갈등은 유익합니다. 오히려 한 사람의 주장에 좌우되는 학습환경에서는 프로젝트학습의 맛을 제대로 느낄 수 없습니다. 갈등을 해소하고, 서로의 의견을 조율하는 과정을 겪는 만큼 갈등해결능력, 의사소통능력이 향상됩니다. 학생들 간의 갈등에 선생님이 일일이 개입하게 되면 모든 사안에 대해 선생님의 입만 바라보게 될지도 모릅니다. 어느 정도의 갈등은 유익한 것이라 여기고 무리하게 개입하지 않도록 주의해 주세요. 물론 폭력수준의 갈등으로 번질 경우 교사의 중재가 당연히 필요하겠지요? 프로젝트학습과정에서 학생들의 관계를 주의 깊게 살펴보면서 사안에 맞게 슬기롭게 대처해 주시길 바랍니다.

Q28 프로젝트학습의 출발점으로 '인지적 혼란'이라는 개념이 설명되곤 하는데요. '혼란'이라는 단어가 주는 부정적인 생각 때문인지 프로젝트학습을 하려면 매우 복잡하고 어려운 문제를 준비해야 한다는 생각이 듭니다.

답변 프로젝트학습의 이론적 배경이 되는 구성주의에선 인지적 혼란이 발생해야 학습이 시작된다고 설명합니다. 인지적 혼란이라고 하니까 어렵고 거창한 느낌이 들겠지만 다른 유사한 표현을 들자면 호기심이라고 이해할 수 있습니다. '이게 뭐지? 너무 궁금하다. 정말 뭘까?' 문제를 받은 학생들의 반응이 이렇게 나타난다면 그것 자체만으로도 성공, 궁금증이 머릿속을 가득 채울수록 학습동기는 충만해집니다. 학습의 흥미는 호기심과 비례하기 마련이니 인지적 혼란 속에서 어렵고 힘든 과정이라도 그것 자체를 즐길 수 있게 됩니다.

Q29 이런저런 노력에도 불구하고 프로젝트학습과정을 중도에 포기하는 학생은 어떻게 해야 할까요? 그냥 내버려 두고 다음을 기약하도록 하는 것이 맞을까요?

답변 어떤 결과를 내놓든 상관없이 완주의 경험이 중요합니다. 프로젝트학습과정을 아이들이 중도 포기하지 않도록 해 주세요. 기록과 상관없이 마라톤을 완주한 참가자가 느끼는 성취감처럼 프로젝트학습을 완주하는 것 자체가 학생들에게 큰 의미로 다가가기 마련입니다. 학습과정에서 예기치 못한 난관에 부딪혀 버거워 하거나 여러 이유로 최종 결과물을 완성하는데 어려움을 겪고 있다면 적절한 시기에 선생님이 직접적으로 개입하여 끝까지 완주할 수 있도록 도와야 할 것입니다. 프로젝트학습에서의 성공경험이 아이들의 자신감을 회복시켜주고 자기 확신을 갖고 한걸음씩 앞으로 나아갈 수 있도록 만듭니다. 그래야 다음 프로젝트학습활동에도 용기를 내서 도전할 수 있는 것이고요.

Q30 학생들이 프로젝트학습을 통해 무엇인가는 열심히 하는데 그것을 통해 뭘 배울지 궁금해지곤 합니다. 간혹 그냥 실컷 놀다가 끝나는 느낌도 받습니다. 프로젝트학습의 가장 중요한 학습효과를 꼽는다면 무엇일까요?

답변 '문제파악-계획수립-과제수행-결과도출-평가'에 이르는 일련의 프로젝트학습과정을 자주 겪다보면 문제해결에 필요한 일종의 학습패턴을 자연스레 체득할 수 있게 됩니다. 그렇게 되면 특별한 문제가 주어지지 않더라도 학습자가 스스로 공부 과정을 프로젝트학습처럼 진행할 수도 있습니다. 이처럼 프로젝트학습은 '학습하는 방법(how to learn)'에 대한 학습을 추구하는 만큼, 상급학교에 진학한 후에도 긍정적인 영향을 미칠 수 있습니다. 참고로 학생들이 프로젝트학습의 공부패턴에 익숙해질 수 있도록 고안된「셀프프로젝트학습」학생용 워크북도 있으니 이 책의 '10장 자기주도학습, 셀프프로젝트학습' 편을 살펴보면서 요긴하게 활용해 보시길 권합니다. 이와 더불어 '메타인지(meta-cognition)'도 프로젝트학습의 핵심적인 학습효과로 꼽을 수 있습니다. 메타인지가 뛰어난 학생들은 무엇을 얼마나 더 공부해야 할지를 계획하고 실천하는 능력이 뛰어납니다. 자신이 무엇을 알고 모르는지를 명확하게 알기 때문에 최적의 학습 전략을 세울수 있습니다. 메타인지는 프로젝트학습과정에서 흔히 겪는 '질문'과 '설명'을 통해 얼마든지 신장될 수 있습니다. 토의, 토론, 설명, 발표 등이 끊임없이 이루어지는 프로젝트학습 환경은 메타인지가 향상될 수 있는 최적의 조건을 제공해 줍니다. 이외에도 프로젝트학습의 대표적인 학습효과를 꼽는다면 다음과 같습니다.

❶ **학습에 대한 주인의식**: 프로젝트학습은 문제해결을 위한 전 과정에서 학습의 주인공으로써 스스로 과제를 구조화하고, 대안을 창출할 수 있는 자기주도적 학습환경을 제공합니다. 학습자는 이러한 학습 환경에서 학습에 대한 주인의식을 갖게 되며, 이는 학습에 대한 내적 동기부여로 이어져 학습에 대한 적극적 관심과 흥미, 참여를 이끌어냅니다.

❷ **성찰적 태도**: 프로젝트학습은 학습자의 성찰적 활동과 사고를 객관화하고 의식화하는 과정이 자연스럽게 이루어질 수 있는 학습환경을 제공합니다. 특히 학습자는 온라인 학습환경에서 자신과 자신이 속한 그룹에서 이루어지는 매일매일의 학습 내용과 과정을 지속적으로 진지하게 '성찰(reflection)'해 보면서 새로운 의미를 부여하고, 나아가 그런 개별적 활동을 좀 더 추상화하고 일반화하는 태도를 기르게 됩니다. 프로젝트학습의 성찰적 활동과 사고의 과정은 자신의 감정을 인식하고 조절하는 동시에 자기 스스로 긍정적인 동기 부여를 할 수 있는 감성적 능력 개발 환경과도 연결됩니다.

❸ **자신감**: 프로젝트학습은 학습자가 도전적 과제를 어떠한 시·공간적 제약 없이 능동

적으로 해결해 나갈 수 있도록 하는 민주적인 온라인 학습 환경을 제공한다. 민주적인 특성만큼 학습에 대한 '자율성'과 '책임'이 요구되는 학습환경에서는 학습자 스스로 도전적 과제를 해결하기 위한 다양한 모색과정이 이루어지며, 개별적으로 팀별로 해결안을 도출하기 위한 모색과정에서 학습자는 자신이 가진 잠재력을 발견하고 개발할 수 있는 기회를 갖게 됩니다. 이러한 기회를 통해 학습자는 자신의 능력에 대한 신뢰와 자신감을 갖게 되는데, 이러한 자신감은 다른 학습상황이나 일상생활에도 전이되어 자존감을 높이는 데 긍정적인 영향을 미칩니다.

❹ **문제해결능력**: 프로젝트학습의 '문제'는 학생들로 하여금 도전의식을 느끼게 하고, 깊게 생각하게 만들며, 여러 자료를 참고해야 해결할 수 있는 매우 복잡하고 비구조적이며 실제적인 성격을 가집니다. 프로젝트학습은 그 전체가 '문제'로부터 시작하여 그것의 해결로 끝나는 것인 만큼 문제해결능력을 매우 강조합니다. 학습자가 주어진 문제나 과제를 분석하여 그에 필요한 학습과제를 선정하고 문제해결에 필요한 학습정보 및 자료의 탐색과 수집이 용이한 환경을 제공하며, 그것의 적합성을 판단할 수 있는 능력을 요구하게 됩니다.

❺ **비판적 사고력**: 프로젝트학습은 학습자에게 문제를 정의하고, 문제와 관련된 정보나 지식들의 적절성과 신뢰성을 판단하며, 문제에 적절한 해결책을 찾아 구체화할 수 있는 논리적이고 체계적인 사고와 분석적인 사고를 요구합니다. 학습자로 하여금 자신이 무엇을 알고 있으며, 어떻게 새로운 지식을 구성하거나 만들어 낼 수 있는가에 대한 객관적 관찰과 성찰이 가능한 학습 환경을 제공해 줍니다. 이를 통해 자신의 생각에 대한 위치나 다른 사람들의 다양한 견해에 대한 타당성을 평가하면서 문제의 해결안을 구체화시킵니다.

❻ **창의적 사고력**: 프로젝트학습은 문제해결을 위한 다양한 접근방식과 융통성을 요구하며, 주어진 시간 안에 새롭고 독창적인 방식의 접근을 통해 해결방안을 도출하도록 요구합니다. 프로젝트학습의 이러한 특성은 창의적 사고력의 구성요소인 유창성, 융통성, 독창성과 밀접한 관련성이 있습니다. 유창성은 제한된 시간 내에 많은 아이디어를 생산하는 능력으로, 문제해결을 위해 다양한 가설을 세우고, 다양한 정보를 수집하고, 여러 가지 해결방안을 모색하는 능력을 말하며, 융통성은 여러 관점의 아이디어나 반응을 종합하고 상황에 맞게 문제해결안을 도출할 수 있는 능력을

말합니다. 마지막으로 독창성은 새롭고, 독특하고, 비상한 아이디어를 만드는 능력으로 문제를 새롭게 해석하고 구조화하여 정의하는 능력, 새로운 시각이나 방향에서 정보를 수집하는 능력, 객체로서 관계를 맺기 힘든 지식이나 정보들을 결합하여 새로운 지식을 구성하고 창출하는 능력을 의미하는 것입니다.

❼ **의사소통 능력과 협력적 학습능력:** 요즘 시대가 요구하는 능력의 중요한 요소로서 대인관계, 협동적인 일이나 과제수행, 의사소통, 대화가 강조됩니다. 프로젝트학습은 어느 학습방식보다 교사와 학생, 학생과 학생간의 상호 친밀하고 협조적이며 편안한 분위기에서 대화, 토론, 의사소통이 이루어질 수 있는 학습환경을 제공합니다. 이러한 환경을 통해 학생들은 자신을 당당하게, 자유롭게, 편안하게 표현하고 자신의 느낌을 말할 수 있게 됩니다. 의사소통능력은 학습한 내용을 객관적인 근거를 기반으로 말과 글로 효과적이고 설득력 있게 전달하는 것으로 시작되는데, 동료 학습자들과의 토론과정을 통해 합의점을 도출해내고 서로의 의견과 생각을 공유하거나 조율하는 프로젝트학습의 자연스러운 협력적 학습환경을 통해 발전하게 됩니다. 아울러, 동료 학습자의 감정과 생각을 배려하고 이해하고 존중하는 과정 속에서 협동적이며 조화롭게 학습을 해 나갈 수 있는 협력적 학습능력을 함양하게 됩니다.

주목하라!
재미교육연구소가 떴다

단체명	재미교육연구소 [약칭] 잼랩(Jamlab)
핵심활동	잼공과 만찬
대외사업	출판과 잼공아카데미(연수)
	"진지한 재미로 수업을 디자인하라!"

　재미와 게임으로 빚어낸 프로젝트학습을 만들기 위해 열혈남녀들이 까다로운 과정을 거쳐 재미교육연구소(이후 잼랩)의 일원이 되었다. 이들은 초등학교, 중학교, 고등학교, 박물관과 미술관 등 각기 다른 교육현장을 무대로 프로젝트학습을 실천해왔던 숨은 실력자들이기도 하다. 다르게 생각하고 새롭게 접근하는 데 익숙한 개성 강한 이들의 좌충우돌 스토리가 흥미진진하게 펼쳐지는 잼랩엔 뭔가 특별한 것이 있다.

"경계를 넘나들며 통합의 길을 모색하다!"

초·중등교사를 비롯해 학예사(에듀케이터), 교수설계전문가, 박물관·미술관교육전문가 등이 잼랩에 폭넓게 참여할 수 있는 것은 핵심적인 지향점을 '통합'에 두고 있기 때문이다. 국민공통기본교육과정(10학년) 안에서 교과를 넘어 학년, 학교 간 통합을 추구하고, 형식교육과 비형식교육의 경계를 허물기 위한 생산적인 활동이 협업을 통해 이루어지고 있다. 잼랩이 추구하는 무학년은 대상과 장소를 인위적으로 섞어버리는 물리적인 결합이 아닌 콘텐츠 중심의 자율적인 통합을 전제로 한다.

"잼공을 통해 재미기반학습을 구현하다!"

'잼공(재미있는 공부의 약자)'은 잼랩이 구현하고자 하는 재미와 게임으로 빚어낸 프로젝트학습의 고유 명칭이다. 세 가지 성격의 재미(3S-Fun)를 기반으로 하는 학습환경을 구현하고자 게임화를 전제로 다양한 교육방법의 통합을 추구한다. 교실이라는 제한된 공간에서부터 박물관이나 특정지역 등의 광범위한 공간에 이르기까지 주제에 따라 규모를 달리하며 다채로운 잼공이 탄생하고 있다. 잼공은 주제나 실시된 공간에 따라 부가적인 이름이 더해진다. 이를테면 삼청동이나 정동과 같이 특정 지역(동네)를 무대로 프로젝트학습이 진행될 경우에는 잼공타운, 박물관일 경우엔 잼공뮤지엄 등으로 불려진다. 앞으로 잼랩에서 생산한 각종 결과물은 출판을 통해 공개되고, 잼공아카데미라는 특별한 연수프로그램을 통해 직·간접적인 공유와 체험의 기회도 가질 예정이다.

"CPR로 무장한 연구원이 있다!"

끊임없는 도전과 창의적인 생각,
무엇이든 해낼 수 있다는 자기 확신!

3C Creative Thinking / Confidence / Challenge

CPR
핵심연구원의 자격조건

재미교육연구소에 대한 열렬한 애정.
2P 교육의 변혁을 꿈꾸는 순수한 열정
적극적인 참여를 통한 집단지성 발휘

Passion   Participation

2R Responsibility Relationship

책임의식과 끈끈한 관계가 바탕이 된
공동체 문화!

연구원들은 잼랩의 구성원이기에 앞서 각자 자신의 삶의 터전이 있는 어엿한 직업인이기도 하다. 이들은 자신의 소중한 시간과 경제적인 부담을 감수하면서 자발적인 참여를 지속하고 있다. 잼랩의 모든 활동은 연구원들에게 창의적인 생산성을 끊임없이 요구한다. 특히 재미와 게임으로 빚어낸 프로젝트학습을 팀별 혹은 개별로 구현하다보면, 자연스레 연구원들의 역량 강화로 이어지기 마련이다. 단, 이 과정에서 'CPR'이라는 핵심연구원의 자격조건이 기본적인 전제가 된다. 'CPR'을 갖추지 못한 사람은 잼랩의 문화에 빠져들 수가 없다. 진지한 재미로 가슴 뛰는 교육세상을 만들고자 하는 잼랩의 시도들, 그 밑바탕엔 CPR(일반적으로 심폐소생술을 의미한다)로 무장한 연구원들이 있다. 지금 이 순간도 다채로운 잼공들이 이들에 의해 만들어지고 있다. 잼랩의 구성원들이 써 내려가는 작지만 의미 있는 도전의 역사는 앞으로도 쭉 계속될 것이다.

"잼랩의 일은 진지한 놀이다!"

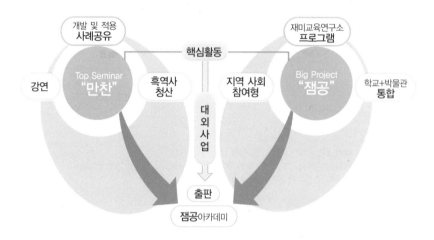

진지한 재미에 빠지면 노력을 앞세우지 않더라도 놀라운 생산성을 보여주기 마련이다. 그래서 잼랩에서 벌이는 일은 늘 창조적인 사고를 기반으로 한 진지한 놀이, 그 자체다. 만약 어떤 일이 노력만이 요구될 정도로 심각해지거나 엄숙해지게 되면 가던 길을 멈추고, 원점부터 다시 시작하는 것도 주저하지 않을 거다. 놀이엔 실패란 없는 법이다. 모든 과정이 소중하고 아름다운 경험일 뿐이다. 그렇기에 잼랩의 문화 속엔 다르게 생각하고 새롭게 접근하는 모든 도전들이 언제나 환영받는다. 여기엔 '만찬'과 '잼공'이라는 잼랩만의 특별한 놀이터가 있어서 가능하다. 전문분야도 교육현장도 출발점도 각기 다른 사람들이 모였지만 잼랩이라는 '매직서클(magic circle)' 안에 너나할 것 없이 푹 빠져 지내고 있다.

"잼랩의 공식적인 창을 만들다!"

2015년 3월 28일, 잼랩과 상상채널이 MOU를 체결했다. 잼랩에서 생산한 다양한 저작물과 사례들이 앞으로 상상채널을 통해 지속적으로 출판될 예정이다. 아울러 잼랩의 온라인 연수과정(30시간)도 에듀니티 행복한 연수원(happy.eduniety.net)에 개설되어 있다. 재미와 게임으로 빚어낸 신나는 프로젝트학습에 관한 생생한 이야기들이 듬뿍 담겨 있다. 잼랩 커뮤니티(cafe.naver.com/jaemiedu)에서도 연구소의 다양한 소식을 전하고 있으니, 새로운 교육을 향한 갈망, 열정으로 똘똘 뭉친 사람들 간의 활발한 교류의 장이 되어주길 바란다. 잼랩과 함께 잼공할 준비를 해보는 것은 어떨까. 마음이 움직인다면 과감히 실천으로 옮겨보자.

참고문헌

◆ 강인애. (1997). **왜 구성주의인가? :정보화시대와 학습자 중심의 교육환경.** 서울: 문음사.

◆ 강인애. (1999). 구성주의의 또 다른 교수-학습모형: PBL을 중심으로. 조용기 외(공저) **구성주의 교육학.** 서울: 교육과학사.

◆ 강인애. (2003). 우리시대의 구성주의. 서울: 문음사.

◆ 강인애. (2004). e-PBL의 제2막: 인지적, 감성적, 사회적 측면의 통합적 학습효과. **한국교육정보미디어학회, 춘계학술대회자료집,** 23-40.

◆ 강인애, 정준환, 정득년. (2007). **PBL의 실천적 이해.** 서울: 문음사.

◆ 강인애, 정준환, 서봉현, 정득년. (2011). **교실속 즐거운 변화를 꿈꾸는 프로젝트 학습.** 서울: 상상채널.

◆ 정준환. (2015). **재미와 게임으로 빚어낸 신나는 프로젝트학습.** 서울: 상상채널.

◆ 정준환. (2016). **설레는 수업, 프로젝트학습 PBL달인되기1: 입문.** 서울: 상상채널

◆ 정준환. (2018). **셀프프로젝트학습 잼공노트북 Lv.2.** 서울: 상상채널

◆ 정준환. (2018). **부모, 프로젝트학습에서 답을 찾다.** 서울: 상상채널

◆ 정준환, 강인애. (2012). 학습의 재미에 대한 개념적 탐색을 통한 재미발생구조 도출. **학습자중심교과교육연구, 12**(3), 479-505.

◆ 정준환, 강인애. (2013). PBL에 나타난 학습의 재미요소 추출과 상호관계에 관한 연구. **교육방법연구, 25**(1), 147-170.

◆ 정준환, 강인애. (2013). 학습자 관점에서 드러난 PBL의 재미요소에 대한 질적 연구. **학습자중심교과교육연구, 13**(3), 291-324.

◆ Alavi, C. (Ed). (1995). *Problem-based learning in a health sciences curriculum.* NY: Routledge.

◆ Atkinson, P. (1992). *Understanding ethnographic texts.* Newbury Park, CA: Sage.

◆ Bamberger, J. (1991). 'The laboratory for making things: developing multiple representations of knowledge', In Schön, D. A. (Eds.) *The reflective turn - case studies in and on educational practice,* New York: Teachers Press, Columbia University, 37-62.

◆ Barrows, H. (1994). *Practice-based learning: Problem-based learning applied to medical education.* Springfield, IL: Southern Illinois University School of Medicine.

◆ Barrett, L. F., Russell, J. (1999) The Structure of Current Affect: Controversies and Emerging Consensus, *American Psychological Society, 8*(1), 10-14.

◆ Bernard, D. (2008). *Social bridge with serious fun.* Philadelphia: Trans-Atlantic.

◆ Bonk, J., Cunningham, D. (1998). Searching for learner-centered, constructivist, and sociocultural components of collaborative educational learning tools. In J. Bonk & K, King (Eds.), *Electronic collaborators: Learner-centered technologies for literacy, apprenticeship, and discourse* (pp.25-

50). Hillscale, NJ: Lawrence Erlbaum Associates Publishers.

◆ Csikszentmihalyi, M. (1990). Flow : *The psychology of optimal experience*, New York: Haper & Row.

◆ Csikszentmihalyi, M. (1996). *Creativity: Flow and the psychology of discovery and invention*. New York: Harper Collins.

◆ Dewey, J. (1913). *Interest and effort in education*. NY: Houghton Mifflin Company.

◆ Dewey, J. (1938). *Logic: The theory of inquiry*. Troy, MN: Rinehart and Winston.

◆ Duffy, T., Jonassen, D. (1992). *Constructivism and the technology of instruction: A conversation*. NJ: Lawrence Erlbaum Associates.

◆ Fosnot, C. T. (1995). 구성주의 이론, 관점, 그리고 실제, 조부경외 3인 역(2001), 서울: 양서원.

◆ Gardner, H. (1984). *Assessing intelligences:* A comment on "Testing intelligence Without IQ tests" by R. J. Sternberg. Phi Delta kappan, 65, 699-700.

◆ Huizinga, J. (1955). *Homo ludens; a study of the play-element in culture*. Boston: Beacon Press.

◆ Jonassen, D. H. (1991). Evaluating constructivist learning. *Educational Technology, 36(9)*. 28-33.

◆ Jonassen, D. H. (1994). Thinking technology. *Educational Technology, 34(4)*. 34-37.

◆ Jonassen, D. H. (1997). Instructional design model for well-structured and ill-structured problem-solving learning outcomes. *Educational Technology: Research and Development 45* (1), 65-95Kagan, J. (1972). Motives and development. *Journal of Personality and Social Psychology*, 22, 51-66.

◆ Kolb, D. (1984). *Experiential learning*. Englewood Cliffs, NJ: Prentice Hall.

◆ Kolb, B., Taylor, L. (2000). Facial expression, emotion, and hemispheric organization. In R. D. Lane, & L. Nadal (eds.), *Cognitive neuroscience ofeontion*. Oxford: Oxford Unicersity Press.

◆ Korthagen, F. A. J. (1985). Reflective teaching and preservice teacher education in the Netherlands. *Jounal of Teacher Education, 9(3)*, 317-326.

◆ Lave, J. (1988). Cognition in practice : *Mind, mathematics, and culture in everyday life*. Cambridge, England:: Cambridge University Press.

◆ Lave, J. & Wenger, E. (1989). *Situated learning: Legitimate peripheral participation*. NY: Cambridge University Press.

◆ Maturana, H., Varela, F. (1982). 인식의 나무, 최호영 역(1987), 서울: 자작아카데미.

◆ Piaget, J. (1952). *The origins of intelligence in children*. New York: W. W. Norton.

◆ Piaget, J. (1970). *Structuralism*. New York: Basic Books.

◆ Piaget, J. (1977). *Equilibration of cognitive structures*. New York: Viking.

◆ Piaget, J. (1981). *Intelligence and affectivity: Their relation during child development*. Palo Alto, CA: Annual Reviews. (Originally published 1954)

◆ Schön, D. A. (1983). *The Reflective Practitioner: How Professionals Think in action*. NY: Basic Books, Inc., Publishers.

◆ Schön, D. A. (1987). *Educating The Reflective Practitioner : Toward a new design for teaching and learning in the professions*. San Francisco, CA: Jossey-Bass Publishers.

◆ von Glasersfeld, E. (1995). *Radical constructivism: A way of knowing and learning*. London: Falmer.

찾아보기